KB235745

지구를 위한 다이어트 혁명

오늘 하루 당신은 얼마나 많은 석유를 먹었습니까?

지구를 위한 다이어트 혁명
– 오늘 하루 당신은 얼마나 많은 석유를 먹었습니까?

지은이 | 애나 라페
옮긴이 | 김승진
펴낸이 | 이명희
펴낸곳 | 도서출판 이후
편집 | 김은주, 신원제
마케팅 | 김우정
북디자인 | Studio Marzan 김성미

첫 번째 찍은 날 2011년 11월 17일

등록 | 1998. 2. 18(제13-828호)
주소 | 121-754 서울시 마포구 동교동 165-8 엘지팰리스빌딩 1229호
전화 | 대표 02-3141-9640 편집 02-3141-9643 팩스 02-3141-9641
홈페이지 | www.ewho.co.kr

ISBN 978-89-6157-052-7 03300

이 도서의 국립중앙도서관 출판시도서목록(CIP)은 e-CIP홈페이지(http://www.nl.go.kr/ecip)와 국가자료공동목록시스템 (http://www.nl.go.kr/kolisnet)에서 이용하실 수 있습니다.(CIP제어번호: CIP2011004712)

지구를 위한 다이어트 혁명

오늘 하루 당신은 얼마나 많은 석유를 먹었습니까?

애나 라페 지음 | 김승진 옮김

이후

어머니 프랜시스 무어 라페,
딸 아이다 지네트 마샬 라페,
그리고 우리 앞의 모든 어머니들과
우리 뒤의 모든 딸들을 위하여

차례

예술 운동이나 문학 운동과 마찬가지로, 사회운동도 상상력이 추동한다. (…)
중요한 사회운동은 모두 상상 속에서 세계를 재구성한다.
가려져 있던 것들이 앞으로 나서고 거짓이 드러나며,
기억이 흔들리고, 옛 지도에 새로운 윤곽이 그려진다.
바로 이러한, 현재를 보는 새로운 방식에서 미래를 향한 희망이 생겨난다. (…)
이제, 우리가 살고 싶은 세상과 우리가 함께 살아 나갈 긴 삶과
우리 손에 담긴 많은 미래들을 상상해 보자.

– 수전 그리핀Susan Griffin, 환경 철학자

하루 세 번, 정치적이 되자

기후변화는 인류가 저지른 일 중 가장 어마어마한 일이다. 다른 어떤 일도 이에 비할 수 없다. 우리는 이미 북극을 상당히 많이 녹였고, 엄청난 가뭄을 일으켰으며, 아시아와 남아메리카에 물을 공급하는 고지대 빙하를 사라지게 했다. 이 모든 게 기온이 약 0.6도(섭씨) 올라가서 생긴 일이다. 우리가 당장 빠른 조치를 취하지 않는다면 현재의 아기들이 나이가 들었을 무렵에는 기온이 지금보다도 3도 가량 더 올라갈 것이라는 데 과학자들은 거의 예외 없이 의견 일치를 보고 있다. 그러니, 빨리 조치를 취해야 한다.

애나 라페가 이 책에서 더할 나위 없이 잘 설명하고 있듯이, 조치를 취하려면 자동차나 발전소만 고쳐서 될 일이 아니라 식단도 고쳐야 한다. 농업은 인류의 본질적인 활동으로, 인류 운명을 결정하는 데 당연히 영향을 미치고, 그것도 매우 큰 영향을 미친다. 가축이 자동차보다 지구온난화 기체를 더 많이 내놓는지도 모른다. 그리고 산업화된 먹거리 체계란 기본적으로 음식을 우리가 먹기 전에 석유에 절이는 시스템이다.

이 책만큼 산업화된 먹거리 체계의 어두운 면을 잘 묘사한 책도 드물 것이다. 특히, 정당화할 수 없는 것을 정당화하고, 명확한 것을 의심하고, 상식으로 생각할 수 있는 명백한 해결책을 뒤흔들려는 로비스트 군단이 어떻게 그럴듯한 홍보 논리를 끝없이 갖다 대는지에 대해서 말이다. 우리 문화는 단일경작과 집중화, 패스트푸드와 빠른 수익 위주의 체계를 만들어 냈다. 이는 당연히 우리 환경에도 나쁘고, 우리 몸에도 나쁘다.

결정적으로, 우리 공동체에도 나쁘다. 그런데 이는 우리가 희망을 가질 수 있는 대목이기도 하다. 거꾸로 생각하면 대안적인 음식 문화와 먹거리 체계는 온실가스를 줄이는 일일 뿐만 아니라 더 강한 공동체를 만드는 일이기도 할 테니 말이다. 그리고 더 강한 공동체야말로 지구온난화 문제의 큰 부분을 해결할 수 있는 열쇠다. 미국의 식품 경제에서 가장 빠르게 성장하고 있는 영역인 농민시장을 생각해 보자. 물론 환경의 측면에서도 농민시장은 정말 좋은 현상이다. 이를테면, 5킬로미터나 10킬로미터를 이동하는 토마토는 장거리 운송되는 토마토보다 석유를 덜 사용한다. (더 맛있기도 하다. 수천 킬로미터를 이동한 뒤에 당신의 심신이 어떤 상태일지 생각해 보라. 토마토도 마찬가지다.) 하지만 농민시장의 가장 큰 의미라면 사람들이 이전과는 완전히 다른 방식으로 장보기를 경험할 수 있다는 점일 것이다.

슈퍼마켓 고객의 행동 경향을 분석한 사회학 연구들을 보면, 우리가 익히 알고 있는 사실을 다시금 확인할 수 있다. 슈퍼마켓에서 사람들은 거의 무의식 상태가 되어 기계적으로 매대를 돌아다니며 물건을 담고 줄을 서고 계산을 한 뒤, 지난 주에 산 것과 비슷한 품목들이 담긴 비닐봉지를 들고 눈을 껌뻑이며 환한 밖으로 나온다. 반면, 농민시장에서는 사람들이 평균적으로 대화를 열 배나 많이 한다. 열 배나! 이렇게 대화를 할 수 있어서 사람들은 농민시장을 좋아한다. 그리고 값싼 화석연료 때문에 공동화空洞化되어 버린 사회, 구체적인 도움을 얻는다는 측면에서는 역사상 처음으로 이웃이라는 존재가 필요 없어진 사회에서, 그런 대화는 가치를 따질 수 없을 만큼 소중하다. 농민시장은 공동체를 되살리는 출발점이 될 수 있고, 그럼으로써 새로운 대중교통 체계, 자동차 공유 네트워크, 마을 단위의 풍력 터빈 등과 같이 우리가 일궈 나가야 할 다른 모든 일들에 토대를 마련해 줄 수 있다.

몇 해 전, 버몬트 주에 살던 우리 가족은 인근 지역에서 조달한 먹거리로만 1년을 지내는 실험을 해 본 적이 있다. 그때만 해도 새로운 시도였다. 지역 먹거리로만 1년을 나기 위해서는 요리를 완전히 새롭게 사고해야 했다. 끌어다 쓸 수 있는 양념이나 재료의 범위가 제한돼 있었으므로, 혀를 즐겁게 해 주려면 좀 더 열심히 생각을 해야 했던 것이다. 이는 좋은 일이었다. 그런데 더 좋은 일은, 이 경험을 통해 같은 지역에 사는 농민을 많이 사귀게 됐으며 이 새로운 친구들 덕분에 지역 먹거리로만 지내는 우리 가족의 하루하루가 가능했을 뿐 아니라 맛있어지기까지 했다는 사실이다.

이것은 우리가 현재 의존하고 있는 파괴적인 먹거리 체계의 반대쪽에 있는 달콤한 세상이다. 그곳에 가는 일이 쉽지는 않을 것이다. 현재의 체계에 똬리를 튼 권력이 있고, 그 권력을 없애려면 우리는 개인적인 행동을 넘어서는 일들을 해야 하기 때문이다. 우리에게는 진정으로 정치적인 참여가 필요하다. 그래도 어쨌든 음식은 좋은 출발점이다. 적어도 하루에 세 번은 현 상황이 어떠한지, 그 상황이 다른 모습일 수는 없었는지, 그리고 (애나 라페의 말에 귀를 기울인다면) 미래는 어떻게 달라질 수 있을지를 생각해 보게 될 테니 말이다.

빌 매키번Bill Mckibben

식탁에서 찾은 희망

때로는 『어니언*Onion*』[*]이 특종을 내기도 한다.

이 책을 쓰기 위한 연구를 아직 본격적으로 시작하기 전이었는데, 어느 날 『어니언』에서 다음과 같은 글을 보았다. "계절이 30억 번 지난 뒤, 가을이 취소되었다." 당신은 가을이 뭔지 기억할 것이다. 『어니언』이 "한때 1년 중 여름과 겨울 사이의 알짜배기 시기를 차지했던 고전적인 기간"이라고 설명한 그 가을 말이다.

혼자 킬킬 웃으면서 창 밖을 보니 11월에 눈발이 흩날리고 있었다. 기사는 사실이었다. 그해에는 가을이 없었다. 이곳 브루클린의 날씨는 하루만에 따뜻한 날에서 추운 날로 건너 뛰었다. 그리고 앞으로도 겨울이 지난 겨울 같다면 센트럴파크의 수선화는 1월에 만개할 것이다.

기후 위기(그리 해롭게 들리지 않는 '지구온난화'라는 단어로 흔히 표현되는 것), 그리고 기후 위기가 삶에 미칠 파급 효과가 점점 널리 알려지면서, 날씨에 대한 이

---

[*] 주로 뉴스를 풍자하거나 패러디하는 미국 신문. 옮긴이

런 이야기들은 그만큼 더 불길하게 다가오게 되었다. 또, 기후 위기에 대한 정보가 많아지면서, 미래에는 날씨가 더 극단적으로 변해 우리가 알던 지구 기후는 사라질지도 모른다는 점을 많이들 인식하게 되었다.

다들 "예전에는 날씨가 이랬는데……"라고 말할 만한 특별하고 상징적인 기억을 한 자락씩은 가지고 있을 것이다. 내게는 15년도 더 된 어느 겨울날의 추억이 있다. 엄마는 버몬트 주 남부에 있는 45에이커 넓이의 땅에서 헛간을 개조한 집에 살고 있었다. 마구간이었던 곳이 엄마의 서재였는데, "말똥이 있던 곳이 개똥 같은 곳으로 바뀌었네"가 우리 식구끼리 통하던 농담이었다.

그해 크리스마스 이브에는 눈이 산처럼 쌓였다. 캘리포니아 주에서 태어나고 자란 오빠와 나는 대학생이었는데도 눈만 보면 어린애처럼 좋아했다. 따뜻한 옷을 겹겹이 끼어 입고, 우리는 밖으로 달려나가 오래된 벌목 트레일로 뛰어갔다. 생각한 바가 있었으니, 루지*용 길을 직접 낼 작정이었다.

계획은 간단했고 실패할 염려도 없었다. '오빠가 눈을 파내고 내가 시범 주행을 한다.' 복잡할 것 없는 일이었다. 오빠가 빨간 금속 삽으로 부드러운 눈을 파내면 나는 새로 난 길을 미끄러져 내려갔다. 내 썰매가 길을 벗어나면, 오빠는 그 지점에 둑을 쌓았다. 썰매를 끌고 언덕 위로 걸어 올라간다. 다시 썰매로 내려온다. 둑이 충분히 높지 않은 곳에서 썰매가 길을 또 벗어난다. 오빠는 또 눈을 파내고 둑을 쌓는다. 나는 다시 언덕 위로 썰매를 끌고 올라간다. 이런 식으로 몇 시간을 계속했다.

드디어, 키 큰 소나무들 사이로 하늘이 어두워졌을 무렵 우리는 한 번에 매

---

* 한 사람이 타는 경주용 썰매. 옮긴이

끄럽게 내려올 수 있는 완벽한 경주로를 갖게 됐다. 썰매를 꽉 붙잡고 눈을 감은 채 둑을 믿기만 하면 됐다. 밤이 오자 우리는 손전등을 가지러 집에 뛰어 들어갔다. 눈 딱 감고 산을 내려온 뒤, 다시 위로 올라갈 때 길을 찾기 위해서였다.

크리스마스 날 다른 식구들보다 일찍 일어난 엄마도 희디 흰 눈 사이로 썰매를 탔다.

그 이후에는 버몬트 주 남부인 그곳에 그런 모험을 다시 할 수 있을 정도로 눈이 내린 적이 없다.

기후 과학자들은 10년이나 20년 정도의 변화만 볼 것이 아니라 더 멀리 봐야 한다고 말한다. 나도 안다. 또, 개인적인 일화에서 결론을 내릴 수는 없다고도 말한다. 표본 크기 한 명의 경험은 위기의 증거가 되지 못한다는 것이다. (그리고 내 개인적인 경험은 한 해에만도 수백만 명에게 영향을 미치는 기후변화의 비극에 비하면 아무것도 아니다.)

하지만 우리 각자가 이야기를 하나씩, 혹은 몇 개씩 가지고 있다면, 종합적으로 이는 단순한 일화 수준을 넘어선다. 우리는 데이터를 갖게 되는 것이다. 허머 자동차에서 에어컨을 세게 켜고 지난 해를 보낸 게 아니라면, 당신은 복잡한 모델링 기법을 동원해 기후 혼돈을 경고한 과학자들의 이야기가 허튼 소리가 아님을 알고 있을 것이다. 기후 위기는 현실이며 우리 인간들의 책임이다. 이는 과학계가 인정하는 사실이다.

새로 나오는 연구 결과들 거의 모두가 끔찍한 이야기를 보태고 있다. 대기 중 이산화탄소가 지난 80만 년 만에 최대치에 도달했음을 보여 주는 연구도 나왔으며, 2009년 중반에 매사추세츠 공과대학(MIT) 과학자들은 즉각적인 조치를 취하지 않는다면 금세기 지구 기온이 불과 6년 전에 예측한 것보다 두 배나 심각하게 상승할 것이라는 연구 결과를 내놓기도 했다.[1]

아마도 이 영향을 가장 강하게 느끼는 사람은 다름 아닌 농민들일 것이다. 이 책을 쓰기 위해 첫 취재를 간 곳은 우리 집에서 약간 떨어진 '글린우드 Glynwood'였다. 글린우드는 뉴욕 허드슨밸리에 있는 225에이커 규모의 농장이자 교육 센터다. 12월의 어느 추운 날 이곳에서는 미 항공 우주국(NASA)〈고다드 우주 연구소Goddard Institute for Space Studies〉의 기후변화 및 농업 분야 전문가 신시아 로젠츠와이그Cynthia Rosenzweig 박사가 참여한 가운데 농민들을 대상으로 하는 모임이 열리고 있었다. 참석한 농민들은 자신의 농장에서 이미 일어나고 있는 변화에 대해 서로 이야기도 나누고, 앞으로 닥칠 변화에 대해 로젠츠와이그의 설명도 들었다.

로젠츠와이그는 슬라이드로 지도 한 장을 보여 주었다. 지도 위에는 뉴욕 주에서 시작해 한참 남쪽까지 화살표 하나가 쭉 그려져 있었다. 그 화살표를 가리키면서 로젠츠와이그는 이렇게 말했다. "온실가스 방출을 2080년까지 획기적으로 줄이지 못하면 뉴욕 주에서 농사 짓는 것이 조지아 주에서 농사 짓는 것처럼 느껴지게 될 것입니다." 뉴욕 주의 농민 20여 명이 놀라서 일제히 '헉' 하고 숨을 들이쉬던 소리를 나는 잊지 못할 것이다.

"예전에는 다 예측치들이었어요. 그런데 지금은 예측치가 아니라 관찰되고 있는 현상이에요." 로젠츠와이그는 기후변화가 농업 분야에 미친 굵직한 영향들이 이미 현실로 드러나고 있다고 말했다. 흉작을 일으키고 땅에 염분이 쌓이게 해 토질을 손상시키는 가뭄, 토양을 물로 뒤덮어 버리는 홍수, 작물 재배 기간이 길어지면서 생기는 신종 해충 출현과 해충 증가의 문제, 그리고 수확기 변동을 가져오는 기상이변과 같은 현상들 말이다.

최근에 연구자들은 2100년경이면 세계 인구의 절반 가량이 살아가는 지역(아프리카, 인도, 중국 남부를 아우르고, 호주, 미국 남부, 라틴아메리카 북부까지 포함하는)

에서 기온이 상승해 쌀과 옥수수의 수확이 많게는 40퍼센트나 떨어질 수 있다는 예측을 내놨다.[2] 인간이 섭취하는 칼로리의 거의 절반이 곡물에서 나오고[3] 특히 옥수수와 쌀이 큰 비중을 차지한다는 점을 생각할 때, 이는 매우 심각한 문제다.

"기후변화와 식품"이라고 하면 흔히들 기후변화가 농업에 미치는 영향을 먼저 떠올린다. 그날 로젠츠와이그의 발표 주제도 이것이었다. 하지만 그 역에 대해서는, 그러니까 먹거리 체계가 어떻게 지구의 기온을 높이는지에 대해서는 대부분 생각하지 못한다. 이 책을 쓰기 전까지는 나도 그랬다.

인간 활동이 유발한 기후변화 요인을 말해 보라고 하면 보통 공장 굴뚝이나 석유를 많이 소비하는 비행기와 자동차 등을 생각하지 팝타르트*나 폭찹을 생각하지는 않는다. 하지만 밭에 심는 씨앗부터 접시 위의 음식, 그리고 매립지의 음식 쓰레기에 이르기까지, 식품을 생산하고 유통하는 전 지구적 체계는 인간 활동이 야기하는 지구온난화에 31퍼센트, 또는 그 이상의 책임이 있는 것으로 추정된다. 〈세계식량농업기구(Food and Agriculture Organization, FAO)〉가 2006년에 내놓은 획기적인 보고서 『가축의 긴 그림자*Livestock's Long Shadow*』에 따르면, 축산 분야만 해도 전 세계 온실가스 방출량의 18퍼센트가 나온다. 이는 SUV, 기선, 제트기를 다 포함해, 전 세계 교통 부문이 미치는 영향보다도 큰 것이다.[4] (교통 부문의 방출량은 전체의 13퍼센트를 약간 웃돈다.[5])

허머 자동차는 비켜라. 햄버거가 나가신다.

기후 위기를 해결하기 위해 개인이 할 수 있는 일이 무엇이냐고 물으면 대부

---

* 〈켈로그〉에서 만든 아침 식사 대용의 과자. 옮긴이

분은 많이 들어 본 친환경 주문들을 줄줄 읊을 수 있을 것이다. 전구를 바꾼다, 차를 덜 몬다, 에너지 효율적인 가전제품을 고른다, 단열재를 쓴다, 등등. 국가 차원에서 할 수 있는 일이 무엇이냐고 물으면 재생 가능한 에너지를 장려해야 한다든가 화석연료에 대한 의존을 줄여야 한다는 등의 의견을 낼 것이다. 하지만 식품이 생산되는 방식을 바꾸어야 한다거나 개개인이 식품을 선택하는 방식을 바꾸어야 한다고 이야기하는 사람은 거의 없을 것이다.(그래도, 이 책에서 설명하겠지만, 기후 위기와 먹거리의 관련성을 인식하는 사람들이 점점 늘고는 있다.)

온실가스 방출에 가장 책임이 있는 분야는 어디며 이를 줄일 수 있는 핵심적인 해결책은 무엇인가에 대한 오늘날의 논의에서 식품 분야는 간과되기 일쑤다. 그래서 우리는 식품이 문제의 원인이며, 더 중요하게는 우리에게 핵심적인 해결책을 제시해 줄 수 있는 분야라는 점을 미처 생각하지 못한다.

먹거리 체계가 지구온난화에 한몫 한다는 이야기를 듣고 놀랐다면, 그도 그럴 만하다. 우리는 보통 신문, 잡지, 다큐멘터리 등을 통해 지구온난화에 대한 정보를 얻는다. 아마 많은 사람들이 앨 고어Al Gore에게 오스카상을 안긴 다큐멘터리 〈불편한 진실An Inconvenient Truth〉(2006)을 통해 기후 문제에 관심을 갖게 되었을 것이다. 고어는 교육자 훈련 프로그램(기후 위기 문제를 다루도록 교육자들을 지도하는 프로그램)도 함께 추진해 기후변화가 야기할 위험을 널리 알리는 데 기여했다. 하지만 우리의 접시에 오르는 음식이 기후변화와 어떻게 관련되어 있는지를 알리는 데는 별로 도움이 되지 못했다.

기후변화와 식품의 관계를 다루지 않는 것은 미국의 주요 언론도 마찬가지였다. 존스홉킨스 대학 연구자들이 2005년 9월부터 2008년 1월까지 미국의 16개 주요 신문에 게재된 기후변화 관련 기사를 분석해 보니, 4천여 건의 기사 중 2.4퍼센트만이 먹거리 체계의 역할을 언급했으며, 그나마 대부분은 부수적으로

만 다루고 있었다. 식품과 농업 분야에 "주요하게 초점을 맞춘" 기사는 0.5퍼센트뿐이었다.[6]

국제적으로도 기후변화를 논의할 때 초점을 맞추는 부분은 비슷했다. 최근까지 기후변화와 관련된 국제단체나 국가 간 협력 기구들은 주로 에너지 분야, 석탄 화력발전소, 중공업 등에 초점을 맞췄고, 식품과 농업에는 관심을 많이 기울이지 않았다.

이 모든 상황이 드디어 변하기 시작했다.

2008년 하반기 무렵, 『오 매거진O Magazine』, 『로스앤젤레스 타임스Los Angeles Times』, 『에티하드 인플라이트Etihad Inflight』● 등의 여러 매체에서 기후변화와 식품의 관계를 다룬 글들이 보이기 시작했다.

같은 해 9월, 인도의 경제학자이자 유엔 산하 〈기후변화에 관한 정부 간 패널(Intergovernmental Panel on Climate Change, IPCC)〉의 의장 라젠드라 파차우리Ragendra Pachauri 박사는 영국에서 열린 어느 모임에서 연설을 하면서 단도직입적으로 이렇게 말했다. "즉각적으로 실행할 수 있는지, 그리고 단기간에 온실가스 방출 저감 효과를 볼 수 있는지를 기준으로 볼 때" 고기를 덜 먹거나 아예 안 먹기로 결정하는 것은 "기후변화에 대처하기 위해 우리가 개인적으로 할 수 있는 매우 중요한 실천이다."[7]

파차우리 박사가 육식을 줄이자고 대담하게 제안했다는 글을 읽었을 무렵에는, 나도 이미 기후변화와 먹거리의 관련성에 대해 어느 정도 연구하고 글을

● 내가 이 책을 쓰기 위해 한창 연구하고 있을 때 『에티하드 인플라이트』는 내 연구에 관한 기사를 처음으로 실어 주었다. 항공업은 그리 친환경적 산업 분야라고 볼 순 없을 텐데, 아랍에미리트연합 국영 항공사의 기내지가 기후변화에 대한 내 연구를 처음 실어 준 매체였다니 언론의 아이러니를 보여 주는 일이라 할 만하다.

 ● ● ● 지구를 위한 다이어트 혁명

쓰고 이야기를 하고 있었다. 나는 세 가지 질문을 늘 염두에 두었다. 1. 왜 우리의 먹거리 체계는 지구를 데우는 데 그렇게 큰 역할을 할까? 2. 어떻게 하면 식품과 농업이 지구를 치유하는 데 일조할 수 있을까? 3. 해결책을 만드는 데 우리가 할 수 있는 일은 무엇일까? 이 세 가지 질문에서 이 책이 나왔다. 그리고 이 세 가지 질문을 통해 나는 희망을 갖게 되었다.

어떤 점에서 희망을 얻을 수 있었느냐고?

먹거리 체계가 지구온난화에 미치는 역할에 대한 연구를 시작하고 보니, 우리가 이미 대부분의 해결책을 알고 있다는 점을 금방 깨달을 수 있었다. 먹거리뿐 아니라 기후변화를 일으키는 다른 문제들도 마찬가지다. 물론 우리는 계속 새로운 지식을 배워 나가고 있지만, 기본 방향은 이미 명백하다.

게다가 나는 산업화된 전 지구적 먹거리 체계가 "잘 작동한다"는 생각을 일찌감치 버린 상태였다. 이 책 전에 두 권의 책*을 쓰면서, 산업화된 먹거리 체계가 건강한 사람과 건강한 생태계에 필요한 양분을 공급하고 있지 못하다는 사실을 명확하게 깨달았다. 여기에 더하여, 〔산업화된 먹거리 체계가〕 기후에도 악영향을 미친다는 사실까지 알게 된 나는, 어쩌면 이 위기를 계기로 사람들이 농업과 식품 소비가 더 건전하고 합리적으로 이루어질 수 있는 방안을 찾는 데에 더 많이 나서게 될 수도 있겠다는 생각을 하게 됐다.

기후 친화적인 먹거리 체계의 특성을 공부하다 보니, 이런 체계가 온실가스 방출을 줄이는 것은 물론이고 대기 중에 있는 이산화탄소를 '격리'하는 역할도

---

* 어머니 프랜시스 무어 라페와 함께 쓴 *Hope's Edge: The Next Diet for a Small Planet*(2002)〔『희망의 경계』, 신경아 옮김, 2005, 이후〕와 브라이언트 테리와 함께 쓴 *Grub: Ideas for an Urban Organic Kitchen*(2006)을 말하고 있다. 옮긴이

한다는 사실을 알 수 있었다. 토양은 지구상의 식물들보다 탄소를 두 배 이상 담고 있다. 따라서 토양에 관심을 갖는 것은 매우 중요하다.[8] 또한, 생태 농업이나 유기농 같은 기후 친화적 해결책을 도입하면 더 이로운 파급 효과까지 생긴다. 생물 다양성을 지키고, 식품 확보의 안정성을 높이며, 사람들의 건강을 향상시키고, 공동체를 강화하고, 고갈되고 있는 석유에 대한 의존을 줄이는 효과가 생기는 것이다. 그리고 환경의 충격에 더 잘 견디는, 따라서 앞으로 다가올 극단적인 기후에서도 더 잘 버틸 수 있는 먹거리 체계도 만들 수 있다.

뿐만 아니라, 기후변화와 먹거리의 관련성을 정확하게 파악하면, 개개인이 할 수 있는 구체적인 실천에 대해서도 아이디어와 힘을 얻을 수 있다. 우리는 날마다 먹는다. (여러분은 어떤지 잘 모르겠지만, 나는 가전제품을 사거나 전구를 바꾸거나 자동차를 모는 일을 날마다 하지는 않는다.) 그리고 먹거리에 초점을 맞추면, 여전히 땅에 의존해 살아가는 전 세계 수십억 명의 사람들(농부, 농민, 목축인 등으로 불리는 사람들)을 "문젯거리"가 아니라 기후변화와 싸우는 데 큰 힘이 될 (하지만 아직 활용하지는 못하고 있는) "해결책"으로 바라볼 수 있게 된다. 아마도 이 점이 가장 큰 희망을 주는 부분일 것이다.

이런 점에서, 그리고 또 다른 여러 가지 이유들에서, 우리는 희망을 가질 수 있다. 하지만 이 책이 희망에 대한 이야기만 담고 있는 것은 아니다. 우리 인간들이 어쩌다가 우리에게 양분을 주어야 마땅한 것(먹거리)을 우리 시대의 거대한 환경 재앙으로 만들어 버렸는지에 대한 이야기도 담고 있다.

1부 '위기'는 우리가 먹는 음식이 어떻게 해서 지구온난화의 주범 중 하나가 되었는지, 그리고 어떤 요인들이 우리를 이렇게 기후 파괴적인 경로로 몰아가고 있는지에 대해 설명한다.

2부 '그들의 논리'는 기후변화 논의에서 식품이라는 중요한 부분이 간과된

배경에 대해, 그리고 사람들이 기후변화와 식품의 관계를 깨닫게 되면서 더 이상 논외로 빠져 있을 수 없게 된 식품 회사들이 이 상황을 어떻게 받아들이고 대처하고 있는지에 대해 설명한다. 내슈빌에서 열린 떠들썩한 육류 마케팅 컨퍼런스와 워싱턴D.C.의 호화로운 리츠칼튼 호텔에서 열린 〈식료품 제조업 협회Grocery Manufacturer Association〉 컨퍼런스 등, 식품 업계의 모임들을 들여다보면서 식품 업계가 자신의 사업이 환경과 맺고 있는 관계를 어떻게 이야기하고 있는지 알아볼 것이다. 또, 식품 업계의 홍보 지침 중 여섯 가지 중요한 전략을 알아보고, 지구온난화와 식품 분야의 관련성에 대한 사람들의 우려를 식품 업체들이 어떻게 자신의 이윤을 올리는 수단으로 활용하기 시작했는지도 여러 가지 사례를 통해 살펴볼 것이다.

3부 '희망'에서는 논밭으로 향한다. 식품 업계의 파워포인트 발표 자료나 보도 자료에서 벗어나, 땅에서 나오는 해결책들을 알아볼 것이다. 땅과 작물에서 나오는 해결책, 그리고 환경의 악조건에 더 잘 견디고, 토양과 농장 생태를 회복시키며, 지구의 기후 위기를 치유하고, 우리의 상식과 감각을 모두 만족시키는 먹거리 체계를 일궈 나가는 농민들에게서 나오는 해결책들을 말이다.

이런 것들을 허황된 공상이라고 여길 독자도 있을 것 같다. 나는 독자의 회의적인 느낌, 혹은 독자가 이 책을 읽고서 주위 사람들에게 식품과 기후변화에 대해 이야기할 때 맞닥뜨리게 될 회의적인 반응을 예상해 보았다. 그래서, 안 될 거라고 말하는 사람들이 조성한 그릇된 신화에 대처하는 요령도 이 책에 담았다. 핵심적인 신화와 그에 따라붙는 신화에 우선 초점을 맞추었는데, 불가피성의 신화, 잘못된 상충 관계의 신화, 빈곤의 신화, 성장 우선의 신화 등이 있다. 그리고 (아마도) 가장 큰 두 가지 신화도 지적했다. 하나는 기후를 위해 산업화된 농업 방식에서 벗어나려고 하면 불가피하게 기아를 초래할 것이라는 신화고, 다른 하나

는 기후가 더 불안정해질 미래에 전 세계 사람들에게 식량을 공급하려면 희망을
둘 곳은 생태 농업이 아니라 유전자 변형 작물이라는 신화다.

4부 '실천'에서는 변화를 만들기 위해 시민이자 먹는 자로서 우리가 할 수
있는 일들을 다룬다. 기후 친화적인 식단을 만드는 데 필요한 일곱 가지 원칙을
소개했고, 젓가락을 넘어서 지속 가능한 지구를 만드는 전 세계적인 운동에 나서
고 있는 사람들의 이야기도 담았다.

이 책에 필요한 내용을 조사하러 첫 출장을 갔을 때, 나는 암울한 미래를 그
린 영화와 소설을 집중적으로 보게 되었다. 미국을 가로질러 시애틀까지 가는 동
안에는 대재앙 이후를 그린 코맥 매카시Cormac McCarthy의 암울한 소설 『더 로드
The Road』를 탐독했다. 다음날 밤에는 호텔 방에서 늦도록 영화 〈투모로우The
Day after Tomorrow〉와 〈나는 전설이다I am Legend〉를 보았다. 〈투모로우〉에서는
뉴욕이 눈과 빙하로 뒤덮였고, 〈나는 전설이다〉에서는 윌 스미스Will Smith가 치
명적인 바이러스 때문에 변종 인류만 남은 세상에서 자신을 지키려 애쓰고 있었
다. 그러고 나서 지구온난화에 대한 기사와 논문들을 들고 앉았다. 읽다 보니 모
두 같은 메시지를 담고 있었다. 온실가스 방출 규모를 2020년까지 1990년 수준
의 20퍼센트, 2050년까지 80퍼센트 감축하지 못하면 어마어마한, 그야말로 어
마어마한 문제에 처할 것이라는 경고였다. 그리고 우리가 이렇게 필수적이고 중
요한 목표를 달성해 나가기는커녕 해마다 이산화탄소를 오히려 더 많이 방출하
고 있다는 사실 또한 모든 논문과 기사가 지적하고 있었다.

윌 스미스는 그나마 다행이었다는 생각이 들 정도였다.

자료를 읽을수록 더 우울해졌고 그러다 망연자실한 지경까지 되었다. 그런
데 이 프로젝트로, 그리고 음식으로 돌아오니 우울이 해소되었다. 나는 우리의

젓가락에 진짜 힘이 있다는 것을 알게 됐다. 여기에 희망이 있다. 지구와 인간을 돌보는 먹거리 체계를 일구는 사람들과 우리가 관련이 있다는 사실을 깨닫기만 하면 곧바로 그런 희망을 느낄 수 있다. 그리고 이 관련성은 날마다 하는 간단한 행위에서 느낄 수 있다. 바로 먹는 행위에서 말이다.

이 전례 없는 전 지구적 위기가 어마어마하다고 해서 무력감을 느낄 필요는 없다. 먹거리로 눈을 돌리면, 이미 우리 앞에 있는 진정한 해결책들을 알아보고 실천할 수 있는 통합적인 시각과 그에 토대가 되는 자원을 발견할 수 있을지도 모른다.

나는 가을을 좋아한다. 뉴욕의 가을이 그립다. 하지만 인류가 직면한 가장 거대한 위기를 다룰 수 있는 힘이 먹거리 체계에 있다는 사실을 알게 된 나는, 이제 이렇게 생각한다. 아마도 『어니언』이 급소를 찌르는 기발한 말("가을이 취소되었다")을 만들어 냈는지는 모르지만 그것이 예언은 아니었다고 말이다.

뉴욕 브루클린에서,
애나 라페

우리의 지구에 너무나 필요한 급진적인 변화를 위해 날마다 결연히 일하는 전 세계의 수많은 사람들이 없었더라면, 이 책을 쓰지도, 이 책의 내용을 믿지도 못했을 것이다. 그 모든 분들께 깊은 감사를 전한다.

또한 이 프로젝트에 아이디어와 정보를 준 수십 명의 과학자, 연구자, 운동가들에게도 많은 빚을 졌다. 귀한 시간을 내어 주고 전문 지식과 지혜를 나눠 준 많은 분들께 감사의 말을 전한다.

이 책의 세부적인 내용에 대해 피드백을 해 준 다음 분들께도 감사 드린다. 그들의 비전, 연구, 지원이 큰 영감의 원천이 되었다. 〈토말레스 베이 연구소〉의 피터 반스, 〈브라이터 그린〉의 미아 맥도날드, 〈살 만한 미래를 위한 센터〉의 로니 네프 박사, 미국 〈휴메인 소사이어티〉의 다니엘르 니렌버그, 〈식품 안전 센터〉에서 일했던 메리디스 나일스, 〈소비자 연합〉의 어바시 랜건 박사. 그리고 내 책의 '드림팀' 독자로, 초고를 보고 의견을 준 팀 갤라노, 로니 네프 박사, 다니엘르 니렌버그, 리엄 오도너휴에게 감사를 전한다.

각 단계의 연구를 진행할 때 여러 사람에게 실무적인 도움을 받았다. 재크 아론, 제시카 브루스, 캐롤린 데일리, 디파 란가나탄, 아론 레저, 질 리처드슨, 페트라 타노스, 로라 잭스, 그리고 진 호데시와 디파 필립스에게 특별한 감사를 전한다.

아브하야 카우프먼은 멕시코를 취재할 때, 애나 비토프스카는 폴란드를 취재할 때 도와 주었다. 한국에서는 최지은이 많은 도움을 주었고, 제시카 워커 보몬트도 한국에서 더 풍성하고 더 재미있는 취재가 이루어질 수 있도록 해 주었다.

〈음식 기후 연구 네트워크〉, 〈지역공동체 식품 안정성 연합〉, GENET, 〈식품 위기 실무 그룹〉, 〈진짜 식품 운동〉, 〈식품과 사회 연구회〉 등의 온라인 커뮤니티들과 리스트서브에도 감사를 표하고 싶다. 모두가 매우 귀한 온라인 정보의 보고였고, 나 역시 그 일부가 될 수 있어서 기쁘게 생각한다.

〈와일드로즈 기금Wild Rose Fund〉과 그밖에 몇몇 익명의 기부자들 등, 〈테이크 어 바이트Take a Bite out of Climate Change〉 프로젝트에 지원을 해 준 분들께도 감사를 전한다. 그분들 덕분에 이 책의 웹사이트를 열 수 있었다.

엘렌 베리 박사에게 특별한 감사를 전한다. 15년이 넘는 시간 동안 든든한 격려와 편집에 대한 지원을 아끼지 않았다. 또한 오랜 동료이자 공동 기획자며 영감의 원천인 브라이언트 테리에게도 감사를 전한다.

복잡하고 예측 불가능한 출판의 세계에서 〈골딘 리터러리 에이전시〉의 놀라운 에이전트 샘 스톨로프를 만난 것은 큰 행운이었다. 스톨로프는 천성적으로 보석 같은 사람이었으며, 지치지 않고 지원을 해 주었다. 또한 훌륭한 편집자 캐시 벨든을 포함해 〈블룸스베리USA〉의 뛰어난 팀과 함께 일하게 되어 즐거웠다.

아이를 낳는 일과 책을 쓰는 일을 동시에 하기는 쉽지 않았다. 하지만 나는 너무나 큰 힘이 되는 가족들과 친구들이 있어서 운이 좋았다. 특히, 엄마에게 가장 큰 감사를 전한다. 이 모든 것을 엄마가 아니었으면 할 수 없었을 것이다. 엄마의 지혜와 유머 감각, 그리고 출판 편집 능력은 나를 계속 놀라게 했다.

끝에서 두 번째로 감사를 전할 사람은 내가 남편이라고 부를 수 있는 특권을 갖게 해 준 멋진 남자 존 마샬이다. 당신이 없었더라면 이렇게 해내지 못했을 것이고, 이렇게 즐겁게 해 나가지도 못했을 거예요. 당신의 인내와 격려, 그리고 해야 할 몫보다 설거지를 더 많이 해 준 것, 모두 고마워요.

　마지막으로, 가장 따뜻한 감사를 전할 사람은 첫날부터 내 사랑을 모조리 가져간 우리 가족의 새 일원, 내 딸 아이다이다.

상에 오르는 음식과 저 위의 하늘에 관심이 있는 사람이라면 누구나 이 책의 독자가 될 수 있다. 기후변화 과학에 대한 별도의 사전 지식은 필요하지 않다.

나 자신도 과학자가 아니다. 나의 역할은 전 세계의 훌륭한 과학자들이 내놓은 분석과 통찰을 독자들이 이해할 수 있도록 잘 뽑아내는 것이라고 생각한다. 그 역할에 충실했지만, 덧붙여 두어야 할 것이 있다. 나는 농민도 아니다. 따라서, 땅에서 직접 겪는 소중한 경험에 대해서는 농민들에게 이야기를 들은 뒤 이 책에 담았다.

논픽션 책이 흔히들 그렇듯이, 건너 뛰어가며 관심 있는 분야부터 읽어도 좋다. 책의 중간 중간에 해당 사안을 이해하고 그와 관련한 실천 방법들을 알아보는 데 도움이 될만한 정보들을 담았다. 책 말미의 「실천과 배움을 위한 자료들」에도 추천 도서, 영화, 웹사이트, 참고 문헌 목록 등 추가적인 정보와 실천의 아이디어들을 얻을 수 있는 자료를 소개했다.

또, 책의 미주에도 의무적으로 표기해야 할 출처 정보(저널명, 웹사이트 주소 등)와 더 깊이 알아보는 데 유용할 추가적인 읽을거리를 포함했다.

마지막으로, 이 책은 (종이에 지워지지 않는 잉크로 인쇄되어 있긴 하지만) 계속 수정 보완되면서 늘 '진행 중' 인 책이다. 따라서 오류를 발견하거나 제안할 사항이 있거나 좋은 아이디어가 떠오르면 이 책의 홈페이지(www.takeabite.cc)에 남겨 주기 바란다.

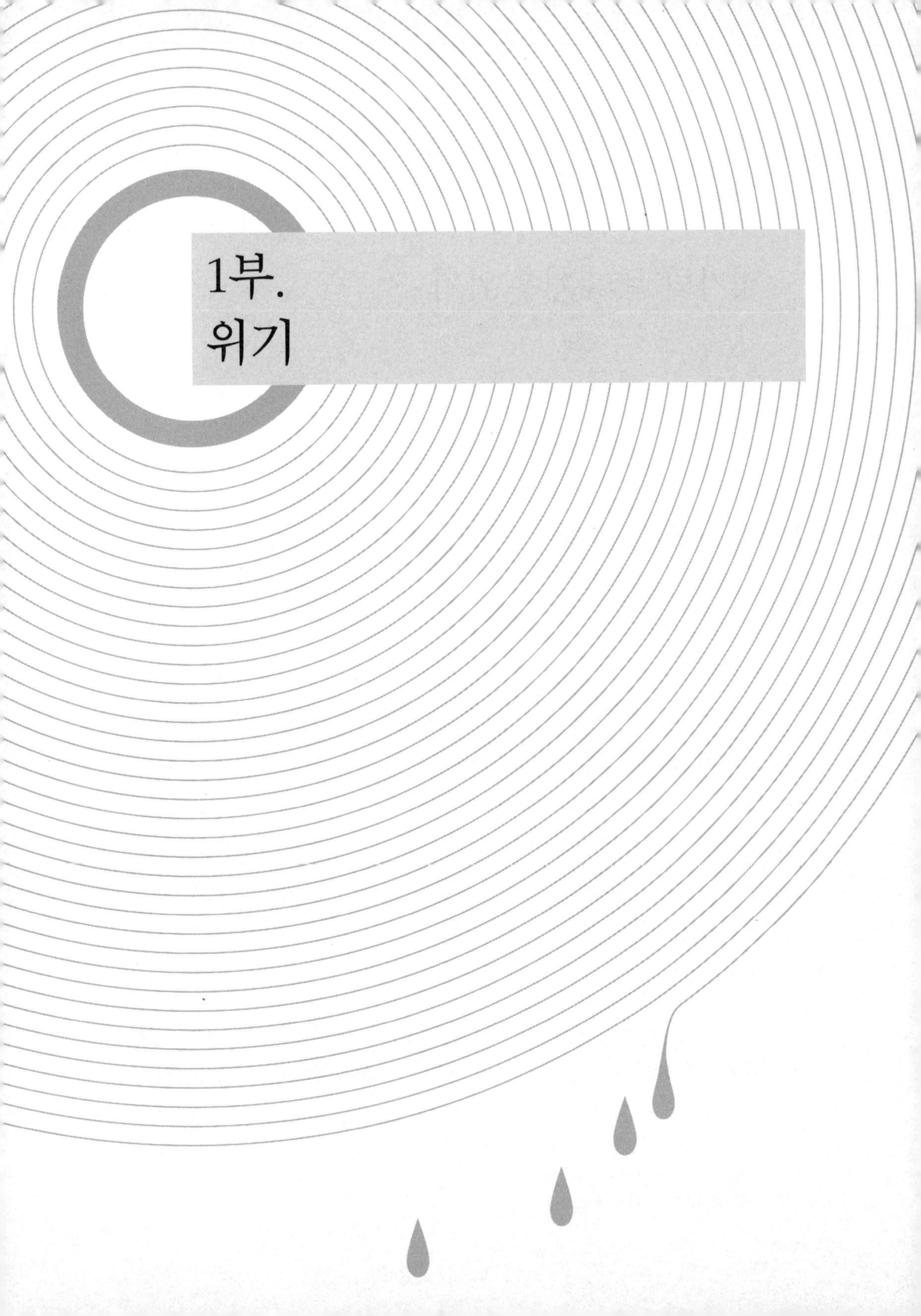

1부.
위기

1장

젓가락 끝의 기후 위기

위기에 들어가기 전에: 기후 친화적 농장 맛보기

‘풀벨리 농장Full Belly Farm’에 들어섰을 때쯤에는 비가 쏟아지고 있었다. 과수원이 될 곳(아직 과일 철이 아니었다)을 지나, 높은 헛간 한 채와 집 몇 채, 그리고 평평하고 낮은 사무실 건물이 있는 쪽으로 진흙 길을 따라 천천히 차를 몰았다. 샌프란시스코에서 동쪽으로 차를 타고 두 시간 가면 나오는 풀벨리는 캐페이 밸리에 위치해 있다. 길이 30킬로미터에 폭은 2~3킬로미터 정도인 캐페이는 평평하고 약간 경사진 함몰 지형으로, 근처 산등성이들의 단층으로 형성됐다. 해안의 산맥에서 아주, 아주, 천천히 분리된 이곳에, 현재는 수십 개의 유기농 농장이 자리 잡고 있다.

운이 좋았는지 나는 점심시간에 맞게 도착했다. 새끼를 낳는 양과 90여 종의 작물(월넛, 회향, 브로콜리, 콜리플라워 등)이 자라는 밭 등, 250에이커 규모의 농장을 견학하러 온 것이었지만, 우선 점심부터 먹게 되었다. 정말로 잘 먹었다. 이날의 메뉴는 버섯을 넣은 달걀 미소국, 갓 구운 빵, 직접 만든 캘리포니아 롤, 그리고 아랫마을에서 가져온 염소 치즈와 오렌지를 넣은 풍성한 샐러드였다. 이 정도 성찬이 이곳에서는 평범한 식사다. 농장에 거주하며 일하는 직원, 인턴, 자원봉사자, 그리고 종종 이웃도 함께 모여서 일주일에 닷새는 이렇게 점심을 먹는다. 과연 '풀벨리' 다.[*]

나는 지속 가능한 방식으로 번성하는 농장은 어떻게 돌아가는지 직접 보기 위해 이곳을 찾았다. 산업화된 농장처럼 화석연료와 석유 기반 화학물질에 절대적으로 의존하지 않고도 잘 돌아가는 농장은 어떻게 운영되는지 궁금했다. 풀벨리는 많게는 60명의 직원이 일하면서 매달 풍성한 양의 식료품을 생산하는데, 농장 회원인 1,400여 가구에는 직접 공급하고, 농민시장, 음식점, 소매 매장, 도매 매장 등을 통해서도 또 다른 수천 명의 고객을 만난다.

풀벨리는 에너지를 사려 깊게 사용하는 농장이 무엇인지 보여 준다. 풀벨리 설립자들은 화석연료 의존도를 줄일 수 있는 방법을 끊임없이 연구하는데, 바이오 연료를 실험하기도 하고 최근에는 태양열 패널도 설치했다.

풀벨리는 생각하는 농장이 무엇인지도 보여 준다. 풀벨리는 계속 배우며 변화한다. 풀벨리를 설립한 1989년 이래로 드루 리버스Dru Rivers와 폴 멀러Paul Muller 부부, 그리고 주디스 레드몬드Judith Redmond와 당시 남편이던 라울 애덤채크Raoul Adamchak는 자연의 지혜에서 새로운 농법을 끊임없이 배우고 있다. 양떼만 해도 그렇다.

점심을 먹고 나서 리버스는 농장을 안내하며 이 농장의 복잡한 생태계가 어떻게 놀아가는지 보여 주었나. 세일 처음에 본 깃은 암양이었는데, 니는 어미 품

● 농장 이름인 풀 벨리Full Belly는 배부르게 먹은 상태를 뜻하기도 한다. 옮긴이

에 파고드는 갓 태어난 새끼양보다 더 귀여운 것은 세상에 없다고 결론 내렸다.

농장의 양떼는 거의 애완동물로 삶을 시작한다.(리버스는 양털 잣는 것을 좋아한다.) 하지만 커서는 농장이 번성하는 데 매우 중요한 역할을 한다. 애완동물 단계를 훨씬 넘어서 농장의 생산적인 구성원이 된 200마리 양은, 잡초를 없애고 땅을 비옥하게 한다. 하루는 수확을 끝낸 브로콜리 밭을 돌아다니면서 남아 있는 줄기나 잎을 먹고 대변을 거름으로 뿌린다. 다음 날에는 그런 일이 필요한 다른 구획의 밭에 가서 그렇게 한다.

토양을 척박하게 하고 생태계를 오염시키는 화학물질을 피하기 위해, 리버스와 동료 농민들은 혁신적인 대안을 꾸준히 찾고 연구한다. 최근에는 알리숨*에 대해 알게 됐다고 한다. 줄심기 해놓은 딸기 밭 사이 사이에 이 꽃식물을 심어 놓으면 해충을 잡아먹는 이로운 곤충들이 모인다.

또한 이들은 끊임없이 새로운 정보를 얻는다. 얼마 전에는 부엉이 집을 지었는데, 부엉이는 생쥐, 들쥐, 땅다람쥐 등을 잘 먹기 때문에 설치류를 통제하는 데 제격이다. 또, 미 농무부 ‘농촌 협동 지도 사업’의 조언과 인근 고등학교 학생들의 솜씨 덕분에, 농장 곳곳의 헛간과 건물에 박쥐 집 십여 채를 지을 수 있었다. 이제 황혼이 되면 박쥐 수백 마리가 신나서 뛰어다니며 해충을 엄청나게 많이 잡아먹는다. 박쥐가 아니었다면 이 해충들은 작물에 피해를 입혔을지도 모른다.

견학을 끝내고 풀벨리를 나서면서 보니 농장에 있는 여러 마리 개 중 하나인 ‘넬리’가 땅다람쥐 구멍을 찾아 들판을 누비며 뛰어다니고 있었다. 차창을 내리니 새들이 나무들을 오가며 노래하는 소리가 들렸다. 자동차 뒤쪽 창으로는 아홉

---

* 겨자과의 풀. 옮긴이

살 조나스가 파란 비옷을 입고 흙 묻은 자전거에 허리를 숙이고 앉아 우락부락한 월넛 나무 아래 진흙 길을 철벅철벅 달려가는 모습이 보였다. 조나스의 아버지는 농장 소유자 중 한 명이다.

털이 복슬복슬한 양들과 정말 맛있었던 음식을 추억하면서 빗속을 달려가다가 커브를 돌았더니 눈 앞에 이런 것이 나타났다. '캐시크리크 카지노.' 카지노와 호텔과 주차 건물이 있는 복합 유흥단지인데, 창을 어둡게 만들어 낮게 드리운 회색 구름이 창에 비쳤다. 호기심이 동한 나는 5층짜리 주차 건물로 들어가서 차를 세웠다. 내가 차를 세운 자리는 자동차에 대한 캘리포니아 주의 정신분열증을 보여 주는 것 같았다. 한 쪽에는 허머,* 다른 쪽에는 프리우스**가 있었던 것이다.

창문 없는 도박 층으로 내려가는 동안, '판돈'이라고 외칠 수 있는 시간보다 더 짧은 시간 안에 농장의 소리(벌이 나는 소리, 새들이 재잘대는 소리, 아이들이 웃는 소리, 개가 짖는 소리)는 사라지고 슬롯머신과 룰렛판이 딸가닥거리는 소리, 삐삐 거리는 소리, 뱅뱅 돌아가는 소리가 그 자리를 채웠다. 축축하고 원기를 돋워 주던 농장의 비 대신에는 자욱한 담배 연기가 들어섰다. 나는 오래 머물지 않았다.

다시 차를 타고 좌회전을 해서 '위너스 레인'***으로, 그리고 퍼붓다 말다 하는 비 속으로 들어섰다. 라디오를 틀었더니 익숙한 곡조가 흘러 나왔다. 조니 미첼의 1970년대 명곡을 록 밴드 〈카운팅 크로우즈〉가 리메이크한 곡이었다.

"항상 그런 것 같지 않아? 잃고 난 후에야 무엇을 갖고 있었는지를 깨닫게

---

* 기름 먹는 하마로 알려진 자동차. 옮긴이

** 친환경으로 알려진 하이브리드 자동차. 옮긴이

*** Winner's Lane, '승자의 길'이라는 뜻으로, 그 영리한 카지노 건설자들이 지은 길 이름이다.

되지. 그들은 낙원을 밀어 버리고 주차장을 세웠어." 애덤 듀리츠가 작고 낮은 소리로 노래했다.

가사를 들으면서 나는 리버스의 남편 멀러를 생각했다. 멀러는 가족이 운영하던 젖소 농장에서 자랐는데, 그가 열다섯 살이 되던 해, 부모가 더 이상 농장을 운영할 수 없게 되었다고 한다. 그 농장은 새너제이의 마지막 상설 젖소 농장이었다. 리버스와 멀러는 얼마 전 그곳에 가보았다. 40년 전에는 가족 농장이 있던 곳에 지금은 케이마트와 스트립몰*이 들어서 있었다고 한다.

나는 거대한 캐시크리크 카지노를 마지막으로 한 번 더 돌아보았다. 과연, 낙원을 밀어 버리고 있었다.

큰 맥락에서 보기: 젓가락 끝의 기후 위기

나는 캐시크리크에서 느낀 실망과 풀벨리에서 얻은 희망이라는 두 가지 이야기로 이 책을 시작했다. 글을 쓰려고 앉으니 그날이 머리에 계속 떠올랐기 때문이다. 1장의 내용은 좋은 소식이 아니다. 나쁜 소식이다. 하지만 글을 써가면서 내 마음은 자꾸만 **또 다른** 이야기로 돌아가고 있었다. 나는 리버스와 레드몬드에 대해, 그리고 카지노가 퍼져 나가는 와중에도 번성하고 있는 풀벨리 농장에 대해 계속 생각했다. 글을 쓰다 보니, 이 책에 곧 소개할 사람들(위스콘신 주의 농민 마크 세퍼드Mark Shepard, 한국의 생협 운영자 김성희, 로컬 푸드 운동을 하는 제시카 프렌티

----

* 번화가에 상점과 식당들이 일렬로 늘어서 있는 곳. 옮긴이

스Jessica Prentice, '진짜 식품' 운동을 펴는 팀 갤라노Tim Galarneau 등)이 했던 말을 나 역시 반복하고 있었다. 또 동남아시아에서 온 소규모 식품 생산자 수십 명과 함께 서울 외곽의 어느 무성한 농장에 갔던 때를 나도 모르게 자꾸 떠올려 보게 되었다. 그 농민들에게 화석연료를 쓰지 않으면서도 풍성하게 식품을 생산하는 농장 이야기를 들었던 때를 말이다.

그러니까, 내 마음에는 두 가지 이야기가 함께 있었다. 우리 모두 그래야 한다. 하나의 이야기는 기후를 교란하는 산업화된 먹거리 체계에 대한 문제제기다. 하지만 또 다른 이야기가 있다는 것을 한시도 잊어서는 안 된다. 이 '또 다른 이야기'는 기후를 치유하기 위해 자연의 지혜에서 가르침을 얻는 먹거리 체계에서 나온다. 인도네시아의 우림에서부터 멕시코 오악사카의 협곡에 이르기까지, 이러한 대안적인 먹거리 체계는 곳곳에 존재하며, 잘 돌아가고 있다. S&P 500 주가지수에 포함되지도 않고 월마트의 선반에도 올라가 있지 않을지 모르지만, 대안적인 먹거리 체계는 전 세계 수십억 명의 사람들이 지금도 여전히 사용하고 있는 방식에서 지혜를 얻는다. 그리고 우리가 함께 여건을 만들어 간다면 앞으로 더 많은 사람들이 이런 방식으로 식품을 조달할 수 있을 것이다. 이 두 번째 이야기에 등장하는 사람들은 우리가 잃어버리다시피 한 옛 지혜를 되살려 내는 동시에 최신의 생태 과학에서도 새로운 돌파구를 찾는다.

지난 10년 동안 나는 인도 히말라야의 그림 같은 언덕에서부터 내가 사는 아파트에서 몇 킬로미터 떨어진 탈공업 시대의 브루클린에 이르기까지 곳곳을 다니면서 대안적인 식품 체계를 구현한 농장들에 가 보았다. 대안 농장들을 다니다 보면, 우리의 현실이 사실 그와 반대 방향으로 맹렬히 돌진하고 있다는 사실을 잊기 쉽다. 나 역시 꼬집어 가며 상기해야만 인류가 현재 화석연료와 인공 화학 물질에 절대적으로 의존하는 산업화된 먹거리 체계로 내달리고 있다는 사실을 잊지 않을 수 있었다. 산업화된 먹거리 체계는 무조건 '더 크고, 더 빠르고, 더 싸게'를 외치면서, 그러한 과정이 토양과 물에, 동물들의 생활에, 농민과 농업 노동자의 건강에, 그리고 기후에 끼치고 있는 진짜 비용에 대해서는 거의 신경을 쓰지 않는다.

하지만, 점점 더 많은 사람들이 산업화된 먹거리 체계가 유발하는 진짜 비용을 깨닫고 있다. 마이클 폴란Michael Pollan의 『잡식 동물의 딜레마*The Omnivore's Dilemma*』, 에릭 슐로서Eric Schlosser의 『패스트푸드의 제국*Fast Food Nation*』, 다큐멘터리 〈식품 주식회사Food Inc.〉(2009) 같은 책과 영화, 그리고 〈세계식량농업기구〉 같은 기관들이 펴낸 연구 보고서를 통해 점점 많은 사람들이 전 지구적으로 퍼지고 있는 산업화된 먹거리 체계의 '어두운 면'을 알아 가고 있다. 또한 산업화된 먹거리 체계가 '기후'에 영향을 미친다는 인식도 퍼지기 시작했다.

풀벨리의 기억은 너무나 생생해서, 어설프게 첫 걸음마를 떼던 새끼양의 모습과 그날 먹은 미소국의 맛을 이 글을 쓰고 있는 지금도 그대로 떠올릴 수 있다. 그때 나는 풀벨리를 **지속 가능한** 농장이라고 표현했는데, 지금 생각해보니 **기후 친화적인** 농장이라고도 부를 수 있을 것 같다. 우리 모두에게 먹을 것을 충분히 공급하면서 동시에 지구도 시원하게 유지하기 위해, 자연에서 지혜를 얻어 운영하는 농장 말이다.

1장은, 어떻게 해서 지구상의 한 생물종(인류)이 자신이 생산하는 식품으로 자기 자신을 병들게 하고(비만, 당뇨 등, 식생활 관련 질병들을 생각해 보라) 자신의 생존이 달려 있는 자원들(특히, 안정적인 기후)까지 망가뜨려왔는지를 다룬다. 식품 공급망을 따라가면서, 우리가 먹는 돼지고기나 팝타르트가 지구의 기온 상승과 어떤 관련을 맺고 있는지에 대해 설명할 것이다. 여기서 보게 될 일련의 현상 및 사건들은, 슈퍼마켓에서 카트를 끌고 시리얼 코너를 지나가면서 '스페셜 케이'

를 살 것이냐 '허니 토스티트 오츠'를 살 것이냐를 고민할 때는 아마 생각해 보지 못했을 것이다.

논의에 들어가기 전에, 주의 사항과 몇 가지 용어를 짚어 두는 게 좋겠다. 우선, 먹거리 체계에서 발생하는 온실가스에 대한 내용을 읽을 때는, 추가적인 연구를 통해 밝혀야 할 것이 아직도 많다는 사실을 기억하기 바란다. 예를 들면, 토양에서 방출되는 온실가스의 양과 종류는 농장마다 크게 다를 뿐 아니라, 한 농장 **안에서도** 다르다. 가축 분뇨에서 발생하는 온실가스도 분뇨가 어떤 방식으로 어디에 저장되는지에 따라 크게 달라진다. 또 세계 대부분의 지역에서 먹거리 체계가 온실가스를 방출시키고 있지만, 그 수많은 측면을 알아 보기에는 자료가 턱없이 부족하다. 우리가 먹는 식단의 '식품 생태 발자국foodprint'을 정확하게 파악하려면, 식품의 생애 주기 전체에 걸친 지구온난화 효과를 측정하는 데 더 많은 연구와 투자가 이뤄져야 할 것이다.

온실 가스에 대해 알아보자

지구온난화 논의에서 우리가 흔히 듣게 되는 것은 이산화탄소 방출 문제다. 여기에는 물론 그럴 만한 이유가 있다. 인간 활동으로 방출되는 온실가스 중에서 이산화탄소가 76.7퍼센트나 차지하기 때문이다.[1] 하지만 이산화탄소 말고도 심각한 온실가스가 있다. 그중에서도 두 가지가 중요한데, 하나는 메탄이고 다른 하나는 아산화질소다. 둘 다 식품 공급망과 직접적으로 관련이 있으며, 특히 축산과 관련이 있다. 전 세계 이산화탄소 방출 요인 중에서는 축산 분야가 9퍼센트만 차지하지만 메탄 방출에는 37퍼센트, 아산화질소 방출에는 65퍼센트의 책임

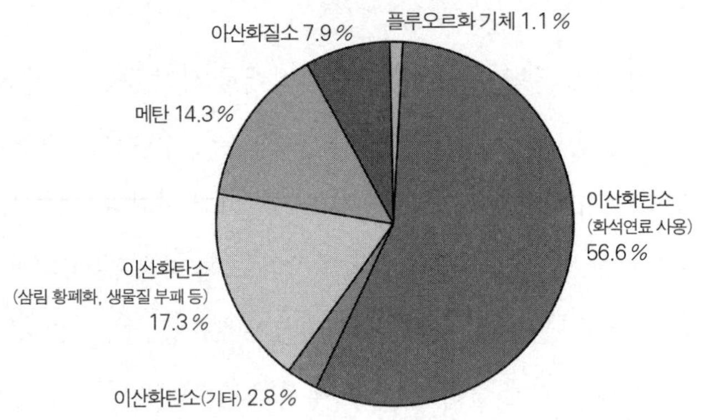

출처: IPCC, Fourth Assessment Report, "Synthesis Report"

이 있다.[2]

메탄과 아산화질소가 심각한 온실가스인 이유는 열을 매우 효과적으로 가두기 때문이다.(자, 우리에게 필요한 일은 열을 가두지 않는 것이다.) 이들 온실가스가 지구온난화에 미치는 영향은 주로 지구온난화 지수(GWP)로 표현되는데, 이는 해당 기체가 100년 동안 미칠 수 있는 온난화 영향을 이산화탄소 환산치(CO_2eq)로 나타낸 것이다. 예를 들면, 메탄의 지구온난화 지수는 23인데, 100년 동안 이산화탄소에 비해 23배 효과적으로 열을 가둔다는 말이다. 아산화질소의 지구온난화 지수는 296이나 된다.[3]

이제 이산화탄소가 아닌 다른 온실가스 문제도 심각하다는 사실을 알게 되었을 것이다. 그런데, 이게 다가 아니다. 버클리 캘리포니아 대학 지구환경보건학 교수인 커크 스미스Kirk Smith에 따르면, 위와 같이 100년을 단위로 볼 경우 메탄과 아산화질소가 현재 대기에 미치는 영향이 과소평가된다. 가령, 방출된 뒤 첫 5년을 기준으로 보면 메탄 1톤은 이산화탄소 1톤에 비해 거의 **100배**나 많은 온난화 효과를 낸다. 대기 중에서 메탄이 이산화탄소보다 훨씬 빠르게 분해되기 때문이다.(이산화탄소가 분해되기까지는 수십 년이 걸리지만 메탄은 8.5년이면 충분하다.) 따라서 기간을 짧게 설정하면 메탄의 온난화 효과는 더 커진다. 스미스는 메탄을 "스테로이드를 먹은 탄소"라고 부를 정도다.[4]

알아 두어야 할 또 하나의 용어로 "탄소 격리carbon sequestration"가 있다. 이 책을 읽다 보면 '탄소를 유기물질과 무기 탄산염 형태로 저장하는 토양의 기능'에 대한 언급을 많이 볼 수 있을 것이다. 대기 중에서 이산화탄소를 분리해 탄소 덩어리 형태로 토양에 저장하는 과정을 탄소 격리라고 부른다. 토양에 저장된 탄소 1톤은 이산화탄소 3.66톤에 해당한다.[5]

주요 온실가스

주요 온실가스	지구온난화 지수[*] (100년 간 이산화탄소가 미치는 영향 대비)	전체 온실가스에서 차지하는 비중 (이산화탄소 환산치 기준)
이산화탄소 (CO_2)	1	76.7%
메탄 (CH_4)	23	14.3%
아산화질소 (N_2O)	296	7.9%
헥사플루오르화황 (SF_6)	22,800	1% 이하
히드로플루오로카본 (HFC)	최대 12,500	1% 이하
퍼플루오로카본 (PFC)	최대 9,200	1% 이하

[*] IPCC, Fourth Assessment Report(2007)

"교토 의정서"에서 언급된 온실가스들이다. "교토 의정서"는 주요 온실가스 방출을 줄이기 위한
국제협약으로 조인국 사이에서 법적 구속력을 가진다.

당신이 어디에 있든 방출된다: 현대 먹거리 체계와 지구온난화

2007년에 노벨 위원회는 〈기후변화에 관한 정부 간 패널(IPCC)〉과 앨 고어에게 "인간이 유발한 기후변화에 대해 널리 알리고 기후변화에 맞서기 위해 필요한 조치들의 기초를 닦은 공로"로 노벨 평화상을 공동 수여했다.[6] 유엔 산하의 IPCC는 인간이 유발한 기후변화의 위험성을 분석하는 업무를 맡아, 1990년대 말부터 동료 평가를 거친 기후변화 연구 논문들을 종합해 보고서를 펴내고 있다. 2007년 무렵이면 IPCC는 1750년 이래로 인간 활동이 대기 중의 주요 온실가스(이산화탄소, 메탄, 아산화질소) 농도를 극적으로 올려놓았다는 결론을 명확히 내린 상태였다. 그리고 벌써부터 우리는 엄청난 기후변화를 목격하고 있다. 이를테면, 빙하가 과학자들이 불과 몇 년 전에 예측한 것보다 두 배나 빠르게 녹고 있다.

지구온난화를 일으키는 정도에 따라 경제 각 부문에 순위를 매기면 어떻게

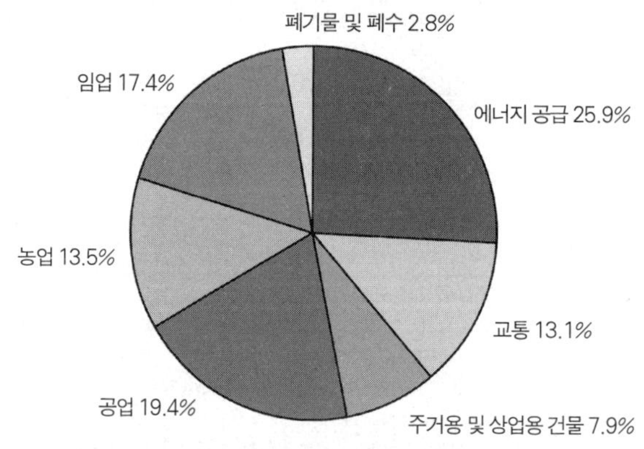

출처: IPCC, Fourth Assessment Report, "Synthesis Report"

될까? IPCC가 분야별로 분석한 바에 따르면, 전체 온실가스 방출량 중에서 26퍼센트는 에너지 공급, 19퍼센트는 공업, 17퍼센트는 임업, 13.5퍼센트는 농업이 각각 차지한다. 그리고 13퍼센트는 교통에서, 8퍼센트는 주거용 및 상업용 건물에서, 3퍼센트는 폐기물과 폐수에서 나온다.

그럼 식품에서는?

식품 공급망은 기껏해야 13.5퍼센트밖에 차지하지 않는 것처럼 보일 수도 있겠다. 이 도표에서 농업이 차지하는 비중이 13.5퍼센트니 말이다. 하지만, IPCC 도표에는 먹거리 체계가 **경제의 거의 모든 부문과** 관련을 맺고 있다는 사실이 숨겨져 있다. 이 파이 그래프의 양파 껍질을 한 겹 벗겨 보면, 먹거리 체계가 모든 분야에 걸쳐 있다는 사실을 알게 될 것이다.

농업 화학비료를 생산하고 유통하는 과정, 땅을 경작용이나 축산용으로 개간하는 과정, 공장형 농장과 식품 가공 공장에 들어가는 에너지를 생산하고 유통하는 과정 등에서 나오는 온실가스를 모두 합쳐 보면, 전체 식품 공급망은 지구온난화 요인에서 약 3분의 1의 책임이 있다. 「여는 글」에서도 언급했듯이, 축산만 해도 지구온난화 요인 중에서 많게는 18퍼센트를 차지하는 것으로 추정된다.

이처럼 온실가스가 많이 방출되는 이유는 식품 생산의 방식과 장소가 현격

식품 공급망과 온실가스 방출

하게 변화했기 때문이다. 이는 불과 100년도 되지 않은 기간 동안 일어난 변화다. 그리고 그 변화에 가속이 붙은 것은 훨씬 더 최근이다. 이런 종류의 식품에 '전통적conventional'이라고 할 만한 부분은 전혀 없다.*

온실가스의 '급증'은 최근의 일이지만, 이산화탄소, 메탄, 아산화질소 자체는 먹거리 체계에서 탄소와 질소가 순환하는 과정에서 자연스럽게 나온다. 8,000년 전 뉴기니에서 타로토란이 재배되기 시작한 이래, 그리고 4,000년 전 중국에서 쌀이 재배되기 시작한 이래, 작물 재배 과정에서는 항상 메탄이 방출됐다. 또, 소와 같은 반추동물이 풀을 먹을 수 있도록 진화한 이래, 반추동물의 자연스런 소화 과정에서도 항상 메탄이 방출됐다. 오늘날의 차이는 축산의 범위와 규모가 전례 없이 커졌다는 점, 그리고 이제 더 이상 작물과 가축이 자연의 가르침을 따르는 먹거리 체계에서 자라지 않는다는 점에 있다. 현재까지 이런 변화가 만들어 낸 결과는 무시무시하다.

그럼 지금부터 식품 공급망이 유발하는 온실가스 방출에 대해 알아보자. 농업과 식품 분야에서 방출되는 온실가스의 상당 부분이 생산 단계에서 발생하기 때문에 주로 생산 단계를 중심으로 설명하겠지만, 가공, 유통, 소비, 폐기의 과정에서 발생하는 온실가스 문제도 살펴볼 것이다. 또, 운송이 어떻게 각 단계에서 온실가스 방출을 가중시키는지도 알아볼 것이다.

---

* 관행 농업conventional farming은 유기농 농업 등의 대안 농업에 대비되는 일반 농업(주로 산업적 농업)을 지칭하는 말로 쓰인다. 여기서는 conventional이라는 영어 단어에 '전통적'이라는 의미도 있음을 이용한 언어 유희로 쓰였다. 옮긴이

논밭의 공장: 식품 생산 방식의 혁명

지구온난화 위기의 역사적 뿌리를 찾다 보면 1차 산업혁명으로까지 거슬러 올라갈 수 있을 것이다. 이때 석탄 채굴, 철도 건설, 대규모 삼림 벌목 등으로 대기 중에 어마어마한 양의 이산화탄소가 방출되기 시작했다. 1896년에 이미 스웨덴의 화학자이자 물리학자인 스반테 아레니우스Svante Arrhenuis가 이런 활동이 미칠 수 있는 잠재적 악영향을 경고하는 글을 출판했는데, 여기에는 인간 활동으로 방출된 이산화탄소 때문에 지구 기온이 상승할 수 있다는 내용도 들어 있었다.[7] 하지만 앞에서도 언급했듯이, 온실가스 방출이 정말로 현저하게 증가한 것은 그로부터 약 60년이 지나서였다. 이때(20세기 중반)가 되면, 산출을 늘리기 위해 화석연료에 더 많이 의존하고, 특히, 인공 화학비료를 점점 많이 쓰게 되면서 농업은 지구온난화의 주범 중 하나로 자리 잡게 된다. 또한, 2차 세계대전이 끝나고 이스트텍사스 유전이 개발되어 유가가 떨어진 것도 화석연료에 기반한 농업 방식이 널리 퍼지는 요인이 되었다.

2차 세계대전 종전 무렵에는 전쟁에 쓰이던 신기술들이 식품 생산의 산업화를 더욱 촉진했다. 전투기가 농약 살포 비행기로 바뀌고 화학무기가 농약으로 바뀌었다. 정부가 이런 기술들을 장려하면서, 줄뿌림 방식의 경작에 드는 비용이 점점 더 절감됐고, 획기적인 변화의 씨앗이 또 하나 잉태됐다. 대규모 비육장에서 가축을 키우는 '산업화된 축산'이 생겨난 것이다.

농업 경제 전문가들은 비육장의 급격한 성장을 가져온 요인으로 '값싼' 곡물을 꼽는다. 그런데 여기서 잊지 말아야 할 것은, 곡물을 사료용으로 쓸 수 있을 만큼 곡물 가격이 낮아진 현상은 극단적인 빈곤의 세계를 이면에 품고 있다는 사실이다. 주로 곡물에 의존해 살아가는 수십억 명의 사람들이 돈이 없어 스스로를

'시장 수요'로 드러낼 수 없을 때, 곡물의 시장 가격은 아주 싼 것처럼 **보일** 수 있다. 특히, 곡물 생산 과정에서 파괴되는 환경 비용이 곡물 가격에 거의 반영되지 않을 때는 더욱 그렇다. 오늘날에도, 낮은 곡물 가격은 극단적인 빈곤이 존재한다는 사실을 암시한다.

다른 경로를 밟았더라면 먹거리와 농경 체계는 기후 위기를 완화하는 역할을 할 수도 있었다. 하지만 전 지구적인 먹거리 체계에서 최근에 벌어진 이 극적인 변화들 탓에, 먹거리와 농경 체계는 기후 위기에 기름을 붓는 역할을 하게 되고 말았다.

이러한 결과를 예측하고 경고했던 사람들의 말에 귀를 기울였더라면 이 파괴적인 경로를 피할 수 있었을지도 모른다. 이를테면, 미국 생태학자 하워드 오덤Howard Odum 같은 사람의 말에 귀를 기울였더라면 말이다. 1924년에 태어난 오덤은 농업의 산업화라는 거대한 변화가 시작되는 것을 목격했지만, 산업화된 농업의 장밋빛 전망에 속지 않았다. 1970년에 오덤은 "태양을 사용하는 새로운 방법을 알게 된 덕분에 농업 산출이 늘었다고 생각하는 산업사회의 인간"을 꾸짖었다. 오덤은, 사실은 그렇지 않다며 이렇게 말했다. "그것은 슬픈 거짓말이다. 산업사회의 인간은 더 이상 태양에너지로 만든 감자를 먹지 않고 어느 정도는 석유로 만든 감자를 먹고 있으니 말이다."[8]

토양 이야기: 화학비료와 기후변화

약 100년 전, 농업의 산업화를 일으킨 핵심 요소 중 하나가 태동하고 있었다. 1909년 7월 2일, 거대 화학 업체 〈바스프BASF〉는 기술 전문가 카를 보슈Carl

Bosch와 알빈 미타슈Alwin Mittasch를 베를린 〈카이저 빌헬름 연구소Kaiser Wilhelm institute〉에 있는 화학자 프리츠 하버Frizt Haber의 실험실로 출장 보냈다. 〈바스프〉는 하버가 대기 중의 질소로 비료의 핵심 원료인 암모니아를 만드는 방법을 거의 알아냈다는 소식을 들은 터였다.

전해 내려오는 이야기에 따르면, 하버가 자신의 혁신적인 발명을 시연할 기회를 갖기 전에 중요한 장비 하나가 망가졌다고 한다.[9] 하버는 그날 오후부터 밤까지 그 장비를 고치기 위해 애썼다. 그 무렵 보슈는 실망해서 돌아가고 없었다. 다음날, 미타슈는 세계 최초로 이 경이로운 성공을 목격한 사람 중 한 명이 되었다. 하버의 발명품에서 1분에 암모니아 70방울이 나오기 시작했다. 몇 십 방울이 뭐 그리 대수냐고 생각할 수도 있겠지만, 이것은 혁명의 전조였고 〈바스프〉는 그것을 알고 있었다. 이제 규모를 키워 몇 십 방울을 몇 톤으로 늘리는 방법만 알아내면 되었다. 그러면 극복할 수 없는 것으로 여겨졌던 '토양의 비옥도'라는 자연적 제약을 피해갈 수 있게 될 참이었다.

농업이 시작된 이래로 농부들은 땅의 비옥도를 높이기 위해 여러 가지 방법을 개발해 왔다. 작물을 돌려짓기하거나 자연적으로 대기 중의 질소를 고정하는 콩과 작물을 이용하거나 식물성·동물성 폐기물을 거름으로 이용하는 식으로 말이다. 그런데 〈바스프〉는 더 이상 자연적인 농업 방식에 의존할 필요가 없도록 질소비료를 산업적으로 생산하려고 했다. 이는 쉬운 일이 아니었다. 질소 기체는 대기 중에 풍부하게 존재하지만 농업에 사용할 수 있는 상태로 결합하기가 어렵기 때문이다. 여기에는 정확한 촉매와 엄청난 압력이 필요하다.

하버의 발명품을 가지고, 〈바스프〉의 전문가 보슈는 규모를 키울 수 있는 방법을 연구하기 시작했다. 3년 반이라는 시간을 빠르게 돌려 보자. 수많은 실험을 거친 뒤 1913년 겨울 무렵이면, 보슈가 고안한 장치가 비료용 암모니아 수백 톤을 생산하게 된다.[10] 하버와 보슈는 이 발명과 그 밖의 혁신들로 노벨 화학상을 수상하며, 인구 증가에 따른 식량난을 해소하는 데 기여했다는 평가를 받는다.

하버-보슈 공정은 농민과 토양의 관계, 그리고 농업이 기후에 미치는 영향을 근본적으로 바꿔 놓았다. 이 공정은 매우 에너지 집약적이기 때문에(1톤의 비료를 만들려면 많게는 930세제곱미터의 천연가스가 필요하다), 이제 토양의 비옥도가 화석연료에 의존하게 되었다.[11]●

하버와 보슈가 불러온 결과를 더 잘 이해하려면 토양에 대해서 알아볼 필요가 있다. 땅을 가까이서 느낄 틈이 없는 우리는 토양이란 그저 식물들을 받치고 있는 무기물이라고 생각하기 쉽다. 하지만 그렇지 않다. 건강한 토양은 살아 있다. 한 줌의 토양에 수십억 마리 생물이 살고 있다. 대부분은 너무 작아서 육안으로는 보이지 않지만, 이 미생물들은 썩어 가는 뿌리, 줄기, 잎, 그리고 거름 물질(분뇨, 음식 찌꺼기, 짚 등)과 상호작용을 한다. 이 건강한 토양 유기물은 스펀지처럼 수분과 영양분을 머금는다.

이 토양 유기물이 건강한 흙의 핵심이다. 토양 유기물은 토양이 굳어지는 것을 막아서 공기와 물이 뿌리에 잘 닿게 해 주기 때문에 뿌리들이 땅 사이로 잘 파고들 수 있다. 토양 유기물은 박테리아, 균, 이스트, 곤충, 지렁이의 먹이도 되어 준다. 이런 미생물들이 없다면 식물은 번성할 수 없다. 미생물은 유기 질소를 식

● 이 발명은 더 암울한 결과도 낳았다. 암모니아는 토양을 비옥하게 하는 데만 쓰이는 것이 아니다. 질산암모늄은 폭약의 주원료기도 하다. 세상 일이란 참 알 수가 없어서, 유용한 물질인 줄 알았던 질산암모늄은 1차 세계대전의 역사를 새로 썼다. 전쟁이 길어졌고, 더 많은 사상자를 낸 것이다. 또한, 한 세기 후(1995년)에 오클라호마시티에서 발생한 비극적인 폭탄 테러에도 기여했다. 이때 티모시 맥베이Timothy McVeigh가 사용한 폭탄은 질산암모늄 2,300킬로그램을 써서 만든 것이었다.

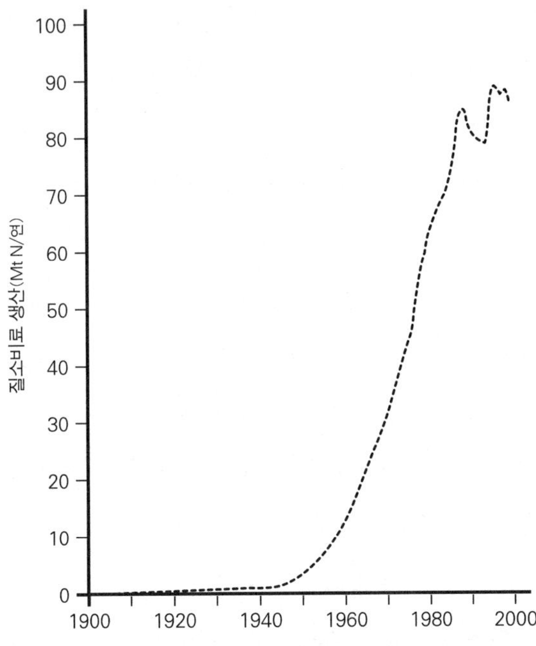

참고 자료: Vaclav Samil, *Transforming the Twentieth Century*
(New York: Oxford University Press, 2006)

물이 사용할 수 있는 질산염과 암모니아로 만들어 준다. 대기 중의 질소를 '고정'해서 식물이 쓸 수 있게 해 주며, 산을 생산해서 식물이 토양의 무기물을 흡수할 수 있게 해 주기도 한다. 또한, 식물이 중요한 영양분을 섭취하는 데 도움을 주고, 식물에 해를 끼칠 수도 있는 병균을 잡아먹는다.

물론 화학비료로도 산출량을 증가시킬 수 있지만, 이토록 중요한 토양 유기물은 제공하지 못한다. 화학비료는 토양을 돌보지 않아도 농사를 지을 수 있게 해 주기 때문에(비옥도는 '육성' 되는게 아니라 '구매' 된다), 산업화된 농장은 토양과 자연 농경의 원칙들(작물 다양성 등)을 무시하면서도 높은 산출을 낸다.

화학비료의 등장은 농업 산업화의 연쇄 과정을 가져온 한 요인이다. 화학비료가 등장해 건강한 토양의 중요성이 무시되면서, 토양 유기물이 고갈되고 미생물들이 죽고 뿌리 시스템은 약화되었다. 그에 따라 토양은 물을 덜 머금게 되고 작물은 가뭄과 병충해와 침식에 취약해졌다. 그래서 더 많은 관개와 농약, 그리고 더 많은 비료가 필요해졌다. 2008년 무렵이면 전 세계 질소비료 생산량은 1억 3,980만 톤으로 크게 증가하게 된다.[12] 이러한 농업 산업화 과정에서 에너지 집약적이고 화학물질 의존적인 대규모 농장이 확산됐다.

산업화된 농장에서 토질이 저하된 결과, 미국은 자연이 채워 주는 속도보다 적어도 열 배는 빠르게 표토를 잃고 있다. 표토 손실은 여러 가지 안 좋은 결과들을 낳는데, 기후에 미치는 영향도 심각하다. 토양이 유실되면서 토양에 저장되어 있던 탄소가 이산화탄소의 형태로 방출되기 때문이다.

뿐만 아니라, 땅에 뿌려진 질소비료는 분해되면서 아산화질소를 내놓는다. 전 세계적으로, 농업 부문에서 방출되는 아산화질소의 4분의 3이 화학비료를 사용하는 과정에서 나온다.[13]

비료 제조 과정이 기후에 미치는 영향도 고려해야 한다. 비료 생산 공정은 대체로 천연가스에 의존하며, 중국의 경우에는 대부분 석탄에 의존한다. 중국의 석탄 화력발전소는 화학비료 산업을 지탱하기 위해 매년 이산화탄소 1,430만 톤을 내보낸다. 이는 전 세계가 비료 생산을 위해 방출하는 이산화탄소의 4분의 1에 해당하는 양이다.[14]

비료에 들어가는 원료(칼륨, 인산염, 질소 등)는 비료 공장에서 멀리 떨어진 지역에서 제조·채굴되는 경우가 많기 때문에, 운송 과정에서 방출되는 온실가스도 고려해야 한다. 미국은 예전에는 비료의 순수출국이었지만 이제는 순수입국이며, 미국 농민이 사용하는 질소의 약 3분의 2와 칼륨의 5분의 4가 수입품이다.[15] 2007년에는 칼륨, 인산염, 암모니아의 절반 이상이 단 네 개 국가(캐나다, 러시아, 벨라루스, 모로코)에서 수입됐다.[16] *

게다가, 미국에서 옥수수 밭에 뿌려지는 질소비료 중 절반 가량은 정작 옥수수가 흡수하지도 못하는 것으로 보인다. 질산염이 기화되거나 땅이나 물로 흘러 들어가 유실되기 때문이다.[17]

질소가 너무 많아지면 자연적인 순환이 감당하지 못한다. 아이오와 주의 농장에서 어린 시절을 보낸 토양 과학자 데니스 키니Dennis Keeney는 이렇게 말했다. "우리는 질소 순환에 개입해 산업화 이전의 두 배로 만들었다. 그런데 이 체계는 그만큼의 질소를 순환시킬 능력이 없다. 따라서 남는 질소는 다시 밖으로 나가서, 산성비를 내리거나 수중의 질산염 농도를 높이거나 아산화질소를 방출하는 등의 결과를 낳는다."[18]

이처럼 농업이 산업화된 결과 우리는 어떤 상황에 처하게 됐을까?

농업 생산 증가로 시장 공급이 늘어서 작물 가격이 낮아졌다. 그래서 농민들은 먹고 살 만큼이라도 벌려면 생산을 더 많이 해야 했다. 한편, 대규모 농장들은 중소 농장들을 압박하면서 더 성장했다. 그래서 농장의 평균 크기가 꾸준히 증가했다. 이런 식으로 농업 생산의 산업화는 농업 경제를 집중화하는 데 핵심적인 역할을 했다. 농민들 사이에서도 비료 등을 생산하는 공급 업체들 사이에서도 농업의 집중화가 이루어졌다. 여기에 지난 한 세기 동안 미국의 농업 정책은 소수의 초국적 기업에게 혜택을 주는 방향으로 왜곡을 심화시켰다. 특히, 곡물을 거

---

* 옥수수에서 에탄올을 추출해 연료로 사용하자고 주장하는 사람들은 〔미국이〕 옥수수 에탄올로 에너지 독립성을 확보할 수 있다고 말한다. 그러나 그들은 〔미국이〕 옥수수 재배에 필요한 비료를 만드는 원료 대부분을 수입에 의존하고 있으며, 옥수수 생산 과정이 화석연료에 의존하고 있는 현실을 자기 편의대로 무시하고 있다.

래하는 초국적 기업인 〈아처 대니얼스 미드랜드(ADM)〉와 〈카길Cargill〉 등이 막대한 시장 권력을 갖게 됐다. 이제 가격을 결정하는 쪽은 거대 곡물 기업들이고, 농민들은 그렇게 정해진 가격을 받아들이는 처지다.

많은 농민들이, 한편으로는 토질이 악화되면서 점점 더 비료가 중요하게 되어 비료를 생산하는 거대 화학 업체에 의존하게 되었고, 다른 한편으로는 생산된 농산품을 구매하는 거대 곡물 업체에 의존하게 되었다. 닉슨 시절 농무부 장관이던 얼 버츠Earl Butz의 말대로 농민들은 "규모를 키우거나, 아니면 퇴출되어야" 하는 상황에 처했다. 그래서 오늘날 이런 상황에 이르렀다. 미국 전체 농장 중에서 매출 25만 달러 이상의 대규모 농장은 8.6퍼센트밖에 안 되지만, 이들이 전체 매출의 80퍼센트를 차지한다.[19]

이러한 권력의 집중을 끊고 농민과 토양과 기후가 처한 악순환에서 벗어나려면 먹거리 체계를 다시 사고하고 다시 만들어 내야 한다. 그리고 지금이 바로 그렇게 해야 할 때다. 현재의 독점 산업 모델, 특히 현 먹거리 체계에서 발생하는 옥수수의 과다 생산은, 식품 분야에서 방출되는 온실가스 양을 급격히 늘린 두 가지 핵심 요인의 토대기 때문이다.

그 두 가지 요인은 '축산 혁명'과 '가공식품 급증'인데, 이것을 살펴보기에 앞서 기후 파괴적인 식량 생산이라는 이변을 가져온 20세기의 기술 혁신을 한 가지 더 알아보기로 하자.

화학물질 수프: 농업 화학물질과 지구온난화

화학비료로 영예를 얻은 독일 화학자 프리츠 하버를 기억하는가? 암모니아를 생산하는 장치를 개발해 하버는 노벨상을 받았다. 그런데 하버는 작물 재배에 적용한 바로 그 기술을 머지않아 퍽 다른 방면에도 적용하게 된다.

1차 세계대전 초기이던 1915년 4월 22일, 영국군 총사령관 존 프렌치John French는 심각한 소식을 런던에 타전했다. 프렌치에 따르면, 조종사들이 독일 참호에서 노랗고 짙은 연기가 나오고 있다고 보고했는데 "〔연기가 나오고 나서〕 뒤이어 벌어진 일들은 차마 말로 형용할 수 없다. 이 독가스는 너무나 치명적이어서 사단 전체가 (…) 아무런 행동도 할 수 없을 정도였다. (…) 수백 명이 혼수상태가 되었고 목숨이 위태롭다."[20]

프렌치가 타전한 내용은 전쟁에 화학물질이 사용된 초기 사례 중 하나다. 이 경우에는 프리츠 하버의 지도 하에 개발된 독가스였다. 전쟁이 끝난 뒤, 전쟁 때 개발된 화학물질은 농업에 적용되었다. 예를 들면 살충제인 DDT는 2차 대전 후반기에 티푸스를 옮기는 이와 말라리아 모기를 죽이기 위해 많이 쓰였는데, 전쟁 뒤에는 밭에서 해충을 죽이는 데 널리 사용됐다. 레이첼 카슨Rachel Carson은 『침묵의 봄Silent Spring』(1962)에서 DDT가 야생 동식물과 인간에게 미치는 유독성을 널리 알렸는데, 이후 1972년 말에 DDT는 미국에서 사용이 금지되었다.

DDT는 아마도 가장 잘 알려진 유독성 농약일 것이다. 하지만 유독한 농약은 이것 말고도 많다. 그리고 농약이 지구에 일으키고 있는 문제는 유독성 말고도 많다.

우선, 이러한 화학물질들을 합성하려면 화석연료 에너지가 상당히 많이 필요하다. 둘째, 화학 농약을 사용하게 되면 농민들이 병충해를 통제하는 데 생태농업적 접근 방식을 사용할 유인이 적어진다. 셋째, 화학물질에 의존하는 방식에서는 농민들이 작물의 다양성을 활용해 병충해에 대처하기보다는 넓은 땅에 한 종류의 작물만 재배하는 '단일경작monoculture'을 하게 된다. 마지막으로, 대부분의 화학 농약은 석유 기반이다. 따라서 이러한 화학물질을 생산하는 데 원료로 들어가는 석유의 고갈 문제도 생각해야 한다. 미 환경 보호청에 따르면 매년 미국에서 5억 4천만 킬로그램의 활성 성분 농약이 쓰이는 것으로 추정되는데,* 농약 제조 업체들은 제품에 들어가는 '불활성' 성분에 대해서는 내용을 공개할 의무가 없기 때문에 농약에 들어간 석유의 총량이 얼만큼일지는 정확히 알 길이 없다.

여기에서 줄이지만, 화학비료와 농약은 이 밖에도 여러 가지 면에서 농업을 기후변화에 더 취약하게 만들고 기후변화를 심화시킨다.

육류의 문제: 축산 혁명

자, 20세기의 농업 혁명으로 작물(특히 옥수수와 콩)을 산업적 규모로 대량 생산할 수 있게 됐다. 그럼 이제 그렇게 생산된 농작물로 빈곤이 만연한 이 세계에서 무엇을 할 것인가? 농업 기업들은 가공식품processed food의 확장에서 답을 찾는다. 특히, 비육장 육류로 만든 가공식품이 크게 증가한다. 사실, 비육장 육류 자체도 옥수수와 콩이 '처리된processed' 형태라고 볼 수 있다.

몇 년 전에 엄마와 함께 브라질에 가본 적이 있는데, 거기서 우리는 '육류 혁명'을 피부로 느끼는 경험을 하게 되었다.

엄마는 닉슨이 대통령이고, 〈패트리지 패밀리The Partridge Family〉가 인기를

----

* 전 세계 사용량의 20퍼센트에 해당하는 수치다.

끌고, 지미 헨드릭스Jimmy Hendrix가 마지막 공연을 하던 시절*부터 채식주의자
였다. 나도 엄격하게 지키지는 않았지만 10대 시절부터 채식을 하곤 했다. 그러
니, 브라질 사람인 통역사가 우리를 쿠리비타에 있는 전통적인 슈하스카리아**
식당에 데려갔을 때, 우리가 그곳이 어떤 곳인지 몰랐다고 해서 뭐라 하지 마시
길. 식당에 들어섰을 때 우리는 채식주의자의 천국에 들어왔다고 생각했다. 식당
한복판에는 비트, 붉은 양파, 시금치, 올리브, 페타 치즈가 들어간 그리스 샐러드
등, 상상할 수 있는 모든 샐러드가 차려진 뷔페가 있었다. 우리는 접시에 샐러드
를 가득 담았다. 통역자와 그가 데려온 또 다른 손님이 샐러드 뷔페에서 거의 음
식을 담아 오지 않는 것을 본 뒤에야 우리는 '어? 이게 아니었나?' 싶은 생각이
들기 시작했다.

　　그러고 나서 고기가 나왔다. 긴 꼬챙이에 꿰어진 고기가 수십 가지나 있었
다. 붉은색, 고동색, 분홍색, 그을린 진홍색, 쇠고기 안심, 팬에 구운 닭, 돼지고
기 안심 등, 모든 종류의 모양과 크기를 갖춘 고기들이 계속해서 나왔다. 그날의
식사는 고기 먹기 서커스를 보는 것 같았다. 곡예사가 믿을 수 없이 작은 자동차
에서 기어 나오는 묘기 대신, 평범한 체구의 통역사가 어마어마한 양의 고기를
먹어 치우는 광경을 보는 서커스 말이다. 어쩌면 우리는 브라질에 가면 '원하는
만큼 마음껏 먹을 수 있는' 고기 뷔페에 가리라는 점을 마땅히 예상했어야 했다.
최근 브라질이 세계 최대의 육류 수출국 대열에 올랐으니 말이다.[21]

----

* 앞에서부터, 닉슨은 1969년에서 1974년까지 재직했고, 〈패트리지 패밀리〉는 1970년대 초 방영된 미국 텔레비
전 시트콤이며, 지미 헨드릭스는 1970년에 사망했다. 옮긴이

** 브라질식 고기 바비큐 뷔페. 채소는 샐러드 바에서 손님이 직접 가져다 먹지만 고기는 종업원들이 테이블로
계속 날라 준다. 옮긴이

가축 사육과 사료 재배 모두에서, 그리고 소규모 농민에서 거대 농장과 초국적 기업에 이르기까지, 현재 브라질에서 축산은 온실가스를 방출하는 요인 중 매우 큰 부분을 차지한다. 곧 설명하겠지만, 축산은 다양한 방식으로 지구온난화를 일으키는데, 삼림을 벌목해 목축용이나 경작용 땅으로 바꾸는 것은 그런 과정 중 하나일 뿐이다.

앞서 언급한 유엔 보고서(『가축의 긴 그림자』)에 따르면, 축산 분야에서 방출되는 온실가스는 전 세계 온실가스 방출량의 18퍼센트에 이른다. 이를 종류별로 살펴보면, 탄소 방출에는 10분의 1, 메탄 방출에는 3분의 1 이상, 아산화질소 방출에는 3분의 2 정도 책임이 있다. 그 밖에도 인간 활동으로 발생하는 암모니아의 3분 2가 축산 분야에서 나오는 등, 축산은 다른 오염 물질도 많이 방출한다.[22]

세계 농경지 중 70퍼센트가 축산과 관련이 있다.[23] 하지만 축산이 꼭 환경 파괴적이어야 하는 건 아니다. 예전에는 많은 지역에서 가축이 농장과 농장 공동체의 일원으로 통합되어 여러 가지 역할을 했다.(오늘날에도 이런 곳들이 있다.) 가축은 사람의 친구가 되어 주었고, 땅의 거름이 되는 분뇨를 내어 주었으며, 짐을 끌거나 땅을 가는 등 농장 일에 힘을 보탰고, 고기로 단백질원을 제공해 주기도 했다. 풀벨리 농장에서 본 양떼처럼, 가축은 지속 가능한 체계의 핵심 요소가 될 수 있다. 잘 관리된 가축은 땅을 건강하게 만들어 주기도 한다. 가축들이 돌아다니면서 땅을 밟으면 씨앗이 땅 속으로 잘 들어가서 작물이 잘 자랄 수 있다. 또, 발굽이 지나가면서 땅이 살짝 부서지면 산소가 들어가서 토질을 향상시킬 수 있다. 오늘날 스스로를 '탄소 농민'이라 부르는 사람들은 이렇게 효과가 검증된 농업 기법들을 사용하고 오랜 세월 이어져 온 방목 방식을 흉내내면서, 토양이 탄소를 더 많이 함유하도록 만든다.[24]

하지만 현대식 생산 방식을 택하면서 우리는 가축, 인간, 농장 사이의 지속 가능한 관계에서 위험할 정도로 멀어지게 됐다. 오늘날의 축산 공정은 사실상 모든 단계에서 지구온난화를 일으킨다. 그리고 그 결과는 무시무시하다.

CAFO! 오, 안 돼!

노스캐롤라이나 주 렉싱턴은 26년 째 매년 한 달에 걸쳐 바비큐 축제를 열고 있다. 축제 기간에는 "5K 호그런" 달리기 대회, "호그 슈트" 공기총 사격 대회, 사이클 경기 등도 열린다. 인구가 약 25만 명인 렉싱턴은 자칭 '세계 바비큐의 수도' 다. 노스캐롤라이나 주에서는 매년 돼지 1천만 마리가 사육되며, 이곳은 네발 동물(돼지)이 유발하는 환경 피해가 미국에서도 가장 심각한 편에 속한다.[25] 렉싱턴은 이 주의 한복판에 위치한 도시이니, 꽤 적절한 작명인 셈이다.

노스캐롤라이나 주는 아이오와 주에 이어 두 번째로 돼지를 많이 사육하는 주가 되었다. 노스캐롤라이나 주가 미국 내에서 2위를 차지하게 된 과정을 살펴보면 축산업과 육가공업이 전반적으로 어떻게 변화해 왔으며, 그 결과 기후에 어떤 영향을 미치게 되었는지에 대해 감을 잡을 수 있을 것이다.

노스캐롤라이나 주가 미국의 돼지 수도가 된 것은 어떤 불가피하고 자연적인 요인이 있어서가 아니다. 경제학 용어로 말하자면, 노스캐롤라이나 주는 돼지 생산에 자연적인 '비교 우위' 가 있다고 할 만한 여건은 아니었다. 하지만 낮은 세금, 약한 노동조합, 느슨한 규제, 높은 빈곤율 등을 감안하면 이야기가 달라진다.[26] 돼지고기 생산 업체인 〈스미스필드Smithfield〉는 이를 매우 유리한 조건이라 생각했다. 게다가 노스캐롤라이나 주가 사라져가는 담배 산업을 대신할 대안을 찾으려고 안달이 난 것도 '우위' 를 제공하는 데 한몫 했다.

1980년대와 1990년대에 〈스미스필드〉가 노스캐롤라이나 주에서 사업을 확장하면서, 양돈은 소규모 축산에서 대규모 공장형 운영으로 바뀌었다. 전국적으로도 이러한 변화가 일어나고 있었다. 20세기 초만 해도 전형적인 돼지 농장은 100마리나 200마리 정도의 규모였고, 대부분 풀밭에서 키우면서 곡식은 보조적으로만 먹였다. 하지만 2000년 무렵이면, 사실상 미국의 모든 돼지가 축사에 갇혀 사육되며, 돼지를 2천 마리 이상 수용한 대규모 시설이 미국 내 양돈 시설의 3분의 2를 차지하게 된다.[27]

상대적으로 보자면 돼지고기 분야는 그나마 집중화가 늦게 일어난 편에 속한다. 가금류와 쇠고기 생산은 1990년대 무렵에 이미 일부 초국적 기업으로 집중화된 상태였다. 이런 집중화와 함께, 독립 생산자들이 가지고 있던 산업의 통제력도 육종부터 도축과 가공까지 공급망 대부분을 쥐락펴락하는 거대 기업들로 옮겨 갔다. 1990년에 이미 상위 네 개의 쇠고기 가공 기업이 시장의 72퍼센트를 점유하고 있었으며, 상위 두 개 기업이 거의 절반을 점유하고 있었다. 2007년에는 〈타이슨Tyson〉, 〈카길〉, 〈스위프트Swift & Co.〉*, 〈내셔널 패킹National Packing〉이 쇠고기 생산의 84.5퍼센트를 차지했다. 또, 육계 산업은 〈필그림스 프라이드Pilgrim's Pride〉, 〈타이슨〉, 〈퍼듀Perdue〉, 〈샌더슨 팜스Sanderson Farms〉가 시장의 58.5퍼센트를 차지했다.[28]

오늘날 미국 축산은 대부분 공장형 농장에서 이뤄지는데 이런 곳을 '가축 집중 사육 시설(Concentrated Animal Feeding Operations, CAFO)'이라고 부른다. 미 환경 보호청은 CAFO를 적어도 1년에 45일 이상 동물을 가둬 두며 가축의 먹이를 직접 재배하지 않는 시설로 정의하고 있다. '대규모' 육우 CAFO는 1천 마리 이상, '대규모' 돼지 CAFO는 2,500 마리 이상을 사육하며, 가금류 CAFO는 12

● 현재는 브라질 기업인 JBS가 소유하고 있다.

만 5천 마리 정도가 안 되면 공식적으로 '대규모'로 간주되지도 않는다.[29]

2000년에 이르면 CAFO는 미국을 넘어 세계 곳곳에 급속하게 퍼지게 된다. 1970년대에 소련, 유럽, 일본에 진출한 거대 육류 기업들이 1990년대 말에는 폴란드나 루마니아 등의 신흥 시장을 포함한 '세계 주변부 지역'으로까지 진출한 것이다. 그리고 동아시아, 라틴아메리카, 서아시아 등에서도 CAFO가 점점 일반화되고 있다. 세계적으로, 산업화된 축산은 전통적인 방식의 농업 체계보다 두 배나 빠르게 성장하고 있으며, 방목 기반의 축산 방식보다는 여섯 배나 빠르게 성장하고 있다.[30] 이미 세계 가금류 생산의 약 4분의 3, 달걀 생산의 3분의 2, 돼지고기 생산의 거의 절반이 산업화된 축산 방식으로 이뤄지고 있다.[31]

동물이 농장 구성원으로 통합되어 있는 가족농 규모의 축산이 거대한 공장형 비육장 축산으로 바뀌면서, 기후변화에도 큰 영향을 미쳤다. 우선, 에너지 문제가 있다. 대규모 산업형 축산 시설을 운영하려면 냉난방, 조명, 환기, 폐기물 처리 등에 막대한 에너지가 필요하다. 그런데 CAFO가 지구 환경에 끼치는 해악은 여기서 끝이 아니다. 그중 중요한 몇 가지를 알아보자.

위기의 핵심에 사료가 있다

CAFO에서는 가축들이 풀밭이나 그 밖에 전통적으로 양분을 공급받던 원천에서 멀어져서 대두나 옥수수 같은 사료작물을 먹고 자란다. 그 결과는?

- 전 세계 곡물 수확량의 3분의 1(옥수수 절반과 콩 90퍼센트 포함)이 현재 공장형 농장의 가축 사료로 쓰인다.[32]
- 미국에서는 콩의 80퍼센트, 옥수수의 약 3분의 2가 사람이 아니라 동물을 먹이는 데 들어간다. 약 50퍼센트는 미국 내 가축 사료로 들어가고 19퍼센트 가량은

수출되는데, 수출량의 상당 부분도 해외에서 가축 사료로 쓰인다.[33] •

• 세계의 이용 가능한 농업 용지 중 3분의 2 이상이 축산(가축 사육, 사료 생산 모두 포함)에 쓰인다.[34]

• 세계 어획량의 약 4분의 1이 가축이나 양식장 어류의 먹이로 쓰인다.[35]

사료작물 생산은 기후에 심각한 부담을 준다. 환경주의자들은 목축지와 경작지를 만들기 위해 열대우림을 베어 내는 과정에서 방출되는 이산화탄소를 특히 걱정한다. 세계에서 가장 큰 탄소 저장고인 브라질의 아마존도 같은 문제를 겪고 있다.[36] 브라질에서 방출되는 온실가스 중 최대 4분의 3가량이 삼림 황폐화 과정에서 발생하는데, 대체로 농업 기업이 확장되면서 생긴 일이다. 〈그린피스 Greenpeace〉의 연구에 따르면, 오늘날 육우, 육계, 육돈 사료로 쓰이기 위해 수출용으로 재배되는 대두 대부분이 삼림을 벌목한 지역에서 재배된다. 〈그린피스〉는 세계적인 거대 농업 기업인 ADM, 〈벙기Bunge〉, 〈카길〉, 세 곳이 이렇게 생산되는 대두의 60퍼센트에 자금을 대고 있는 것으로 추정했다.[37] (이에 대해 〈카길〉은, 브라질에서 재배해 수출하는 자사 대두의 "거의 전부"가 "마토그로소 주의 아마존 생물군계"가 아닌 지역에서 재배된다고 주장했다.[38])

이 기업들의 이름을 기억해 두기 바란다. 이 세 기업은 세계 대두 가공 시장의 80퍼센트를 점유하고 있으며, 그 밖에도 현대 먹거리 체계의 여러 측면에 관련되어 있다. ADM은 세계 최대의 에탄올 생산자이고, 〈벙기〉는 남아메리카 최

• 미국의 농장과 식품에 옥수수가 이토록 막대하게 쓰이게 된 과정을 다룬 다큐멘터리 영화로 〈킹 콘King Corn〉을 추천한다

대의 비료 생산자며, 〈카길〉은 세계 곡물 시장의 큰손이자 미국에서 가장 규모가 큰 팜유 수입업자에 속한다.[39]

또한 사료작물을 재배하려면 농장 기계와 관개 시설을 돌려야 하고 해충이나 잡초의 피해를 막고 토질을 향상시키는 데 쓸 화학물질도 생산해야 하는데, 이 과정에서 화석연료가 많이 필요하다.[40]

앞에서 설명했듯이, 화학비료는 기후에 여러 가지 방식으로 심각한 영향을 미친다. 그런데, 현재 미국과 캐나다에서는 화학비료의 절반이 사료작물 재배에 사용된다.[41] 영국에서는 이 비중이 70퍼센트에 달한다.[42]

집약적 축산 시설에 쓰일 사료를 재배, 수확, 가공, 운송하는 데 들어가는 에너지와 비료 제조에 들어가는 에너지 등, 이 모든 요인들을 합하면 농업에 쓰이는 총 에너지량의 절반이 어분 사료, 또는 사료작물 생산에 들어간다.[43] 그리고 전체 어분과 어유 소비량의 절반이 산업형 가금류와 돼지 사육에 들어간다.[44]

사료 생산이 직간접적으로 일으키는 온실가스 방출을 논할 때는, 산업화된 축산의 어마어마한 비효율성도 생각해야 한다. 산업화된 축산은 가축이 소비하는 자원 중 아주 일부분만을 사람이 먹을 수 있는 고기로 내어 준다. 원래대로라면 반추동물인 소는 사람이 먹을 수 없는 풀을 자연적으로 양질의 단백질로 바꾸어 줄 수 있지만, 비육장의 소는 우리에게 쇠고기 1킬로그램을 주기 위해 16킬로그램의 대두와 곡식을 소비한다.[45] (미 농무부는 이 비율을 1대 7로 추산한다. 우리의 '효율적인' 먹거리 체계에 대해 누군가 이야기하거들랑, 이 숫자들을 기억하기 바란다.)

분뇨의 문제

지속 가능한 체계에서는 분뇨가 문제되지 않는다. 분뇨는 '폐기물'이 아니다. 오히려 농장의 중요한 자산이다. 토양에 양분을 주고, 작물뿐 아니라 동물에게 소중한 목초지도 무성하게 해 주기 때문이다.

하지만 산업화된 축산에서는 이야기가 다르다.

1995년에 노스캐롤라이나 주 롤리의 『뉴스 앤 옵저버*News & Observer*』에 게재된 탐사 보도 기사는 노스캐롤라이나 주의 양돈 혁명이 일으킨 폐기물 위기를 다음과 같이 암울하게 묘사했다.

> 뉴욕만 한 큰 도시가 갑자기 노스캐롤라이나 주의 연안 평지 위에 이식됐다고 상상해 보라. 그 면적을 두 배로 늘려 보라. 그리고 이 도시에 하수처리 시설이 없다고 생각해 보라. 1,500만 주민이 내놓는 배설물을 구덩이 같은 곳에 넣어 뒀다가 밭에 뿌린다고 생각해 보라. 자, 이제 그 사람들을 돼지로 바꾸어 보라. 여기서부터는 상상할 필요가 없다. 이미 현실이니 말이다.[46]

돼지 한 마리는 사람 한 명이 내놓는 폐기물의 두 배에서 네 배에 이르는 폐기물을 내놓는다. 1990년대 중반에 노스캐롤라이나 주의 돼지들은 노스캐롤라이나 주, 캘리포니아 주, 뉴욕 주, 텍사스 주, 펜실베이니아 주, 뉴햄프셔 주, 노스다코다 주 주민들을 다 합한 인구가 내놓는 만큼의 폐기물을 배출하고 있던 셈이다.

산업형 축산에서 나오는 폐기물은 농업 체계 안에서 순환시키기에는 양이 너무나 많다. 게다가 CAFO는 사료 재배 지역에서 멀리 떨어진 곳에 있는 경우가 많아서 분뇨를 농업 체계 내부에서 활용해 처리하기가 더욱 어려워졌다. 그래서 CAFO에서 나오는 돼지 분뇨는 폐수와 섞여 분뇨 '라군'•에 액체 형태로 저장된다. '라군'이라는 말을 들으면 나는 브룩 쉴즈와 열대의 섬이 떠오르지 분뇨가 떠오르지는 않는다.•• '라군'보다는 '세스핏(cesspit, 오물통)'이라는 말이 더 적절해 보인다. 이런 분뇨 저장소 중에는 굉장히 거대한 것도 있다. 보통 규모의 양돈 CAFO에서도 저장 용량이 수백만 갤런에 달하고 크기가 축구장 여러 개를 합쳐 놓은 것만 한 분뇨 저장소를 찾아볼 수 있다.

분뇨 저장소에서는 미생물이 유기물질을 '혐기 분해,' 즉, 산소 없이 분해한다. 그러면서 분뇨를 (짚이나 그 밖의 폐기물도 함께) 메탄, 이산화탄소 등의 기체로 만든다. 메탄은 물에 녹지 않고 이산화탄소도 그리 잘 녹지 않기 때문에 둘 다 만들어지자마자 대기 중으로 방출된다. 이와 반대로, 소규모 축산 체계에서는 분뇨가 농장에 유용한 거름이 될 수 있고, 산소와 함께 분해되기 때문에 메탄을 훨씬 덜 내놓는다.[47]

이렇듯, 온실가스 방출 측면에서 볼 때 CAFO의 분뇨 저장소는 문제를 일으키는 반면, 지속 가능한 농장에서 나온 쇠똥은 그렇지 않다. 게다가 온실가스 말고도 CAFO 분뇨에는 문제가 많다. 예를 들면, 분뇨가 흘러 넘쳐 인근의 물길로 흘러 들어갈 수 있다. 폐수에는 흔히 인, 암모니아, 병원균 등의 오염 물질도 들어있기 때문에 이는 큰 문제다.[48]

CAFO의 규모가 커지면서 메탄 방출도 급격히 증가하고 있다. 미 환경 보호청에 따르면, 고작 15년만에 미국의 젖소 분뇨에서 방출되는 메탄은 50퍼센트, 돼지 분뇨에서 방출되는 메탄은 3분의 2 가까이 증가했다.[49] CAFO의 분뇨 저장소 덕에, 미국은 인간 활동으로 방출되는 메탄을 세계에서 가장 많이 배출하는 국가라는 달갑잖은 영예를 얻었다.[50] 하지만 분뇨에서 방출되는 메탄만을 따졌을

● lagoon은 석호라는 뜻도 있지만 오수 처리용 못이라는 뜻도 있다. 옮긴이

●● 브룩 쉴즈 주연의 영화 〈푸른 산호초 Blue Lagoon〉에 대한 언급이다. 옮긴이

때는 미국이 중국에 뒤지는데, 중국은 전체의 거의 20퍼센트를 차지한다.[51]

반추동물과 메탄

축산이 지구온난화를 일으키는 경로가 또 있다. 소, 버팔로, 양, 염소 같은 반추동물의 소화 과정에서 나오는 메탄이다. 반추동물이 메탄을 내놓는 것은 어쩔 수 없는 일이다. 반추동물은 장내 발효로 소화를 시키는데, 일단 미생물과 효소가 반추위●에서 탄수화물을 부수고 그 다음에 '되새김질할 거리'들을 위장에서 입으로 역류시켜서, 다시 씹어서 더 부순다. 그래서 풀밭의 소들이 쉬지 않고 씹고 있는 것처럼 보이는 것이다.

소 방귀와 지구온난화에 대한 (그리 우습지도 않은) 농담들이 떠돌지만, 사실 메탄이 나오는 방향은 거꾸로다. 반추동물이 내놓는 메탄의 90퍼센트는 몸의 **다른 끝**, 그러니까 항문이 아니라 입과 코에서 나오는 것이다.[52]

반추동물은 장내 발효를 통해 섬유질 덩어리인 풀을 단백질로 바꿀 수 있다.(사람은 이렇게 못한다.) 하지만 그러면서 기후변화의 요인이 되기도 한다. 오늘날 목장과 CAFO에 있는 소와 젖소의 장내 발효는 전 세계적으로 메탄 방출의 주요 원인이다. 어떤 나라들에서는 이것이 가장 큰 요인이 되기도 한다.[53] 미국에서는 방출되는 전체 메탄의 약 4분 1이,[54] 세계적으로는 27퍼센트가 장내 발효에서 나온다. 뉴질랜드에서는 메탄의 85퍼센트가 반추동물에게서 나온다.[55] 뉴질랜드에 있는 200마리 규모 젖소 목장에서 연간 방출하는 메탄 가스 양을 이산화탄소로 환산하면, 내가 도요타 프리우스(나한테 이 차가 있다면 말이지만)를 타고 뉴욕에

● 반추동물이 가진 네 개의 위 중 첫 번째 위로, 몸 안에 있는 발효통이라고 생각하면 된다.

서 샌프란시스코까지 마흔다섯 번(!) 왕복할 때 나오는 이산화탄소 양과 비슷하다는 추정치도 있다.[56] •

풀밭으로

목축지는 지금까지 급격하게 증가해서 오늘날 지구상에 빙하를 뺀 나머지 땅의 4분의 1을 차지할 정도가 되었다.[57] 목축은 적절한 규모에서 잘 관리하지 않을 경우 땅이 심하게 다져지거나 침식되는 현상을 낳는데, 이 과정에서 땅에 있던 탄소가 공기 중으로 방출된다.[58] 유엔의 연구에 따르면, 세계 초원과 목축지의 약 20퍼센트(건조한 지역에서는 73퍼센트)가 토질 악화를 겪고 있는데, 대부분은 과다 방목으로 목초지 고갈, 토양 다짐, 토양 침식이 발생해서 생긴 문제였다.[59]

20세기 전까지만 해도 인류는 수천 년 간 집약적이지 않은 방식으로 풀을 뜯기며 가축을 길렀다. 이런 방식은 토질 유지에 도움을 주었고 반半건조 지역의 땅에 양분을 공급했다. 하지만 식민주의와 그에 뒤따른 지난 50년 동안의 〈세계은행〉, 〈국제통화기금〉 정책 하에서 개발도상국들은 농업을 산업화하고 수출 작물에 집중하라는 압력을 받았고, 이에 따라 토양이 받는 압박도 커졌다. 목축인들은 전통적인 목축지에서 쫓겨났고, 기존에는 수익성이 없어 사용되지 않던 한계 토지들까지도 과도하게 사용되었으며, 땅은 과도 방목으로 점점 척박해졌고, 초원에서 풀을 뜯기던 방식의 축산은 환경 파괴적인 방식의 축산으로 바뀌었다.[60]

이 과정은 라틴아메리카에서 특히 심각했는데, 예전에 삼림이던 아마존 지

• 쌀 재배도 메탄을 많이 방출한다. 특히 일부 개도국에서는 쌀 재배가 메탄 방출의 매우 중요한 요인이다. IPCC에 따르면 전 세계에서 쌀 생산과 관련해 방출되는 메탄의 82퍼센트가 남아시아와 동아시아에서 나왔다.

역 중 4분의 3 가까이가 목축지가 되었고 나머지는 대부분 사료작물 재배지가 되었다.[61] 라틴아메리카의 삼림은 축산용 사료 경작지나 목축지를 만드는 과정에서 가장 심하게 훼손됐다. 이러한 삼림 황폐화는 가속화되고 있다. 〈그린피스〉 연구자들은 벌목된 브라질 아마존 지역의 79.5퍼센트가 현재 소 목축에 쓰이고 있으며, 여기에서 나오는 최종 생산품은 EU 시장에서 판매되는 것으로 보고 있다.[62]

가축 마릿수의 증가

가축 수가 엄청나게 증가한 것까지 고려하면 가축이 환경에 미치는 영향은 더 심각해진다. 인구의 폭발적 증가를 우려하는 목소리가 많이 있었지만, 사실 인구 증가는 가축의 폭발적 증가에 비하면 미미할 정도다.

1965년, 어느 한 시점에 살아 있는 가축 수는 80억 마리였고 한 해에 100억 마리가 도축되었다. 오늘날에는, 어느 한 시점에 살아 있는 가축 수는 200억 마리며 한 해에만 560억 마리가 식탁에 오르기 위해 도축된다.[63] 이는 생선이나 그 밖의 해산물은 포함하지 않은 수치다. 호르몬과 항생제를 투여하고 사료로 살을 찌워서 성장 속도는 빠르게 하고 수명은 줄이는 CAFO의 사육 방식이 가축 수의 증가에 크게 기여했다. 이 어마어마한 숫자를 같은 기간의 인구 증가와 비교해 보자. 1965년에 인구는 33억 명이었고, 지금은 70억 명이다. 매년 지구상에 존재하는 사람보다 여덟 배나 더 많은 가축이 도축된다. 그리고 가축의 마릿수(특히 가금류)는 사람 수보다 훨씬 빠르게 늘고 있다.

망가진 생물 다양성

여기까지 이해했다면 축산이 지구온난화에 왜 막대한 영향을 미치는지가 명확해졌을 것이다. 그런데, 축산 혁명은 지구온난화를 일으키는 데서 그치지 않고 우리를 온난화에 더 취약하게 만들기도 했다.

기후변화에 대응하려면 생물 다양성이 무엇보다도 중요하다. 그런데 축산의 확산은 동식물의 다양성을 훼손한다. 가축은 지구상에 있는 전체 동물 몸체량의 20퍼센트를 차지하며, 현재 가축이 차지하고 있는 땅은 한때 야생 생물들의 서식지였다.[44] 그리고 인간의 소비를 위해 이런 가축을 번식시킬 때는 그중에서도 한두 품종에만 집중하기 때문에 다양성이 더 줄어든다.

뿐만 아니라, 사료작물 생산이 확산되면서 작물의 다양성도 훼손된다. 생산량의 무게로 따졌을 때 옥수수는 세계에서 가장 비중 있는 작물이며 대두는 네 번째다. CAFO가 증가하면 이 두 작물의 비중은 더 커질 것이다. 불확실한 기후에 직면한 우리가 기댈 수 있는 가장 좋은 보험은 생물 다양성이다. 다가올 기후 여건에서 어느 품종이 가장 잘 견디고 가장 잘 적응할 것인지에 대해 우리는 아직 아는 것이 많지 않다. 이런 상황에서 생물 다양성을 훼손하는 것은 식량 확보의 안정성을 훼손하는 일이다.

여기에 더해, 소규모 농민들이 거대 기업에 밀려 시장 점유율을 잃고 농업을 포기하게 되면서 지구는 또 다른 종류의 다양성을 잃어버린다. 세계 각지의 농민들이 지니고 있는 농업 지식들, 자연과 조화를 이루는 다양한 농법에 대한 지식들을 잃게 되는 것이다.

'프링글스'의 문제: 가공식품과 지구

거대 농업 기업은 이것 하나만큼은 확실히 알고 있다. 가공을 하면 수익이 난다는 것이다. 프링글스를 팔아 나는 수익률이 감자를 팔아서 나는 수익률보다 훨씬 크다. 감자 1파운드(약450g) 값은 1달러에 불과한 반면, 감자는 40퍼센트밖에 안 들어가 있고 60퍼센트는 첨가물로 이루어진 프링글스 1파운드에 고객은 기꺼이 4달러를 지불한다. 코카콜라처럼 '고전'에 속하는 가공식품도(코카콜라는 1886년에 처음 나왔다) 20세기에 걸맞은 가공식품의 면모를 갖추는 성형수술을 받았다. 1970년대에 발명된 이래, 고과당 옥수수 시럽은 단맛을 내는 용도에서 설탕의 값싼 대용품이 되었고, 콜라 제조의 원료 배합도 그에 따라 바뀌었다. 1980년대 중반이 되면 설탕은 퇴출되고 옥수수가 들어선다.[65]

예전에는 주로 그냥 먹었던 과일이나 채소도 이제는 상당한 가공을 거친 후에 소비된다. 1999년 무렵이면 미국인들은 채소의 절반을 통조림이나 냉동식품, 건조식품 형태로, 과일의 거의 절반을 주스의 형태로 소비하게 된다.[66] 또, 베이컨에서 햄버거에 이르기까지, 소비자의 냉장고에 있는 고기 중 상당량은 공장형 농장의 축사에 갇혀서 유전자 변형 옥수수와 대두가 포함된 사료를 먹으며 자란 동물에서 나온 것이다.

슈퍼마켓 선반에는 고과당 옥수수 시럽, 방부제, 첨가제 등, 복잡하고 긴 명칭을 가진 원료가 그득한 가공식품이 줄지어 있다. 이러한 가공식품은 제조의 각 단계마다, 그리고 거기 들어가는 원료들을 만드는 과정의 각 단계마다 기후에 부담을 준다. 가공하지 않은 과일, 채소, 콩, 곡물 등에 비해 가공식품은 생산하는 데 에너지가 더 많이 필요하다. 설탕 대용 감미료의 원료인 옥수수를 재배하는 데 들어가는 화학비료에서부터 '트윙키' 같은 케이크 과자가 굳지 않도록 첨가하는 화합물에 이르기까지, 또 제품의 냉동, 병입, 건조, 포장 공정에서부터 방부제와 첨가물의 제조 공정에 이르기까지, 가공식품에는 에너지가 많이 들어갈 수밖에 없다. 특히, 가공식품에 들어가는 원료들(이를 테면, 팜유)은 그 자체로도 많은 온실가스를 방출한다.

소비자는 더 많이 가공된 식품을 먹을수록 원료에 대해서는 끝내 더 적게 알게 된다. 딱히 팝타르트만을 비난할 생각은 없지만, 쉬운 사례이니 팝타르트 이야기를 해 보자. 이 고전적인 아침식사가 엄청난 에너지를 잡아먹는다는 사실은 가공식품이 환경에 해를 끼치는 여러 사례 중 하나에 불과하다. "토스터에서 구울 수 있을 만큼 얇아요"라고 선전하는 이 과자에 무엇이 들어가는지 알면 깜짝 놀랄 것이다. 여기에는 육가공 업체와 가죽 업체에서 나오는 부산물로 만드는 젤라틴, 세제에 쓰이는 피로인산나트륨(세제에서 경수를 연화軟化하는 역할을 한다), 닭 사료에 주로 쓰이는 팽창제 인산이수소칼슘monocalcium phosphate, 방부제이자 가정용 니스나 래커에도 들어 있는 삼차부틸히드로퀴논(TBHQ), 그리고 세 가지 색소 등이 들어간다. 그중 하나가 적색 제40호인데, 이 색소는 건강에 나쁜 영향을 미친다고 알려져 덴마크, 벨기에, 프랑스 등 EU국가들에서는 사용을 금지한 바 있다. 이 밖에도 원료로 들어가는 화학물질은 많다.

가정용 니스와 화학 첨가물이 맛있는 음식으로 변하려면 강도 높고 복잡한 가공 공정이 필요하다. 따라서 팝타르트 제조 공장을 가동시키는 데 들어가는 에너지도 팝타르트가 발생시키는 온실가스 논의에 포함해야 한다. 기자 스티브 애틀링거Steve Ettlinger는 '트윙키'에 들어가는 원료를 취재하기 위해 어느 제조 공장을 방문했는데, 그 공장 면적은 축구장 16.5개가 들어갈 법한 규모였다. 이 공장은 16만 개 가정에 전력을 댈 수 있을 만큼의 전기를 사용하고 있었다.[67]

팝타르트 낱개 제품 포장재와 팝타르트 상자, 그리고 운송에 필요한 큰 상자 등의 포장재 생산에도 에너지가 들어간다. 또한, 모든 원료들을 생산 현장까지

● 에틀링거는 취재한 내용을 『트윙키를 해체하다Twinkie, Deconstructed』라는 책으로 펴냈다.

운반할 때 방출되는 온실가스도 고려해야 한다. 당신이 팝타르트를 제조하려 한다면 원료를 어디에서 구할 수 있을까? 『푸드 테크놀로지 구매자 가이드*Food Technology Buyer's Guide*』를 참고해 보자. 이 책에는 젤라틴을 공급하는 업체 스물여덟 곳이 나오는데, 각 업체는 타이완의 타이페이부터 플로리다 주의 템파에 이르기까지 여러 곳에 걸쳐 있다. 인산이수소칼슘은? 『푸드 테크놀로지 구매자 가이드』는 제조 업체 세 곳을 언급하고 있는데 그중 두 곳이 중국에 있다. 삼차부틸히드로퀴논은? 이 책에 언급된 61개 제조 업체 중 스무 곳이 중국에 있다. 피로인산나트륨은? 이 책에는 제조 업체가 한 곳 나오는데, 역시 중국에 있다.

이렇게 먼 곳에서 조달되는 원료 말고도 다른 원료들이 있다. 이를테면, 옥수수를 기반으로 한 여섯 가지 원료(옥수수 시럽, 옥수수 전분 등), 팽창제, 시트르산(구연산), 식용 색소 청색 제1호, 황색 제6호 등이다. 그러나 이 원료들이 어디서 다 조달되는지는 정확히 알 수 없다.

가공식품은 이 밖에도 여러 측면에서 지구온난화에 영향을 미친다. 그중 하나는 이 연구를 시작하기 전까지 나도 몰랐던 부분인데, 바로 팜유의 확산이다.

지상 낙원의 문제

'퀘이커 추이 그래놀라 바'나 '프링글스,' 아니면 '필라델피아 크림치즈'를 집어 들 때, 지구온난화를 생각하는 사람은 거의 없을 것이다. 하지만 이런 식품들에 (그리고 화장품, 비누, 샴푸, 섬유 유연제 등, 다른 많은 제품들에도) 공통적으로 들어가는 원료가 있는데, 바로 팜유다. 가공식품 생산이 급증하면서 팜유 수요도 급증했다.

지난 10년간 팜유 생산은 두 배 이상 늘었다.[68] 오늘날 팜유는 세계에서 가장 많이 교역되는 식물성기름이며, 특히 인도와 중국에서 수요가 급증하고 있다.[69] 쿠키와 크래커 만드는 데도 들어가지만 세계적으로 팜유의 거의 절반(2천만 톤)은 연료로 쓰인다.[70]

팜유의 기원은 서아프리카로, 본래 작은 규모로 생산되어 지역 시장에서 판매되었다. 그러다가 1800년대 중반에 네덜란드 식민주의자들이 자바에, 1900년대 초에는 영국이 말레이시아에 팜유를 들여 왔다. 오늘날 세계 팜유의 87퍼센트가 말레이시아와 인도네시아에서 나온다. 이 두 나라에서 팜유 플랜테이션(그리고 펄프와 종이 플랜테이션)이 확산되면서 기후에 막대한 영향을 미치고 있다.

팜유는 왜 기후에 문제를 일으키는가? 플랜테이션을 짓기 위해 생산자들은 우림을 밀어내고 이탄 지대의 습기를 없앤다. 종종 이 과정에서 지역 주민들이 강제로 쫓겨나기도 한다. 이탄 습지의 우림에는 키 큰 나무들이 있고(50미터나 되는 것들도 있다), 습한 바닥 아래에는 많은 양의 이탄*이 있다. 이 습지에 물기가 마르면, 이탄이 공기에 노출되는데 그러면 탄소가 산화되면서 이산화탄소가 방출된다. 그리고 일단 마르고 나면 화재 위험성도 커진다. 한 번 불이 나면 몇 개월씩 지속되기도 한다. 〈열대우림 행동 네트워크(Rainforest Action Network, RAN)〉의 라프카디오 코르테시Lafcadio Cortesi는 이렇게 설명했다. "이탄 지대가 파괴되면 한 차례 크게 탄소 손실이 일어나는 데서 그치는 게 아니다. 이탄 지대에서 물기가 빠지면 일단 탄소가 한꺼번에 손실되는 충격이 발생하는 것은 물론이고 그 충격은 이후로도 오랫동안 영향을 미친다."[71]

---

* 泥炭, 식물이 지표에 수천 년 간 쌓여 탄화된 것으로 탄화 연대가 상대적으로 짧은 석탄.

〈국제 습지 연대Wetland International〉에 따르면, 이탄 지대는 지구 표면적의 0.2퍼센트밖에 차지하지 않지만 이탄 지대가 파괴될 때 방출되는 온실가스는 전체 온실가스의 8퍼센트에 이른다.[72] 인도네시아는 지구온난화를 유발하는 기체를 스물한 번째로 많이 배출하는 국가로 알려져 있지만, 〈국제 습지 연대〉는 물기가 마른 이탄 지대에서 나오는 이산화탄소까지 고려할 경우 인도네시아는 세 번째로 많이 배출하는 국가가 된다고 지적했다.

이를테면, 면적이 미국 전체 경작 가능지의 2퍼센트 정도 되는 인도네시아 이탄 지대 한 곳을 생각해 보자. 이탄 지대는 탄소를 매우 많이 저장하고 있기 때문에, 이 정도 면적의 이탄 지대가 완전히 파괴될 경우 전 세계가 한 해 동안 방출하는 탄소 양에 맞먹는 탄소가 방출된다.[73] 그런데 직접 가 보면, 이 지역이 완전히 파괴되는 상황이 머지않았다는 것을 바로 느낄 수 있다. 최근에 인도네시아에 다녀온 코르테시는 팜유 생산 지역을 네 시간 동안 자동차로 달려 본 소감을 이렇게 묘사했다. "아이오와 주를 가로질러 달리는 것과 같아요. 옥수수 대신에 종려나무가 보이다 뿐이지요. 아주 광대한 녹색 사막이라고 보면 돼요."

말레이시아와 인도네시아에 여전히 소규모로 기름용 종려나무를 기르는 농민들이 남아 있기는 하지만 기업이 이들을 빠르게 대체해 가고 있다. 현재 인도네시아 종려나무 플랜테이션의 3분의 2를 열 개 기업이 소유하고 있다.[74] 거대 농업 기업인 ADM과 〈카길〉은 그중에서도 가장 큰 생산 업체들이다. ADM은 세계 최대의 팜유 생산자인 〈윌마Wilmar〉의 주요 투자자다.[75] 다국적기업인 〈카길〉은 미국 최대의 팜유 수입 업체인데, 이 팜유는 〈유니레버Unilever〉, 〈피앤지P&G〉, 〈제너럴밀스General Mills〉 등과 같은 주요 식품 및 소비재 업체의 제품에 쓰인다.[76]

거대 기업들은, 2004년에 업계와 국제 비영리기구들이 만든 〈지속 가능한 팜유 협의회(Roundtable on Sustainable Palm Oil, RSPO)〉가 정한 가이드라인과 인증 프로그램을 통해 지속 가능한 생산이 이뤄지고 있다며, 자신들이 기후에 미치고 있는 악영향에 대한 우려를 일축한다.[77] 많은 환경 운동가들은 이 협의회가 바람직한 움직임 중 하나라는 데는 동의하고 있지만, '누가 기준을 세우고 감시하느냐'는 여전히 심각한 문제로 남아 있다고 지적한다. 〈열대우림 행동 네트워크〉의 코르테시는 이렇게 설명했다. "RSPO도 여타의 인증 프로그램들과 같은 문제를 가지고 있습니다. 바로, 누가 기업 활동을 단속하느냐의 문제인데, 현재는 기업들이 직접하고 있지요."

설령 생산 과정이 개선된다 해도, 팜유에 대한 엄청난 수요 자체가 기후에는 큰 문제다. 소와 옥수수 문제에서와 마찬가지로, 우리는 팜유에 대해서도 "어떻게 하면 기후에 영향을 덜 미치면서 생산할 수 있을까?"라는 질문을 던지는 데에만 그쳐서는 안 된다. "이렇게 많이 생산해야 하는가?"라는 질문까지 해야 한다. 그럼 이에 대한 답은 어떻게 구해야 할까? 코르테시는 이렇게 제안했다. "거대 기업들이 판단하게 두지 말자. 과학에 기초해 결정을 내리자. 정의와 합리성을 의사 결정의 지침으로 삼자. 생산과 세계적인 수요를 줄이자. 그런 뒤에야 비로소 우리는 지속 가능성에 대해 이야기할 수 있을 것이다."

접시까지 삼만 리: 식품 무역과 운송의 혁명

경제학자이자 환경학자(이 둘은 퍽 드문 조합이다)인 허먼 데일리Herman Daly는 날카롭고 기발한 방식으로 진실을 이야기하는 능력이 있다. 데일리는 이렇게 말했다. "미국은 덴마크에서 버터 쿠키를 수입하고 덴마크는 미국에서 버터 쿠키를 수입한다. (…) 이 쿠키들은 북대서양 상공 어딘가에서 서로를 마주쳐 지나

간다. (…) 무역 옹호주의자들은 이런 교역이 소비자의 선택지를 크게 넓혀 준다
고 찬사를 보내겠지만, 그런 이득이라면 조리법을 교환하는 것으로 더 싸고 간단
하게 얻을 수 있지 않겠는가?"[78]

물론 인류는 수천 년 간 식품을 교역해 왔다. 5천 년도 더 전에 시리아 사람
들은 인도네시아산 정향을 요리했고, 심지어 그 전에도 식품 교역이 있었다. 하
지만 지난 세기부터 식품 무역은 그 어느 때보다 빠르게 증가하고 있으며, 이런
추세는 계속될 것으로 보인다. 1968년에서 1998년 사이에 세계 식품 생산은 84
퍼센트 증가했는데 식품 무역은 184퍼센트나 증가했다. [79]

캘리포니아 주의 식품점에 칠레산 포도가 있고, 호주 축산물이 일본에 가고,
트윙키가 세계 각지로 가는 것은 이제 드문 일이 아니다. 식품 운송에 낭비되는
화석연료 양을 가늠해 보려면 다음을 참고하면 된다. 뉴저지 주의 외부에서 뉴저
지 주로 들어오는 1년치 토마토를 운송하는 데 18륜 트럭 한 대가 지구를 249바
퀴 도는 것만큼의 화석연료가 든다.[80]

세계 육류 무역 역시 빠르게 증가하고 있으며, 그에 따라 온실가스 방출도
증가하고 있다. 감자 칩 같은 것과 달리, 고기는 운송하려면 냉장을 해야 하기 때
문에 에너지를 많이 잡아먹는다. 1995년 이후만 보더라도, 미국의 육류 수출은
급증했는데 그중 돈육 수출은 네 배로 뛰었다.[81]

식품 운송은 심각한 온난화 효과를 낳는다. 이산화탄소가 방출될 뿐 아니라
냉장 시설에서 다른 온실가스들도 나오기 때문이다. 하지만 (놀랄 사람들도 있겠는
데) 식품 운송에서 방출되는 온실가스는 식품 생산에서 방출되는 온실가스에 비
하면 상대적으로 작은 규모다. 그렇더라도 식품의 운송에 관심을 기울일 필요가
있다. 우선, 식품 운송은 매우 빠르게 증가하고 있어서, 기후에도 점점 더 심각한
영향을 주고 있다. 또한, 어쩌면 식품 운송 과정에서 발생하는 온실가스 문제는

상대적으로 쉽게 해결할 수 있을지 모른다. 내 생각에는 이렇게 많은 양의 식품을 운송해야 할 필요가 전혀 없기 때문이다.

예를 들면, 휘발유보다 물에 돈을 더 쓰기 전에, 그리고 지구온난화에 대한 당신의 기여도를 높이기 전에, 고급 생수를 부엌 수돗물과 비교하는 실험을 해보라. 그리고 스스로에게 물어보라. 물을 피지에서 날라다 마실 필요가 정말로 있는가? 〈피지워터〉가 "피지, 클리브랜드 물이 아니니까요"라고 광고했을 때, 클리블랜드 시는 〈피지워터〉의 생수를 클리블랜드 수돗물과 비교하는 실험을 했다. 그 결과, 생수가 더 안 좋은 것으로 나타났다. 생수는 비소를 포함하고 있었고, 다른 오염 물질 수치도 높았다.[82]

아니면, 쇠고기를 생각해 보자. 미국은 2008년에 쇠고기 8억 6천만 킬로그램을 수출했고, 같은 해에 쇠고기 11억 3천만 킬로그램을 수입했다.[83] 하지만 이들 고기 맛의 차이를 식별할 수 있는 사람을 본 적이 있는가? 물론 쇠고기 중 일부는 분명 맛에 차이가 있을 것이다. 이를테면 패스트푸드 〈아비스〉의 버거는 일본 고베 쇠고기와 꽤 다를 것이다. 하지만 대체로는 맛을 전혀 희생하지 않고도 전 지구적인 쇠고기 교환을 줄일 수 있다. 적어도 우리 혓바닥은 그 사실을 알아차리지 못할 것이다. 미국은 면적이 넓으니까 어떤 경우에는 미국 내의 먼 지역에서 들여오는 것보다 멕시코나 캐나다에서 들여오는 것이 운송 거리가 짧을 수도 있다. 하지만 일반적으로 전 세계에서 증가하고 있는 무역 대부분은 우리에게 별 도움을 주고 있지 않으며 지구만 데우고 있을 뿐이라고 말해도 무방할 것이다.

식품이나 생수를 수출하고 수입할 때 명백히 발생하는 온실가스 말고도, 현대 먹거리 체계에는 또 다른 운송 비용이 숨어 있다. 앞서 설명한 CAFO를 생각해 보자. CAFO를 운영하려면 사료를 들여와야 하는데, 때로 이 사료는 지구 반대편에서 운송되어 오기도 한다. 곧 설명할 폴란드의 돼지 CAFO에서는, 예전에는 음식 찌꺼기로 돼지를 먹였던 농부들이 이제 대부분 수입 사료로 돼지를 먹인다. 수입 사료에는 브라질에서 오는 유전자 변형 콩도 포함되어 있다. 여기에, 살아 있는 동물을 CAFO까지 들여올 때 발생하는 숨은 비용도 고려해 보자. 2007년에 미국은 멕시코와 캐나다에서 천만 마리 이상의 새끼 돼지를 수입했으며 비육장에서 키울 송아지를 250만 마리 가까이 수입했다.[84]

마지막으로, 식품 운송은 더 눈에 띄지 않는 방식으로 기후에 영향을 미치기도 한다. 예를 들면, 고속도로, 철도, 도로 등, 전 세계를 가로지르는 기반 시설을 건설하고 수리할 때 나오는 온실가스도 식품 운송과 어느 정도 관련이 있다고 볼 수 있다.

월마트와 기후: 쇼핑 장소의 혁명

어느 추운 새벽, 폴란드 타트라 산맥의 농민들을 만나러 가는 길에 우리는 요기를 할 만한 곳이 없는지 찾고 있었다. 낡아 빠진 렌터카를 타고 작은 길을 돌아 까르푸 표지판을 따라갔다. 까르푸는 유럽의 월마트라고 할 만한 곳으로, 결혼 반지부터 벽지까지 뭐든 살 수 있다. 가끔 직원들이 긴 통로를 더 빨리 움직이기 위해 롤러 스케이트를 타고 다니기도 한다. 커브 길을 돌아 들어가자 광대한 주차장, 그리고 문이 열리기를 기다리며 쇼핑 카트를 잡고 있는 인파가 보였다.

까르푸, 월마트, 테스코, 아홀트 등, 이런 곳은 매우 많다. 소비자들이 집중화된 거대 슈퍼마켓에서 식품을 구입하는 것은 전 지구적인 현상이다.[85] 예를 들면, 라틴아메리카의 경우 1980년대 이전에는 슈퍼마켓에서 판매되는 식품이 전체의 10퍼센트에서 20퍼센트에 불과했던 것으로 추정되는데,[86] 오늘날에는 80퍼센트에 이르러 미국과 비슷해졌다.[87] 동일한 패턴이 다른 지역에서도 나타나고 있다. 중국에서는 1995년에서 2000년까지 겨우 5년 사이에 서구 스타일 슈퍼마켓에서 판매되는 식품이 여섯 배 이상으로 늘었다.[88] (반면, 같은 기간 미국에서는 겨우 10퍼센트 늘었는데, 아마도 미국에서는 슈퍼마켓과 스트립몰이 이미 들어설 대로 들어서 있었기 때문일 것이다.[89])

이런 추세는 기후변화에 엄청난 영향을 미친다. 식품이 슈퍼마켓 선반에 들어오기까지 공급망이 긴 것도 문제지만, 슈퍼마켓에 일반적으로 설치되어 있는 개방형 냉장 시설도 기후에 큰 영향을 미친다. 쇼핑객들이 손쉽게 식품을 집어 들 수 있도록 슈퍼마켓 냉장 시설에는 보통 문을 달아 놓지 않는다.[90] 식품점, 슈퍼마켓, 편의점 등은 다른 상업용 건물보다 매장 단위 면적당 더 많은 온실가스를 방출한다.[91]

2008년에 영국 〈환경 조사 기구(Environmental Investigation Agency, EIA)〉가 수행한 연구에 따르면, 영국에서 히드로플루오로카본(HFC)이 가장 많이 배출되는 원천은 슈퍼마켓이었다. HFC는 이산화탄소보다 잠재적으로 1만 배나 강력한 온실가스다.[92] 세계적으로는 슈퍼마켓에서 방출되는 HFC가 전체 방출량의 4분의 1을 차지했다. IPCC는 슈퍼마켓이 운영 방식을 크게 바꾸지 않는다면 이러한 온실가스 방출이 2002년부터 2015년 사이에 세 배가 될 것으로 보고 있다.[93]

개도국에서 방출되는 HFC의 현황과 추이를 다룬 자료는 많지 않지만, EIA의 피오누알라 윌레이븐스Fionnuala Walravens는 향후 몇 십 년 간 개도국의 HFC 방출이 엄청나게 증가한다 해도 놀랍지 않을 것이라 말한다. 현재 개도국의 많은 슈퍼마켓들이 히드로클로로플루오로카본(HCFC)을 방출하는 장비를 사용하고 있다. HCFC는 오존층을 파괴하는 기체로, "몬트리올 의정서"가 사용을 금하고 있다. "'몬트리올 의정서'는 개도국이 오존층을 파괴하는 HCFC 사용을 10년 안에 중지해야 한다고 규정하고 있어요. 하지만 안타깝게도 개도국들은 HCFC 대신 기후 온난화에 영향을 주는 HFC를 사용하는 방향으로 나아가고 있지요" 윌레이븐스의 지적이다.

좋은 소식도 있다. 몇몇 국가들은 기후 친화적인 정책을 채택해 HFC 방출을 줄이려 노력하고 있다. EIA는 HFC에 이산화탄소 환산치를 기준으로 톤당 세금을 부과하고 있는 노르웨이와 덴마크 사례를 소개했다. 윌레이븐스는 "이러한 정책은 HFC 사용에 탄소세를 부과해 비용을 물림으로써, 시장이 대안적인 방향으로 나가게 하는 데 도움을 주고 있다"고 설명했다. 그러면서 그는 영국의 슈퍼마켓들이 이런 변화를 만드는 데 더디다는 점은 나쁜 소식이라고 덧붙였다.

▌기후를 먹다: 먹는 장소의 혁명

미국인 절반 이상은 지난 한 달 동안 적어도 한 번은 "사이드 메뉴는 감자 튀김으로 주세요"라고 말한 적이 있을 것이다. 미국에서 최근에 이루어진 조사에 따르면, 응답자의 약 3분의 1이 지난 한 달 사이에 서브웨이, 버거킹, 타코벨, 웬디스 중 한 곳에서 식사를 한 적이 있다고 답했다. 또, 4분의 1은 KFC에서, 그리고 절반은 맥도날드에서 식사를 한 적이 있다고 답했다.[34] 지난 50년 동안, 생산되는 식품의 종류, 생산 방식, 식품 구매 장소뿐 아니라 우리가 식품을 먹는 장소도 크게 달라졌다. 그리고 먹는 장소가 변화하면서 먹거리 체계가 기후 온난화에 미치는 영향력 또한 가중됐다.

1977년에는 미국에서 끼니나 간식을 밖에서 해결하는 비율이 16퍼센트였다. 1995년에는 이 숫자가 25퍼센트로 늘어난다. 1995년에서 2000년 사이 모로코에서는 패스트푸드점 수가 20퍼센트 늘었다. 태국에서는 40퍼센트 늘었다. 인도네시아와 중국에서는 서구 스타일 패스트푸드점이 거의 120퍼센트나 늘었다.[95] 겨우 5년 사이에 일어난 일이다!

패스트푸드 소비의 증가(더 일반적으로 말해서 외식의 증가)는 점점 더 불평등해지는 세계에서 잘 사는 쪽의 소득 증가와 관련이 있고, 광고 공세와도 관련이 있지만, 도시화로 거주 환경이 변한 것과도 관련이 있다. 1960년에는 전 세계 인구 중 세 명 중에 한 명 꼴로 도시에 살았는데, 오늘날에는 세계 인구의 절반 가량이 도시에 산다. 이 기간 동안 도시 인구 증가의 대부분은 개도국에서 발생했다.[96] 개도국에서 도시로 이주해 살게 된 사람들 상당 부분이 예전에는 자신이 먹는 작물의 상당량을 직접 기르던 가족 농민이었다.[97] 그런데 농민들이 도시로 몰려오면서 자신이 먹을 것을 직접 기르는 사람은 줄어들었고 도시 가까운 곳에서 작물을 기르는 농민도 줄었다. 그리고 이 두 가지 요인 때문에 기후 압박적climate-intensive인 먹거리 체계에 대한 의존도는 더 높아졌다.

이 경로를 바꾸지 않으면 지구는 계속 데워질 것이다. 다행히, 농촌 생활을 수익성 있고 보람 있게 만들어 이런 경향에 도전하는 사람들이 늘고 있다. 브라질에서 수천 개의 농촌 공동체를 건설한 사람들(많은 이들이 유기농으로 작물을 기른다)에서부터, 사막을 수백 개 마을로 되살려 내는 데 성공한 니제르 사람들에 이르기까지 말이다.[98]

현대 먹거리 체계가 온실가스 방출 요인의 약 3분의 1을 차지하게 된 마지막 요인은 쓰레기다. 세계적으로 온실가스의 3.6퍼센트는 폐기물과 폐수에서 나오는데, 이때 방출되는 온실가스는 주로 메탄이고 두 번째는 아산화질소다. 여기에서 중요한 비중을 차지하는 것이 식품 관련 폐기물이다. 어떤 도시들은 매립장 쓰레기 중 음식 쓰레기가 차지하는 비중이 절반이나 된다.[99] 그리고 미국에서 매립장은 장내 발효에 이어 두 번째로 큰 메탄 방출의 원천이다. 매립장에서 나오는 메탄이 천연가스나 석탄, 철강 생산 과정에서 나오는 메탄보다 많으며, 여기서 나오는 메탄을 다 합한 것보다도 많다.

'낭비되는 음식'을 논할 때는 불필요한 칼로리로 우리 배를 채우는 음식까지 이야기해야 한다. 오늘날 미국은 한 사람당 3,900칼로리를 섭취할 수 있을 만큼의 식품을 생산한다. 성별, 나이 등을 막론한 1인당 수치이기 때문에, 전체적으로는 필요한 총 칼로리의 두 배가 넘는 양이다.[100] 선진국은 1인당 평균 3,309칼로리를 생산한다.[101] 이 중 일부는 대놓고 낭비된다. 즉, 접시에 올라오지도 않고 버려진다. 나머지는 우회적으로 낭비된다. 패스트푸드나 정크푸드에 들어가서 우리의 건강이 아니라 허리둘레를 키우는 것이다.

어쩌다 이렇게 되었는가

기후 압박적인 먹거리 체계는 전례 없는 속도로 전 세계에 퍼지고 있다. 이 모든 게 최근 한두 세대 동안 일어난 일이다. 하지만 기억해야 할 것이 있다. 노스캐롤라이나 주에 터를 잡은 〈스미스필드〉 사례에서 보았듯이, 이러한 파괴적인 대변화는 자연적이거나 불가피한 과정의 결과가 아니다.

이 파괴적인 먹거리 체계는, 유한한 화석연료를 쓰면서도 현 체계를 무한히 지속할 수 있다는 가정, 그리고 자연의 재생력을 마구 교란해도 괜찮다는 가정 (즉, 토질을 저하시키고 물을 오염시키고 삼림을 황폐화하고 점점 더 많은 온실가스를 방출해도 끔찍한 일은 생기지 않으리라는 가정)에서 나왔다. 또한, '정책'이라고 불리는, 인간이 만든 규칙들에서 나왔다. 정책이라는 말은 너무 지루하게 들리기 때문에 우리는 그것을 무시하곤 한다. 하지만 이런 규칙들을 만들기 위해 다국적기업의 부와 권력은 시민의 목소리와 가치를 너무 많이 삼켜버린다. 결국 납세자인 우리는 잘못된 체계의 핵심적인 부분들에 보조금을 내는 꼴이 되고 마는 것이다.

한 가지 사례로 CAFO의 성장을 추동한 정책들을 살펴보면, 이 업계가 기후 변화의 주범이 된 과정이 사실은 공공 정책과 보조금에 의해 촉진되었음을 알 수 있다. 미국에서 축산업자들은 "농업법Farm Bill"에 의거해 수십억 달러의 직접 보조금을 받는다. "농업법"은 미국의 식품과 농업을 좌우하는 수십억 달러짜리 정책이다. 1995년에서 2006년 사이 "농업법"은 축산 업자에게 직접 보조의 형태로 대략 40억 달러를 지급했는데 수혜자는 대부분 대규모 축산업자였다.[102]

축산 업자들은 "농업법"에서 간접적인 혜택도 얻는다. 옥수수와 대두 생산자들에게 지급되는 보조금을 생각해 보자. 2003년에서 2005년 사이에 옥수수 생산자들은 176억 달러, 대두 생산자들은 20억 달러의 보조금을 받았다.[103] 사료 구입 비용이 CAFO 운영에 드는 전체 생산 비용 중 60퍼센트 가량을 차지하기 때문에, 연방 보조금이 곡물과 대두의 가격을 낮춰 주면 축산 업계는 득을 본다.[104] 미국에서는 대부분의 옥수수와 콩이 식용이 아니라 사료용으로 쓰인다는 점을 생각하면, 이러한 농산품 보조금은 축산 보조금이라고 봐도 무방하다. 거대 육류 및 낙농품 생산자들을 돕는 격이니 말이다.[105] 실제로, 터프츠 대학의 〈지구 개발과 환경 연구소〉에 따르면, 옥수수와 콩에 대한 연방 보조금 덕분에 공장형 농장은 1997년에서 2005년 사이 총 350억 달러의 비용을 절감한 것으로 추정된다.[106]

CAFO가 그렇게 숱한 환경 위기를 야기했는데도, 2002년에 축산 업계 로비스트들은 '환경 개선 장려 프로그램Environmental Quality Incentives Program'에 CAFO가 포함되어야 한다는 로비를 성공적으로 밀어붙였다. 이 프로그램은 본래 소규모 농민들이 오염을 줄일 수 있게 도우려고 고안한 것이었다. 하지만 〈우려하는 과학자 연합Union of Concerned Scientists〉의 더그 구리안-셔먼Doug Gurian-Sherman이 추정한 바에 따르면, 2007년 무렵이면 CAFO들이 이 프로그램을 통해 많게는 연간 1억 2,500만 달러를 받고 있었다.[107]

미국 납세자의 세금은 산업적으로 생산된 육류의 해외시장을 확장하는 데도 들어간다. 미국 쇠고기에 반대하는 한국의 시위? 미국 쇠고기 품질에 대한 일본의 우려? 미국인은 걱정하지 않아도 된다. 미국에는 이 일을 처리해 줄 미 농무부 공무원들과 의원들이 있으니 말이다. 2005년, 농업 위원회, 에너지 위원회, 재향군인 위원회 등에서 활동했던 상원의원 켄 살라자르Ken Salazar(현재는 미국 내무장관이다)는 해외 소비자들이 미국 쇠고기를 꺼려하는 현상을 가리켜 이렇게 말했다. "해외에 주재하는 우리 외교관들의 임무는 미국의 이익을 증진시키기 위해 활동하는 것이다. (…) 또한 나는 미국의 외교관들이 쇠고기 수출을 포함해서 미국의 수출을 최대한 적극적인 방법으로 촉진시키기를 원한다."[108] (잠깐, 살라자르는 여러분[미국 독자]이나 나의 이익을 〈미국 육우 축산업 협회National Cattlemen's Beef Association〉의 이익과 동일시하고 있다.)

마지막으로, 축산업계는 CAFO를 공장이 아니라 농장으로 분류하는 환경 규제의 허술함에서도 오랫동안 혜택을 누려왔다. CAFO 시설들은 온실가스를 엄청나게 뿜어내면서도 마땅히 받아야 할 규제나 처벌을 받지 않는다. 규정상으로는 CAFO 운영자들이 분뇨 저장소를 안전하게 관리해야 한다고 되어 있지만, 많은 CAFO들이 분뇨 저장소를 그냥 방치하고 있는데도 벌금이나 제재를 거의 받지 않는다.[109] 허술한 규제를 보완하기 위해 주 차원이나 연방 정부 차원에서 새로운 정책들이 나오고는 있지만 아직까지 큰 효과는 내지 못하고 있다.

2장에서는 지구를 이토록 위협하는 거대한 식품 실험의 뒤에서 이 실험을 추동한 요인들이 무엇이었지 살펴볼 것이다. 우리가 해결해야 할 과제들이 앞에 놓여 있지만 이 과제의 상당 부분은 사실 우리 내부에 들어와 있다. 이를 파악하면, 어쩌다 우리가 이렇게 되었는지, 왜 이 경로를 계속 가고 있는지, 이 경로를 바꾸려면 어느 지점들을 공략해야 하는지를 더 잘 알아볼 수 있을 것이다.

▌농장의 문제는 농장의 문제로만 머물지 않는다

약 40년 전, 그러니까 내가 태어나기 몇 년 전에, 나의 엄마 프랜시스 무어 라페는 도서관에서 놀라운 깨달음을 얻었다. 1971년이었는데, 엄마는 버클리 캘리포니아 대학의 대학원 과정을 그만두고 세계적으로 심각해지고 있는 빈곤 문제의 근본 원인을 알아내는 일에 나선 상태였다. 지아니니 도서관에서 자료를 파고 들던 엄마는 예상치 못한 사실을 발견했다. 토머스 맬서스Thomas Malthus가 1789년에 『인구론An Essay on the Principle of Population』을 내놓은 이래로 진 지구적인 기아가 닥칠 것이라는 예측이 내내 있었지만, 사실 세계는 지구상의 모든 사람이 다 먹기에 충분하고도 남을 식품을, 아니 모두가 통통해질 만큼 먹기에도 충분할 식품을 생산하고 있다는 사실이었다. (1970년대뿐 아니라 지금도 그렇다.)[110]

엄마의 첫 질문이었던 "왜 기아가 존재하는가"는 곧 "왜 풍요로운 세상 속에서도 기아가 존재하는가"로 바뀌었다. 엄마는 식품이 부족해서가 아니라 민주주의가 부족해서 기아가 지속된다는 점을 깨닫게 되었다. 근본적으로 민주주의란 우리 각자가 목소리를 낼 수 있다는 의미다. 그리고 목소리를 낼 수 있다면 우리 중 누구도 가족과 공동체가 기아를 겪도록 목소리를 내지는 않을 것이다. 엄마가 보기에 산업화된 먹거리 체계, 특히 현대의 발명품인 공장형 농장 체계에 필연적으로 뒤따르는 식품의 과다 생산과 낭비는 민주주의의 결여를 보여 주는 강력한 증거였다.

그로부터 40년 동안, 우리는 산업화된 먹거리 체계가 낳는 고통스런 비용들을 더 절실히 알게 되었다. 사라지기는커녕 확산되는 기아도 그런 고통스런 비용 중 하나다. 또, 잘 알고 있듯이, 우리는 산업화된 먹거리 체계를 운영하느라 심장병이나 당뇨병 등, 음식 관련 질병으로 생명을 잃는 비용을 치른다. 물의 오염으로도 비용을 치른다. 오염된 물에는 신경독과 내분비 교란을 일으키는 농업 화학물질이 들어 있다. 농장 노동자들과 육가공 공장 노동자들의 생명으로도 비용을 치른다. 여기에 더하여, 이제 우리는 기후 교란이라는 비용을 치른다는 사실도 알게 되었다.

단계	온실가스 방출 요인	방출되는 주요 온실가스			
		이산화탄소	메탄	아산화질소	기타
1단계 **생산**	**경작지/목축지 확보**				
	• 삼림, 습지 등 탄소가 풍부한 환경 자원 파괴	★	★	★	
	원료 생산				
	• 화학비료 제조	★		★	
	• 석유 기반의 농약과 기타 화학물질 제조	★			
	• 비료의 원료를 얻기 위한 채굴	★			
	• 호르몬이나 항생제 등 가축 생산에 들어가는 기타 원료 생산	★		★	
	• 사료작물 재배	★		★	
	• 사일리지 생산과 목초지 관리	★			
	• 살아 있는 동물을 비육장으로 운송	★			
	• 농업 화학물질을 농장으로 운송	★			
	작물 재배와 가축 사육				
	• 농장 기계과 관개 시설 가동에 필요한 연료	★			
	• 거름으로 유기물질을 쓰지 않고 농업 화학물질을 사용해 발생하는 토질 저하	★	★	★	
	• 비료 사용과 남용	★		★	
	• 쌀 재배		★		
	• 장내 발효		★		
	• 관개 시스템	★			
	CAFO 가축 사육				
	• 난방, 냉방, 전력 등 축사 시설 관리에 들어가는 에너지	★			★
	• 폐기물 처리(분뇨 저장소에 보관되는 분뇨 등)		★	★	

단계	온실가스 방출 요인	방출되는 주요 온실가스			
		이산화탄소	메탄	아산화질소	기타
2단계 **가공**	● 조리하기, 식히기, 모양 만들기, 포장하기 등 식품 가공 공정상의 활동	★			★
3단계 **유통**	● 운송(국내, 국제)	★			★
	● 슈퍼마켓(냉장, 조명 등)	★			★
4단계 **소비**	● 운송, 냉장, 준비, 조리	★			★
5단계 **폐기**	● 폐기물(음식 쓰레기, 포장 쓰레기 등) 운송, 퇴비화, 혐기 분해, 소각	★	★	★	

〈식품 기후 연구 네트워크Food Climate Research Network〉의 자료를 토대로 작성했다.
다음을 참고하라. www.fcrn.org.uk.
이 곳은 식품과 기후변화에 대한 방대한 정보를 담고 있으며
최근 연구에 대한 링크와 국제 리스트서브 링크도 제공한다.

2장.

다가올 미래

빠르게 바뀌어 가는 입맛

베이징 국제공항의 유리문을 밀고 나서면 도처에서 초록과 흰색의 스타벅스 인어를 보게 될 것이다. 멕시코의 사유리타에서 마가리타를 마신다면, 그것은 세계에서 〈코카콜라〉 제품을 가장 많이 소비하는 나라에서 마시는 마가리타일 것이다.* 서울에서는 길을 가다 어김없이 아웃백을 보게 될 것이다. 서울에는 아웃백이 너무 많아서 나는 호텔로 돌아오는 길을 잃은 적도 있다. 내가 묵은 호텔이 아웃백 옆에 있었는데, **다른** 아웃백 근처에서 헤맨 것이다.(그 호텔 근처에는 아웃백이 두 개 있었다.)

알다시피, 서울에서부터 사유리타에 이르기까지 고도로 가공된 식품, 고지방 식품, 공장형 축산으로 생산된 육류와 낙농품 등 산업화된 식품을 먹는 사람

---

* 멕시코에서는 일인당 하루 평균 8온스(약240ml)들이 〈코카콜라〉 제품 1.5개를 마신다.[1]

들이 전 세계적으로 점점 늘고 있다. 물론 〈버거킹〉 와퍼를 한 번도 안 먹어 본 사람들도 있긴 하다.(〈버거킹〉은 2008년에 소위 이러한 '와퍼 버진'을 이용해 눈살 찌푸려지는 광고를 하기도 했다.[*]) 하지만 지난 두 세대 간 미국을 휩쓸었던 음식 혁명이 세계 전역의 개도국에서도 벌어지면서 그곳 사람들의 식습관과 농업 방식, 그리고 신체도 달라지고 있다. 〔〈맥도날드〉의〕 구부러진 노란 아치, 〔〈웬디스〉의〕 웃고 있는 양갈래머리 소녀, 〔〈타코벨〉의〕 명랑한 치와와가 확산되면서 이러한 변화를 가속화시킨다.

육류와 낙농품 소비 추세만 보더라도 놀랄 정도다. 유엔은 2000년대 초 2억 2,900만 톤이던 세계 육류 소비량이 2050년에는 4억 6,500만 톤이 될 것으로 내다본다. 우유 생산은 5억 8천만 톤에서 10억 톤 이상으로 늘 것으로 추정되는데, 특히 개발도상국에서 증가 속도가 빠를 것으로 보이며[2] 증가한 낙농품 생산량의 거의 절반이 중국에서 소비될 것으로 전망된다.[3]

1장에서 설명했듯이, 전 세계적으로 산업화된 식품, 가공식품, 수입 식품 위주로 식생활이 변화하고 있는 추세는 식품의 생태 발자국을 증가시키는 데 큰 영향을 미친다. 육류와 낙농품 소비 전망치를 기준으로 추산한 결과, 유엔은 "환경이 현재 수준보다 더 심하게 파괴되는 것만이라도 막으려면, 가축 한 단위가 유발하는 환경 영향이 절반으로 줄어야 한다"[4]고 경고했다. IPCC는 현재와 같은 식생활 추세가 이어진다면 농업에서 방출되는 온실가스가 계속 증가할 것이라며, 2030년이면 농업 관련 아산화질소 및 메탄 방출이 1990년에 비해 60퍼센트나 증

----

[*] 이 광고는, 햄버거를 먹어 본 적이 없는 오지 사람들을 대상으로 와퍼와 〈맥도날드〉의 빅맥을 먹고 어느 쪽이 더 맛있는지 고르게 했다. 옮긴이

가할 수도 있다고 내다봤다.[5]

하지만, 우리는 식품의 미래가 운명적으로 정해져 있는 것은 아니라는 점을 기억해야 한다. 오늘날의 추세가 불가피한 것처럼 **느껴질**지도 모르지만, 사실은 불가피하지 않다. 현재의 추세는 인위적인 요인이 그렇게 몰아갔기 때문에 정착된 것이다.

기후 파괴적인 먹거리 체계를 추동한 핵심 요인들을 살펴보면 이 점을 더 명확히 이해할 수 있을 것이다. 2장에서는 그중 세 가지 요인을 설명하고자 한다. 첫 번째, 사람들의 입맛이 기후에 부담을 주는 음식에 길들여지고 있다. 두 번째, 식품을 집약적으로 생산하기 위해 토지를 장악하는 사례가 늘고 있다. 세 번째, 산업화된 육류와 낙농품이 확산되고 있다.

2장을 읽어 나가면서, 우리 먹거리의 미래가 특정한 정책들, 사람들이 의심하지 않고 믿는 전제들, 기업이 내리는 의사 결정들에 의해 구성되고 있다는 점을 잊지 말기 바란다. 이 모두는 우리가(여러분과 내가) 바꾸어 낼 수 있는 것들이다.

사람들의 입맛을 조정하기

"현대의 식품 소비 경향은, 시장이 개방되어서 다양한 식품이 존재하고 소득도 증가했을 때 사람들이 자연스럽게 더 끌리는 음식들을 반영한 것일 뿐이다"라는 설명을 우리는 흔히 듣는다. 산업화된 방식의 농업이 불가피하듯이 이러한 식생활 추세도 불가피하다고들 한다. 〈국제 식육 사무국International Meat Secretariat〉 사무총장 로렌스 릭슨Laurence Wrixon도 분명 같은 생각일 것이다. 이렇게 말한 것을 보면 말이다. "당신이 달가워하든 아니든, 육류 수요는 증가할 것이다."[6] 즉, 육류를 먹고 싶어하는 사람들의 욕구를 바꾸려는 시도는 사람들의 〔자연스러운〕 입맛을 강제로 바꾸려는 시도나 마찬가지라는 주장이다. 릭슨의 말이 암시하는 것처럼, 그리고 우리 모두 경제원론 수업에서 배운 것처럼, 시장은 단지 수요에 반응할 뿐이라고들 한다. 그렇겠지. 안 그럴 때만 빼고는.

당신이라면 10억 달러로 무엇을 사겠는가? 당신이 〈펩시〉의 최고 경영자라면 세계에서 가장 빠르게 소비 경제가 성장하고 있는 중국 시장을 사고 싶을 것이다. 〈펩시〉 회장 인드라 누이Indra Nooyi는 2008년 11월 나흘 간의 일정으로 중국을 방문한 자리에서, 〈펩시〉가 "신흥 시장 확장 전략"의 일환으로 중국에 10억 달러를 투자할 것이라고 발표했다.[7] 이미 중국 음료 시장의 거의 절반을 장악하고 있는 〈펩시〉는, 그 10억 달러를 이용해 제조 시설을 확장하고 판매 조직을 확충할 예정이다. 또한, 고전적인 마케팅 활동, 혹은 〈펩시〉의 표현대로라면 "브랜드 구축 전략"에도 그 돈의 상당 부분을 사용할 예정이다.[8]

〈펩시〉가 중국에 건 10억 달러짜리 베팅은, 욕망이란 만들어지는 것이며 식품 회사들은 그 욕망을 만들어 내기 위해 수십억 달러를 쓰는 것도 마다하지 않는다는 사실을 보여 준다. 2008년에 다국적 식음료 업계의 '빅3' 인 〈펩시〉, 〈코카콜라〉, 〈맥도날드〉는 마케팅에만 총 24억 달러를 지출했다.[9] 식품 산업 전체적으로는 이것의 몇 배나 되는 돈을 지출한다. 그래서 식품 업계는 매우 비중 있는 광고주다. 어떤 것이 먹고 싶은지에 대한 선호와 욕망을 모든 사람이 원래부터 자연적으로 갖고 있다면, 우리에게 무언가를 사라고 설득하기 위해 왜 이렇게 많은 돈을 쓴단 말인가.

〈펩시〉를 포함해 미국의 다국적기업 최고 경영자들은 예전부터 해외시장에 진출할 수 있는 기회를 노려 왔다. 『월 스트리트 저널』은 이렇게 언급했다. "〈코카콜라〉의 대표 품목인 콜라가 본국〔미국〕에서 성장 한계에 도달했다는 것은 한

참 전부터 분명한 사실이었다"[10] 실제로, 오늘날 〈코카콜라〉는 이윤의 80퍼센트를 중국이나 멕시코, 브라질 등, 북미 이외의 지역에서 얻는다.[11] 또한, 〈펩시〉의 인드라 누이는 이렇게 말했다. "중국, 인도, 러시아처럼 시장이 놀랍게 성장하는 곳에 우리는 계속 투자를 할 것이다. [미국에서] 성장의 노래가 멈췄을 때, 그쪽 시장에서 리더가 되기 위해서다."[12]

이런 기업들은 전 지구적으로 퍼져 나가면서, 해외의 소비자들을 정교하게 설득하고 해당 지역의 문화적 전통을 더 노골적으로 공격해 시장을 확장한다. 벤저민 바버Benjamin Barber가 저서 『지하드 vs. 맥월드*Jihad vs. McWorld*』에서 언급했듯이, 〈코카콜라〉는 "갈증은 조장할 수 없지만 입맛은 조장할 수 있다"는 사실을 잘 알고 있다.[13] 자, 그럼 어떻게 해야 다른 나라 사람들이 당신의 제품을 원하도록 만들 수 있을까? 바버는 "소비는 새로운 '필요', 새로운 기호, 새로운 지위와 연결되어야 한다"고 설명했다.[14] 인도에서 〈코카콜라〉는 광고에 "공격적인 투자"를 했다. 그 광고 덕에 인도 사람들 사이에서 전통적이고 건강에 더 좋은 음료 습관이 사라지고 〈코카콜라〉를 마시는 습관이 자리 잡았다. 광고가 "세상에-이렇게나-끔찍한" 차 마시기 습관 같은 것을 무너뜨린 것이다. 바버는 이렇게 강조했다. "사람들을 (…) 차 마시는 습관에서 떼어 놓는 것은 그들의 문화를 바꾸는 활동까지 포함하는 일이다."[15]

미국인 중에는, 코카콜라나 치즈버거에 한 번 맛을 들인 사람이라면 사모사*나 망고 라시**로는 절대 되돌아갈 수 없을 것이라고 생각하는 사람이 있을지도

● 인도식 튀긴 만두. 옮긴이

●● 인도의 요구르트 음료. 옮긴이

모르겠다. 하지만 아마도 그것은 미국인들의 입맛이 너무 일찍부터 길들여졌기 때문일 것이다. 우리〔미국인〕가 '프루트 루프 시리얼'이나 '캐픈 크런치'*에 끌리는 것은 천성적이고 자연적인 현상처럼 보이지만 사실 기업 마케팅이 우리를 살살 구슬려서 그렇게 된 면이 크다. 스폰지밥이나 호랑이 토니** 같은 친근한 등장 인물들은 아주 어린 시절부터 우리를 꾀어 낸다. 여기까지는 아마도 명백할 것이다. 하지만 기업의 설득 방식은 이렇게 명백히 드러나는 것보다 한층 더 교묘하다. 이를테면 마케팅 담당자들은 어린아이들이 세계를 인식하는 방식을 연구해서 어린이들에게 호소력이 있을 법한 포장을 만든다.[16] 어린이들은 빨간색, 노란색, 오렌지색 등 파장이 긴 색상에 가장 잘 반응한다고 한다. 설탕 입힌 시리얼 상자에 가장 많이 등장하는 색이 무엇일 것 같은가?

여러 연구 결과에 따르면, 브랜드 전략은 매우 강력한 효과가 있어서 우리가 무언가를 먹었을 때 어떤 맛을 느끼는지에 대한 감각까지도 바꿀 수 있다. 신경 과학자인 리드 몬태규Read Montague는 코카콜라와 펩시 시음을 통해 '브랜드 조건화' 실험을 했다. 몬태규는 블라인드 테스트에서 참가자들이 두 가지의 음료를 마시는 동안 자기 공명 장치(MRI)로 뇌를 관찰했다. 이를 통해 일부 참가자들이 펩시를 더 좋아한다는 사실을 알아냈다. 하지만 브랜드 이름이 공개되자 뇌의 또 다른 부분이 활동하기 시작했다. 천성적으로 펩시를 더 좋아하는 사람들 중 몇몇은 이제 코카콜라 맛이 더 좋다고 답했다.[17] 브랜드 조건을 부여하면 혀의 자연적인 감각까지도 지배할 수 있다!

----

* 둘 다 아침 식사 대용의 시리얼 브랜드다. 옮긴이
** 〈켈로그〉 콘푸로스트 제품의 마스코트. 옮긴이

브랜드를 창출하는 데 기업이 들이는 막대한 자금의 위력은 분명 인상적이다.(미국식의 기후 압박적 식품을 전 세계에 밀어붙이는 광고들을 보라.) 하지만 세계 각지의 사람들이 이에 저항하고 있다. 사람들은 식생활 관련 질병이 증가하고 가족 단위 상점과 농장이 몰락하는 모습 등을 지켜보면서 반격에 나서고 있다. 나는 2000년 인도를 방문했을 때, 차를 타고 지나가면서 온통 〈펩시〉 로고가 칠해져 있는 유칼립투스 나무들을 보았다. 하지만, 자신들이 좋아하고 진짜 영양분을 가진 음료를 포기하지 않으려는 인도 사람들이 대접해 준 맛있는 전통 음료도 맛보았다. 그들은 전통을 지키기 위해 뭉치고 있었다. 그리고 패스트푸드에 맞서 진짜 식품들을 택하고 있었다.

지금까지 이러한 노력이 기후변화와 관련이 있다고는 별로 생각해 보지 않았을 것이다. 하지만 이제 그렇게 생각해야 할 때다.

토지를 장악하기

2009년 1월 초, 월가에서 투자 은행가로 어느 정도 재산을 마련한 미국인 필립 헤일버그Philippe Heilberg는 수단 남부에 어림잡아 두바이만 한 면적의 땅을 샀다.[18] 토지 개발 및 투자 회사 〈자르치 캐피탈Jarch Capital〉을 설립한 헤일버그는, (농업 관련 일을 해 본 경험은 없지만) 자신이 구매한 100만 에이커 정도의 이 수단 땅이 "바이오 연료와 식량 작물 〔생산〕에 막대한 잠재력을 가지고 있다"고 보고 있다.[19] 『파이낸셜 타임스』에 따르면, 현재 〈자르치 캐피탈〉은 그 땅을 전문적으로 개발할 수 있고 다른 토지의 물색과 구매도 도울 수 있는 파트너를 찾는 중이다.[20]

헤일버그는 요즘 벌어지고 있는 "해외 농경지 투자 러시" 현상을 단적으로 보여 준다.[21] 월가에서 예전에는 좋은 투자처로 여겨지던 곳들이 이제는 불안정해 보이자 돈을 불릴 다음 장소를 찾는 많은 투자자들이 토지로 눈을 돌리고 있는 것이다. 많은 사람들이 농업 분야를 안전한 투자처라고 생각한다. "현재의 유전처럼" 미래에는 농경지가 "전략 자원"이 될 것이라고까지 생각하는 사람들도 있다.[22] 또 어떤 사람들은 기후변화가 심화될 것이며 그에 따라 농업 생산과 식품 안정성이 큰 영향을 받으리라고 예상하고 있다. 그런데 이러한 투자 자체, 그리고 이들 투자 개발자들이 밀어붙이는 농업 방식은 기후 압박적인 대규모 생산을 촉진함으로써 기후 위기를 더 심화시킬 수 있다.

2008년에 스웨덴 기업 〈블랙어스파밍Black Earth Farming〉과 〈알프콧-애그로 Alpcot-Agro〉는 각각 러시아 토지 80만 에이커와 30만 에이커를 구매했다.[23] 〈모건스탠리Morgan Stanley〉는 2009년에 우크라이나에서 약 9만 8천 에이커의 땅을 산 것으로 알려졌다.[24] 같은 해에 영국의 투자 그룹 〈랜드콤LandKom〉도 우크라이나에서 약 250만 에이커를 구매했다. 영국의 헤지펀드 〈덱시온캐피탈Dexion Capital〉도 최근 호주, 러시아, 남아메리카에서 300만 에이커 가까이 되는 땅을 사는 데 2억 7천만 달러를 투자했다. 사례는 이 밖에도 많다.

정부도 땅을 사고 있다. 한국의 농림부 대표자와 만난 자리에서, 나는 한국 정부가 몽골에 식량 기지를 구축하려 한다는 사실을 알게 되었다. 카타르는 식량을 파키스탄의 펀자브 지역에서 외주 생산하고 있는데, 카타르 정부의 땅 개발 때문에 많게는 2만 5천 가구의 펀자브 지역 주민들이 땅에서 쫓겨날 지도 모른다.[25] 사우디아라비아는 인도네시아 땅 400만 에이커 가량을 구매해 쌀을 생산해서 본국으로 들여올 계획이다.[26] 바레인, 쿠웨이트, 카타르, 오만, 요르단, 아랍에미리트 연합 등이 포함된 〈페르시아만 협력 회의Gulf Cooperation Council〉도 라오스, 인도네시아, 베트남 등지에 땅을 확보할 계획을 마련하고 있다.[27] 세계 인구의 20퍼센트를 차지하지만 경작지 면적은 전 세계 경작지의 9퍼센트에 불과한 중국도 행동에 나섰다. 2007년 이래 중국 기업과 정부는 500만 에이커에 달하는 땅을 해외에서 구매하거나 장기 임대했다.[28]

〈세계은행〉 같은 국제기구들도 현대판 '랜드 그랩'•을 부추긴다. 국제 비영리 기구인 〈그레인GRAIN〉에 따르면, 이들 국제기구들은 각국 정부에게 "토지 소유 규정을 수정해서 외국인 투자자들이 그 나라 농경지를 매력적인 투자처로 여길 수 있게 하라"고 조언하고 있다.[29]

물론 국가들이 자기 영토 밖에 있는 자원을 사용해서 자국이 소비할 식량을 확보하는 글로벌 먹거리 체계는 오래 전부터 있었다. 이를테면, 유럽 국가들은 식민지에서 원재료를 추출해 부유해졌다. 페루의 금이건, 카리브해 지역의 설탕이건, 인도의 면화건 말이다. 하지만 오늘날의 토지 구매는 이러한 동학을 새로운 차원으로 끌어올렸고 여기에 현대판의 새로운 의미를 부여했다. 투자자들은 보통 빈곤한 '글로벌 남반구 국가'(저개발국 또는 개발도상국)의 땅을 많이 구매한다. 이런 거래를 지지하는 사람들(주로 투자자들 자신)은, 가난한 나라에 식품 저장소나 선적 시설 등, 농촌 인프라 건설에 필요한 "외국 자본을 유입시켜 준다"고 주장한다.[30] 또, 토지 투자자 및 개발자들은 자신이 하는 일이 "사용되지 않거나" 혹은 "충분히 사용되지 않고 있는" 땅을 농경지로 바꾸는 일이라고 주장한다.

하지만 토지 구매를 비판하는 사람들은 이렇게 반문한다. 사용되지 않는 땅이었다고? 소유자가 없는 땅이었다고? 천만에! 아프리카 땅을 구매하는 경우를

• 공격적인 방식의 대규모 토지 점유 활동. 옮긴이

보면, 개발자들은 흔히 전통적으로 공동 소유지던 땅을 구매해 소유권을 주장한다. 예를 들면, 전통적으로 에티오피아의 목초지는 개인 소유가 아니라 공동체의 자산이었다. 하지만 '공동체의 자산'은 시장경제에서는 이해하기 힘든 개념이고, 국제 땅 거래를 하는 사람들은 이 개념을 편리하게 제쳐 놓는다.

이러한 토지 구매에는, 해당 지역에 식품을 공급하는 데 쓰일 수도 있었을 땅을 지구 반대편 사람들의 소비를 위한 대규모 플랜테이션으로 바꾸어 버리는 문제도 있다. 〈농업 무역 정책 연구소Institute for Agriculture and Trade Policy〉에서 '교역과 글로벌 거버넌스 프로그램'을 총지휘하고 있는 알렉산드라 스피엘도치Alexandra Spieldoch는「글로벌 랜드 그랩Global Land Grab」이라는 보고서에서, 각국 정부가 이런 투자를 규제해야 한다고 주장했다.[31] "우리는 투명성과 책임성을 요구해야 한다. 그리고 각국 정부는 하나의 수출용 상품 작물만을 생산하는 대규모 플랜테이션이 아니라 다양한 작물을 재배하는 소규모의 기후 친화적 생산 방식을 장려해야 한다."[32]

해외 투자자가 땅을 개발하게 되면 그 지역공동체는 자기 지역의 농업 자원을 통제할 수 없기 때문에 농경지가 어떻게 사용될 것인지에 대한 의사 결정이 책임성 있게 내려지기 어렵다는 문제도 있다. 영국 〈옥스팜Oxfam〉의 던컨 그린Duncan Green은, 이러한 토지 거래와 개발이 흔히 "매우 불평등한 권력 관계를 가진 당사자들 사이에" 이뤄진다고 지적했다.[33] 이런 식의 개발이야말로 기후변화의 위협에 직면한 우리에게 정말 필요치 않은 일이다.

이렇듯 산업형 농업 생산을 몰아붙이는 경향은 분명히 존재하지만, 또 다른 움직임도 있다. 여러 정부들이 (몇몇 경우에는 처음으로) 기후 위기에 대응하는 수단으로 지속 가능한 식량 생산과 유기농 방식이 갖는 잠재력의 가치를 인정해 정책에 반영하기 시작한 것이다. 예를 들면, 한국 농림부 당국자들을 만났을 때, 나는 몽골 식량 기지 건에 대해서뿐 아니라 한국 농림부가 추진하는 새로운 "녹색 농업" 전략에 대해서도 들었다. 이것은 최초로 전국적인 차원에서 유기농 생산을 장려하는 정책이다.

생산을 장악하기

2000년 여름, 나는 폴란드의 남동부 끝단 지역을 방문했다. 남쪽으로는 슬로바키아, 동쪽으로는 우크라이나에 맞닿은 곳이었다. 내 친가 쪽 조상들은 모두 폴란드 동부와 러시아 서부(급진적 정치 활동 때문에 시베리아로 추방당한 사람이 한 명 있었다)에서 온 이민자들이었다. 내가 이곳의 농촌 풍경과 농민들과 피클에 끌린 것은 유전적 성향인지도 모른다.

그곳에서 열흘 간 〈폴란드 농촌 보호를 위한 국제 연합International Coalition for the Protection of Polish Countryside〉과 함께 활동하고 있는 소농들을 만났다. 이 단체는 시민 주도로 전통적인 농업을 지켜나가는 활동을 펴고 있다. 나처럼 '휴가 겸 농장 견학'을 하러 오는 사람들을 위해 프로그램을 운영하는 것도 소규모 농업의 가치를 알리기 위한 노력의 일환이다.

나는 폴란드 농업의 특성이 어디서 온 것인지 알고 싶었다. 기백이 넘치는 농민들과 함께 보드카와 산딸기 케이크를 먹으면서, 나는 거대 기업형 농업이 유럽 대부문을 장악한 와중에서도 어떻게 폴란드에서는 소규모 농입 진통이 실아남을 수 있었는지에 대한 이야기를 들었다. 그해에 폴란드(면적이 뉴멕시코 주와 비슷하다)에는 미국 전체 농민보다 더 많은 농민이 있었다.[34]

몇 년 뒤, 나는 다시 폴란드에 갔는데, 이번에는 에너지 집약적인 식품과 농업이 전 세계로 퍼지는 현상을 알아보기 위해서였다.[*] 10년도 채 지나지 않은 사이에 폴란드 농민에게, 특히 양돈 농민에게 일어난 일은 우리의 먹거리 체계가 가고 있는 방향을 보여 주고 있었다. 소수의 다국적기업이 막대한 통제력을 가지고 자원을 주무르는 방향 말이다. 1990년대 이후 시장 개혁을 추진해 온 폴란드는 국경을 열었고 EU 회원국이 되었다. 그러던 중 1999년에 〈스미스필드〉가 폴란드에 들어왔는데, 그 후로〔폴란드 농업이〕 어떻게 되었는지는 모두가 아는 바 그대로다.

폴란드의 양돈 산업

화면이 그리 밝지는 않지만 시커먼 폐수 위를 가만히 떠다니는 물체가 새끼 돼지들이라는 것은 알아볼 수 있다. 이런 낭비, 이런 생명 손실을 일으킨 〈스미스필드〉의 자회사가 저 멀리 보인다. 영국의 저널리스트 트레이시 우스터Tracy Worcester는 〈세계 가축 애호 협회Compassion in World Farming〉에서 촬영한 이 화면을 자신의 다큐멘터리 〈돼지 비즈니스Pig Business〉에 담았다. 〈돼지 비즈니스〉는 〈스미스필드〉와 산업형 축산이 폴란드에 밀고 들어오던 상황을 다루고 있다. 이 영화는 두려워하는 노동자들에 대해, 그리고 인근 지역 학생과 거주자들이 겪고 있는 질병에 대해 이야기하면서, 먹거리 체계가 유발하는 기후 비용의 핵심

● 이 절을 쓰는 데 도움을 준 〈푸드 앤 워터 워치Food and Water Watch〉의 애나 비토프스카Anna Witowska에게 감사를 전한다.

요인이라 할 수 있는 축산 시설들을 보여 준다.

〈스미스필드〉는 1999년에 〈아니멕스Animex〉를 자회사로 인수해 폴란드에 들어왔다. 〈아니멕스〉는 〈스미스필드〉의 첫 폴란드 자회사인데, 2000년에는 전 세계에 있는 〈스미스필드〉의 자회사 77개 중 여덟 개가,[35] 2004년에는 전 세계 225개 중 스무 개가 폴란드에 있게 된다.[36] 2007년경이면 〈스미스필드〉는 주로 폴란드 육가공 공장의 지분을 확보하는 방식으로 폴란드 최대의 돼지고기 생산 업체가 된다.[37] 〈스미스필드〉는 2008년에 폴란드에서 돼지 100만 마리를 생산했다고 밝혔다. 다른 추정치에 따르면 160만 마리라고도 한다.[38] 사업을 확장하면서 〈스미스필드〉는 폴란드의 육가공 공장에 대한 통제력을 점점 강화해 나갔는데 영화 화면에 나온 포즈난 북부의 자빈 공장도 그중 하나다.

〈스미스필드〉가 폴란드에 성공적으로 진출했다는 소식을 듣고 처음에는 깜짝 놀랐다. 나는 폴란드 시골을 여행하던 때를 기억하고 있었다. 그 여행에서 나는 끈질기게 자신의 농업 방식을 지켜낸 폴란드 소규모 농민들의 역량을 직접 보고 들었다. 1990년대 말경, 폴란드는 대체적으로 농업 국가였다. 폴란드의 인구 3분의 1은 여전히 농촌에서 소규모 농업에 종사하며 살고 있었다.[39] 공산 정권 시절 다른 동유럽 나라들과 달리 폴란드는 북부와 서부만 대규모 농장으로 통합되었던 게 한 가지 이유일 것이다. 2000년대 초까지만 해도 폴란드 민간 농장의 80퍼센트는 여전히 10에이커 이하의 소규모였다.

하지만 1989년에 폴란드 사회주의 체제가 무너지고 시장 자유화를 위한 '충격 요법'이 들어오면서 농업도 달라졌다. 수입 식품이 대거 들어오면서 식품 가격과 농장 소득이 모두 떨어졌다. 이에 따라 폴란드 농민의 입지가 약해졌고, 특히 〈스미스필드〉 같은 기업들의 진출에 맞서 버티기가 어려워졌다.

폴란드 정부가 EU 가입을 원했다는 점도 대규모 기업형 축산에 유리한 정책을 도입하는 요인이 되었다. 〈푸드 앤 워터 워치〉의 애나 비토프스카는, "(폴란드가) EU에 가입하기 위해 취한 조치들이 궁극적으로 〈스미스필드〉가 폴란드에 들어오는 길을 닦아준 셈이 되었다"고 설명했다. EU 기준에 맞추려면 폴란드 육가공 업체들은 상당한 자본 투자를 해야 했다. 따라서 이러한 EU 도축 기준이 소규모 운영자들에게는 진입 장벽이 되었고 〈스미스필드〉 같은 대기업을 유리하게 만들어 주었다. 내 말에 오해가 없기를 바란다. 나도 기준과 규정은 필요하다고 생각하며, 그것을 지켜야 한다고 생각한다. 하지만 정작 진짜로 중요한 점은 건드리지 못하는 규제까지 지지하지는 않는다. 이를테면 CAFO의 온실가스 방출 문제는 다루지 못하면서 거대 생산자들에게만 유리하도록 상황을 왜곡하는 규제들 말이다.[40]

〈스미스필드〉는 폴란드 양돈 시장에서 우위를 점하기 위해 몇 가지 구체적인 전략을 활용했다. 이 전략은 세계 곳곳에서 다른 기업들도 취하고 있다. 기후 위기를 일으키기보다 그 위기를 해결하는 방향으로 먹거리 체계를 전환하려면 〈스미스필드〉가 어떻게 자신에게 유리한 쪽으로 정책과 여론에 영향을 미칠 수 있었는지를 알아보는 게 도움이 될 것이다.

• **법적 구멍 활용하기**: 공식적으로 외국 기업은 폴란드 농장을 소유할 수 없다. 그래도 문제없다. 〈스미스필드〉는 폴란드 기업과 합작을 해서 공산 정권 붕괴 이후의 폴란드 농장을 사들였다. 〈스미스필드〉는 1999년에 당시 폴란드에서 가장 큰 돈육 업체였던 〈아니멕스〉를 통해 폴란드에 들어왔다.[41] 그리고 또 다른 폴란드 회사 〈프리마팜〉을 내세워서, EU 국가들에서 수입되는 값싼 육류 때문에 운영이 위태로워진 농장들을 많이 사들였다.[42]

• **보조금 활용하기**: 당신이 사업상의 손실을 겪고 있다고 해서 정부가 그것을

보상해 주리라고 기대하지는 않을 것이다. 하지만 금융기관들은 우리가 생각하는 방식대로 움직이지 않는다. 폴란드의 돈육 생산 업체들도 우리가 생각하는 방식대로 움직이지 않는다. 〈스미스필드〉는 대규모 금융 지원을 받았다. 이 회사는 폴란드에 처음 들어왔을 때 4,300만 달러의 손실에 직면했는데도 건재했다.[43] 자회사 〈아니멕스〉를 통해 〈유럽 부흥 개발 은행European Bank of Reconstruction and Development〉에서 2,500만 달러의 대출을 받은 것이다.[44] 그런데, 비토프스카에 따르면, 폴란드가 EU에 가입하기 전에 사업을 접어야 했던 소규모 도축 업체들은 그 은행에서 아무 도움도 못 받았다. 은행이 소규모 농민들은 EU 규정을 맞출 수 없을 것이라고 판단했기 때문이었다. 〈유럽 부흥 개발 은행〉은 〈아니멕스〉에 승인해 준 대출이 "〈스미스필드〉의 양돈 영업과는 아무런 계약 관계가 없다"고 주장했지만, 이 은행은 대출해 준 돈의 사용처를 통제할 권한을 가지고 있지 않았다.[45]

• **계약 농업을 통한 힘 키우기**: '농민'이라고 하면 어떤 형용사가 떠오르는가? 독립적인, 자력이 있는, 자급자족적인? 나도 이런 단어가 떠올랐다. 계약 농업에 대해 알기 전까지는 말이다. 오늘날 〈스미스필드〉 같은 기업들은 자사가 정한 규정에 따라 농민들과 계약을 한다. 한때는 독립 자영 농민이었더라도 계약을 하고 나면 상대 기업의 지시를 받게 된다. 미국에서는 모든 농업 생산품의 3분의 1이 계약 농업으로 생산된다. 가금류는 더 심하다. 미국 농민은 계약 농업으로 가금류를 키우지 않으면, 판매할 수 있는 시장이 사실상 없다. 그리고 양돈도 이렇게 되어가는 추세다.[46]

농민들은 어떤 권한을 잃게 되는가? 〈스미스필드〉는 돼지 종자, 사료, 가축 질병 관리, 시장에 내놓을 시기, 두당 가격 등을 정할 권한을 갖는다. 해당 농민에게서 돼지를 살 것인지 말 것인지를 결정할 권한까지 갖는다. 또, 일반적으로 농민은 비밀 준수 조항에 서명하라는 요구를 받는다. 어떤 계약 조건인지를 비밀에 부쳐야 한다는 것이다. 농민에게는 불리하지만, 많은 농민들이 계약 농업 말고는 다른 방법이 없다고 생각한다. 게다가 미국의 은행은 농민에게 대출할 때 기본적으로 그 농민이 계약 농업을 하고 있기를 바라기 때문에, 농민들은 더더욱 계약 농업 말고는 방법이 없다고 여기게 된다.[47]

• **수직적 합병을 통한 권력 집중화**: 수직적 합병은 한 회사가 생산, 도축, 가공, 마케팅에 이르는 식품 공급망의 각 단계에서 대부분의 통제력을 갖게 된다는 것을 의미한다. 〈타이슨〉 등 거대 육류 업체들과 마찬가지로, 〈스미스필드〉는 돈육 업계에서 수직적 합병의 개척자였고 폴란드 영업에서도 이를 활용했다.

• **'자유 시장'에서 '자유'를 갉아먹기**: 〈스미스필드〉가 양돈·돈육 업계를 집중화하면서, 소위 '자유 시장'이 마땅히 가져야 할 경쟁적 특성이 줄어들었다. 〈스미스필드〉가 노스캐롤라이나 주에서 돼지고기를 전력으로 생산해 내자 독립 돼지고기 생산자 2만 5천 명은 농장을 접어야 했다. 현재 돈육 업계는 상위 네 개 기업이 시장의 64퍼센트를 장악하고 있으며, 상위 두 개 기업이 43퍼센트를 점유하고 있다. 앞에서도 말했지만 육류 업계에서만 집중화가 벌어지는 것은 아니다. 상위 세 개 곡물 업체(ADM, 〈벙기〉, 〈카길〉)의 매출은 4위부터 10위 업체의 매출을 다 합한 것의 두 배가 넘는다.[48] 음료 업계는 상위 세 개 기업(〈코카콜라〉, 〈펩시〉, 〈닥터페퍼/세븐업〉)이 미국 시장의 89퍼센트를 점유하고 있다. 먹거리 체계 내부의 권력을 다룬 2008년의 어느 연구서는 이렇게 언급했다. "경쟁 시장의 의미를 어느 구매자나 판매자도 홀로 시장에 영향을 미칠 수 없는 상태라고 정의한다면, 세계 먹거리 체계는 경쟁 시장에 기반하지 않는 방향으로 빠르게 옮겨가고 있다.(사실, 예전이라고 경쟁 시장이었던 것도 아니지만.)"[49]

여기까지 알아본 것은 〈스미스필드〉 같은 기업들이 국내외 시장 점유율을 높이기 위해 사용하는 전술 중 일부일 뿐이다. 그런데 혹자는 기후 압박적인 농업이 확산되는 이유가 농민들이, 노동자들이, 시민들이 이런 방식의 농업을 원하기 때문이라고 주장한다. 농민과 노동자가 일자리를 원하고, 소비자가 더 싸고 다양한 식품을 원하기 때문이라는 것이다. 하지만 잘 살펴보면 그렇지 않음을 알게 될 것이다. 거대 기업들의 통제력 증가는 소비자나 농민의 요구 때문에 발생한 현상이 아니며, 가난한 나라 사람들이 경제개발을 열망하기 때문에 발생한 것도 아니다. 다국적기업들이 환경 비용과 사회적 비용에 아랑곳하지 않고 시장을 확보하고 생산비를 낮추는 전략을 취하면서 발생한 일이다.

이런 추세는 폴란드에서 그치지 않았다. 2008년에 〈스미스필드〉는 신흥 시장인 루마니아에서 돼지고기 산업을 활성화시키기 위해 10억 달러를 투자하겠다고 발표했다.[50] 비토프스카와 같은 소비자 운동가들은 이에 대해, 〈스미스필드〉가 동물 후생, 환경, 노동자 권리에 악영향을 미치고 있다는 사실이 드러나면서 폴란드 시민, 농민, 심지어 공직자들까지 〈스미스필드〉에 반대하는 목소리가 높자 〈스미스필드〉가 루마니아로 눈을 돌리는 것일 뿐이라고 보고 있다. 폴란드에 비해 루마니아는 "돼지고기 시장이 아직 포화 상태가 아니고, 그러한 반대의 목소리가 덜하며, 정부가 외국 기업의 진출을 전적으로 지원"하고 있다.[51]

〈스미스필드〉는 루마니아에서 멈추지도 않는다. 오늘날 프랑스, 영국, 중국, 멕시코, 스페인 등을 포함한 여러 나라에 250개 이상의 자회사를 둔 〈스미스필드〉는 매출의 10퍼센트를 해외에서 얻고 있으며, 해외 매출 비중은 계속 증가하고 있다.[52] 시장 확장 계획을 가지고 있는 식품 회사는 〈스미스필드〉만이 아니다. 세계적인 거대 육류 회사들의 연간 보고서를 보면, 다들 해외로 눈을 돌리고 있음을 알 수 있다. 특히 모두가 중국 시장에 관심을 쏟고 있다. 쇠고기 생산 1위,

돼지고기와 가금류 생산 2위인 〈타이슨〉은 최근 중국의 주요 닭고기 및 돼지고기 가공 업체들의 지분을 상당 부분 인수했으며, 중국 시장 진출을 더 확대해 나갈 계획이다.[53] 2007년 연간 보고서에서, 〈타이슨〉은 이런 말을 했다. (아마 다른 기업들도 많이들 했을 법한 말이다.) "〈타이슨〉 성장 전략의 핵심은 다국적 사업체를 건설하는 것이다."[54]

만리장성과 허머

유엔 보고서가 경고했듯이, 먹거리 체계는 현재 온실가스를 방출하는 주요 인일 뿐 아니라, 이런 패턴이 지속된다면 미래에도 온실가스를 방출하는 핵심 요인으로 남을 것이다. 미국식 기후 압박적 식생활을 전 세계 사람들에게 강요하고, 기후 압박적 생산을 위해 지구 곳곳에서 토지를 사들이며, 세계 전역에 공장형 농업을 퍼트리는 추세가 계속된다면 말이다. 앞에서 살펴봤듯이 산업화된 방식의 육류 생산은 동유럽 전역에 확산되고 있다. 그런데 기후 측면에서는 동유럽의 경우보다 중국에서 확산되고 있는 현상이 더 심각한 문제일지 모른다.

뉴욕에 본부를 둔 싱크탱크 〈브라이터그린Brighter Green〉의 미아 맥도널드 Mia MacDonald는 "중국은 현재 세계에서 가장 큰 농산품 생산자(이자 소비자)"라고 언급했다.[55] 급속히 성장하는 세계 육류 시장을 점점 소수의 국가가 장악하게 되면서, 이런 나라들은 모두 대규모 공장형 농업 쪽으로 나아가고 있다. 특히, 중국이 그렇다. 중국의 제조업 공장을 온실가스 방출의 주범으로 지목하는 경우는 많지만, 중국의 육류 생산 시설을 주범으로 꼽는 목소리는 별로 들리지 않는다. 하지만, 사실 중국의 육류 생산 시설은 중국의 제조업 공장에 비해 40배나 더 많

은 질소와 세 배나 더 많은 고형 폐기물을 내놓는다.[56] 그러니 다가올 미래를 걱정
하려면 중국을 살펴봐야 한다.

2008년 가을에 나는 중국의 어느 마을에서 농업 자율성을 잃고 토양 고갈에
직면해서도 새로운 길을 스스로 일궈나가고 있는 농민들을 만났다. 새로 알게 된
생태 농업 기법 덕분에(부분적으로는, 〈하이퍼 인터내셔널Heifer International〉의 도움을 받
아서 배운 것이다), 이곳의 농민들은 자신의 뒤뜰에도 유용한 자원이 많다는 사실
을 깨닫게 되었다. 먼 곳에 있는 거대 기업에 힘과 권한을 넘겨주는 대신, 이들은
자신의 가족과 공동체의 힘을 키우고 있었다. 이 농민들에게서 느낄 수 있었던
자신감을 나는 잊지 못할 것이다. 이들은 자신이 기르고 있는 식품이 건강에 좋
으며 그런 식품을 기르면 토양도 건강해진다는 사실을 잘 알고 있었다. 그리고
기후를 보호하는 효과까지 낳은 이러한 생태 농업으로의 변화는 겨우 한두 해 사
이에 일궈 낸 일이었다.

며칠 뒤, 나는 〈하이퍼 인터내셔널〉의 프로젝트를 견학 온 사람들과 함께 베
이징 인근의 만리장성을 보러 갔다. 가면서 보니, 공사용 크레인이 끝없이 늘어
서 있었고 베이징의 주요 저수지 하나가 말라가고 있었다. 조금 전에 보았던 지
속 가능한 마을과 정반대 방향으로 중국이 얼마나 빠르게 변화하고 있는지 알 수
있었다. 식품 분야는 경제의 집중화와 급속한 산업화라는 더 큰 추세의 일부이니
말이다.

만리장성의 시마타이 장성 구간 아래에 있는 주차장에 서서 수천 년 역사의
상징물인 그 장성을 올려다보면서, 나는 며칠 전 만났던 소규모로 지속 가능한
농업을 하는 농민들을 생각했고 그들이 기른 것들로 차려서 함께 먹던 식사를 생
각했다. 그리고 베이징 공항에서 본 스타벅스라든가 베이징 거리 곳곳에 있는 패
스트푸드점의 광경을 떠올려 보았다.

언젠가 (어쩌면, 곧) 패스트푸드를 좋아하고 기후 압박적 농업을 장려하는 추세도 허머 자동차 꼴이 날 수 있지 않을까? 허머 자동차는 이제 적어도 미국에서는 '개념 없는 자동차' 취급을 받는다. 이와 비슷하게, 중국 정부와 중국 시민들이 기후 압박적인 식품 체계는 진정한 진보가 아니며 내가 중국 농촌에서 보았던 것과 같은 지속 가능한 농업이야말로 미래를 향한 현명한 길이라고 생각하게 될 수도 있지 않을까?

이런 생각을 하며 매연 자욱한 주차장에 서 있는데, 차창에 선팅을 한 밝은 노란색 허머2가 내 옆에 섰다.

위의 질문에 대한 대답을 보는 것 같았다. 현재로서는 말이다.

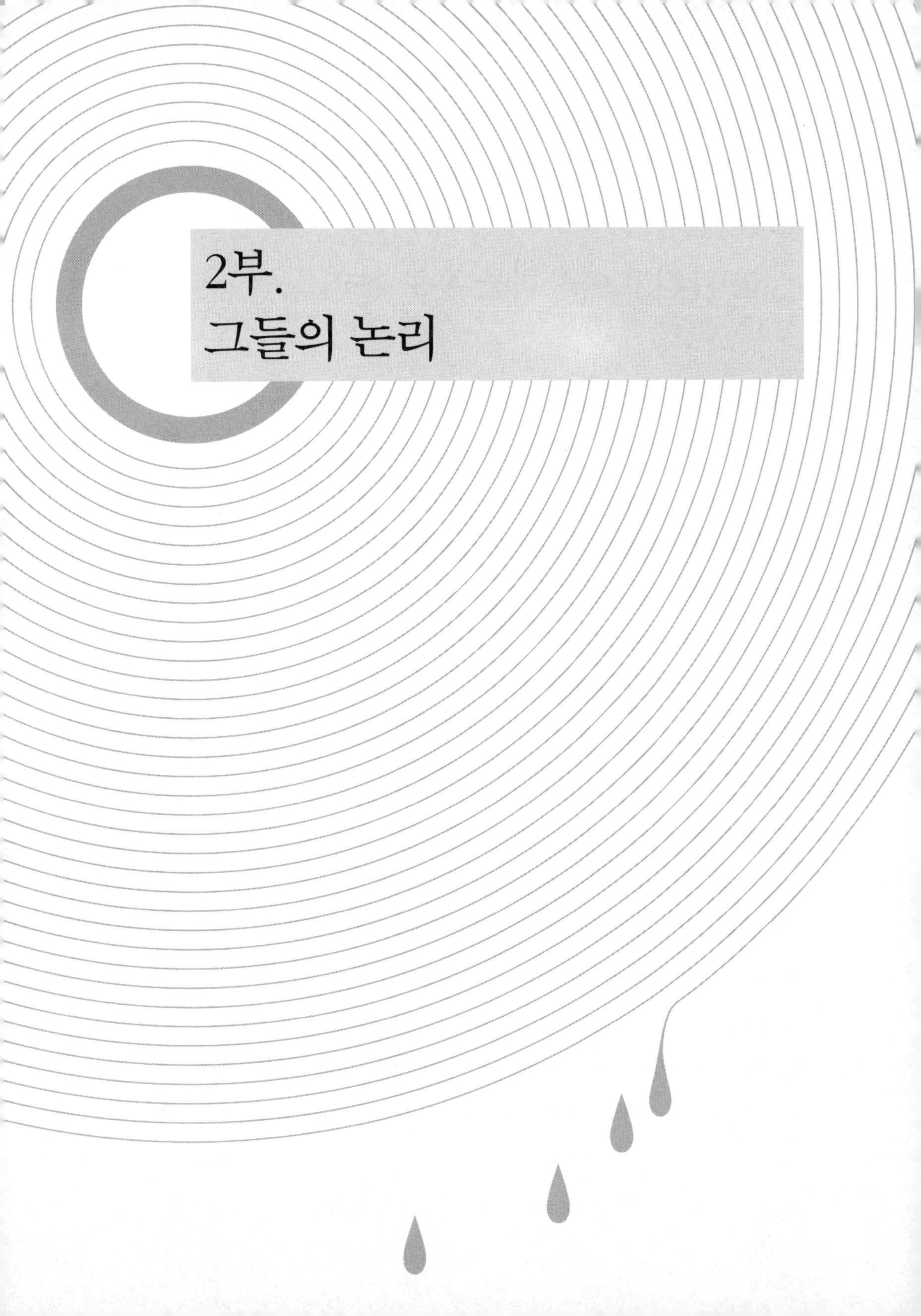

2부.
그들의 논리

3장.

눈 가리고 아웅하는 홍보 논리

에너지 의존적이고 에너지 집약적인 먹거리 체계, 그리고 기후를 치유할 열쇠가 되는 먹거리 체계, 우리가 이 두 방향으로 동시에 나아가고 있다면, 왜 이 두 가지 이야기 중 하나라도 잘 알고 있는 사람이 이렇게 적은 것일까? 좋은 쪽이건 나쁜 쪽이건 말이다. 기후 친화적인 먹거리 체계가 땅에 밀착해 살아가는 수많은 사람들과 강한 연대를 맺게 해 주고 식량 확보 안정성이라는 적지 않은 득도 가져다 준다면, 왜 우리는 이런 이점을 알아차리지 못하고 있을까? 이야말로 경영 대학원에서 '윈-윈'이라고 부르는 것이 아닌가? 좋은 소식과 나쁜 소식이 바로 우리 앞에 있는데, 왜 이런 이야기들은 거의 논의되지 않는 것일까?

요즘 나는 공개 강연을 할 때면 청중들에게 〈불편한 진실〉을 보았냐고 물어본다. 그러면 거의 모두 보았다고 손을 든다. 시애틀 타운홀 가득 모인 600명의 청중도, 브라운 대학의 '솔로몬001' 강의실을 메운 학생들도 말이다. 물론 시애틀 사람들이나 브라운 대학 학생들이 전체 인구를 대표한다고 볼 수는 없다. 그렇더라도, 이렇게 많은 사람이 봤다는 것은 그 영화가 적어도 환경문제에 관심이 있는 사람들에게는 큰 영향력이 있었음을 보여 준다. 하지만 그 96분짜리 영화를 끝까지 열심히 본다 해도 식품이 기후변화에 미치는 영향에 대해서는 별 정보를 얻을 수 없을 것이다.

「여는 글」에서도 말했지만, 기후 문제를 이야기하면서 식품 부문을 빼놓은 사람은 앨 고어만이 아니다. 기후변화를 둘러싼 정책 논쟁과 언론 기사에서도, 심지어 연구자들 사이에서도 식품과 농업이 기후변화에 어떤 영향을 미치며, 또 어떤 해결책을 제시하는지에 대한 이야기는 이제껏 간과되었다.

존스홉킨스 대학의 로니 네프Roni Neff 박사 연구팀이 미국 내 16개 신문에 게재된 기후변화 관련 기사를 분석하기 시작했을 때, 그들은 식품과 농업 이야기가 많지 않으리라는 점은 처음부터 예상했다고 한다. 하지만 그 정도가 얼마나 심한지를 알고는 깜짝 놀랐다. 2005년 9월부터 2008년 1월 사이 기후변화와 관련해 게재된 총 4,582건의 기사, 논평, 독자 투고 중에서 2.4퍼센트만이 식품과 농업의 영향을 언급하고 있었다.[1] 그리고 육류와 기후에 실질적으로 **초점을 맞춘** 기사는 0.5퍼센트도 안 되었다.

뉴욕에 있는 미국 자연사 박물관이 수백만 달러를 들여 만들어 놓은 기후변화 특별전을 두루두루 둘러보았다 해도 식품에 대해서는 많은 내용을 알 수 없었을 것이다. 기후변화가 농업에 어떤 영향을 미쳤는지를 설명한 패널 두 개를 빼면, 식품에 대한 언급은 '우리는 무엇을 할 수 있는가' 섹션에서 딱 한 번 볼 수 있었다. 한 정보 패널에 가축이 유발하는 온실가스가 전체 온실가스 방출의 18퍼센트를 차지한다는 내용이 적혀 있었다. 하지만 그 전시회에 쓰인 것 중 가장 작은 글씨로 쓰여 있었기 때문에, 앞선 전시실에서 기후변화의 주범으로 흔히 꼽히는 자동차, 기차, 비행기 등에 대한 정보와 동영상과 사진을 숱하게 본 관람객들의 눈에 뜨일 리가 만무해 보였다.

우리가 식품과 기후의 연관성을 잘 모르는 이유는 언론과 공공 교육기관이 그것을 알려 주지 않았기 때문이라고 말하려니, 한 가지 의문이 떠오른다. 그들은 왜 그랬을까? 이에 대해 알아보다가, 나는 2008년이 꽤 의미심장한 해였다는 사실을 알게 되었다. 이즈음부터 식품-기후 관련성에 대한 인식이 세계 여러 곳에서 생겨나기 시작한 것이다. 〈동물에 대한 윤리적 처우를 위한 모임(People for the Ethical Treatment of Animals, PETA)〉, 〈그린피스〉, 미국 〈휴메인 소사이어티 Humane society〉, 〈식품 안전 센터Center for Food Safety〉 등의 시민 단체들이 식품과 기후변화 캠페인을 전개하기 시작했다.* 요리사인 로라 스텍Laura Stec은 『지구온난화 식단The Global Warming Diet』이라는 책을 냈고, 『로스앤젤레스 타임스』도 육식을 적게 해 온실가스 방출을 줄이자는 내용의 기사를 게재했다. 2008년은 엘리자베스 로젠탈Elisabeth Rosenthal이 12월 3일자 『뉴욕 타임스』에 쓴 기사, "고기 소비가 증가하는 동안, 온실가스 방출을 줄이려는 노력도 늘어나다As More Eat Meat, A Bid to Cut Emission"로 마무리됐다.[2] 이 기사는 1면에 실렸고, 몇 시간 안에 그날 이메일로 가장 많이 전송된 기사 중 하나가 되었다.

하지만 평범한 사람들이 햄버거가 비행기, 트럭, 자동차보다 지구온난화에 더 많은 책임이 있다는 이야기를 듣고도 놀라지 않게 되려면 아직도 멀었다. 식품과 기후변화의 관련성은 왜 이렇게 파악하기가 어려운 것일까? 중요한 다섯 가지 이유를 여기에서 살펴보도록 하자.

---

* 이러한 운동에 대한 자세한 정보는 책 말미의 '실천과 배움을 위한 자료들(421쪽)' 을 참고하라.

식품 부문에 대한 논의는 왜 간과되었을까

1. 식품이 자연과 동떨어져 있다는 생각 때문에

몇 년 전에 플로리다 주 세인트피터스버그에 있는 에커드 대학의 환경학 수업에서 강의를 한 적이 있다. 그 캠퍼스는 대학이라기보다는 리조트같아 보였다. 나라면 코코넛과 스노클링밖에 생각나지 않을 것 같은 열대의 분위기 속에서도 학생들은 열심히 수업을 들었다. 강의를 시작하기 전에 나는 학생들에게 가장 최근에 자연을 경험한 것이 언제였는지 물어봤다. 어떤 경험이었나? 어디에서였나? 무엇을 하면서였나?

침묵이 조금 흐르다가 학생이 손을 들었다.

"주말에 카약을 타러 갔어요." 또 다른 학생은 해변에서 놀았다고 말했고, 또 다른 학생은 키 큰 종려나무 사이에 해먹을 걸어 놓고(네, 여기는 플로리다 주입니다) 거기 누워 쉬었다고 말했다.

다른 학생 마흔 명은 이야기하지 않았다. 내가 다시 물었다. "오늘 무언가를 먹은 사람은 몇 명이죠?"

모두가 손을 들었다.

플로리다 주의 대학생들처럼, 사람들 대부분은 음식을 자연과 동떨어진 것으로 여긴다. 하지만 모든 음식은 흙과 관련이 있다. '딩동' 케이크* 까지도 말이다. 사람들에게 지구온난화와 식품 사이의 관계를 알리려면 식품의 자연적인 원

---

* 〈호스테스Hostess〉에서 만든 초콜릿 케이크. 옮긴이

천을 기억하게 하는 것이 중요하다. 식품이 슈퍼마켓 8번 매대에서 자라는 게 아님을 인식할 수 있도록 말이다. 〈게티이미지Getty Image〉는 한 설문조사에서 사람들에게 '자연' 하면 가장 많이 연상되는 사진이 어떤 것인지 물어봤다. 1위는 나무였고, 태양, 강, 폭포가 바짝 뒤를 이었다. 꽃, 날아오르는 새가 그 다음이었다. 하지만 십여 개가 넘는 사진 중에 농장이나 음식 사진은 없었다.[3]

2. 탄소에만 치중하는 접근 때문에

'온실가스' 라는 말을 들으면 무엇이 떠오르는가? '이산화탄소' 라고 대답했다면, 당신만 그런 것이 아니다. 지구온난화 원인에서 거의 4분의 3을 차지하는 이산화탄소는 인간이 유발한 온실가스 중 가장 만연한 게 사실이다. 이산화탄소는 사람들이 가장 많이 우려하는 온실가스고, 기후 위기를 해결하려는 정책 결정자와 활동가들 사이에서도 줄곧 최우선의 관심사였다.

탄소에 치중한 접근은 어떤 면에서 합리적인 것이기도 하다. 기후변화의 가장 심각한 주범(이를 테면, 이산화탄소를 뿜어내는 석탄 화력발전소)에 우선순위를 놓아야 한다고 생각하는 게 당연한지도 모른다. 미 항공 우주국(NASA)의 〈고다드 우주 연구소〉를 이끌고 있는 제임스 핸슨James Hansen은 최근 웨스트버지니아 주에서 '정상 제거 방식'●의 석탄 채굴에 반대하는 시위를 하다가 연행되기까지 했다. 그 시위는 전 세계의 석탄 공장을 향후 20년 안에 모두 닫아야만 기후 재앙을

● 산속 깊은 곳의 석탄을 채굴하기 위해 산 정상을 폭파하는 방식. 옮긴이

막을 수 있다는 절박함을 알리려던 것이었다.[4]

　하지만 위기의 복잡성과 위기 해결의 절박성을 생각한다면, 식품 부문을 포함해 사회의 모든 분야에서 해결책을 찾아야 한다. 그런데도 우리는 위험할 정도로 〔탄소에 치중하는 접근 이외의〕 다른 가능성들을 무시하고 있다. 지금이야말로 시야를 넓혀서 이산화탄소 이외의 온실가스, 특히 메탄과 아산화질소에 대해 조치를 취해야 할 때다.

　그러면, 메탄과 아산화질소 방출에 가장 책임이 큰 부문은 어디일까? 먹거리 체계라고 생각했다면 이제까지 이 책을 잘 읽었다는 뜻이니, 마음껏 스스로를 칭찬해 주길! 농업은 미국에서 방출되는 아산화질소의 약 4분의 3, 세계적으로 방출되는 메탄의 약 3분의 2에 책임이 있다. 메탄과 아산화질소는 이산화탄소보다 지구온난화에 미칠 수 있는 영향력이 잠재적으로 훨씬 크기 때문에, 온난화를 악화시키지 않으려면 반드시 줄여야 한다.

　여기서 언급해 두어야 할 점이 있다. 탄소에만 초점을 맞추느라 식품 분야를 간과하는 것도 문제지만, 아예 기후변화에 대해 기본적인 지식조차 없는 사람도 많다. 지구 기온 상승의 주된 원인이 무엇이냐는 질문에 미국인 중 겨우 53퍼센트만이(조사한 나라 중 가장 낮은 수치였다) '대기 중 이산화탄소 증가'라고 옳게 답했다. 3분의 1 가량은 '대기의 오존 구멍' 때문이라고 생각했고, 7퍼센트는 태양에서 열이 점점 많이 나와서라고 생각했다. 8퍼센트는 지구 궤도 때문이라고 답했다.[5] 사람들에게 정보를 알리는 노력이 여전히 많이 필요하다.

3. 먹거리 체계의 복잡성 때문에

끔찍하게 추운 뉴욕의 어느 날, 나는 기후변화와 식품 문제 전문가인 헬렌 요크Helene York와 식사를 했다. 요크는 연간 8천만 끼니를 대는 케이터링 업체 〈본 아페티트 매니지먼트 컴퍼니〉 운영자로, 자사의 요리사들이 쇠고기 사용을 줄이는 등, 더 기후 친화적인 음식을 만들도록 돕고 있다.(그날 프랑스식 카페에서 간식을 주문하면서, 나는 내가 시키려는 당근 생강 수프의 상대적인 기후 비용을 먼저 생각해 보아야 했다.)

기후 문제를 논의할 때 식품 부문이 흔히 간과되는 이유가 무엇이라고 생각하는지 물었더니 요크는 이렇게 설명했다. "김이 모락모락 나는 마카로니와 치즈 접시를 보면서 온실가스 방출을 떠올리기 쉽지 않죠. '와, 저녁 식사다' 라고만 생각하게 되니까요."

수저를 들고 밥상에 앉아 있을 때는 자동차 옆에서 엔진 소리를 들을 때만큼 온실가스 방출을 체감하기가 어렵다. 이는 우리가 식품을 자연과 잘 연결시키지 않기 때문이기도 하지만, 식품이 접시까지 오느라 거치는 공급망의 각 단계를 거의 생각해 보지 않기 때문이기도 하다.

〈세계 자원 연구소World Resource Institute〉의 토마스 다마사Thomas Damassa에게 같은 질문을 했더니 그는 이렇게 대답했다. "석탄을 태우는 공장과 그 공장 굴뚝이 뿜어내는 이산화탄소는 명백하게 지구온난화와 연관이 있어 보이잖아요. 하지만 식품에는 너무 많은 요소들이 있고 기후 문제의 원인이 되는 지점들도 너무 많거든요. 식품 부문은 어디가 왜 문제인지를 개념화하고, 설명하고, 그와 관련된 정책들을 만들어 내기가 훨씬 어려워요." 정말 그렇다.

기후변화 과학자들이 경제의 각 부문을 분류하는 카테고리도 도움이 되지 않기는 마찬가지다. 이 분류법에서 식품은 숨겨져 있기 때문이다. '농업 부문'이 식품과 연결되어 있긴 하지만, 앞에서도 말했듯이 우리에게 오기까지 식품은 농업뿐 아니라 모든 범주의 경제 활동과 관련을 맺는다. 토지 용도 변경, 운송, 폐기, 산업적인 공정, 공장, 열과 에너지 사용 등, 모든 활동을 통해서 말이다. 이 책에서 이미 살펴본 사례들을 생각해 보라. 농업 화학비료, 식품 가공 공장, 농장의 기계, 슈퍼마켓 냉난방, 냉장 트럭 등등, 이 모든 곳에 식품이 있다. 당신이 열심히 관찰하기만 한다면 보일 것이다.

4. 농민 vs. 지구: 농업과 환경은 적대적이라는 생각 때문에

최근까지는 환경에 관심이 있는 사람들 사이에서도 기후변화를 이야기할 때 식품 분야가 전혀 논의의 중심 무대에 오르지 않았다. 무대는 고사하고 분장실에도 없었다. 이에 대한 한 가지 이유로, 지속 가능한 농업 운동가들과 주류 환경 운동가들 사이에 예로부터 있어 온 간극을 꼽을 수 있다.

〈생태 농업 파트너스Ecoagriculture Partners〉의 설립자로 30년 넘게 국제 개발 및 농업 관련 활동을 해 온 새러 세르Sara Scherr는 이렇게 말했다. "5년이나 10년 전만 해도, 생물 다양성 운동이나 환경보호 운동을 하는 사람들은 심한 반反농업주의자들이었어요. 농민이나 농업에 관심을 가졌다면 주로 적대적인 관심이었을 거예요."

이러한 간극은, 어느 정도는 오해에서 비롯됐다. 세르는 생물 다양성 전문가인 제프리 맥닐리Jeffrey McNeely와 『생태 농업: 어떻게 전 세계를 먹이면서 생물 다양성을 지킬 수 있을까Ecoagriculture: How to Feed the World and Save Wild

Biodiversity』(2003)를 공동 집필했던 과정에 대해 이야기해 줬다.[6] "공동 집필 작업에서 핵심은 이 책에서 말하지 **말아야** 할 것들을 서로에게 알려 주는 것이었어요." 예를 들면, 환경 운동가들에게 '생산성'은 더러운 단어다. 자원 집약적이고 오염을 일으키는 농업을 연상시키기 때문이다. 하지만 농업 경제학을 전공한 세르에게 생산성은 핵심 개념이었다. 생산성은 단지 투입 대비 산출을 의미하는 말이었으며, 농업의 목적도 생산성 증가였던 것이다.

"나는 완전히 다른 방식으로 이야기하는 법을 찾아내야 했어요."

세르는 10년 전만 해도 자신과 함께 일했던 환경 운동가들 상당수가 농민을 "[환경에] 위협을 미치며, [환경 운동에] 동료나 협업자가 될 수 없는 존재로 여겼다"고 말했다. 그들은 농민에는 '오염을 일으키는 투입 요소 집약적, 산업형 농민', '산에 불을 놓아 나무를 모조리 태우고 그 재를 비료로 이용해 농사를 짓는 화전민', '다른 방법이 없어서 닥치는 대로 땅을 개간하면서 자신이 지나가는 모든 곳을 파괴하는 가난한 농민' 밖에 없다고 생각했는데, 이 중 어느 유형도 환경을 돌보는 사람으로는 여겨지지 않았던 것이다.

"지속 가능한 농업이라면 환경 운동가들도 많이들 지지하고 있었지만, 아무리 지속 가능한 농장이라도 환경 운동가들은 그곳이 농장인 것보다는 자연 지대인 것이 더 낫다고 생각했을 거예요."

하지만 세르의 작업이 보여 주듯이, 그리고 지속 가능 농업 지지자들이 오랫동안 주장해 왔듯이, 농업은 "생태계 서비스ecosystem service"의 큰 원천이 될 수 있다. 생태계 서비스란 깨끗한 물, 맑은 공기, 꽃가루 수분 매개자 등 자연이 제공하는 모든 자원과 혜택을 일컫는다. 다행히도, 농업과 환경 사이에 본질적으로 간극이 있다는 생각은 점점 없어지고, 생태 농업의 잠재력과 자연이 농촌에 줄 수 있는 혜택에 대한 이해, 그리고 지속 가능 농업이 기후변화를 완화할 수 있다는 인식 등이 높아지고 있다. 물론 세르 같은 사람들의 노력이 없었다면 이러한 인식 변화는 어려웠을 것이다.

5. 식품은 금단의 영역이라는 생각 때문에

마지막으로, 정책 결정자와 일반인 모두 식품은 건드려서는 안 되는 영역이라고 생각해서 기후변화 해결책을 논의할 때 제쳐 놓는 면이 있는 것 같다. 식품 가격을 인상키는 것처럼 보일지도 모르는 조치를 선뜻 추진하기 꺼려지는 것이다. 그런 정책은 정치적으로도 도덕적으로도 받아들이기 어렵다고 여겨진다. 자신이 추진한 정책으로 식품 값이 올라 많은 사람들이 먹을 것을 구하지 못하게 되었다는 죄책감을 누가 갖고 싶겠는가?

그런데, 기후 친화적인 먹거리 체계로 가면 가난한 사람들이 식량을 안정적으로 확보하는 게 정말로 어려워질까? 이 질문에 답하려면, 현재의 먹거리 체계가 가난한 사람들에게 식량을 얼마나 잘 공급하고 있는지부터 따져봐야 한다. 현재의 먹거리 체계는 세계 인구를 다 먹이고도 남을 만큼의 칼로리를 생산하는데도 10억 명에 달하는 인구가 굶주리고 있다.(2007년과 2008년에 식품 가격이 치솟으면서 추가적으로 1억 명이 기아에 처해서 10억 명이 되었다.) 미국에도 식품을 안정적으로 구하지 못해 다음 끼니를 늘 걱정해야 하는 사람이 3,620만 명(캐나다 전체 인구에 맞먹는다)이나 있고, 이 중 3분의 1은 어린이나.[7]

기후변화를 해결하기 위해 먹거리 체계를 변화시키면 현재의 비극이 심화될 것인가? 아니다. 오히려 그 반대일 가능성이 많다. 농민이 생태계 서비스에서 중요한 역할을 하고 있음을 인정하고, 생물 다양성과 수자원을 지키는 농민들의 기술을 존중한다면, 지구상에서 가장 가난한 축에 속하는 사람들〔기아를 겪고 있는 가난한 농민들〕은 그들이 마땅히 받아야 할 존중과 지원을 받을 수 있을 것이다.[8]

취약한 사람들의 상황을 악화시키게 될까 봐 기후변화 논의에서 식품 이야기를 금기시할 필요는 없다. 사실은 그 반대이니 말이다.

사람들이 기후 위기와 관련해 식품이 주된 논의 대상이 될 수 없다고 생각하는 데는 또 다른 이유가 있다. 영국에 본사가 있는(현재는 뉴욕에도 지사를 두고 있다)〈퓨테라 지속 가능성 커뮤니케이션스Futerra Sustainability Communications〉의 창업자 솔리테어 타운센드Solitaire Townsend에게 이에 대한 설명을 들을 수 있었다. 타운센드를 처음 만난 것은 광고 업계지 『애드버타이징 에이지*Advertising Age*』가 주최한 그린 마케팅 컨퍼런스장에서 커피를 마시려고 줄을 서 있을 때였다. 커피가 동난 것에 대해 서로를 위로하면서, 우리는 이야기를 나누기 시작했다.

타운센드는 10년 넘게 기후변화를 주제로 대중과 소통하는 방법을 컨설팅하고 있다. 정부와 민간 모두가 그의 고객이다. 처음 이 일을 시작했을 때, 타운센드는 계속 이런 말을 들었다고 한다. "사람들에게 전등을 끄라고 할 수는 있어요. 하지만 절대로 하지 말아야 할 말이 하나 있다면, 사람들에게 교통수단을 바꾸라고 말하는 거예요. 모두가 자기 자동차를 좋아하니까요."

하지만 "사람들에게 재활용하라고 말할 수는 없어요"라는 말이 거짓이듯, "사람들에게 교통수단을 바꾸라고 할 수는 없어요"라는 말도 거짓으로 판명되었다. 우리는 공항에서 쇼핑몰까지 어디에서나 재활용 통을 볼 수 있게 되지 않았는가? 마찬가지로, 나는 오늘 아침에도 오클랜드의 고속도로 입구에서 '카풀' 할 사람을 태우려고 줄 서 있는 차들을 보았다.(나 같은 사람을 태우고 카풀을 하면 통행료를 내지 않고 샌프란시스코만을 건너갈 수 있다.) 자신이 사용하는 교통수단을 완전히 바꾼 친구들도 있다. 예를 들면, 런던 사람인 마이클은 비행기를 타지 않기로 했다.(미국에 사는 누이는 서운해했지만 말이다.) 또, 허머의 점유율이 떨어지고 프리우스의 대기자 명단이 길어지고 있다. 사례는 이 밖에도 많다. 교통수단에 문제 제기하고 대안을 찾는 것은 이제 예전처럼 금기로 여겨지지 않는 것 같다.

그럼 타운센드가 요즘 듣고 있는 말은 무엇일까?

미지근한 무無카페인 커피를 마시면서, 타운센드는 이렇게 말했다. "이런 말을 계속 들어요. '솔리테어, 사람들에게 뭔가를 먹지 말라고 이야기할 수는 없어요! 말하지 말아야 할 것을 하나만 꼽으라면 바로 음식이에요. 절대로요.'" 내가 인터뷰한 사람 중에도 이와 비슷한 말을 한 사람이 많다. 〈세계 자원 연구소〉의 토머스 다마사는 이렇게 설명했다. "음식은 취향, 그리고 개인적인 선택과 너무 많이 관련이 돼 있어요. 그래서 사람들은 〔개인적인 문제인 먹는 것에 대해〕 무엇을 먹으라거나 먹지 말라고 규제하는 것을 싫어하죠."(무엇을 먹으라고 우리에게 주구장창 이야기해 대는 기업 광고주들은 꺼리는 것 같지 않지만 말이다.)

요즘 타운센드는 음식에 대해 이야기하면 안 된다고 말하는 사람들에게 이렇게 대답한다. "보세요, 당신이 교통수단에 대해 말하지 말라고 했을 때, 나는 그 말을 들었어요. 하지만 이번에는 그러지 않겠어요. 미안하지만, 나는 더 이상 그런 말을 믿지 않아요. 요즘 우리는 사람들에게 운전을 줄이라거나 연료 효율적인 차를 타라고 말하잖아요? 교통수단은 금지된 주제가 아니지요."

이 책을 쓰기 위해 연구를 하는 동안, 나는 음식에 대해서도 상황이 달라졌음을 느낄 수 있었다. 식품은 이미 꽤 개방적인 주제가 되었다. 영국만 보더라도 최근에 〈세계 가축 애호 협회〉의 초청으로 연설을 한 IPCC의 라젠드라 파차우리가 고기 소비를 줄이라는 대담한 연설을 하지 않았는가?[9] 그리고 영국의 국민 의료 서비스National Health Service가 발표한 탄소 저감 계획에는 병원의 식단을 바꾸는 내용이 포함되어 있으며[10] 런던 시 당국의 발주를 받아 진행된 연구는 식품

부문을 개선해 온실가스 방출을 줄이는 방안을 분석하기도 했다.[11]

타운센드가 말하려는 바는 사람들이 먹는 것을 사사건건 단속하자는 이야기가 아니다. 다만, 우리가 에너지를 절약하는 장비나 카풀, 에너지 효율적인 전구 등으로 개개인의 탄소 발자국을 줄일 수 있다고 사람들에게 말해 왔듯이, 식품에 대해서도 개개인의 식품 생태 발자국을 줄일 수 있는 방법을 이야기할 수 있다는 뜻이다.

식품 업계가 기후변화를 바라보는 태도: 침묵, 부인, 활용

정책 결정자들과 일반 대중들이 기후변화 이야기에서 식품 부문을 간과하고 있었다면, 식품 업계는 어땠을까? 식품 업체들이 무엇을 이야기하는지(혹은 무엇을 이야기하지 않는지)를 알아보려고 나는 식품 업체들의 10-K 연간 보고서[*]를 살펴보았다. 또한, 식품 업계 모임에도 참석해 보고 식품 산업의 업계 저널도 살펴보았다. 식품과 기후변화의 관계에 대한 기업의 입장은 식품 업계 안에서도 편차가 컸다. 식품 기업 자체가 천차만별이듯이 말이다. 〈호멜〉의 핫도그부터 공정무역 초콜릿까지, 마운틴듀에서 누미 차까지, 농민들이 협동조합 형태로 운영하는 〈오가닉밸리Organic Valley〉부터 글로벌 거대 기업인 〈유니레버〉까지, 식품 업계는 하나로 뭉뚱그릴 수 있는 단일체가 아니다. 그러니 식품과 기후의 관계에 대한 사람들의 우려에 반응하는 홍보 전략이 식품 기업마다 다른 것은 놀랄 일이

● 미국 상장 기업이라면 매년 〈증권 거래 위원회(SEC)〉에 제출해야 하는 보고서다.

아니다. 침묵에서 부인까지, 그리고 시장 기회로 활용하는 것에 이르기까지 말이다. 그중 육류 업계는, 환경문제에 대해 억지로라도 입장을 표명해야만 하는 상황이 되기 전까지, 침묵 전략을 썼다.

침묵 전략

테네시 주 내슈빌에 처음 갔을 때 알게 된 게 세 가지 있다. 하나, 『해저드 마을의 듀크 가족*The Dukes of Hazzard*』에 등장하는 인물 '쿠터'에게 헌정된 박물관이 있다. 둘, (첫 번째보다는 덜 놀라울 것이다) 로컬 푸드 운동이 활성화되어 있다. 셋, 육류 업계(그리고 육류 업계의 홍보를 담당하는 홍보 업계)는 지구온난화에 대한 대중의 우려가 육류 시장에 미칠 영향을 걱정하지 않는 것 같았다. 걱정했다 해도, 적어도 2008년 봄에 내슈빌에 모인 육류 업계 사람들은 이에 대해 이야기하지 않았다.

2008년 3월, 600명 가량의 육류 업계 대표자들이 '게이로드 오프리랜드 컨벤션 센터'에서 열린 〈식품 마케팅 연구소Food Marketing Institute〉와 〈미국 식육협회American Meat Institute〉의 연례 회의에 참석했다. 그 컨벤션 센터에서는 수천 명이 참석한 〈전국 종교 방송인 협회National Religious Broadcaster〉 회의도 열리고 있었다. 육류 업계 회의에서 발표자는, "우리가 사람 수는 저쪽보다 적을지 모르지만, 술은 우리 술이 더 좋다"는 농담으로 전국 각지에서 온 육류 도매업자, 생산자, 소매업자들의 환호를 받았다.

이 회의에서 온실가스에 대한 대중의 우려나 앞으로 예상되는 정부 조치가 육류 업계에 미칠 영향을 걱정하는 소리가 나왔을까? 전혀 아니었다. '지구온난화' 라는 단어는 적어도 내가 참가한 총회 세션이나 워크숍에서는 한 번도 나오지 않았다. 유엔이 펴낸 『가축의 긴 그림자』가 축산과 기후변화의 연관성을 분명히 밝힌 지 2년이나 지난 뒤였는데도 말이다.

이날 모인 사람들이 주로 걱정한 홍보 관련 사안은 북부 캘리포니아 도살장의 동물 학대를 다룬 유튜브 동영상이었다. 몰래 촬영한 동영상인데, 온라인에서 인기를 끌고 있었다. 〈식품 마케팅 연구소〉의 데보라 화이트Deborah White는 업계의 홍보팀들이 '인도적인' 방식을 사용하는 도살장 비디오를 자체 제작하는 등, 손상된 이미지를 회복하기 위해 최선을 다하고 있다고 말했다. 또 다른 홍보 워크숍에서는 육식 반대 운동 단체들에 맞서는 방법이 논의되었다. 발표자는 동물 복지 운동 단체들을 '헤즈볼라Hezbollah'●나 '아일랜드 공화국군(Irish Republican Army, IRA)'●●에 비견했다.

지구온난화에 대해 육류 업계가 침묵하고 있다는 사실은 주요 육류 기업들이 작성한 10-K 연간 보고서에서도 확인할 수 있었다. 기후변화에 대한 육류 기업의 입장이 어떻게 바뀌었는지 알아보기 위해 나는 가장 최근 것부터 시작해서 온라인으로 볼 수 있는 1990년대 중반의 보고서까지 찾아보았다.[12] '지구온난화' 나 '기후변화' 라는 말이 있었을까? 거의 없었다.

10-K는 해당 기업의 수익에 영향을 미칠 수 있는 사업상의 위험 요인에 대해서도 설명하게 되어 있으므로, 거의 모든 보고서가 국내외의 환경 관련 규제에 대해 언급을 하고는 있었다. 최대 돈육 업체인 〈스미스필드〉는 2007년 10-K에서

"돈육 생산 시설은 분뇨를 많이 배출하기 때문에 공공 건강과 환경을 보호하려면 분뇨를 적절한 방식으로 처리해야 한다"고 밝혔다.[13] (이것 말고는 환경문제에 대해 별달리 언급하지 않았다.) 이런 언급을 할 때면 기업들은 너도나도 자신이 이런 규제들을 잘 따른다고 말했다. 많은 기업이 그 (잘 지킨다는) 규제들 때문에 수백만 달러의 벌금을 물거나 소송에 걸려 있다고도 밝혔지만 말이다. 같은 해에 〈스미스필드〉는 "환경을 강화하는 활동"을 촉진하고자 노스캐롤라이나 주 동부 습지 보존을 위해 5천만 달러를 지원했다고도 밝혔다.[14] 그러나 허리케인으로 초토화되기 일쑤인 지역을 지원한 것 치고는 상대적으로 적은 금액이다. 허리케인은 대규모 돼지 사육 시설과 분뇨 저장소를 덮쳐 큰 피해를 일으키곤 했다. 짐 헌트Jim Hunt 주지사가 "현대 들어 노스캐롤라이나 주에서 발생한 가장 큰 재앙"이라고 부른 1999년의 허리케인 플로이드는 30억 달러의 피해를 입혔는데, 돼지 농장을 덮쳐 생긴 피해가 상당했다.[15] 심한 피해를 입은 지역 중 하나인 더플린 카운티(롤리에서 남쪽으로 80킬로미터 떨어진 곳)에는 돼지가 220만 마리, 사람이 4만 2천 명 있었다.[16]

10-K에서 지구온난화를 언급한 기업은 〈호멜〉, 〈타이슨〉, 〈케이글스Cagle's〉뿐이었는데, 이 기업들은 그럴 수밖에 없는 사정이 있었다. 육식 반대 단체인 PETA가 2010년까지 "개별 상품이 유발하는 온실가스 방출량"을 밝히라고 요구하는 주주 결의안을 제출한 것이다.[17] 주주 결의안을 이용해 기업들이 기후변화에 책임감 있는 논의를 하게 만드는 전략은 PETA 말고도 많은 환경 단체들이 사용하는 전략이다. 2007년에는 주주들에게 제출된 환경 관련 결의안이 기록적인 수치를 기록했다. 기업이 기후 위기에 대처해야 한다고 요구하는 움직임이 많아지면서 생긴 일이다.[18] 하지만, PETA의 공격 대상이 된 기업의 사측 인사들은 주주들에게 PETA의 결의안에 반대하는 투표를 하라고 강하게 촉구했다.

기업은 더 교묘한 침묵 전략을 쓸 수도 있다. 바로, '**우리** 손은 깨끗해요' 전략이다. 식품 업체는 기르거나 재배하는 데에 직접 관여하지는 않고 보통 수많은 공급업자에게 납품을 받기 때문에, 이는 매우 잘 먹히는 전략이다. 30개국에서 영업을 하면서 연간 378억 달러의 매출을 올리는 거대 농업 기업 〈벙기〉가 지속 가능성에 관심을 표명했을 때, 정확히 이 논리를 사용했다.

"우리 자체 영업에서는 많은 온실가스가 방출되지 않습니다."[19] 하지만 〈벙기〉는 온실가스를 많이 방출한다. 우선, 〈벙기〉는 세계 최대의 비료 생산 업체다. 비료 생산에 들어가는 그 많은 에너지를 기억하는가? 또, 〈벙기〉는 식용유, 마요네즈, 마가린 등의 가공식품도 많이 생산한다. 그리고 세계적으로 큰 축에 속하는 밀가루 및 옥수수 가루 제조 업체이자 기름작물과 곡물의 가공 및 유통 업체로서, 축산 업계에 사료를 납품하고 가공식품 업체와 식품 서비스 업체와 바이오 연료 업체에 기름을 납품한다.

〈벙기〉의 대변인은 자사에 원료를 대는 공급업자들이 온실가스 문제를 해결하도록 돕고 있다고 언급하기는 했다. "우리는 농민들이 **그들의** 문제를 완화하고 더 지속 가능한 생산을 할 수 있도록 돕습니다. 그중에는 90퍼센트 무경운* 으로 경작하는 지역도 있습니다. 또, 그 밖의 기법들도 공급업자들과 함께 연구하고 도입해 나갑니다."

그런데, 침묵 전략과 '우리 손은 깨끗해요' 전략은 부인의 게임에 사용되는 유일한 술책이 아니다. 의심을 일으키는 것 역시 유용한 술책이다.

● 땅을 갈아엎지 않고 작물을 재배하는 방식. 옮긴이

의심은 그들의 제품이다

1969년, 〈브라운앤윌리엄슨Brown & Willeamson〉⁕의 마케팅 담당 임원이 작성한 내부 전략 서류에 '담배 반대 움직임'에 맞서기 위한 지침이 하나 나온다.[20]

"의심은 우리의 제품이다. 의심은 사람들의 마음 속에 존재하는 '사실들'에 대처하는 가장 좋은 방법이다. 또한, 의심은 〔명백한 것에 대해〕 논쟁을 일으킬 수 있는 수단이기도 하다."[21]

담배 업계만 '과학에 의문을 제기하기' 전략을 사용하는 것은 아니다. 다른 업체들도 불확실성을 확산시키면 이득을 볼 수 있다는 점을 오래 전부터 알고 있었다. 유행병학자인 데이비드 마이클스David Michaels가 저서 『청부 과학*Doubt Is Their Product*』에서 설명한 바에 따르면, 불명료화 전략은 매우 효과가 있다. 담배 회사들도 그 효과를 보았고, 기후변화의 과학적 사실을 오도하려는 석유 업체도 효과를 보았다. 공화당 정치 컨설턴트 프랭크 런츠Frank Luntz는 2003년에 여론을 흔드는 방법을 설명한 메모를 남겼는데 그 내용 중 일부는 다음과 같다. "유권자들은 과학계가 지구온난화에 대한 합의에 이르지 못했다고 생각한다. 과학계에서 합의된 바가 있다고 유권자들이 생각한다면 지구온난화에 대한 그들의 견해도 그에 따라 바뀔 것이다, 따라서 당신은 계속해서 '과학적 확실성 결여'라는 측면이 논쟁의 핵심이 되도록 만들어야 한다."[22]

이 메모는 2003년에 쓰여졌다. 그리고 저자는 옳았다. 미국인들이 대체적으로 기후 위기를 부인하는 상태에서 대체적으로 기후 위기를 인식하는 상태로 전

⁕ '폴몰'과 '쿨' 등을 만드는 거대 담배 업체.

환되기까지는 그로부터도 몇 년이나 더 지나야 했던 것이다.*

최근 기후변화 논쟁의 논점이 "그게 정말 위협일까"에서 "무엇이 원인이며 우리가 할 수 있는 일은 무엇인가"로 옮겨 가면서, 업계는 다시 반격에 나서고 있다. 『로스앤젤레스 타임스』의 편집자부터 IPCC의 의장까지 많은 사람들이 쇠고기가 지구온난화에 영향을 미치므로 햄버거를 먹기 전에 다시 한번 생각하라고 말하는 상황에서, 육류 업계는 이제 침묵 전략과 의심을 일으키는 전략을 한층 넘어서는 술책들을 동원해 더 치열해진 싸움에 들어서고 있다.

숫자 놀음

2008년 2월 네바다 주 리노에서 열린 '육우 축산업 연례 컨벤션 및 트레이드 쇼'에 참석한 축산업자들은 의심 퍼트리기의 한 사례를 보게 되었다. 컨벤션에는 관심사에 따라 골라서 참여할 수 있는 여러 개의 워크숍이 있었는데, 그중에 "쇠고기 업계가 직면한 환경 위험"이라는 워크숍도 있었다.[23] "청정대기법"이나 "청정수질법" 등으로 축산 업계가 직면한 어려움을 다룬 슬라이드 서른 두 장이 지나간 뒤, 짜잔, 드디어 '기후변화'라는 제목이 붙어 있는 슬라이드가 나왔다.

전달하려는 내용은 무엇이었을까? "걱정하지 마세요. 축산업이 교통 부문보다 온실가스를 많이 방출한다고 우기는 사람들이 있다고요? 말도 안 되는 소리에요."

---

* 〈불편한 진실〉이 나오고 IPCC와 고어가 2007년에 노벨상을 받고 나서야 겨우 그렇게 되었다.

한 슬라이드에는 이렇게 쓰여 있었다. "환경 보호청의 보고서에 비춰 보면, 축산이 미국의 이산화탄소 방출에 크게 기여한다고 볼 수 없다." 유엔은 축산업이 세계 기후 온난화에 기여하는 비중이 18퍼센트라고 했지만 미 환경 보호청은 미국에서 방출되는 온실가스 중 축산업이 차지하는 비중이 겨우 4.6퍼센트라고 했다는 것이다. 이 파워포인트 발표는 장밋빛 언급(그러니까, 축산업의 장밋빛 전망)과 뭔지 알 수 없는 말로 끝을 맺었다. 마지막 슬라이드는 다음과 같았다.

현재까지 의회는 축산, 북극곰, 펭귄을 규제해야 한다고 논의하고 있지 않다

북극곰과 펭귄 이야기가 뭔 소린지는 모르겠지만, 이 슬라이드가 말하려는 바는 명백하다. "헛소리하는 유엔에 대해서는 걱정할 것 없어요. 축산 업계는 기후변화에 별로 영향을 미치지 않아요. 미국 의회도 축산업에 대해 우려하지 않아요. 당신도 우려하실 것 없어요."

이는 육류 업계 회의장에서만 나오는 이야기가 아니다. 그보다 한두 달 전에 〈미국 육우 축산업 협회〉 회장 테리 스토크스Terry Stokes는 축산업이 지구온난화에 18퍼센트의 책임이 있다는 유엔의 수치를 인용한 『로스앤젤레스 타임스』 사설을 반박하기 위해 위와 같은 논리를 사용했다.[24] 스토크스는, "그 사설은 부정확한 통계 수치와 잘못된 정보로 혼란을 주고 있다"고 항변했다.[25] 또, 2009년 4월 외식업과 주류업, 담배업을 대변하는 단체인 〈소비자 자유 센터Center for Consumer Freedom〉는 의학 학술 저널 『아카이브스 오브 인터널 메디신Archives of Internal Medicine』에 육류와 기후변화의 관계를 다룬 논문이 게재되자 이렇게 반박했다. "기후변화의 맥락에서 보면, 미국의 육류 생산은 탄소 배출에서 우스울 정도로 작은 비중밖에 차지하지 않는다."[26]

표면상으로는 스토크스도, 〈소비자 자유 센터〉도, 리노의 컨벤션에서 발표한 사람도, 단지 잘못된 수치를 바로잡으려고 노력하는 것처럼 보인다. 이를테면, 스토크스는 이렇게 말했다. "〈미국 육우 축산업 협회〉의 핵심 임무 중 하나는 육류와 축산에 반대하는 사람들이 퍼트리는 잘못된 정보를 바로잡는 것이다."[27]

PETA는 분명 '친육식' 단체가 아니지만 『로스앤젤레스 타임스』의 논설위원이나 『가축의 긴 그림자』을 공동 집필한 유엔 연구자들이 딱히 육식에 반대하려는 목적을 가지고 있다고 보기는 힘들 것이다. 그런데 스토크스는 육류 업계를 비판하는 사람은 모두 '육식 반대주의자'라고 생각하는 모양이다. 스토크스는 이렇게 말했다. "이들 활동가들은 소비자들이 육류 소비를 줄이거나 아예 소비하지 않도록 설득하기 위해 수단과 방법을 가리지 않을 것이다." 또 스토크스는 기후변화에 대한 주장은 단지 "고기 소비를 비방하기 위한 최신 전략"에 불과하며 "소비자의 감정에 호소하는 사악한 전략"이라고도 말했다.

스토크스의 주장을 어떻게 이해해야 할까? 우리는 아무 걱정 없이 폭찹을 마구 먹어도 될까? 미 환경 보호청의 자료는 정말로 가축이 온실가스의 주된 원천이라는 주장의 근거를 뒤흔들고 있는 것일까?[28]

첫째, 미 환경 보호청의 자료는 스토크스가 해석하고 싶어하는 바와는 조금 다른 방식으로 도출되었다. 이 수치는 미국에서 육류가 환경에 미치는 영향을 종합적으로 다루고 있지는 않기 때문에 육류 분야의 영향을 과소평가한다. 환경 보호청이 제시한 수치는 아산화질소와 메탄만을 포함한 것으로, 생산에서 사용된 에너지에서 나오는 모든 온실가스를 다 포함한 것은 아니다. 제조, 집약적 관개 등, 생산에 들어가는 에너지는 농업에 투입되는 전체 에너지 중 많게는 15퍼센트가량을 차지한다.[29] 환경 보호청 수치에는 다음과 같은 과정에서 발생하는 온실가스가 포함되어 있지 않다.

- 비육장과 육가공 공장 운영에 필요한 냉난방과 청소.

- 농업 화학물질과 비료 생산.(이중 절반 이상은 사료작물을 재배하는 데 사용된다.)

- 비료 및 화학물질 수입과 국내 운송.

- 매립장에서 방출되는 온실가스.(매립장에는 우리가 먹지 않고 버린 육류와 육류 부산물이 들어 있다.)

- 육류 운송, 유통, 저장.(육류는 저장과 운송이 에너지 집약적이기 때문에, 다른 제품들에 비해 저장과 운송 단계에서 온실가스 문제가 더 심각할 수 있다.)

- 소비자가 고기를 사기 위해 [소매 매장까지] 차로 이동.

게다가 전 세계에서 방출되는 온실가스 중 미국이 차지하는 비중이 워낙 크기 때문에, 미국에서 방출되는 온실가스 중에서 축산의 비중이 상대적으로 작다 할지라도 실제 배출되는 양은 무시할 수 없다. 미국 인구는 세계 인구의 4.6퍼센트에 불과하지만 미국인은 전 세계 온실가스의 24.4퍼센트를 배출한다.[30] 미국이 이렇게 막대한 이산화탄소를 배출하는 요인 중 하나는 자동차다. 세계 인구의 4.6퍼센트가 사는 미국에 세계 승용차의 3분의 1이 있다.[31] 미국에서 방출되는 온실가스 중 축산이 차지하는 비중이 비교적 작다는 말은(축산 업계가 말하는 것만큼 작지도 않지만), 축산에 문제가 없다는 이야기가 아니라 축산 이외의 영역에서 미국이 문제를 워낙 많이 만들고 있다는 의미다. 이렇게 오염을 많이 일으키는 나라에 살다니 스토크스는 운도 좋다. 자신이 속한 업계가 상대적으로 좀 나아 보이니 말이다.

스토크스를 화나게 하는 것에는 또 무엇이 있을까? 그는 육식 반대 운동가들이 "소를 키우는 목초지를 쉽게 곡물이나 채소 경작지로 바꿀 수 있다고 생각하는 모양이지만 (…) 목초지를 경작지로 바꾸는 것 자체가 심각한 환경 파괴를 일으킨다"고 말했다.[32] 스토크스는 마치 현재 미국이 지속 가능한 방목형 목축으로 소를 키우는 듯이 이야기했지만 이는 미국 축산업의 현실이 아니다. 미국에서는 소가 대부분 비육장에서 길러지며, 쇠고기 1킬로그램을 얻는 데에 많게는 16킬로그램의 곡물과 대두가 들어간다. 스토크스가 놓치고 있는 부분이 또 있는데, 지속 가능한 방식으로 생산하는 채소와 곡물 경작지는 탄소 격리에 도움이 되기 때문에 온실가스 방출을 '순감소' 시켜줄 수도 있다.

스토크스, 리노의 발표자, 〈소비자 자유 센터〉 등의 주장에 이러한 오류가 있는데도 이런 식의 논평은 사람들에게 의심을 불러 일으킨다. 따라서 축산이 야기하는 끔찍한 환경 파괴에서 대중의 관심을 돌리려는 업계는 이런 주장들을 강력한 전술로 활용한다. 의심은 정치적인 의지를 갉아먹으며, 지속 가능한 식품을 지지하는 사람들을 숫자 싸움에만 골몰하게 해 그들의 발목을 잡는다. 그러는 동안 우리가 취할 수 있는 정책적 기회들은 사라져 버린다.

과학적 자료를 헛갈리게 사용하기

나는 학술 저널인 『환경 보건 퍼스펙티브스*Environmental Health Perspectives*』에서 '의심 불러 일으키기'의 또 다른 사례를 발견했다.

2008년, 〈휴메인 소사이어티〉의 다니엘르 니렌버그Danielle Nierenberg와 고리 코네스워런Gowri Koneswaran은 기존의 연구들을 바탕으로 〔스웨덴의〕 유기농 목초 사육 쇠고기와 〔일본의〕 비유기농 곡물 사육 쇠고기의 온실가스 방출을 비교한 논문을 이 저널에 게재했다. 그 연구들을 바탕으로, 니렌버그와 코네스워런은 유기농 쇠고기가 비육장 쇠고기보다 에너지를 85퍼센트 덜 필요로 하고 온실가스도 40퍼센트 덜 방출할 수 있다는 결론을 내렸다.[33] 그들은, 따라서 축산 분야에서 방출되는 온실가스를 줄이려면 고기에 대한 수요만 줄일 게 아니라 비육장을 없애야 한다고 주장했다.

하지만 이 주장을 반박하는 사람들이 있었다. 같은 저널에 게재된 반박문에서, 〈글로벌 식품 이슈 센터Center for Global Food Issues〉의 알렉스 애버리Alex Avery와 데니스 애버리Dennis Avery는 〔스웨덴의 유기농과 일본의 비유기농을 비교한〕 니렌버그와 코네스워런의 논문이 "실상을 끔찍하게 오도하고 있다"고 비난했다.[34] 알렉스 애버리와 데니스 애버리는 미국의 모든 육우를 목초 사육 방식으로 전환하면 오히려 온실가스가 이산화탄소 환산치로 매년 1,281억 킬로그램 더 많이 발생할 거라고 주장했다. 지금처럼 곡물 비육 방식으로 키울 때보다 58퍼센트나 더 많은 온실가스가 발생한다는 얘기다.[35] 이것 참 헛갈린다.

무엇이 진실인가?

우선, 니렌버그와 코네스워런도 주장했듯이, 우리는 풀로 키우든 사료로 키우든, 쇠고기 생산량을 현재 수준으로 유지하자고 주장하는 것이 아니다. 니렌버그는 "기후변화에 정말 진지하게 맞서고자 한다면, 쇠고기, 달걀, 낙농품 소비를 크게 줄여야 한다"고 강조했다.

하지만 규모를 줄인다 치더라도, 그 소들을 풀로 키울 것이냐, 사료로 키울 것이냐는 질문은 여전히 남는다.

알렉스 애버리와 데니스 애버리의 반박문을 읽다 보면, 우리는 마땅히 비육장을 운영해야 하고, 심지어 비육장이 진환경석이라고 칭찬이라도 해야 할 것 같다. 하지만, 애버리 부자의 계산을 따져 보고 그들이 인용한 논문의 몇몇 저자들에게 전화로 확인해 본 결과, 그들의 주장이 매우 빈약한 근거에 기반하고 있음을 알 수 있었다. 애버리 부자의 계산을 따지다가 나는 산업형 농경 지지자들이 사실인 양 유포시키는 유사 과학의 바탕을 이루는 또 다른 전략을 발견할 수 있었다. 그것은 '혼란스럽게 해서 이기자' 는 전략이다.*

내가 애버리 부자를 미심쩍게 보는 편이라는 점을 우선 밝혀 두어야겠다. 나는 이들의 글을 전에도 본 적이 있다. 내 책꽂이에는 책 모서리를 잔뜩 접어 놓은 데니스 애버리의 책 『농약과 플라스틱으로 지구를 구하기*Saving the Planet with Pesticides and Plastic*』가 아직도 꽂혀 있다. 애버리 부자가 하는 주장이라면 나는 그대로 믿지 않고 일일이 따져본다. 나를 강박적으로 사실 확인에 집착하는 사람이라고 부른대도 할 수 없다. 하지만 베트남 전쟁에서 사용된 유독한 고엽제인 오렌지제가 무해하다고 주장하는 사람(애버리가 그렇게 주장했다)의 말을 그대로 믿을 수는 없다.[36] 돼지들은 우리에 갇혀 사는 것을 더 좋아한다고 주장하는 사람의 말도 그대로 믿을 수 없다.(애버리는 공간이 너무 넓으면 어미 돼지들이 새끼들 위를 덮쳐서 죽이는 경향이 있다고 주장했다.)[37] 어쨌든, 그래도 최대한 객관성을 유지하려 애쓰며 애버리 부자의 주장을 읽었다. 그런데도 그들이 제시한 수치들은 말이 되지 않았다.

애버리의 주장을 뜯어보니

알렉스 애버리와 데니스 애버리의 주장은 아주 정교하고 복잡한 계산을 거쳐 도출한 것처럼 보인다. '0' 이 아주 많이 붙고 소수점도 막 나오는 숫자들로 일단 우리의 눈을 현혹시킨다. 하지만 그들의 핵심 주장은 이렇게 정리할 수 있다.

● 기초적인 실수도 하나 발견했다. 알렉스 애버리와 데니스 애버리는 일본의 쇠고기가 1만 8천 마일을 이동한다고 언급했다. 그런데 1만 8천 마일은 지구 3분의 2바퀴도 넘는 거리다. 1만 8천 킬로미터를 잘못 쓴 것이다. 하지만 이런 문제는 일단 그냥 넘어가도록 하겠다.

"곡물 비육이 목초 사육보다 적어도 세 배나 토지 효율적이다." 다시 말해, 같은 양의 쇠고기를 생산하려면 목초 사육에는 곡물 비육에 필요한 땅보다 적어도 세 배는 넓은 땅이 필요하다는 것이다.[38] 그리고 이들은 땅을 목초지로 바꾸는 과정에서 발생하는 온실가스까지 고려하면 목초 사육의 경우 온실가스 방출이 58퍼센트나 늘어날 것이라고 주장했다.

하지만 이 계산은 근거가 빈약한 숫자들에서 나온 것이다. 유기농 육우가 땅을 세 배나 더 많이 차지한다는 주장은, 아이오와 스테이트 대학의 〈지속 가능 농업을 위한 레오폴드 센터Leopold Center for Sustainable Agriculture〉가 진행한 연구 내용을 애버리 부자가 분석해서 내놓은 것이다.[39] 그런데 문제는, 〈레오폴드 센터〉의 연구는 소를 키우는 방식에 따라 땅 필요량이 어떻게 다른지를 알아내기 위해 진행된 것이 아니었다는 점이다. 〈레오폴드 센터〉의 연구는 농민들이 자연 축산, 목초 사육, 유기농 생산 등으로 전환할 때 수익성이 어떻게 달라질지 분석하는 것을 도울 목적으로 진행된 것이었다.[40] 아이오와 스테이트 대학 교수인 존 로렌스 John Lawrence가 내게 설명해 준 바에 따르면, 풀로 키우느냐 곡물로 키우느냐에 따른 땅 면적 필요량은 지리적인 장소에 따라 크게 다르다. 특히, 연중 풀이 자라는 곳인가 아닌가 등에 따라 지역별로 크게 차이가 난다. 게다가, "풀을 먹여 키우는 생산자 중 어떤 사람들은 〔종자용 송아지나 소를 먹일 꼴 등〕 필요한 모든 것을 직접 기르고 어떤 사람들은 아니다. 곡물로 키우는 생산자도 마찬가지다." 어떤 사람들은 자기 송아지를 키운다. 어떤 사람들은 인근에서 송아지를 사온다. 또 어떤 사람들은 멕시코나 캐나다에서 송아지를 수입한다. 어떤 사람들은 직접 기른 옥수수를 먹인다. 어떤 사람들은 장거리 무역으로 들어온 옥수수를 먹인다. 로렌스는 이렇게 설명했다. "핵심은, 경우에 따라 많이 다르다는 거지요."[41]

애버리 부자가 사용한 사료 양 추정치는 어디에서 나온 숫자일까? (애버리 부자는 이 추정치를 바탕으로 곡물 사육에 들어가는 사료 재배에 필요한 면적을 계산했다.) 그들은 미 농무부의 작물 생산 데이터를 이용했다. 하지만 농무부에 이메일로 물어보니 농무부는 가축들을 생산하는 데 필요한 사료의 양에 관해서는 자료를 모으지 않는다고 답했다. 담당자는 이렇게 말했다. "도축되는 동물이 소비한 사료의 유형이나 사료의 양은 비육장과 농민과 목장의 기록이 없으면 정확하게 추정할 수 없지요. 당신이 말씀하신 수치는 몇몇 추정치들에다가, 맞을 수도 있지만 꼭 그렇지는 않을 수도 있는 어림짐작에 기반한 것 같아요."[42]

그러니까, 곡물 비육우와 목초 사육우, 두 경우 모두 땅 필요량을 엉성하게 계산한 것이다. 어쨌든 유기농 방식이 땅을 세 배나 더 필요로 한다는 숫자는 애버리 부자의 논의에서 중요하다. 그 숫자가 이들 주장의 기초가 되기 때문이다.

이제까지 애버리 부자가 땅 필요량을 추정하는 데 어떤 자료를 이용했는지 살펴보았다. 그렇다면, 미국의 육우를 모두 목초 사육으로 키울 경우, 목초지로 전환된 땅 1에이커당 발생하는 온실가스 추정치는 어떻게 구한 것일까? 애버리 부자는 목초 사육에 이용되는 땅은 1에이커당 1년에 이산화탄소 환산치로 4,700 킬로그램의 온실가스를 내놓는다고 주장했다. 하지만 애버리 부자가 이 숫자를 인용해 온 원자료의 저자에게 확인해 보니, 그 수치는 미국 땅을 목초지로 바꿀 경우를 연구해서 나온 것이 아니었다.

그 연구를 진행한 연구자 중 한 명인 프린스턴 대학의 티모시 서칭거Timothy Searchinger는 이렇게 설명했다. "그 숫자는 목초지의 온실가스 방출이나 곡물 경작지였다가 목초지로 바뀐 곳의 온실가스 방출을 연구해서 나온 것이 아닙니다. 삼림 지역과 자연 초지를 바이오 연료를 위한 작물 재배지로 바꿀 경우를 연구해서 나온 수치입니다."[43] 따라서 그 숫자는 토양 자체에서 방출되는 탄소량에, 기존에 자연 초지였을 때 식물군생과 뿌리가 보유하고 있던 탄소가 방출되는 양까

지 합한 것이다."[44] •

애버리의 목적을 위해 서칭거의 숫자를 사용할 경우, 미국에서 땅의 용도를 바꿀 때 발생하게 될 온실가스 양은 크게 과장된다. 한 가지 이유를 들자면, 미국에서는 현재 옥수수 사료 재배에 많은 땅이 사용되고 있다. 이 땅에는 관개를 많이 하고 화학비료를 많이 뿌린다. 이런 땅은 현재 탄소 순저장 기능을 하지 못하며, 사실상 온실가스를 **순방출**하고 있다.[45] •• 얼마 전 내가 확인한 바에 따르면 미국에는 탄소를 많이 저장하고 있는 우림 지역이 없다.

그러니까, 미국에서 현재 사료 재배에 사용되는 땅의 일부를 목초 사육용 땅으로 바꾸는 경우라면 1에이커당 온실가스 방출은 훨씬 더 적을 것이다. 잘 관리된 목초지에서는 대기 중의 온실가스를 땅에 저장하는 '순이득' 이 생길 수도 있다. 잘 관리된 목초지는 땅에 탄소를 저장해 둘 수 있기 때문이다.[46] 애버리의 글에 인용된 목초 사육 관련 연구의 저자에게 목초지가 탄소 저장소로 기능할 수 있는지 물어보았더니, "온실가스 격리의 긍정적인 효과는 내 연구에 포함되지 않았다"고 말했다.[47]

쇠고기 문제의 관건은 무엇인가

애버리 부자가 목초 사육우를 비방하려고 애썼지만, 우리는 산업적 축산이야말로 생산 과정의 거의 모든 단계에서 온실가스를 발생시킨다는 사실을 알고 있다. 질소비료의 생산과 사용에서, 사료를 공장으로 운송하는 과정에서, 살아

• 서칭거의 연구는 2008년 농작물로 에탄올을 생산하는 것이 현명한 일인가에 대해 많은 논란을 불러일으켰다.

•• 미국에서 인간 활동으로 발생하는 아산화질소의 3분의 2는 농업에서 나오는데, 그중 상당 부분이 사료작물 재배 때문이다.

있는 동물을 비육장과 도축장으로 운송하는 데서, 그리고 소의 소화 과정에서 온실가스가 방출된다. 대규모 산업형 축사의 분뇨 저장소에서 방출되는 온실가스도 만만치 않다. 그리고 사료작물을 재배하는 땅의 토질이 저하되고 침식되면서도 이산화탄소가 방출된다. 기타 등등. 풀로 키우면 사료를 재배할 때 사용하는 비료에서 방출되는 온실가스도 줄일 수 있고, 사료를 재배하고 수확하고 운송하는 데 들어가는 에너지에서 나오는 온실가스도 줄일 수 있다. 또, 분뇨에서 나오는 온실가스도 줄일 수 있다. 지속 가능한 목초 사육 체계에서 분뇨는 문제라기보다는 이로운 물질이 될 수 있으니 말이다.

하지만 소의 생애 주기는 길고 복잡하며 소를 키우는 지역이 어디인지에 따라 온실가스 방출량은 크게 달라질 수 있다. 이를테면 습하고 추운 버몬트 주의 소와 건조한 콜로라도 주의 소는 매우 다를 것이다. 이러한 복잡성 때문에, 우리는 각 단계에서 발생하는 온실가스에 대해, 그리고 온실가스를 줄일 수 있는 잠재력이 가장 큰 지점들이 어디인지에 대해 더 많이 연구해야 한다.

그렇지만, 더 많은 연구가 필요하다고 해서 기업형 축산이 온실가스 방출의 주범이라는 사실까지 모호하다는 뜻은 아니다. 유기농 방식으로 전환하고 고기 소비를 줄이면 온실가스 방출을 줄일 수 있다는 점이 불확실하다는 의미도 않는다.

목초 사육우에 대한 애버리 부자의 공격, 그리고 생태적인 생산 방식으로 전환하면 온실가스를 더 많이 방출할 것이라는 공포를 조장하는 주장은 전형적인 업계 전략의 일부다. 혼란스럽게 해 승리하기, 의심을 불러일으켜 승리하기가 그 전략이다. 이산화탄소 환산치라든가 헥타르당 킬로그램 같은 용어들이 떠돌아다니면 헷갈리기 쉽다. 산업형 육류 생산을 지지하는 사람들이 의도하는 바가 바로 이렇게 사람들을 헷갈리게 하는 것이다.

『환경 보건 퍼스펙티브스』는 공공 보건 분야에서 저명한 학술 저널이다. 환경 과학 저널 중 1위고 공공 환경 보건 저널 중에서는 2위다. 이 저널은 190개국에서 읽히며, 〈미국 환경 보건 과학 연구소United States Institute of Environmental Health Sciences〉가 펴낸다. 애버리 부자의 관점은 주장 자체에 허점이 많았는데도 『환경 보건 퍼스펙티브스』에 게재되면서 신빙성 있는 주장처럼 여겨졌다. 더 나쁜 것은 이 잘못된 정보가 꽤 널리 영향을 미친다는 것이다. 2008년 튀니지에서 열린 〈영국 동물 과학 학회British Society of Animal Science〉 주최의 육류 컨퍼런스에서, 니렌버그는 애버리의 글을 인용한 파워포인트 자료를 가지고 발표하는 사람을 보았다고 한다. "현실을 냉혹하게 인식한 순간이었어요. 자신이 과학에 기반하지 않은 채 연구하고 있다는 사실을 깨닫지 못하는 사람들이 있다는 점 말이에요."

알렉스 애버리와 데니스 애버리는 대체 누구인가? 아마 당신은 이들의 이름을 들어본 적이 없을 수도 있다. 또, 〈글로벌 식품 이슈 센터〉라든가 그것의 모기관인 〈허드슨 연구소Hudson Institute〉에 대해서도 들어보지 못했을 수 있다. 하지만 이 연구소가 1천만 달러 규모의 예산을 운용하도록 도움을 주는 후원자들의 이름은 들어보았을 것이다.[48]

〈허드슨 연구소〉의 연간 보고서를 보면, 기업형 쇠고기 생산의 각 부분과 직간접적으로 연관된 수십 개 기업과 재단, 그리고 수십 명의 개인이 나온다. 동물약품 업체, 사료작물 재배용 화학물질 생산 업체, 곡물 거래 업체, 그리고 축산 분야를 위해 로비를 하는 업계 협회들까지 말이다.[49] 자금을 지원하는 곳들을 보면 기업형 육류 생산을 지지하는 애버리의 입장이 중립적이라는 데 의문이 생기지 않을까? 그럼 한번 살펴 보자.

● **제약 업계**: 〈허드슨 연구소〉 후원자 중 '트러스티 서클'에는 거대 제약 회사인 〈일라이일리Eli Lilly〉가 포함돼 있다. 초국적 제약 기업 〈일라이일리〉는 프로작 등 사람이 먹는 약으로도 잘 알려져 있지만, 항생제, 기생충약, 항콕시듐제● 등 동물이 먹는 약도 만든다. 〈일라이일리〉 동물 약품 제품군에는 소 사료에 첨가하는 모넨신, 가금류용인 코반, 몬테반, 맥시반, 돼지와 가금류용인 서맥스, 소 기생충약인 일렉터 등이 있다.[50] 〈일라이일리〉는 2007년에 〈아이비 애니멀 헬스〉를 인수해서 동물 약품 사업을 확장했는데, 이는 〈일라이일리〉가 집약적인 축산이 자사의 미래에 매우 도움이 될 것이라 생각했다는 점을 보여 준다. 이 합병에 대해 회사측은 이렇게 언급했다. "우리의 제품군은 상호보완적이어서 합병을 통해 우리는 쇠고기를 생산하는 고객들에게 통합적인 가치를 줄 수 있을 것이다."[51]

역시 가축용 약품을 만드는 〈바이엘Bayer〉(이곳 또한 사람이 먹는 약으로도 잘 알려져 있다)도 〈허드슨 연구소〉의 기부자다. 〈바이엘〉의 비육장 가축용 제품 중 가장 널리 쓰이는 것은 항생제 바이콕스다. 갇혀서 자라는 가금류, 돼지, 소가 빠르게 성장하게 하고 콕시듐증 같은 질병에 걸리지 않게 하기 위해 투여하는 약이다.[52] 〈바이엘〉과 〈일라이일리〉는 항생제와 성장호르몬 등을 생산하는 거대 업체며, 산업형 축산업자는 가축의 성장 속도를 키우고 갇힌 상태에서도 가축이 질병과 감염을 피할 수 있게 하기 위해 이런 약에 의존한다. 내게는 〈바이엘〉과 〈일라이일리〉가 비육장 가축 생산이 확장되면 큰 금전적 이익을 볼 곳들로 보이는데, 여러분은 어떤가?

● **농화학물질 업계**: 〈허드슨 연구소〉 후원자 중 농화학물질 업계 쪽에는, 〈포

● 동물의 장 감염을 막는 약인데, 장 감염은 자연적이지 않은 상태에서 갇혀 지내는 동물에게 매우 흔하다.

타시코프PotashCorp〉, 〈신젠타 크롭 프로텍션Syngenta Crop Protection〉, 〈파이오니어 하이-브레드 인터내셔널Pioneer Hi-Bred International〉, 〈듀폰DuPont〉 등이 있다. 산업형 축산을 하려면 사료작물을 대량으로 생산할 필요가 있는데, 이 회사들은 사료작물의 성장을 촉진하고 단일경작지인 사료 재배지의 해충 피해를 막아 주는 농화학물질을 제조한다.

〈포타시코프〉는 세계 최대의 비료 업체로 세 가지 중요한 식물 영양분인 질소, 인산염, 칼륨을 만든다.[53] 2008년에 〈포타시코프〉는 수요가 증가하고 있어서 사업 전망이 튼튼하다고 밝혔으며, 향후 5년에서 7년 사이에 칼륨 생산을 80퍼센트 가량 늘릴 계획이라고 발표했다.[54]

〈허드슨 연구소〉는 농화학물질 업체와 관련되어 있는 재단의 후원도 받는다. 〈올린 재단Olin Foundation〉이 그 예다.[55] * 이 재단은 1953년에 〈올린 코퍼레이션〉 창업자가 설립했다. 현재 『포춘』 1000대 기업으로 직원 3,600명을 고용하고 있는 〈올린 코퍼레이션〉은 탄약과 화학제품 부문에서 사업을 벌이며, 비료와 제초제에 널리 쓰이는 수산화칼륨, 묽은 황산 등을 생산한다.[56]

• **사료 업계:** 〈허드슨〉 후원자 중 세 번째 분야는 가둬 키우는 가축의 먹이가 될 사료를 생산하고 구매하는 업체들로, 글로벌 거대 곡물 업체인 ADM과 유전자 변형 식품 기업인 〈몬산토〉가 포함돼 있다.** 〈몬산토〉는 주로 유전자 변형

● 올린 사후 한 세대 안에 자산을 모두 지출해야 한다는 조건에 따라, 〈올린 재단〉은 마지막 기부를 했는데 여기에는 2005년에 〈허드슨〉에 기부한 금액도 포함돼 있다.

●● 유전자 변형 작물은 바이오테크 작물, 또는 트랜스 진 작물이라고도 불리며, GM, GE, 혹은 GMO로 표기되기도 한다. 표기가 이랬다 저랬다 해서 헷갈리지만, 유전자 변형 작물의 정의 자체는 복잡하지 않다. 유전자 변형 작물이란 자연 상태에서는 존재할 수 없는 결과를 얻기 위해 어떤 종의 DNA에 다른 종의 유전자 한 개 혹은 여러 개를 인위적으로 넣어 만든 작물을 뜻한다.

콩과 옥수수 종자를 개발해 곡물 비육 축산업과 관계를 맺는다. 〈몬산토〉는 전체 옥수수 시장의 약 39퍼센트를 장악하고 있는데, 옥수수는 미국 축산업에 쓰이는 주요 사료작물이다. 전 세계 GMO 작물 재배지의 90퍼센트에서 〈몬산토〉의 GMO 옥수수, 면화, 캐놀라, 대두가 생산되고 있다.[57] 그리고 2008년 8월까지는 〈몬산토〉가 미국에서 유일하게 rBGH를 공급하는 곳이었다. rBGH는 논란이 많은 인공 성장호르몬으로, 미국의 젖소 CAFO는 rBGH를 사용하지만 EU는 이를 금지하고 있다.

〈허드슨 연구소〉는 〈미국 사료업 협회(American Feed Industry Association, AFIA)〉에서도 돈을 받는다. 〈미국 사료업 협회〉는 "동물 사료 업계와 여기에 납품하는 공급 업체들의 사업상, 법률상, 규제상 이해관계를 대변하는" 단체다.[58] 여러 가지 로비 활동을 했지만, 특히 "식품 비방법Food Disparagement Laws"의 초안을 잡는 데 일조했다. 이 법은 공공 대중의 비판으로부터 식품 회사들을 보호하는데, 1990년에 〈미국 사료업 협회〉가 이 법안을 통과시키기 위해 적극적으로 로비를 했다.[59]

〈미국 사료업 협회〉는 또 다른 업계 단체인 〈동물 농업 협회Animal Agriculture Alliance〉와 사무실을 같이 쓰고 업무 공조도 한다. 〈식품 마케팅 연구소〉와 〈미국 식육 협회〉가 내슈빌에서 개최한 컨퍼런스에서 〈동물 농업 협회〉의 홍보 담당자 필립 로보Philip Lobo는 동물 복지라는 명목으로 활동하는 "국내 테러리스트"의 위협에 대처해야 한다고 경고했다. 또, 〈동물 농업 협회〉는 "동물 복지와 운동: 당신이 알아야 할 것"이라는 제목의 워크숍(나도 참석했다)을 포함해 몇 개의 워크숍을 더 열었고 이틀간 반反테러 훈련도 제공했다. 이 훈련은 2006년에 "국내 테러리스트들, 특히 동물 권리 보호 과격주의자들이 동물을 사용하는 산업과 이 산업의 고객에게 제기하는 위협"에 초점을 맞춰 처음 시행되었다.[60]

• **석유 업계**: 〈허드슨 연구소〉는 〈새러 스카이프 재단Sarah Scaife Foundation〉의 지원도 받는다. 석유 재벌이자 금융 재벌인 리처드 멜론 스카이프Richard Melon Scaife가 회장인데, 스카이프는 〈헤리티지 재단Heritage Foundation〉의 이사회에서도 활동하고 있다. 보수 싱크탱크인 〈헤리티지 재단〉 자체도 자동차, 석탄, 석유, 화학 등의 업계에서 많은 자금을 지원받고 있다. 앞에서도 설명했지만, 산업화된 육류 공급망은 화석연료에 많이 의존하기 때문에 석유 업체의 큰 고객이 된다. 도축장을 운영하는 데 들어가는 에너지부터 사료 생산에 쓰이는 석유 기반의 화학물질에 이르기까지, 비육장 육류는 석유 기업의 희망이다.

이들 말고도 비육장 육류가 기후에 미치는 영향에 사람들이 무관심할수록 그 상황을 반길 법한 많은 곳들이 〈허드슨 연구소〉를 후원하고 있다.

알렉스 애버리와 데니스 애버리만 비육장을 옹호하고 유기농을 비방하는 주장을 하는 것은 아니다. 식품과 기후의 연관성을 깨닫는 사람들이 많아질수록, 업계 측의 그러한 공격도 더 늘어날 것이다.

침묵의 전략에서 시장 기회를 잡는 전략으로

육류 업계와 마찬가지로, 내가 조사한 다른 식품 기업들도 대부분 10-K 연간 보고서에서 기후변화에 대해 침묵했다.(온실가스 방출 관련 규제를 잘 지키고 있는지에 대해 의무적으로 언급해야 하는 경우를 제외하면 말이다.) 기후 문제에 대처하겠다는 입장을 비교적 적극적으로 공언한 기업조차 그랬다. 이를테면, 〈제너럴밀스〉의 부회장이자 지속 가능성 관련 담당 임원인 진 칸Gene Kahn은 〈식료품 제조업 협회〉의 2008년 컨퍼런스에서 식품 업계가 온실가스 방출 문제와 관련해 스스로의 활동을 점검해 보아야 한다고 매우 설득력 있게 말했다. 그런데도 〈제너럴밀스〉는 10-K에서 온실가스에 대해 언급하지 않았다.[61]

그렇다면, 기후변화에 대해 **이야기를 해 온** 업계는 어디일까? 화학 업계다. 〈다우케미컬Dow Chemical〉, 〈듀폰〉, 〈신젠타〉 등은 기후변화에서 잠재적인 이윤의 가능성을 보고 있는 것 같다. 이들 기업 모두 기후변화가 회사 수익을 올리는 데 도움이 될 것이라고 말했다. 예를 들어 지구온난화로 해충이 기승을 부리면, 이들 화학 업체들은 해충을 통제하는 제품을 만들어 새 고객을 유치할 수 있을지 모른다. 또한 화학 업체들은 자사가 온실가스 방출을 줄이기 위해 취하고 있는 조치들에 대해서도 이야기했다.[62] 〈다우케미컬〉은 "자동차에 쓰일 경량 플라스틱과 에너지 효율적인 주택이나 장비에 쓰일 단열재"에 대해 이야기했다.[63] 〈듀폰〉은 자사가 "새롭게 증가하는 저탄소 경제의 수요에 맞는 제품과 서비스를 시장에 계속해서 소개할 것"이라고 언급했다.[64]

친환경을 내세워 수익을 낼 수 있다는 가능성을 알아보기 시작한 것은 화학 업계만이 아니다. 2008년에 〈피지워터〉는 네모난 통에 담긴 고급 생수를 광고했다.• 〈피지워터〉는 자사가 기후변화를 심각하게 생각하고 있다며, 온실가스 방출을 줄이고 있을 뿐 아니라 **탄소 네거티브**carbon negative로 가고 있다고 말했다.

업계 스스로 만든 함구령을 깨고 기후변화에 대해 말하기 시작한 식품 기업은 〈피지워터〉 말고도 더 있다. 식품 업계 모임, 업계 저널, 광고 등에서 이들의

• 〈피지워터〉의 소유주인 린다 레스닉Lynda Resnick은 포장 용기를 독특하게 만드는 걸 무척 좋아하는 것 같다. 레스닉은 특이한 "곡선 모양의 용기"에 담긴 석류 주스 '폼 원더풀'의 마케팅도 담당했다.

말이 바뀌고 있는 양상을 통해 보건대, 분명히 식품 기업 중 일부는 기후변화를 시장 기회로 보고 있었다. 그리고 이들은 이 시장 기회를 잡기 위해 득달같이 달려들고 있었다.

식품 업계가 어떤 관점에서 기후변화를 이야기하는지 알아보기 위해, 나는 『육류와 가금류*Meat & Poultry*』, 『식품 가공*Food Processing*』, 『조리 식품*Prepared Foods*』, 이 세 개의 업계 저널이 환경에 대해 2003년과 2004년에 언급한 내용과 2008년에 언급한 내용을 비교했다.[65] 그 결과, 한 가지 분명한 사실을 알 수 있었다. 시대는 변한다는 사실 말이다. 2008년에는 수십 개의 기사가 2003년 무렵의 기사와 극명한 대조를 보이면서, 녹색 전략을 언급하고 지구온난화를 경고하며 지속 가능성을 선도적으로 추진하는 사람들을 칭찬하고 있었다.

2003년에는 이렇지 않았다. 기후변화를 언급하는 일 자체가 드물었다. 게다가 『육류와 가금류』는 기후변화를 부인하기 위해서 이 주제를 언급했다. "기상학자가 아니더라도 지난 몇 년 간 기후가 이상했다는 것은 알 수 있다. (…) 하지만 지난 몇 년의 이상 기후를 세계의 기후가 전체적으로 위기에 처했다는 신호로 여겨서는 안 된다. 이것은 기후가 자연적으로 변동하면서 생긴 현상이다." [66]

그런데 2008년이 되면 친환경을 촉구하는 목소리가 눈에 띄게 높아진다. "지속 가능한", "환경", "기후변화", "녹색" 등의 단어 사용이 크게 늘었다. 『식품 가공』과 『조리 식품』도 이때쯤 환경문제를 다루기 시작했는데, 지구온난화에 대한 사람들의 우려가 높아지면서 식품 분야에도 큰 변화가 생기고 있다는 점을 편집진이 인식하게 된 것 같다.

기후변화는 '지속 가능성'이라는 더 큰 개념의 일부로 논의되었는데, 여기서 지속 가능성은 식품 기업들이 소비자들의 환심을 살 수 있는 방법 중 하나로 여겨지고 있었다. 2008년에 『조리 식품』은 라즈베리-발사믹 식초도 이런 추세에서 자유롭지 않다고 언급했다. "환경에 대한 자각이 전 지구를 휩쓸면서, 포장 샐러드와 드레싱도 여기에서 예외가 아니게 되었다."[67]

식품 저널들은 이런 경향이 꽤 오래도록 영향력을 발휘할 것으로 내다보고 있었다. 『조리 식품』은 "녹색 운동에 대한 소비자와 비즈니스의 관심은 향후 몇십 년 간 더욱 커질 것으로 보인다"고 언급했다.[68] 특히, "기업들은 '녹색 포지셔닝'을 소비자의 충성도를 높이고 판매를 늘리기 위한 전략으로 사용하려 하면서 '녹색' 사안에 계속 강한 관심을 가질 것"이라고 말했다.[69]

2008년 여름 무렵이면, 『조리 식품』은 기후변화를 중점적으로 언급한다. 한 기사는 음료 업체 〈구아야키〉와 이곳의 '탄소 격리 공정'을 설명하고 있었는데, 기사에 따르면 "〈구아야키〉의 유기농 마테는 숲 속에서 지속 가능한 방식으로 수확되기 때문에 남아메리카 열대우림에서 막대한 양의 탄소 격리를 이룰 수 있어서" 탄소 감소 효과가 달성된다고 한다.[70]

이러한 화법 변화는 왜 일어난 것일까? 2004년 초 이래로 생겨난 여러 변화들을 생각해 보자. 앨 고어의 〈불편한 진실〉이 나왔고, 기후 위기에 대한 언론 기사들이 쏟아져 나왔으며, 사람들이 기후변화를 대체로 부인하기보다는 일반적인 사실로 인식하게 되었다. 산업 분석가들은 기업의 수익성 문제도 기후변화 화법에 변화를 일으킨 요인으로 꼽는다. 에너지 가격이 올라서 기업 입장에서 볼 때 녹색 전략이 비용 효율성을 갖게 된 것이다. 『식품 가공』에서 밥 스퍼버Bob Sperber는 기업이 녹색 전략을 도입하는 이유에 대해 "돈을 절약하는 것이 가장 녹색"이라고 언급했다.[71]

그리고 모든 기업이 온난화의 영향을 받을 것이기 때문에 지구온난화를 언급하지 않고 넘어갈 수 없게 된 측면도 있다. 새로 생길 규제의 영향을 받든지, 여론의 영향을 받든지, 비용 증가의 영향을 받든지 간에 말이다.*

식품 업계는 기후변화에 대응하는 것을 자사의 브랜드 이미지를 높이는 방법으로도 여기고 있다. 이는 소비자들이 자사에 대해 듣게 될지도 모르는 부정적인 이야기들을 사전에 물타기 하는 전략으로 쓰이기도 한다. 예일 대학의 대니얼 에스티Daniel Esty는, 기후변화 해결에 진지하게 나서는 것이 "브랜드 이미지를 쇄신하고 새로운 고객을 끌어들일 수 있는 방법"이라고 언급했다.[72] 에스티에 따르면, 영국에서는 슈퍼마켓들이 친환경 정책들을 앞다퉈 내놓고 있는데, "이산화탄소 배출량 보고와 온실가스 방출 관리가 기업 홍보의 전장이 되었다."[73]

식품 업계는 탄소 배출 규제도 잠재적으로 이득이 될 수 있다고 본다. 앤드류 호프먼Andrew Hoffman은 『하버드 비즈니스 리뷰Harvard Business Review』에 이렇게 적었다.[74] "탄소 배출 규제에 영향을 미치는 데서 비즈니스 기회를 예견할 수 있는 회사라면, 기업 경영자에게 요구되는 바로 그 일을 수행하고 있는 것이다. 자본주의 말이다." 호프먼은 규제와 관련된 이러한 기회들을 무시하면 그 회사는 "가장 빠르게 성장하는 시장인 탄소 거래 시장을 놓치게 될 것"●●이라고 경고했다.[75] 기업들 사이에서 지속 가능성이라는 말이 유행하고 있지만, 밥 스퍼버가 『식품 가공』에서 언급했듯이 "더 깊이 들어가면, 에너지 절약과 비용 절감이 진짜 요인이다."[76]

● 특히 식품 분야는 농산물 원료에 크게 의존하고 있기 때문에 지구온난화의 영향을 많이 체감할 것이다. 그러나 그 비용은 대부분 소비자에게 간단하게 전가될지도 모른다. 지금까지 〈네슬레Nestlé〉 같은 기업들은 원료 비용이 증가할 때 자사 제품의 소매가격을 계속 올렸다. 2007년의 식품 가격 폭등과 전 세계적인 불황의 여파 속에서도 2008년 〈네슬레〉의 이윤은 전년 대비 70퍼센트 증가했다.

●● 세계적으로 이 시장의 규모는 2005년 110억 달러에서 2006년에 300억 달러로 늘었다.

분명 식품 업계는 단일하지 않다. 테리 스토크스가 축산 업계를 지지하고 있으며 〈미국 식육 협회〉 컨퍼런스가 지구온난화에 대해 침묵하고 있지만 식품 업계의 또 다른 부분은 자신들의 사업 방식이 기후에 미치는 비용을 인정하고 바로 이어서 자신들이 해결책의 일부라고도 주장한다.

4장과 5장에서는 대형 식품 업체들이 기후 위기를 해결하기 위해 하고 있는 일, 혹은 적어도 그들이 하고 있다고 말하는 일에 대해 알아볼 것이다. 4장에서는 업계가 스스로를 친환경 영웅으로 자리매김하기 위해 사용하는 전략을 살펴보고, 이것을 진정성 있는 친환경 노력과 구분하는 방법에 대해 설명할 것이다. 5장에서는 기업들이 기후변화의 해결에 나선다는 명목으로 보조금과 세금 감면 등의 혜택을 얻어 내면서 하고 있는 일들과 그런 일들이 지구에 제공한다고 하는 미심쩍은 이득에 대해 설명할 것이다.

4장.

식품 업계의 홍보 게임

냉소에서 분별로

기업들이 지속 가능성을 이야기하기 시작한 이 멋진 신세계에서, 세계적인 식품 및 농업 기업들도 논의에 동참하기 시작했다. 한 가지 사례로, 2008년 1월 워싱턴 D.C.에서 열린 〈식료품 제조업 협회(Grocery Manufacturers Association, GMA)〉의 '환경 지속 가능성 회담'에 거대 식품 및 농업 기업 임원들이 대거 모인 것을 들 수 있다. 〈식료품 제조업 협회〉는 이름 한 번은 들어 봤음직한 큰 식품 업체들이 다 포함되어 있는 업계 협회다.[1]

주최측은 100명 정도를 예상했는데 참석자는 600명도 넘었다. 리츠칼튼의 행사장에서는 미 환경 보호청과 비정부기구에서 온 사람들과 다국적 식품, 음료, 소비재 업체에서 온 사람들이 함께 어울러 이야기를 나누고 있었다. 〈몬산토〉나 〈다우케미컬〉 같은 농화학물질 업체, AMD와 〈카길〉 같은 거대 농업 기업, 〈펩시〉와 〈크래프트Kraft〉 같은 식음료 업체에서 온 사람들을 모두 볼 수 있었다.

분명 이날 모인 식품 업계의 임원들은 앞으로 닥칠 일을 알고 있었다. "사람들이 탄소 집약적인 먹거리 체계가 일으키는 기후 위기에 대해 우리에게 책임을 묻는 것은 시간 문제다. 그리고 사람들은 이미 그 책임을 묻고 있다." 그런데 식품 업계가 기후 문제를 수익성 있는 시장 기회로 활용하는 것도 시간 문제였다.

4장에서는 식품 업계가 환경문제와 관련해 펴는 홍보 및 사업 전략들을 살펴볼 것이다. 그런데, 4장을 읽다가 독자 여러분들이 냉소적이 될까 봐, 혹은 원래 냉소적이던 독자가 그런 생각을 더 강하게 가지게 될까 봐 걱정이 된다. 나는 여러분이 이 책을 읽고 냉소적이 되기를 바라지 않는다. 나는 여러분이 분별력을 갖는 데 이 책이 도움이 되길 바란다.

냉소는 체념을 가져올 수 있다. 여기에 빠지면 "세상에 믿을 회사는 하나도 없다"고 생각하게 될 것이다. 하지만 여러분이 내가 바라듯 분별 있는 사람이라면, 진심으로 지속 가능성을 실현하려는 기업도 **있지만** 너무 많은 기업이 겉으로만 녹색인 척 하고 있으므로 옥석을 잘 가려내야 한다고 생각할 것이다.

나는 이 책을 통해 독자 여러분이 기업의 광고와 홍보 내용들을 잘 가려서 진정으로 지구에 필요한 일들을 하는 기업에 힘을 줄 수 있기를 바란다. 그렇게 하는 데에 유용하게 쓰일 정보를 제공하기 위해, 친환경 과장 광고를 알아보는 방법 등, 겉만 번지르르한 기업의 전략을 파악할 수 있는 요령도 함께 소개했다.

하지만, 우선 이 질문부터 던져 보아야 할 것 같다. 식품 기업들이 왜 사회적 책임을 가지고 운영 방식을 친환경적으로 전환해야 하는가?

만약 당신이 이윤 증가만이 기업이 신경 써야 할 유일한 사회적 책임이라고 믿는다면, 4장에서 다룰 이야기가 중요하다는 점을 당신에게 납득시켜 줄 다른 누군가가 필요할지도 모르겠다. 만약 당신이 기업은 지구와 지구에 사는 사람들에게 책임을 져야 한다는 데 이미 동의하고 있다면, 주변 사람들과 이야기할 때 4장의 내용을 근거로 활용할 수 있을 것이다.

기업은 왜 사회적 책임성을 가져야 하는가

노벨상을 받은 경제학자 밀튼 프리드먼Milton Friedman은 이런 유명한 글을 썼다. "기업이 주주들에게 최대한의 이익을 보장하는 것 이외의 다른 사회적 책임을 받아들인다면, 그보다 자유로운 사회의 토대를 더 많이 흔드는 일은 없을 것이다."[2]

최근에 〈후버 연구소Hoover Institution〉의 헨리 밀러Henry Miller는 프리드먼의 유령을 다시 불러냈다. "자신의 행위에 대해 자기 자신에게 말고는 누구에게도 책임을 질 필요가 없는 사람들, 그리고 기업의 효율성과 이윤 증대가 목적이 아니라 (…) 자신들이 생각하는 지속 가능성, 평등, 공공선에 따른 목적을 추구하는 사람들의 변덕에 의해 (…) 기업의 돈 수십억 달러가 (…) 다른 곳에 전용되고 있다." 밀러는 이렇게 결론을 내렸다. "사회적 책임을 추구하는 기업은, 자유로운 기업 활동과 인간 조건 둘 다에 순이득을 가져다 주지 않을 것이다."[3]

우리가 기업이 이윤뿐만 아니라 환경과 사회적 책임까지 생각해야 한다고 말한다면, 아니 요구한다면, 기업의 귀중한 자원을 다른 곳으로 전용하고 '자유로운 사회'를 갉아먹는 일을 하는 셈인가?

프리드먼과 밀러는 그렇게 생각하는 모양이지만, 설문 조사를 해 보면 대부분의 사람들은 기업이 우리에게 어느 정도의 사회적 책임을 져야 한다고 생각한다. 또, 2008년의 금융시장 붕괴를 보면서, 많은 사람들이 금전적인 동기에 의해 시민 움직이는 소위 자유로운 시장 체계가 고삐가 풀리면 얼마나 위험해지는지를 깨닫게 되었다. 2008년에 영국, 미국, 프랑스 사람들을 대상으로 실시한 설문 조사에서, 미국인 응답자의 4분의 3은 "긍정적인 사회 변화를 일구는 데 기업이 정부만큼이나 책임이 있다"고 생각한다고 답했다.[4] 86퍼센트는 "기업이 이윤 이

외의 것도 함께 추구하고 지지할 필요가 있다"고 생각한다고 말했다.[5]

당신은 당연한 생각이라고 여길지 모르지만 프리드먼식으로 생각하는 사람은 그렇지 않을 것이다. 그러니 식품 업계가 기후변화에 책임을 져야 한다고 주장하려면 우리는 그 이유를 설명할 수 있는 근거를 갖추어야 한다.

사회적 책임은 이윤에 도움이 되므로 좋은 것이라고 간단히 주장할 수도 있을 것이다. 3장에서 살펴본 기업들의 논리도 이것이었다. 하지만 우리의 주장을 더 강하게 펴려면, '돈이 된다' 는 측면을 넘어서 기업이(특히, 식품 기업이) 사회적 책임을 져야 하는 이유의 근거를 일관되게 제시할 필요가 있다.

첫째, 우리는 기업이라는 법인체가 생겨난 기원을 기억해야 한다. 초기의 기업체는 공동체에 필요한 일을 수행하기 위해 생겼다. 즉, 공공의 일을 수행하며 정부에 책임성을 갖는 형태였다. 우리는 현대의 기업도 이런 맥락에서 평가해 봐야 한다. 여러 가지 면에서, 요즘에는 식품 기업을 포함해 많은 기업들이 꽤 여러 나라의 정부보다 강력하며, 직간접적으로 정부 정책에 영향을 미친다. 세계 10대 기업은 하위 146개 나라의 GDP를 합한 것보다 많은 부를 가지고 있다.[6] 2008년 S&P 500 상위 10개 기업의 수입을 합해서 각국의 GDP와 비교하면 세계 7위, 이탈리아와 러시아 사이의 위치에 오른다.[7]

〈제너럴모터스〉 회장을 지낸 찰스 윌슨Charles Wilson은 1953년, 이런 유명한 말을 했다. "오랫동안 나는, 우리나라〔미국〕에 좋은 것은 〈제너럴모터스〉에도 좋으며, 그 역도 마찬가지라고 생각해 왔다."[8] 하지만 수십 년 간 기업의 아웃소싱, 역외 금융, 탈세를 지켜봐 온 우리는 윌슨의 말에 더 이상 동의할 수 없다.

또한, 알다시피 기업계는 정부에 막대한 영향력을 미치며 환경법 제정 같은 공공 정책을 좌지우지한다. 미국에서 기업이 로비에 쓴 금액은 2008년 한 해에만 총 33억 달러에 이른다.[9] 농업 기업만 해도 선거 후원금으로 6,500만 달러를

썼다. 또, 그해에는 연방 선출직 의원 한 명당 스무명 꼴로 로비스트가 붙어 활동
했다.[10]

뿐만 아니라 기업은 우리〔국민〕에게 얻어가는 게 있다는 점에서도 사회적 책
임을 져야 한다. 기업은 공공의 자원을 (종종 공짜로) 사용하고, 우리가 낸 세금으
로 (종종 막대한) 이득을 얻으며, 자신들이 사회에 실제로 빚지고 있는 것에 비해
한참 모자란 액수를 세금으로 낸다. 또, 기업들은 환경에 악영향을 미치고서도
그에 대한 비용을 지불하지 않아서 그 결과를 우리가 감당하게 만든다. 기후 위
기는 이런 사례 중 하나다.

이상은 기업이 책임성을 가져야 하는 최소한의 이유들이다. 여기에 기업 활
동이 사회가 정한 가치의 범위를 완전히 벗어날 수는 없다는 점도 기억하자. 우
리 사회는 오래 전에 기업이 노예노동이나 아동노동을 이용하면 안 된다고 정했
다. (물론 아직도 일부 이런 일이 있기는 하겠지만 말이다.) 또, 우리 사회는 오래 전에
기업이 물과 공기와 환경을 오염시키면 안 된다고 정했다. (아직도 이런 일이 있기
는 하겠지만 말이다.) 그리고 우리 사회는 (이건 그리 오래 전은 아니지만) 기업의 행위
가 시민권을 보장하는 국가의 법을 따라야 한다고 정했다. 즉, 기업은 인종, 성
별, 성적 취향 등에 따라 사람들을 차별하면 안 된다. 이제는 기업에 온실가스 방
출을 줄여야 할 사회적 책임이 있다는 것 역시 우리 사회가 인정하는 가치다.

자, 그러니 기업은 사회적 책임이 있다. 기업 활동에 '중립'이란 없다. 환경
에 더 큰 책임성을 갖지 않는다는 것은 아무것도 하지 않겠다는 뜻이다. 그러나
우리는 식품 업체들이 '아무것도 하지 않는 것'은 사실 무언가를 직극직으로 하
는 것이라는 사실을 알고 있다. 즉, 많은 사람들이 식품을 안정적으로 확보하지
못하게 만들고 지구 생명의 기초인 기후 안정성을 훼손하고 있는 것이다.

많은 사람들이 프리드먼이 말한 것〔주주 이익을 위한 활동〕보다 더 많은 것을

기업에 요구해야 한다는 점에 동의하고 있다. 앞서 언급한 2008년 설문 조사에서 응답자의 약 3분의 2가 "지난 몇 년 동안 (…) 나는 기업의 행위에 더 많은 관심을 갖게 되었다"는 진술에 동의한다고 답했다.[11]

1990년대 중반 이후 지속 가능성 보고서를 펴낸 기업이 눈에 띄게 늘었다. 기업계 역시 자사가 지속 가능성을 위해 노력하고 있다는 점을 사람들에게 알릴 필요가 있다고 느끼기 시작한 것이다. 공식적으로 보고서를 펴낸 기업이 1992년에는 26개였는데, 1996년에는 267개, 2006년에는 2,346개로 늘었다.[12] 자사의 보고서를 상당히 광범위하게 배포하는 기업도 있다. 〈신젠타〉의 경우 2만 부를 인쇄해 비정부기구, 투자자, 자사 직원, 정부 당국자 등에게 보낸다.[13]

그런데, 기업이 사회적 책임성을 가져야 한다고 생각하는 사람은 많아지고 있지만, 기업이 정말로 자신이 해야 할 역할을 하고 있다고 믿는 사람은 점점 적어지는 것 같다. 『이코노미스트』가 최근에 진행한 설문 조사에 따르면, 조사 대상자 중 2퍼센트만이 "거대 기업 임원들을 매우 신뢰하고 있다"고 답했다.[14] 3분의 1 가까이는 전혀 신뢰하지 않는다고 말했다. 우리가 기업이 하는 말은 모조리 믿지 않는 것은 〔사회를 위해〕 건전한 일이다. 기후 위기라는 심각한 어려움에 직면한 우리는 기업의 말을 명료한 눈과 귀로 평가해야 하고, 거창한 광고 문구만 내놓지 말고 진정한 변화를 이루라고 기업에 요구해야 한다.

우리는 지속 가능성의 갈림길에 서 있다.

코넬 대학 존슨 경영 대학원의 스튜어트 하트Stuart Hart는 "〔기업이〕 사회적인 문제에 관심을 갖는 것은 기업 활동을 방해한다"는 오해, 프리드먼의 말에도 담겨 있는 이 "상충 관계의 신화"가 이제 끝나가고 있는지도 모른다고 언급했다.[15] 기업의 사회적 활동이 이윤에 도움이 된다는 인식이 확산되고 있으며, 사회적 책임성이 단지 '좋을 일을 좀 한다'는 부차적인 활동이 아니라 기업 운영의 핵심 부분으로 통합되어야 한다는 인식도 퍼지고 있다. 하지만 우리는 기업이 정말 이렇게 하고 있는지, 아니면 단지 마케팅 술수에 불과한 것인지를 구별할 줄 알아야 한다.

전략

거대 기업들이 녹색 게임에 나섰다. 유통 업체 〈월마트〉는 2008년 4월을 '지구의 달'로 선언했다. 〈월마트〉 같은 대기업뿐만이 아니다. "녹색으로 가자go green"는 구호는 전체 식품 공급망에서 너도나도 주문처럼 읊는 말이 되었다. 오죽하면, 『애드버타이징 에이지』나 『PR뉴스PR News』 같은 업계 저널에 '녹색 피로증'이라는 새로운 경향을 우려하는 글이 나왔을까. 기업들이 녹색과 친환경을 너무 많이 읊어대는 통에 소비자들이 이런 말에 무감각해진다는 것이다.[16] 하지만, 나는 우리의 피로증이 '녹색'에서 나온다기보다는 기업들의 과장된 선전에서 나온다고 생각한다. 우리는 속임수가 아니라 진짜 녹색을 원한다.

나는 〈식료품 제조업 협회〉가 주최한 그 떠들썩한 에코-파티에서 녹색 어쩌고 하는 소리를 정말 많이 들었다.

〈캠벨 수프〉의 CEO 더그 코넌트Doug Conant는 "우리는 삶에 영양분을 주는 것과 환경에 영양분을 주는 것 사이에 관련이 있다는 것을 알고 있다"고 말했다. 〈코가콜라〉의 CEO 존 브록John Brock은 이렇게 공인했다. "기업 책임성은 우리에게 매우 중요하며, 우리의 미래다. 우리는 우리가 하는 모든 일에 기업 책임성을 구현하고 있다. 지속 가능성이라는 개념은 우리가 세상과 접하는 지점이고 세상이 우리에게 접하는 지점이다." 〈유니레버〉의 CEO 케빈 헤이브록Kevin

Havelock은 환경 청지기 정신이 "우리의 DNA에 들어 있다"고 말했다. 또, 『애드버타이징 에이지』의 녹색 컨퍼런스에서 〈맥도날드〉의 글로벌 마케팅 담당 임원 메리 딜론Mary Dillon은 이렇게 말했다. "사회적 책임성을 가지고 공동체에 환원한다는 개념은 〈맥도날드〉의 DNA다."

이렇듯 친환경으로 가고 있다는 주장이 난무하고 있다. 이럴 때일수록 우리는 기업이 진정한 변화는 일구지 않으면서 단지 친환경인 척 위장만 하고 있지는 않은지를 가려낼 수 있어야 한다.

전략

전략1: 새로운 당신을 광고하라

전략2: 당신을 꾸미라

전략3: 표면에 내세울 수 있는 위장 단체와 곤란한 부분을 가려 주는 조직들을 배치하라

전략4: 당신이 하고 있는 변화를 과장하라

전략5: 규제와 감시는 '자발적으로' 하겠다고 하라

전략6: 스스로에게 상을 주라

전략1: 새로운 당신을 광고하라

저탄소는 새로운 무지방이다.

— 2008년 6월 NYU 스커볼 센터, 『애드버타이징 에이지』 녹색 컨퍼런스에 있던 표지판

2008년 여름, 뉴욕 대학 스커볼 센터에서 메리 딜론은 〈맥도날드〉의 새 '녹

색’ 로고를 발표했다. 스크린에 그 로고가 나오자 딜론은 청중에게 〈맥도날드〉가 실천하고 있는 친환경 활동에 대해 장황한 설명을 늘어놓았다.

수백 명의 컨퍼런스 참석자 앞에서 딜론은 이렇게 말했다. “나는 사람들이 〈맥도날드〉를 사회적 책임을 다하는 기업으로 여기기를 바랍니다.” 그리고 딜론에 따르면, ‘해피밀’은 사회적 책임을 실천하는 수단 중 하나였다.

“〈맥도날드〉의 해피밀은 환경에 대한 메시지를 고객에게 적극적으로 전합니다.” 딜론에 따르면, 유럽에서 진행한 해피밀 판촉 행사에서 소비자들은 ‘나의 맹세’ 프로그램을 통해 개인적으로 친환경 실천을 다짐하는 기회를 갖게 되었다. 또, 블록버스터 영화 〈쿵푸 팬더〉와 공동으로 지속 가능성 판촉 활동을 했으며, 멸종 위기 동식물을 주제로 한 해피밀도 선보였다. 2007년에는 일본의 〈맥도날드〉도 이와 비슷한 판촉 행사를 한 적이 있다. 소비자들은 온실가스 방출을 줄일 수 있는 서른아홉 가지 방법 중에서 자신이 한 실천에 표시를 했다. ‘샤워 시간을 1분 줄인다,’ ‘전기를 끈다’ 와 같은 항목에 표시하면 빅맥을 반값에 살 수 있는 쿠폰을 받을 수 있었다.[17] (내 생각에, 그 서른아홉 가지 방법 중에 ‘쇠고기를 먹지 않는다’ 는 항목은 없었을 것 같다.) 이 행사는 너무나 인기가 있어서, 이 목록을 다운로드 할 수 있는 일본 환경부 웹사이트가 방문자 폭주로 마비될 정도였다.[18]

2년 전으로 시간을 돌려 보자. 이때 해피밀은 사뭇 다른 태도를 가지고 있었다. 2006년 8월, 〈맥도날드〉는 자동차 회사 GM과 제휴해 공동으로 4,200만 대의 ‘재미있는 허머 미니카’ 를 배포했다. 해피밀과 마이티키즈밀을 구매하는 남자 어린이는 메탈릭샌드H1이나 차를 굴리면 불이 반짝반짝 들어오는 레이저블루 H2H를 받았다.[19] (여자 어린이는 폴리포켓 패션 인형을 받았다.)

아, 시간이란. 2008년의 〈맥도날드〉는 자신이 불과 얼마 전에 연비가 고작 갤런당 16킬로미터인 허머 자동차와 제휴했다는 사실을 완전히 잊은 것 같다.

새로운 얼굴을 광고한다고 해서 그 기업이 일으키는 문제가 달라지지는 않는다. 〈맥도날드〉 같은 기업은 속성상 온실가스를 막대하게 방출한다. 고도로 가공되고 포장된, 고지방의, 그리고 육류 중심의 〈맥도날드〉 제품군과 운전자에게 편리하도록 구성된 매장 운영은 근본적으로 환경에 큰 부담을 준다.

'새로운 모습을 광고하기' 전략은 기업들이 시대에 따라 어떻게 브랜드 이미지를 재구성하는지 보여 준다. 잘만 된다면, 이런 식의 재브랜드화 전략은 소비자들이 진짜 녹색과 가짜 녹색을 잘 구별하지 못하게 만들 수 있다. 다음 전략에서 보게 되겠지만, 성공적인 재브랜드화는 여론의 공격에 미리 대비하는 강력한 예방접종이 될 수도 있다.

전략2: 당신을 꾸미라

오늘 옳은 것이 내일은 옳지 않을 수도 있다. 그러므로 융통성을 가질 수 있도록 브랜드 이미지를 약간 느슨하게 꾸며라. 더 추상적이고 가치 함축적이면서, 정보는 더 적게 담는 식으로 말이다.

— 〈게티 이미지〉, 『갖고 싶은 환경주의*Aspirational Environmentalism*』

BP는 9년째 광고판, 신문, 잡지 등을 친환경 광고로 도배하고 있다. 모두들 적어도 한 번은 이 광고를 보았을 것이다. BP의 광고는 거대 석유 기업 "브리티시 퍼트롤리엄British Petroleum"을 "비욘드 퍼트롤리엄Beyond Petroleum", 즉 "석유를 넘어서는" 친환경 기업으로 자리매김하는 재브랜드화 전략의 일환이다. 여기 들어간 돈은 2억 달러로 추정되며, 돈은 지금도 계속 들어가고 있다.[20] BP가

얻은 이득은? BP는 바라 마지 않던 '브랜드 가치'를 얻었는데, 이 가치는 금액으로 환산하면 30억 달러에 달할 것으로 추정된다.[21]

예일 대학의 대니얼 에스티와 앤드류 윈스턴은 『그린 투 골드*Green to Gold*』에서 녹색으로 방향을 트는, 그래서 이로부터 이윤을 얻는 기업의 사례 수십 개를 언급했는데, BP도 그중 하나다. 〈식료품 제조업 협회〉 컨퍼런스에서 공짜로 배포되었던 이 책자는 금새 동이 났고, 청중들은 에스티의 발표 내용에 귀를 기울였다.(이는 에스티가 발표 내용을 배타적 소유권이 있는 지식proprietary knowledge이라며 온라인으로 공유하지 않았기 때문이기도 했다.)

이 책에서 에스티와 윈스턴은 BP의 고문으로 있는 크리스 모터스헤드Chris Mottershead의 말을 인용했다. 모터스헤드는 재브랜드화 과정이 "고통스러웠다"고 말했다. "새 로고 헬리오의 디자인을 비롯해 전체적인 브랜드 이미지 쇄신 작업에 오랜 시간과 많은 자원이 들었다"는 것이다. "그것들은 매우 의식적으로 신중히 결정한 것으로, 중대하고 고통스러우며 오랜 과정이었다."[22] (별 모양으로 빛나는 녹색 태양 로고를 만드는 것이 "고통스러운" 일이라고 생각해 본 사람?)

그런데, 예쁜 새 로고를 만든 것 말고 BP가 석유를 넘어서는 활동을 정말로 하고 있는가?

한 분석에 따르면, BP가 재생 가능 에너지에 투자한 돈보다 디자인을 다시 하는 데 들인 돈이 더 많은 것으로 추정된다.[23] BP가 "세계 최대의 태양열 에너지 생산 업체"라고 광고할 수 있을지는 모르지만, 사실 이는 태양열 에너지 분야 자체가 아직 너무 규모가 작은 덕분이라고 보아야 한다.[24] 1999년에 태양열 에너지 회사인 〈솔라렉스Solarex〉의 추가 지분을 구매하느라 들인 4,500만 달러는 같은 해에 석유 기업 〈아르코ARCO〉을 인수하기 위해 들인 265억 달러에 비하면 미미한 액수다.[25] 그리고 "석유를 넘어서"라고 계속 광고는 하고 있지만, 2007년 이래로 BP는 재생 가능 에너지 관련 사업은 줄인 반면 석유 탐사에는 막대한 투자를 계속하고 있다. 이를테면, 알래스카 유전에 15억 달러를 투자했다.[26]

BP의 모터스헤드 자신도 BP의 연료와 경쟁사의 연료 사이에 물리적인 차이는 없다고 인정했다. "사람들이 왜 〈엑손〉 주유소가 아니라 BP 주유소에 오는가? BP가 그들이 바라는 이미지와 기대에 걸맞은 무언가를 이야기하고 있기 때문이다. 그들이 구매하는 연료 자체가 다른 회사 것보다 나아서가 아니다."[27]

이 재브랜드화가 어찌나 효과적이었는지, BP의 이미지를 크게 훼손했어야 마땅한 심각한 사고들이 터졌는데도 BP의 평판은 비교적 괜찮게 유지되고 있다.[28] 2005년 3월, 텍사스시티에 있는 BP 정유 공장에 폭발 사고가 나서 15명이 숨졌다. BP는 안전 규정 위반 건으로 〈미국 국립 직업 안전 및 보건국(US Occupational Safety and Health Administration, OSHA)〉이 부과한 2,100만 달러의 벌금(역대 최고 액수)을 물어야 했다.[29] BP가 안전 관련 예산을 줄인 것이 안전 규정을 위반하게 된 이유 중 하나였다.[30] 2006년 3월에는 알래스카 주 프루도만에서 BP의 파이프가 손상돼 26만 7천 갤런의 석유가 새어 나오는 사고가 발생했다. 이 누출은 닷새나 드러나지 않고 계속됐으며, 이전에 환경 단체들이 이미 위험성을 경고한 바 있는 낡은 장비 때문에 발생한 사고였다.[31] BP 임원들은 그 파이프에 누출 위험이 있다고 "예상할 아무런 이유가 없었다"고 주장하며 환경 단체가 이미 위험성을 파악해 경고했다는 점을 반박했지만 말이다.[32]

이 사고들은 사실 〔우연히 발생한〕 '사고'가 아니었다. 주의를 기울이지 않은 업무상 태만이 야기한 일이었다. 이런 업무 태만으로 15명이 목숨을 잃었고 180명이 부상했으며 그 밖에도 알래스카만에 무수한 피해를 남겼다.[33] 이 두 건의 사고만으로도 BP의 평판은 심각하게 훼손됐어야 했다. 그런데, 어떻게 그렇지 않을 수 있었을까?

에스티와 윈스턴은, 새로 구축한 친환경 이미지(헬리오를 사랑해요!)가 이미지와 평판 측면에서 BP에게 운신의 폭을 넓혀 주었을 것이라며, 이를 '신탁 은행'이라고 표현했다. '나쁜 일들'이 발생했을 때를 대비하는 예방접종 역할을 한다는 것이다.[34] 에스티와 윈스턴은 "상황을 잘 알고 있는 관찰자"의 말을 인용해 이렇게 설명했다. "환경 운동 진영이 BP에게 얼마나 큰 활동의 여지를 주었는지를 생각하면 놀라울 정도다. 선한 기업으로 포장하는 데 들인 투자는 그 몫을 충분히 해냈다.[35]

석유 업계와 마찬가지로 식품 업계도 예방접종 역할을 해 줄 메시지를 만드는 데 능란하다. 식품 업계의 이미지 메이킹에는 '우리도 여러분과 같아요' 전략이 많이 사용된다.

전형적인 중서부의 농장이라고 하면 초록 들판과 붉은 헛간이 떠오를 것이다. 앗, 그런데 미국 중서부 농장에 아시아에나 있을 법한 불탑이 보이고 현관에 놓인 농부의 장화 옆에는 일본식 슬리퍼가 놓여 있다! 이 신기한 신발과 생뚱맞은 탑을 카메라가 훑고 지나가면, 내레이션이 나온다. "보시다시피 이것은 당신이 생각하는 전형적인 중서부 농촌이 아닐 겁니다." 그 이유는 "1만 킬로미터 밖에" 있다. 고급 특수 달걀을 생산하는 일본 농부가 "특정 성분"을 함유한 사료용 옥수수를 원했던 것이다. 화면이 바뀌어, 오래된 목재 판자 사이로 해가 비치는 아름다운 헛간에 서 있는 일본 농민의 모습이 나온다. 그는 달걀 하나를 자세히 살펴보고는, 닭에게 먹일 사료를 트럭에서 내린다. 닭들은 행복하게 모이를 쪼고 있다.

화면이 클로즈업되면서 달걀에 찍혀 있는 〈카길〉의 로고가 보인다.

지구 반대편 일본의 양계 농민이 사용할 사료를 일리노이 주의 농민이 생산하면서 이들 사이에 우정이 싹튼다는 이야기는 〈카길〉의 멀티미디어 광고 "〈카

길〉이 창조합니다"에 나오는 뿌듯한 에피소드 열세 개 중 하나다.(〈카길〉은 이 에
피소드들을 "케이스 스터디"라고 부르지만, 사실은 그저 광고일 뿐이다.)

〈카길〉이라는 이름을 들으면 뭔가 떠오르는 게 있는가? 보통 사람들이 대화
에서 많이 언급하는 회사는 아닐 것이다. 하지만 〈카길〉은 고과당 옥수수 시럽에
서부터 가축에 이르기까지 식품 공급망의 어느 곳에나 존재한다. 미국 최대 규모
의 개인 기업인 〈카길〉은 사업 분야의 범위 면에서나 환경에 끼치는 영향 면에서
나 가히 전 지구적이다.

〈카길〉은 〈카길 포크〉와 〈카길 비프〉(북미에서 두 번째로 큰 쇠고기 업체)를 소유
하고 있으며, 미국에서 비중 있는 소 사료업체기도 하다. 〈카길〉은 채소, 곡물,
식용유 관련 사업체와 함께 〈카길 리저널 비프〉, 〈카길 밸류 애디드 미트〉, 〈카길
비프 아르헨티나〉, 〈카길 비프 호주〉, 〈카길 미트 브라질〉, 〈카길 미트 캐나다〉, 〈
카길 미트 중앙아메리카〉, 〈카길 미트 유럽〉, 〈카길 미트 태국〉, 〈카길 옥수수 제
분〉, 〈카길 밀가루 메르코수르〉 등을 자회사로 두고 있다.[36] 〈카길〉은 유럽 대두
가공 시장의 80퍼센트를 차지하며, 동물 사료 제조에서도 비슷한 비중을 차지한
다.[37] 또, 세계에서 가장 큰 곡물, 기름용 식물, 그 밖에 여러 농산품의 가공, 유통,
마케팅 업체며, 사료 재고를 산업적으로 이용할 수 있는 다양한 응용 분야도 개
발하고 있다.

〈카길〉은 또한 자사에 원료를 대는 공급 업체의 소유 지분도 가지고 있다.
예를 들면, 〈카길〉은 2004년에 〈IMC글로벌〉과 50대 50 지분으로 〈모자이크
Mosaic〉를 설립했다. 〈모자이크〉는 세계 최대의 인산염(비료 원료) 생산자이자
칼륨의 채굴과 가공, 유통을 담당하고 있는 업체다. 〈카길〉은 2008년 10월에 지
분을 추가로 확보해 과반 지분을 확보한 최대 주주가 됐다. 이는 전략적인 차원에
서 이뤄진 것이었다. 〈카길〉의 제품이 화학비료에 많이 의존하기 때문이기도 하

고, 〈카길〉과 다른 기업들이 신흥 시장에서 사업을 확장하면서 비료 수요가 늘어 비료 가격이 크게 뛰었기 때문이기도 하다. 〈모자이크〉의 영업 이익은 2006년의 1억 100만 달러에서 2008년에 거의 30억 달러로 증가했다.[38]

〈카길〉은 월가에도 발을 들였다. "곡물과 농산품 사업에서 나오는" 현금 흐름을 관리하고 투자할 투자 및 헤지 펀드 업체를 세운 것이다.[39] 이런 곳으로는 〈블랙리버 커모더티 청정에너지 투자 펀드〉, 〈블랙리버 자산관리〉(11개국에 지사가 있다), 그리고 사모 펀드 그룹인 〈카르발 인베스터〉 등이 있다.[40] 〈카길〉은 들쭉날쭉한 에너지 가격 변동에서 차익을 얻을 수 있도록 에너지 거래 회사도 세웠다. 그런데 사실 어찌 보면 〈카길〉의 사업 분야 중 하나인 곡물 연료가 그러한 에너지 가격 변동을 유발하는 원인 중 하나다.[41]

〈카길〉의 모든 사업 분야가 심각한 기후변화를 일으킨다. 에너지 집약적인 상품 작물 생산과 축산에 깊이 관여하고 있기 때문이다. 예를 들면, 〈카길〉은 브라질에서 대두를 대규모로 생산하고 있는데, 그 과정에서 열대우림을 파괴하고 토착 공동체를 몰아 내어 많은 비난을 받았다.[42]

이렇게 피해를 많이 일으키고 사업 분야가 널리 퍼져 있는데도, 〈카길〉이라는 이름은 슈퍼마켓 선반에 거의 등장하지 않는다. 또, 굳이 알아보는 경우가 아니라면 사람들의 입에도 거의 오르내리지 않는다. 2008년의 식량 가격 위기 동안 이윤이 치솟은 기업이 어디인지 알아봤다면 〈카길〉의 이름을 볼 수 있었을 것이다. 식량 가격이 치솟아 아이티는 위기에 처하고, 소위 식량 폭동으로 방글라데시는 혼란에 빠졌는데, 〈카길〉은 그해 상반기에 20억 달러를 벌었다.[43]

"〈카길〉이 창조합니다" 광고는 〈카길〉의 이미지를 얼굴 없는 다국적기업에서 친밀한 기업으로 바꾸기 위한 시도다. 책임감 없는 다국적기업이라는 이미지를 우정을 만드는 기업, 사람 냄새 나는 기업 등의 이미지로 바꿔 비난을 막아 내려는 전략인 것이다. 이러한 전술은 〈게티 이미지〉 같은 기업 분석가들에게서 힌트를 얻은 것 같다. 〈게티 이미지〉는 기업들이 "지역에서 생산된" 것을 원하는 소비자들의 욕망에 현명하게 대처해야 하며, 이를 위해 "제품을 판매할 지역과 관련이 있고 그 지역을 대표하는 현지인을 활용하라"고 조언한 바 있다.[44]

　　'우리도 여러분과 같아요' 홍보 전략은 새로운 것은 아니다. 하지만 농업 기업과 식품 기업들은 자신들이 일으키는 환경 파괴를 비난하는 목소리에 맞서서 최근 이러한 전략에 더욱 힘을 쏟고 있다. 브루클린에 있는 〈파크슬로프 생협〉 운영자 조 홀츠Joe Holtz는 생협에서 생수를 판매하지 않기로 결정한 지 몇 주 뒤에 〈네슬레〉 북동 지역 회계 담당자인 조 보나노Joe Bonanno에게 편지를 한 통 받았다. 편지에서 보나노는 '생수 사업의 좋은 점'을 집중적으로 설명하면서, 생수의 안전성, 생수의 건강과 수화 작용적 특성, 생수 생산의 효율성 등을 강조했다. "1갤런의 생수를 생산하는 데 1.37갤런의 물밖에 안 들어갑니다."(물을 '생산'하는 데에 물을 사용하다니 이상하지 않은가?) 편지의 말미에 보나노는 이렇게 적었다. "두 아이의 아빠로서, 나는 생수에 찬성하는 쪽이 반대하는 쪽보다 더 설득력 있다고 생각합니다."[45] 이런 회사에 여러분이나 나와 같은 평범한 사람들이 다니고 있다는 사실을 교묘하게 상기시키는 말이다.

　　육류 업계의 홍보물을 읽으면서 나는 '보통 사람' 이미지로 장막을 치는 사례를 또 하나 보았다. 〈퍼듀〉는 미국에서 세 번째로 큰 가금류 업체인데, 90년 전이 회사가 첫 출발을 한 농장을 〈퍼듀〉 기업의 운영과 퍼듀 일가의 역사를 보여주는 전시관으로 바꾸겠다는 놀라운 계획을 내놓았다.[46] 이 전시관은 가족 농장이던 〈퍼듀〉의 초창기를 상기시켜 주겠지만, 사실 〈퍼듀〉는 현재 28억 달러 매출을 올리는 다국적기업으로, 매년 40개국에 2,200만 킬로그램의 닭고기를 판매한다.[47] 그리고 다른 육류 업체들과 마찬가지로, 〈퍼듀〉도 건강, 안전, 환경 등에 관

한 규제 위반으로 미국에서 지난 몇 년 사이 여러 차례 벌금을 선고받았다.[48]

〈퍼듀〉도, 〈네슬레〉도, 〈카길〉도, 자신들이 우리와 같다고 말한다. 우리가 걱정하는 것을 자신들도 걱정한다고 말한다. 그러나 이것은 좋은 이미지를 만들어 두려는 전술의 일종이다. 물론 기업도 우리 같은 일반 사람들로 구성돼 있다. 하지만 그렇다고 해서 그 기업이 대중이 갖고 있는 관심사나 전 지구적인 우려를 자동적으로 공유하는 것은 아니다. 특히 자원 집약적이고 온실가스를 많이 방출하는 제품(생수든, 공장형 농장에서 생산한 육류든, 화학물질 집약적인 작물이든 간에)의 생산을 확장하기로 결정할 때는 말이다.

전략3: 표면에 내세울 수 있는 위장 단체와 곤란한 부분을 가려 주는 조직들을 배치하라

2008년에 〈기술 개발과 보존을 위한 미국 농민회(American Farmers for the Advancement and Conservation of Technology, AFACT)〉는 〈몬산토〉가 만드는 성장 호르몬 rBGH 사용을 거부하는 농민들에 맞서 캠페인을 전개했다. 일부 농민들이 rBGH가 소에게(잠재적으로는 사람에게도) 질병을 일으키고 있다며 젖소에 rBGH를 사용하는 것을 공개적으로 거부하자, 이 '농민 단체'가 그에 반발한 것이다. 하지만 이것은 농민 대 농민의 싸움이 아니었다. 조금만 깊이 파보면, 이곳의 홈페이지(www.itisafact.org)가 〈오스본 바르 커뮤니케이션즈Osborn Barr Communications〉의 수전 윌리엄스Susam Williams와 관련되어 있다는 사실을 알 수 있다. 〈오스본 바르〉는 브랜드 관리 기업으로 〈몬산토〉, 〈내셔널 포크 보드National Pork Board〉, 〈미쉐린Michelin〉 등을 고객사로 두고 있다.[49] 이름과는 달리, AFACT는 전형적인 위장 조직이다. 평범한 사람들(이 경우에는 평범한 농민들)을 대변하는 단체인 것처럼 보이지만, 사실은 업계에 의해 생겨났고 업계에서 자금을 지원받는다.

언론에서 이 사건을 읽으면 이런 연관 관계는 모르고 지나가기 쉽다. 기사에는 위장 단체가 위장 단체라는 점이 항상 잘 드러나지는 않기 때문이다. rBGH 논쟁을 다룬 기사 중 AFACT를 "〈몬산토〉가 지원하는"이라는 설명과 함께 언급하는 경우는 그리 많지 않다. 이 단체를 다룬 초기 기사 중 하나인 AP통신 기사(리사 래스키Lisa Rathke가 썼다)는 이 단체의 부회장이자 캔자스 주의 낙농 농민인 캐롤 캠벨Carrol Campbell의 말을 인용하고 있다.[50] 래스키의 기사는 뉴저지 주의 『트렌토니안』부터 엠에스엔 닷컴(MSN.com), 뉴햄프셔 주 내슈아의 『텔레그래프』, 그리고 『가디언』까지 많은 언론사가 받아 썼다. 그런데 이 기사만 읽어서는 〔"〈몬산토〉가 지원하는"이라는 언급이 있긴 하지만〕 진짜 이야기를 파악하기 어렵다. 10억 달러 규모의 다국적기업이 자사 제품 중 하나에 반기를 드는 사람들 때문에 이윤과 시장 점유율에 부정적인 영향이 오자, 자신을 옹호할 위장 조직을 만들었다는 사실을 말이다. 기후변화를 우려하는 사람들이 기업에 문제를 제기하는 일이 많아지면서 이런 속임수를 쓰는 기업도 더 늘어날 것으로 보인다.

또한 이미 활동하고 있는 비정부기구 중 자사의 곤란한 부분을 가려줄 수 있을 만한 곳을 찾아 제휴를 맺는 것으로도 위장 단체를 설립하는 것과 같은 효과를 얻을 수 있다. 이 경우에는 그 기업이 해당 비정부기구를 설립한 것은 아니더라도, 후원자 목록에서는 그 기업의 이름을 찾을 수 있을 것이다.

한 가지 예로 스위스의 거대 다국적 농화학 기업 〈신젠타〉의 사례를 들 수 있다.

〈신젠타〉가 진행하고 있는 지속 가능성 관련 프로그램에 대해 담당자에게 물어 보았더니, 〈신젠타〉는 "생물 다양성을 옹호하는 큰 단체"인 〈덕스 언리미티드Ducks Unlimited〉와 제휴를 맺고 있다고 말했다.

〈덕스 언리미티드〉는 물새와 습지를 보호하기 위해 1937년에 오리 사냥꾼들이 만든 단체인데, 현재 연간 예산이 2억 달러가 넘으며 50만 명 이상의 회원과 500명 이상의 직원을 두고 있다. 이 막대한 예산 중 상당 부분은 화학 업체들에게 받은 후원금이다. 그런 업체들로는 〈바이엘 크롭사이언스Bayer CropScience〉, 〈다우케미컬〉, 〈몬산토〉, 〈신젠타〉 등이 있다.[51]

〈신젠타〉는 〈덕스 언리미티드〉에 무엇을 제공하는가?

〈신젠타〉 담당자에 따르면, 〈신젠타〉는 매년 10만 달러 상당의 물품을 지원한다. 최근에는 2만 1천 달러 상당의 '터치다운 하이테크' 제초제 620갤런을 기부했는데, '위스콘신 주 피시레이크 야생 생물 보호지역'의 잡초를 제거하는 데 쓰였다.[52] 하지만 10억 달러 규모의 회사에 이 정도 기부는 많은 액수가 아니다. 자사의 제품을 기부하면서 세금 감면까지 받을 수 있다는 점을 생각하면 더욱 그렇다. (그 제초제가 해당 지역의 수중 생태계에 해를 끼치지는 않는지 〈덕스 언리미티드〉에 물어보았더니, 담당자는 이렇게 말했다. "어떤 지역은 물새를 위해 관리를 하려면, 그래서 관리할 물새가 계속 존재할 수 있게 하려면, 가끔은 화학물질을 사용해야 합니다. 간단하죠." 문제는, 이게 그렇게 간단하지가 않다.)

자, 〈신젠타〉는 물새 보호 활동을 예로 들며 자신이 친환경적이라고 주장한다. 그러나 이는 역설적이다.

〈신젠타〉는 미국 최대의 아트라진 제조 업체다. 아트라진은 미국의 골프장, 잔디 등에 널리 쓰이는 제초제로, 미국 옥수수 밭의 3분의 2가 아트라진을 사용한다.[53] 아트라진은 2007년 유럽에서 사용이 금지됐고, 미국에서도 환경 운동가들과 공공 보건 운동가들이 오랫동안 내분비 교란과 발암 가능성 때문에 우려를 제기해 왔다. 버클리 캘리포니아 대학의 타이론 헤이스Tyrone Hayes는 아트라진을 오랫동안 연구한 결과, 이 제초제가 물속에서 개구리의 발생에 영향을 미쳐 이상 성性 변화를 일으킨다는 사실을 알아냈다.[54] 헤이스는 "실험한 모든 동물군에서 아트라진은 생물학적인 피해를 유발하는 것으로 나타났다"고 언급했다.[55] 아트라진이 기형아 출산, 저체중 출산, 생리불순 등, 사람에게도 해를 끼친다는 점을 밝히는 새로운 연구들도 나오고 있다.[56] (한편, 〈신젠타〉는 수중에 존재하는 아트라진 수치는 피해를 일으킬 수 있는 정도보다 현저히 낮다고 주장했다.[57])

이런 역설적인 상황을 보여 주는 사례는 또 있다. 〈신젠타〉는 체서피크만 지역에서도 〈덕스 언리미티드〉와 제휴 활동을 벌인다고 말했다. 〈신젠타〉의 홈페이지에 따르면 체서피크 만은 한때 "수계가 깨끗해 (…) 야생 철새 수백만 마리와 토착 생물 2,500여종이 서식하던 곳"인데 "지난 몇 년 동안 절반 가량의 습지와, 삼림으로 둘러싸여 있던 개울이 사라졌다"고 한다.[58] 〈신젠타〉는 〈덕스 언리미티드〉와 제휴해 "상류의 샘, 개울, 들판을 따라 토착 남방형 목초 완충지대를 복원하고 있다"고 밝혔다. 이런 남방형 목초 완충지대는 "질소를 다 흡수해 써 버리기 때문에 질소가 지하수에 들어가는 것을 막아 준다"고 한다.[59]

〈신젠타〉가 밝히지 않은 것은, 그 질소의 상당 부분이 인근 농장에서 누출되는 비료(물론 〈신젠타〉 제품 포함)에서 나온다는 사실이다. 비료 누출로 체서피크만 지역에 수백 제곱 킬로미터에 이르는 "데드존dead zone"이 생겼다. 비료 때문에 수중 식물이 급증해 물속에 산소가 너무 적어져서 다른 수중 생물이 살 수 없는 지역이 된 것이다.

공공의 이익을 위해 비영리기구와 제휴한 것처럼 보이지만, 사실 이는 지속 가능하지 않은 방식의 기업 활동을 계속하면서 지속 가능성이라는 멋진 장신구를 걸치기 위해 활용하는 수단이다.

전략4: 당신이 하고 있는 변화를 과장하라

〈식료품 제조업 협회〉 컨퍼런스장으로 다시 돌아가 보자. 〈북미 제분업 협회North American Millers Association〉의 대표자 한 명이 좀 더 솔직한 발언을 했다. "6개월이나 6년 전에 비해 일반적인 소비자가 알고 있는 지식은 늘었지만, 그리 더 멀리 나가지는 않을 것이다. 소비자들은 그저 자신이 신뢰하는 브랜드의 회사가 **뭔가를** 하고 있겠거니, 생각하고 싶을 뿐이다. 물론 멕시코만의 데드존 이야기를 들으면 소비자들은 그게 문제라고 생각한다. 하지만 그들이 원하는 것은, 기업도 그에 대해 걱정하고 있다는 말을 듣는 것, 그래서 기업이 뭔가 하고 있으리라고 생각하면서 자신은 마음의 부담을 더는 것이다."

평판을 위해 자사의 녹색 조치들을 과장하려는 식품 기업들도 이런 생각을 많이 하는데, 여기에는 소비자들이 듣는 대로 믿을 것이고 더 깊이 따지지 않을 것이라는 가정이 깔려 있다.

예를 들어, 〈타이슨〉의 2005년 지속 가능성 보고서를 보자. 거대 육가공업체 〈타이슨〉은 이 보고서에서 2003년 6월에 미 환경 보호청과의 소송에서 합의했다는 내용을 강조했다. 미주리 주 세달리아에 있는 〈타이슨〉 공장이 "청정 수질법"을 위반했다는 사실을 미 환경 보호청에서 적발해 제기한 소송이었다. "이 소송과 뒤이은 합의는, 〈타이슨〉에 몇 가지 중요하고 긍정적인 변화를 가져다 주었다. "우리는 이 소송을 야기한 문제점을 포함해 〈타이슨〉의 영업 방식에 포함되어 있을지 모르는 문제점들을 열심히 찾아내었고, 그 결과 문제를 개선할 수 있는 방안들을 도입했다. 이를 통해 〈타이슨〉은 더 좋은 기업이 되었다."[60]

기업이 실수를 통해 배웠다니, 좋은 일이다. 하지만 〈타이슨〉이 미 환경 보호청과 소송 건으로 씨름하던 기간 동안 실제로 말하고 행동한 것은 위에서 이야기된 것과 조금 다르다. 이 소송은 〈타이슨〉 세달리아 공장이 수년 동안 미처리 폐수를 알면서도 반복적으로 방류한 사실을 미 환경 보호청이 1999년에 적발하면서 시작됐다.[61] 1999년부터 합의가 이뤄지기 전까지, 〈타이슨〉은 10-K 연간 보고서에서 이 소송 건과 관련된 부분을 매년 다음과 같은 말로 끝을 맺었다. "본사는 현재 이 문제에 대해 가능한 해결책을 논의하고 있다. 하지만 현재로서는 본사에 불리한 결과가 나올지 여부나 만약 본사에 책임이 있다면 이 책임이 어느 정도일지를 명확히 알 수 없다."[62]

〈타이슨〉은 몇 년 동안이나 이 법정 싸움을 계속하다가, 결국 연방 정부에 벌금 550만 달러, 미주리 주에 손해배상금 100만 달러, 그리고 미주리 주 자연보호 기금으로 100만 달러를 내기로 합의했다. 그제서야 〈타이슨〉의 지속 가능성 보고서는 이 소송 건이 〈타이슨〉을 더 나은 회사로 만들어 준 계기가 되었다는 식으로 묘사했다.[63] 소송에서 져야만 이렇게 어조가 바뀌는 모양이다.

〈타이슨〉 사례를 한 가지 더 들어보자. 위의 지속 가능성 보고서에서, 〈타이슨〉은 자사가 실천하고 있는 생물 다양성 보호 활동을 자랑했다. 보고서는 〈타이슨〉 테네시 공장 인근에 있는 35에이커의 땅이 야생 생물 보호구역으로 지정된 것을 언급했다. 〈타이슨〉은 2005년 봄, 이 지역에 푸른울새 둥지 열 개를 설치했는데, 각 둥지에는 평균적으로 푸른울새 다섯 마리가 산다고 한다.[64] 이 보고서는, 〈타이슨〉이 생물 다양성에 관심을 갖는 이유를 이렇게 설명했다. "우리 인간은, 식품, 노동, 오락, 그리고 깨끗한 물, 공기, 땅과 같은 환경 여건 등, 삶을 지탱해 주는 것들을 다른 생물종들에 의존하고 있기 때문에, 생물 다양성은 매우 중요하다."[65]

물론 나도 푸른울새를 보호해야 한다고 생각한다. 그러나 〈타이슨〉이 환경에 전반적으로 피해를 미치고 있는 현실을 생각하면 이런 보호 활동은 미미한 수준이다. 기후가 불안정한 미래에 우리에게는 생물 다양성이 매우 필요하다. 이 점을 생각하면서, 〈타이슨〉이 생물 다양성에 어떤 영향을 미치고 있는지 살펴보자. 〈타이슨〉의 획일적인 공장형 농업 방식 때문에 미국에서는 소비를 위해 사육되는 조류의 종류가 크게 줄었다. 사실상, 한 품종만 남았다. 오늘날 〈타이슨〉과 계약한 계약 농가 6,500곳은 병아리를 반드시 〈타이슨〉에서 조달해야 한다. 그리고 〈타이슨〉의 가금류 생산 시설은 생물 다양성을 위협하는 오염을 일으킨다. 최근에 나온 어느 판결문에 따르면, 〈타이슨〉은 켄터키 주의 계약 농장에서 발생한 암모니아 오염에 책임이 있는 것으로, 유죄가 인정됐다.[66]

기업이란 태생적으로 긍정적인 변화를 일으킬 수 없다고 말하려는 게 아니니 오해하지 말길 바란다. 분명히 말하건대, 이 책의 요지는 식품 업계가 기후 문제 해결에 동반자가 될 수 있으며, 그렇게 되어야 한다는 것이다. 하지만 우리는 이런 기업들이 환경에 제공하는 (그나마 제공하는지 아닌지도 분명치 않지만) 사소한 이점에 초점을 맞춰서는 안 된다. 이들 기업이 기후에 전반적으로 끼치고 있는 막대한 영향에 초점을 맞춰야 한다. 기업은 분노하고 문제 제기하는 대중에게서 자기 평판을 지키기 위해 번지르르한 말이나 사소한 개선으로 이미지를 올리는 일에만 그쳐서는 안 된다. 기업의 변화는 중요한 부분을 건드려야 하고 실질적으로 효과가 있어야 한다. 이는 우리 시민에게 달려 있다. 우리는 기업이 자신이 저지른 환경과 기후 문제에 책임지지 않고 빠져나가지 못하게 막아야 한다. 또 기업이 환경과 기후에 더 친화적이고 책임성을 갖도록 만들기 위해 목소리를 내고 이를 위한 정책을 지지해야 한다.

전략5: 규제와 감시는 '자발적으로' 하겠다고 하라

내가 가 보았던 업계 회의에서 가장 애용된 말은 아마도 "자발적"이라는 단어일 것이다. 자발적 감시, 자발적 온실가스 방출 저감 등등. 제3기관의 인증? 쓰지 말아야 할 말이다. 정부 규제? 우리〔기업〕를 겁 주려고 들먹이는 말이다.

많은 기업들이 온실가스 방출량을 스스로 많이 줄이고 있다고 말한다. 이런 말은 앞으로 더 많이 듣게 될 것이다. 하지만 이런 식의 자발적인 저감은 언뜻 듣기에는 대단한 것 같아도 사실 별 의미가 없기 일쑤다.

〈캐드베리 슈웹스Cadbury Schweppes〉의 부사장 데보라 루이슨Deborah Louison은 2008년 〈식료품 제조업 협회〉 컨퍼런스에서 매우 야심 찬 온실가스 저감 계획을 발표했다. 그런데, 어느 해를 기준 시점으로 잡을 것인지는 자사가 직접 정한다고 했다. 기점을 언제로 삼는지에 따라 저감 계획을 훨씬 더 잘 달성한 것처럼 보이게 할 수 있다.

기업이 사용하는 숫자 놀음 전략은 또 있다. 〈신젠타〉의 지속 가능성 부서 담당자는 2012년까지 〈신젠타〉가 온실가스를 2006년 대비 40퍼센트 저감할 것이라고 말했다. 좋은 계획이다. 그런데 자세히 보면, '영업 이익(EBIT) 대비 온실가스 방출'을 기준으로 저감하겠다는 이야기임을 알 수 있다.[67] 이윤이 있을 때만 온실가스를 줄이겠다는 이야기다. 그리고 이윤이 더 크게 늘기만 하면 온실가스 방출이 늘어나도 '저감'으로 보일 수 있다는 이야기도 된다. 2008년에는 분명히 그랬다. 2007년에서 2008년 사이, 이 회사의 온실가스 방출은 40퍼센트나 증가했는데, 교묘한 회계 덕분에 방출 **비율은** 일정했다. 온실가스 방출이 치솟았지만 이윤도 치솟았기 때문이다. 〈신젠타〉의 CEO에게는 좋은 일이지만 우리에게는 아니다.

〈신젠타〉가 논의를 헷갈리게 꼬아 놓은 부분은 또 있다. 탄소 발자국을 계산할 때, 자신이 줄인다고 주장하는 온실가스 양을 추정해서 그만큼을 자신이 방출하는 온실가스 양에서 차감한 것이다. 2006년에 〈신젠타〉는 영업, 직원 출장, 유통, 기타 활동 등에서 108만 톤(이산화탄소 환산치)의 온실가스를 방출했다. 그러면서 자사 제품이 작물의 산출과 토양의 탄소 저장 기능을 향상시킬 수 있기 때문에 온실가스 방출량이 상쇄된다고 주장했다. 〈신젠타〉는 '(공급 업체나 농장에서 나오는) 우리가 통제할 수 없는' 온실가스에 대해서는 정확한 자료를 가지고 있지 않다면서도, 농장 단위에서 발생하는 이득이 비용을 능가한다고 주장했다.

〈신젠타〉는 "이러한 분석에 기초해 볼 때 우리는 〈신젠타〉의 사업이 기후변화 문제를 해결하는 데 전반적으로 긍정적인 기여를 하고 있다고 생각한다"며 지속 가능성 보고서에서 이것을 그래프로 나타내기까지 했다.[68] 우선, 막대 여러 개로 생산, 에너지, 직원 출장, 제품 유통 등, 〈신젠타〉가 직접 관여하는 기업 활동에서 방출되는 온실가스 양을 보여 준다. 그리고 〈신젠타〉가 직접적으로 관리하지는 않는 두 가지 영역도 보여 주는데 여기에는 산출을 개선하고 토양을 갈아 엎지 않음으로써 저감된다고 주장하는 온실가스 양이 표시되어 있다. 이 회사는 자신이 방출하는 온실가스가 자신이 저감하는 양으로 일거에 상쇄되는 듯한 이미지를 심어 주었다. 어림잡은 수치를 토대로 말이다. 농장에서 방출되는 온실가스가 실제로 얼마나 줄어드는지를 뒷받침할 수치 자료를 제시하지는 않았지만, 어쨌든 그래프 상으로는 이득이 비용을 훨씬 능가하는 것처럼 보인다. HBO 드라마 〈더 와이어The wire〉에서 롤스가 "통계 장난질"이라고 부르는 게 바로 이런 것이 아닐까.

〈캐드베리 슈웹스〉 부사장이 발표할 때, 내 옆에 앉아 있던 어느 기업 임원이 이렇게 속삭였다. "마음만 먹으면 어떤 말이라도 통계를 근거로 이야기할 수 있지요. 달이 지구 크기의 절반이고 두 배 멀리 떨어져 있다고도 할 수 있을 걸 요?" 처음에는 무슨 말인지 못 알아들었지만, 곧 그가 하려는 말을 깨달을 수 있었다. 숫자들은 맥락 속에서 파악되지 않으면 아무런 의미가 없다는 말이었다.

물론 기업 운영에서 직간접적으로 발생하는 온실가스 양을 모두 측정하기는 어렵다. 특히 식품 농업 분야는 변수가 너무나 많아서 더욱 어려울 것이다. 하지만 바로 이 때문에 측정의 기준을 정하는 데 식품 농업 업계가 과도한 영향력을 행사해서는 더더욱 안 되는 것이다.

하지만, 안타깝게도 이미 기업들은 이러한 규제와 규제의 기준을 둘러싸고 로비에 나서고 있다.

앤드류 호프먼은 기업 규제를 다룬 논문을 써서 『하버드 비즈니스 리뷰』에 게재했는데, 제목이 "당신이 테이블에 있지 않다면 메뉴판 위에 있는 것이다If You're Not at the Table, You're on the Menu"였다.[69] 기업계는 이게 무슨 말인지 바로 알아들었을 것이다. 호프먼은 이 논문에서 기업들이 규제에 영향을 미칠 수 있는 (그리고 실제로 미치고 있는) 단계별 로비 지점을 알려 주었다. 주 정부 단위에서는 기업들이 '지역 온실가스 저감 계획Regional Greenhouse Gas Initiatives' 관련 정책에 영향을 주거나 〈캘리포니아 주 대기 자원국California Air Resources Board〉과 같은 곳에 로비를 할 수 있다.* 온실가스 인벤토리**를 구축하려는 주에도 로비를

----

* 〈캘리포니아 주 대기 자원국〉은 기업이 의무적으로 온실가스 방출을 보고하게 하는 규정을 준비하고 있다. 보고를 의무화하려면 어떤 방식으로 온실가스 방출을 측정할 것인가도 정해야 하는데, 측정 방식을 둘러싸고 매우 치열한 논쟁이 벌어지고 있다.

** 온실가스 배출량, 배출 경로, 영향 범위 등의 데이터베이스를 구축해 온실가스 배출량을 관리하는 정보 시스템. 옮긴이

할 수 있다. (각자의 이해관계에 따라, 자신의 업계를 포함시키려고 로비하는 곳도 있고 제외시키려고 로비하는 곳도 있을 것이다.) 또 호프먼은 기업이 연방 정부 수준에서는 100여 개의 기후변화 관련 법안에 영향을 주어야 하며, 국제적으로는 기후변화 관련 협약을 만드는 유엔 회의들에도 영향을 미쳐야 한다고 말하고 있다.[70]

전략6: 스스로에게 상을 주라

2007년 10월 24일, 시카고에서 〈미국 식육 협회〉 회의가 열렸는데, 이 협회는 여기서 제2회 환경 달성상 수상자를 발표했다. 네브라스카 주 크리트에 있는 〈스미스필드〉의 〈팜랜드푸드Farm Land Food〉가 환경 청지기 분야 3위에, 공공 환경문제에 대한 적극적인 지역 봉사 활동 분야 1위에 올랐다.[71] 봉사 활동상은 크리트의 〈팜랜드푸드〉가 "인근 고등학교와 공조하여 이 공장에서 나오는 고철과 폐장비를 재활용함으로써 대학 장학금 기금을 조성"한 공로를 인정해 수여한 것이라고 한다.[72]

〈팜랜드푸드〉의 제프 와스지스Jeff Waszgis는 이렇게 설명했다. "우리는 공정을 많이 바꾸는데 그 과정에서 폐장비가 생기는 경우가 많아요." 지난 2년간 〈팜랜드푸드〉는 이 폐장비와 고철을 재활용해서 그 수익으로 장학금을 마련했다. 지난 해에는 인근에 있는 네 개 고등학교 학생 열 명에게 각각 500달러의 장학금을 지급했나. 장학금 수혜자로 뽑히려면 지역공동체에 공헌하는 것이 기져디 주는 이점을 주제로 에세이를 써야 하고, 부모가 〈팜랜드푸드〉 공장 직원이어야 한다. 올해는 고등학교를 하나 추가하고, 다른 재활용품도 활용할 계획이라고 한다.

〈팜랜드푸드〉 공장의 생산 규모를 물어봤더니, 와스지스는 이렇게 대답했다. "우리는 도축한 고기로 생고기 돈육과 훈제 돈육 제품을 만듭니다. 전체 생산량을 통해 보건대 하루에 1만 마리 정도 도축할 거예요."

자신의 모회사와 자신이 속한 업계의 협회에서 칭찬받은 것을 빼면, 〈팜랜드푸드〉의 크리트 공장은 환경 청지기의 역할 모델이라고 볼 수 없다. 2002년 미 환경 보호청이 적발한 바에 따르면 이 공장은 해당 카운티에서 가장 오염을 많이 일으키는 곳이었고 그 지역 2위를 달리는 〈네슬레〉 퓨리나 공장에 비해 독성 화학물질을 네 배나 많이 배출하고 있었다.[73] 〈팜랜드푸드〉는 이 지역 수중에 질산염을 방출하는 주요 원천이기도 하다. 수중에 방출된 질산염은 메트헤모글로빈혈증(methemoglobinemia, 혹은 유아 청색증)이라는 심각한 질병을 일으킬 수 있다.

별로 개선되는 기미도 보이지 않는다. 1998년에서 2002년 사이 이 공장이 지역의 수원에 방출한 오염 물질은 3,197퍼센트나 증가했고 암모니아 방출은 43퍼센트 증가했다.[74] 네브라스카 주에서 〈팜랜드푸드〉 공장은 수질 오염과 수원으로 방출되는 혈관독을 다섯 번째로 많이 야기하는 원천이다.[75] 이처럼 문제 있는 공장에 〈미국 식육 협회〉는 환경과 관련된 상을 두 개나 수여한 것이다.

이런 식의 상주기 관행은 이제 꽤나 일반적이다. 어떤 상은 회사가 자기 자신에게 주는 내부 표창이다. 어떤 상은 그보다 좀 더 공정하고 객관적인 모양새를 띤다. 예를 들면, 〈포브스–에시스피어 윤리 리더십 포럼Forbes-Ethisphere Ethical Leadership Forum〉은 매년 '가장 윤리적인 기업상'을 발표한다. 2008년에는 〈맥도날드〉가 레스토랑 및 카페 부문에서 이 상을 받는 영예를 안았다.

'가장 윤리적인' 기업을 어떻게 뽑는지 궁금한가? 기업들은 '윤리 항목' 설문 조사에 답하고 자신이 작성한 응답에 따라 점수를 받는다. 점수는 몇 가지 범주로 나뉘어 매겨진 뒤 합산되는데, '기업 책임성'과 '기업 평판'은 그중 가장 중요한 항목들이다.(이 두 가지가 전체 점수에서 40퍼센트를 차지한다.) 그리고 "윤리적인 기업 활동을 통해 상당한 이윤을 올릴 수 있는" 기업은 더 높은 점수를 받는다. "기업이 바람직한 기업 활동을 지속할 수 있게 해 주는 것은 궁극적으로 이윤뿐이기 때문"이라는 것이다.[76]

전략을 해체하기

별로 잘한 것도 없는 기업이 허풍 좀 떨기로서니 우리가 왜 걱정해야 하는가? 몇 가지 녹색 활동이 과장되었다고 해서 우리가 왜 걱정을 해야 하는가? 기업이 아무것도 안 하는 것보다는 작은 일이나마 하는 게 낫지 않은가?

우리는 걱정해야 한다. 우선, 기업들은 소비자들의 감시 능력이 떨어지기를 무엇보다 바란다. 환경적으로 의심스러운 기업 활동을 하더라도 소비자들이 그리 많이 비판하지 않도록 말이다. 그리고 위에서 알아본 홍보 전략들을 통해 기업은 이런 효과를 얻는다. 〈월마트〉는 열정적으로 '녹색' 조치들을 도입했다. 하지만 내부 회의에서 전 CEO 리 스콧Lee Scott은 임원들에게 지속 가능성 관련 조치들은 〈월마트〉의 '성장 허가증'을 보호하는 데 도움이 될 것이라고 말했다고 한다.[77] 실질적인 변화는 일으키지 않으면서도 기발한 녹색 홍보를 통해 사람들 사이에 좋은 분위기(그러니까 회사가 바라 마지않는 우호적인 분위기)를 만들어 낼 수 있다면, 시민들이 진정한 변화를 요구할 가능성을 봉쇄할 수 있는 것이다.

둘째, 녹색으로 간다고 주장하는 광고가 범람하면 친환경 분야가 통째로 모호해져 허풍과 진정한 변화를 구별하기 어렵게 된다. 이렇게 되면, 힘들지만 꼭 필요한 관점을 견지하면서 변화를 위해 애쓰는 진정성 있는 기업에 힘을 실어 주기가 훨씬 어려워진다.

마지막으로, 교활한 광고와 번드르르한 전략은 '냉소적인 소비자'를 만들어 낸다. 냉소적인 소비자는 **모든** 녹색 주장을 믿지 않게 되고, 소비자로서 아무리 잘 선택해 봐야 큰 변화를 만들어 내는 데는 영향을 못 미칠 것이라고 생각해 지레 포기할 것이다. 2007년의 설문 조사에서 미국인 열 명 중 여덟 명이 친환경 기업의 제품을 구입하는 것이 중요하다고 생각하는 것으로 나타났다. 그러면서도 열 명 중 일곱 명은 "기업이 자사 제품을 녹색이라고 광고하는 것을 보면 보통은 그것을 마케팅 전술이라고 생각한다"는 항목에 "강하게" 혹은 "어느 정도" 동의한다고 답했다.[78]

그럼, 무엇을 할 것인가? 아무도 못 믿겠다고 포기할 것인가? 아니다. 진짜 행동과 겉으로만 친환경인 척하는 녹색 세탁을 구별할 역량을 갖추면 된다.

진짜 변화를 알아보는 방법

화면 위로 종려나무 플랜테이션과 야생 동식물의 풍경이 지나가는 가운데 한 남자가 푸르른 숲에서 조깅을 하고 있다. 내레이션이 나온다. "말레이시아의 팜유. 이 종려나무들은 생명을 주고 우리 지구를 숨쉬게 합니다."[79] 이 광고는 '말레이시아 팜유의 홍보와 마케팅'을 진두지휘하기 위해 1990년에 설립된 〈말레이시아 팜유 협회Malaysia Palm Oil Council〉 광고다.[80] 이 협회의 회장은 "우리가 공공에 유용한 서비스를 제공한다는 점을 소비자들에게 알려야 할 때라고 생각했다"고 말했다.[81]

공공에 해로운 요인을 제공하는 것이 아니고?

“어떤 종류의 광고든 모든 광고가 광고 규범이 정하는 엄격한 기준을 충족
시키도록” 감시하는 것을 임무로 하는 영국의 〈광고 표준 위원회(Advertising
Standards Authority, ASA)〉는, 위의 광고가 “시청자들이 기름용 종려나무가 자연
적인 열대우림에 비해 더 많은 환경적 이점이 있는 것처럼 생각하도록 오도할 소
지가 있다”고 판결했다.[82]

영국 〈광고 표준 위원회〉는 만연한 녹색 세탁을 줄일 수 있는 한 가지 방법을
보여 준다. 업계를 감시하는 기구를 세우는 것이다. 하지만 이것으로 문제를 다
해결할 수 있는 건 아니다. 규제와 감시는 시간이 오래 걸리기 때문이다. 당국이
이 팜유 플랜테이션 광고를 규제했을 무렵에는, 이 광고가 이미 위성 채널을 통
해 유럽, 아시아, 미국에 방영되고 나서 광고를 내린 뒤였다. 한계는 또 있다. 〈광
고 표준 위원회〉 같은 규제 위원회의 판결은 이가 빠져 있다. 벌금을 부과할 수
있는 권한이 없는 것이다.[83]

이런 점에서 노르웨이는 의미 있는 예외다. 노르웨이에서는 허위 광고에 규
제 당국이 벌금을 물릴 수 있고, 실제로 그렇게 하고 있다. 그리고 2007년 9월에
노르웨이의 광고 규제 당국은 자동차 회사들이 ‘녹색’, ‘청정’, ‘친환경’ 등의 단
어를 광고에서 사용하지 못하도록 했다. 정부가 운영하는 〈소비자 옴부즈맨
Consumer Ombudsman〉의 벤테 오에베를리Bente Oeverli는 “자동차가 다른 제품
보다 환경에 피해를 덜 줄 수 있을지는 모르지만, 결코 환경에 득이 되지는 않는
다”고 설명했다. 노르웨이에서는 제조 업체들이 허풍을 떨려면 벌금 물 각오를
해야 한다.

미국에서는, 어떤 경우에 기업이 ‘친환경적’이라고 주장할 수 있으며 어떤
경우에 주장할 수 없는지를 정한 가이드라인을 강화하려는 노력이 벌어지고 있
다. ‘친환경’이 의미하는 바를 더 명확하게 만들려는 것이다. 그리고 2008년의

설문 조사에 따르면 미국 사람들은 이런 방향으로 가기를 바란다. '그린 갭 서베이Green Gap Survey'에서 응답자의 59퍼센트가 "(정부가) 규제를 해 기업들의 친환경 메시지가 무엇을 의미하는지를 명확히 해야 한다"고 답한 것이다.[84] "광고의 진실성"은 법적 원칙이다. 그러니 지구의 건강에 대해 이야기하는 광고도 마땅히 진실성을 따져야 하지 않겠는가?

미국 연방거래위원회(Federal Trade Commission, FTC)가 무엇을 하는 곳인지, 우리에게 어떤 도움을 주는 곳인지를 생각해 본 사람은 많지 않을 것이다. 연방거래위원회는 직원이 1천 명이나 되는 큰 기구로, 기업이 소비자를 기만하지 않게 하는 것이 이곳의 임무 중 하나다. 연방거래위원회는 소비자를 속이려는 기업을 적발하고, 소비자들이 스팸 메일이나 스파이웨어, 주택 대출 사기 등과 같은 기업의 속임수에 넘어가지 않도록 소비자를 보호한다.(전화 수신 거부 등록에서 텔레마케터의 전화를 차단해 주는 곳도 FTC다.)

FTC는 **설득력 있는** 광고와 **속임수를 쓰는** 광고를 가르는 선을 어디에 그어야 할지 정할 책임이 있다. 그러나 이는 매우 까다로운 일이다. 섹시한 여성이 운전석의 꺼벙해 보이는 남자 품에 파고드는 자동차 광고는 허위인가? 새 스포츠카를 갖는다고 데이트 신청에 성공하는 데 도움이 되는 것도 아니고 조지 클루니가 되는 것도 아니지만, 이 경우에는 허위 광고로 문제 삼지 않아도 될지 모른다. 그럼, 기후에 영향을 미치지 않는다고 주장하는 종이 제품 회사는 어떤가? 이건 좀 더 어려운 문제다.

1990년대에 친환경을 주장하는 광고가 범람하자, 연방거래위원회는 친환경 문구 중 어떤 것을 광고에 사용할 수 있으며 어떤 것을 사용할 수 없는지를 정한 가이드라인을 만들었다. 1992년판 "친환경 광고 문구 사용 가이드"(일반적으로 "그린 가이드"라고 불린다)는 원래 2009년에 재검토하기로 돼 있었지만, 연방거래위원회 소비자 보호국의 제임스 콤James Kohm에 따르면, "친환경 광고 문구의 쓰나미" 때문에 재검토 일정을 앞당겨야 했다. 콤은 이렇게 말했다. "탄소 중립적 수퍼볼, 탄소 중립적 나스카NASCAR 자동차 경주 대회, 탄소 중립적 오스카 등이 쏟아져 나왔어요." 한 추정치에 따르면 2007년에 제조 업체들은 명시적으로 친환경을 표방하는 제품을 328개 선보였는데, 2002년만 해도 5개뿐이었다.[85] 미국 특허 상표청U.S. Patent and Trademark Office 출원 건수 중 이름에 '그린'이 들어간 제품도 2006년에서 2007년 사이에 두 배가 되었다. 또한, 『새 옥스포드 영어 사전New Oxford American Dictionary』의 2006년 올해의 단어에는 "탄소 중립적 carbon neutral"이라는 말이 포함됐다.

콤은 이처럼 친환경 광고 문구가 범람하는 가운데 "그린 가이드"가 어떤 도움을 줄 수 있는지에 대해 이렇게 설명했다. "일반적으로 우리가 걱정하는 것은 다음 두 유형입니다. 금을 밟은 유형과 금을 아예 넘어가 버린 유형이지요." 금을 아예 넘어간 유형은 "날마다 적극적으로 거짓을 말하는 사람들"이다. 이 유형에게는 "그린 가이드"가 그리 유용하지 않다. 그들은 "그린 가이드"를 읽지도 않으며 법을 어긴다. 콤은 "그들은 우리 회의에 오지도 않는다"고 말했다.[86]

콤에 따르면 "그린 가이드"는 첫 번째 유형을 위한 것이다. 경쟁의 압력 때문에 금을 밟게 된 사람들 말이다. 콤은 "우리가 하는 일은 가능한 한 많은 영역에서 금이 어디에 그어져 있는가를 사람들이 명확히 알 수 있게 돕는 것"이라고 말했다. 기업들이 '친환경' 경쟁에서 남들을 앞서려고 야단법석을 떠는 상황에서, 연방거래위원회는 그러한 친환경 주장의 진위를 판단하는 전장에 다시 한번 들어서고 있다. 시민들은 가이드라인이 의미의 확실성을 규정하는 데서 그치지 말고 강제성 있는 집행력도 갖기를 바라는 것 같다. 〈GfK 로퍼〉가 진행한 설문 조사에서 응답자 중 4분의 3이 녹색 규제가 엄격하게 정착되려면 연방 정부가 그에 필요한 역할을 해야 한다고 생각한다고 답했다.[87] 이에 대해 연방거래위원회는, "산업 전반에 걸쳐 연방 정부 차원에서 친환경 광고 문구를 감시하는 가이드를 만든다면, 이는 진실성 있고 입증 가능한 내용만을 광고에 담도록 장려하고 시장에서 광고 업체와 소비자 모두에게 확실성을 제공하는 수단이 될 수 있을 것"이라고 말했다.[88]

새로운 "그린 가이드"는 포장과 건물, 탄소 상쇄 프로그램 등에 붙는 친환경 광고 문구의 의미를 더 명확하게 만들어 줄 것이다. 우리가 흔히 듣는 '재활용 가능한', '생물학적으로 분해 가능한', '퇴비화할 수 있는', '리필할 수 있는', '친환경적인', '지속 가능한', '바이오 기반의', '요람에서 요람으로', '탄소 중립적인' 등의 말은 모두 더 정확하게 의미를 규정할 필요가 있다. "그린 가이드"의 몇 가지 핵심 원칙을 여기서 살펴보도록 하자. 다음은 기업이 광고에서 사용하지 **말아야** 할 내용이다.

- **근거 없는 주장**: 근거는 중요하다. 기업은 자기 말을 뒷받침할 수 있어야 한다.

- **못 알아들을 주장**: 기업은 광고에서 소비자가 이해할 수 없는 용어를 사용해 주장하지 말아야 한다.

- **모호한 주장**: 예를 들면, 포장재에 자주 나오는 말 중 하나가 '재활용 가능하다'인데, 그 제품이 이론상 재활용 가능하다는 것과 소비자가 실제로 재활용을 할 수 있다는 것은 다른 이야기다. 콤은 "재활용이 가능하다는 주장을 광고에 넣으려면, 해당 지역에 [소비자들이 실제로 사용할 수 있는] 재활용 시설이 있는지 등의 여건을 먼저 확인해야 한다"고 강조했다.

- **비교 대상 없는 비교 주장**: '우리 쇠고기가 더 친환경적입니다'라고 주장하면 안 된다. 무엇보다 더 친환경적이란 말인가? 연방거래위원회는 담배 업체 〈리게트

앤 마이어스〉의 광고 "체스터필드가 더 순합니다"에 대해 기념비적인 판결을 내린 바 있다.

• **특성을 과장하는 주장**: 기업들은 제품이 소비자에게 실질적인 중요성이나 이득을 주지 않는데도 마치 그런 것처럼 제품의 특성을 과장하는 광고를 하면 안 된다. 연방거래위원회가 든 사례는 1960년대에 나온, [치질약] 프레퍼레이션H에 함유된 '바이오 다인' 성분에 대한 과장 광고였다. 당시 연방거래위원회는 이 원료가 "치료 효과가 거의 없거나 아예 없다"고 판결했다. ([프레퍼레이션H를 만든] 〈아메리칸 홈 프로덕트(American Home Product)〉는 '바이오' 라는 말이 근사하게 들린다고 생각했나 보다.)[89]

여기에 덧붙여, 콤은 "당신[기업]이 무엇을 의도했느냐보다 중요한 것은 합리적인 소비자가 그 광고의 주장을 어떻게 받아들일 것인가"라고 강조했다.

가이드라인이 나오면, 그것은 '가이드(안내자)' 역할을 한다. 이 경우에는 "연방거래위원회법"의 5절을 판단하는 지침이 되어 준다. "연방거래위원회법" 5절은 기업이 속임수를 쓰는 마케팅 행위를 해서는 안 된다고 규정하고 있다. 콤은 이렇게 설명했다. "법적으로는 가이드라인을 위반한다고 해서 소송에 걸리지는 않아요. 하지만 이 가이드라인은 '연방거래위원회법' 5절을 준수하기 위해 연방거래위원회가 마련한 것이지요."

그럼, 기업은 이 가이드라인에 대해 어떻게 생각하고 있을까?

몇몇 기업은 엄격한 가이드라인이 녹색 제품 시장을 "위축시킨다"고 불평한다. 〈미국 광고 대행업 협회American Association of Advertising Agencies〉, 〈미국 광고 연맹American Advertising Federation〉, 〈전국 광고주 협회Association of National Advertisers〉는 공동 성명서에서, 광고에 쓰인 환경 문구의 진실성과 정확성에 대해서는 이미 존재하는 가이드라인이 효력을 발휘하고 있고, 업계의 자율적인 규제만으로도 "환경에 대한 주장에 속임수가 없고 분명한 내용이 담기도록 보장"할 수 있으며, 가이드라인이 변하면 혼란을 야기해서 "가치 있는 광고 메시지"가 위축될 우려가 있고, 〔당국이〕 광고의 진실성과 정확성을 어떻게 판단할 것인지에 대해서도 과학적인 불확실성이 있다며, 연방거래위원회가 성급히 판단을 내리려 해서는 안 된다고 주장했다.[90]

2008년 4월에 열린 가이드라인 초안 공청회에서도 연방거래위원회는 업계 대변자들에게서 불평의 소리를 들었다. 이를테면, 〈스타벅스〉의 환경 영향 담당 임원 짐 해너Jim Hanna는 연방거래위원회의 가이드라인이 "퇴보한 일 처리 방법"이라고 주장했다. 또 해너는 곧 기업들이 가이드라인을 피해 가는 새로운 방법을 찾아낼 것이라고 내다봤다. 그러면서 해너는 〈스타벅스〉가 "새로운 말들을 발명하는 데 매우 뛰어나다"고 말했다.(해너는 여기서 '프라푸치노'를 언급했다.) 본질적으로 해너의 말은, "만약 이미 사용되고 있는 광고에 당신이 가이드라인을 들이대면 우리는 새로운 광고 문구를 만들 것이므로 5년이나 10년 후에 당신은 또 다른 가이드라인을 들이대야 할 것"이라는 경고였다.[91]

글쎄, 바로 이렇게 업계가 녹색 타령으로 얼버무릴 것에 대비하기 위해 연방거래위원회가 가이드라인을 재검토하는 것 아니겠는가?

누구를 믿을 것인가?

〈말레이시아 팜유 협회〉는 팜유 플랜테이션의 나무가 "생명을 주고 우리의 지구를 숨쉬게 한다"고 말하는데 광고를 감시하는 기관들은 이것이 허위라고 말한다면, 우리는 누구를 믿어야 할 것인가?

이 사안에 대해 활동을 벌이고 있는 비영리기구를 찾아서 정보를 구할 수 있을 것이다. 예를 들면, 〈열대우림 행동 네트워크Rainforest Action Network〉의 말에는 귀를 기울일 수 있다.*

〈열대우림 행동 네트워크〉는 왜 믿을 만한가? 우선, 이 단체는 이윤을 내는 게 목적이 아니다. 이 단체는 비영리기구로, 열대우림과 공동체와 기후를 보호하기 위해 만들어졌다. 그리고 이 단체가 내놓는 정보는 현장의 사람들, 동료 활동가들, 그리고 공개적으로 입수 가능한 여러 연구 조사 자료들에서 나온 정보일 것이다.

〈열대우림 행동 네트워크〉의 레일라 살라자르-로페즈Leila Salazar-Lopez는 이렇게 말한다. "우리는 변화를 일구기 위해 활동합니다. 기업을 비판하려는 것이 아니에요. 우리는 기업이 더 잘 운영되어서 사람과 기후에 이로운 사회적, 환경적 변화들을 만들 수 있기를 원합니다."

진정한 정보는 제공하지 않고 기업의 나팔수 노릇을 하는 단체가 있다고 해서, 모든 단체가 다 그렇다고 생각하면 안 된다. 단체들 중에는 편향되거나 기업의 입맛대로 조정되지 않은 정보를 제공하는 단체도 있다. 내가 찾아낸 곳들은 다음과 같다. (더 상세한 것은 책 말미의 '실천과 배움을 위한 자료들(421쪽)'을 참고하라.)

---

* 오랫동안 나는 〈열대우림 행동 네트워크〉를 멀리서 존경해 왔다. 그러다 이 책을 쓰기 위해 연구를 시작하고 나서 나는 이 단체의 이사회에 참여하기로 했다. 이사회 멤버로서 나는 〈열대우림 행동 네트워크〉가 공동체, 삼림, 사람, 동물 등을 보호하는 사안에서 책임 있는 활동을 계속 펴나갈 수 있게 돕는 것이 내 임무라고 생각한다. 대부분의 기업 이사회 멤버들과 달리 나는 이 단체에 아무런 금전적인 이해관계가 없다. 믿을 만한 단체들을 계속 존재하게 하는 한 가지 방법은 그러한 단체들을 지원하기 위해 우리 각자가 할 수 있는 일들을 하는 것이다. 자원 활동이든, 이사회 참여든, 기부든 말이다.

- 〈식품 안전 센터〉: www.centerforfoodsafety.org

- 〈소비자 연합〉: www.consumersunion.org

- 〈우려하는 과학자 연합〉: www.ucsusa.org

- 그리고 어떤 단체나 인증 기관의 배경을 알아보려면, 허위 과장 광고를 없애기 위해 노력하는 〈미디어 민주주의 센터〉(www.prwatch.org)를 참고하라

녹색 세탁을 가려내기

전문가에게 의존해야만 녹색 세탁을 판별할 수 있는 것은 아니다. 다음의 항목을 통해서 우리 스스로도 몇 가지 속임수는 알아낼 수 있다. 녹색 세탁과 식품 표시에 대한 더 자세한 내용을 알고 싶으면 〈그린피스〉의 '녹색 세탁은 그만' 웹사이트(www.stopgreenwash.org)를 참고하라. 또, 〈퓨테라 지속 가능성 커뮤니케이션스〉(www.futerra.co.uk)도 녹색 세탁을 판별하는 데 유용한 지침을 제공한다.

친환경적이라고 광고하는 제품이 영 미심쩍다면, 다음의 질문을 통해 기업이 주장하는 바의 진실성을 확인해 보자.

제품 광고

1. 광고의 내용이 맥락상 유의미한가? 누구나 다 하는 걸 나도 한다고 크게 광고하는 건 쉽다. 이를테면 "CFC가 없습니다!"라는 말을 보자. CFC는 대부분의 대규모 생산 공정에서 이미 오래 전부터 사용되지 않고 있으며 유엔의 "몬트리올 의정서"에 따라 2020년이면 완전히 사용되지 않을 것이기 때문에 CFC가 해당 제품에 들어 있지 않은 것은 대단한 일이 아니다. 맥락상 유의미하지 않은 광고

의 또 다른 사례로는, 지금까지 유전자 변형이 이뤄진 적 없는 재료들만 들어 있는 식품에 대해 "GMO가 들어 있지 않습니다!"라고 광고하는 경우가 있다.

2. 모호하지는 않은가? "올 내추럴", "화학물질 없음", "친환경", "그린", 등등……. 많은 식품 기업이 환경 친화적인 것처럼 들리는 이런 말들을 사용하고 있지만, 모두 아직까지 공식적으로 의미가 명확히 규정되지 않은 모호한 표현들이다. 연방거래위원회의 새 "그린가이드"가 나오면 이런 말들이 무엇을 의미하는지, 어떤 경우에 이런 말을 써서 광고할 수 있는지(또 쓸 수 없는지)가 더 명확해질 것이다. 그때까지는 『컨슈머리포트』의 "친환경 소비자의 선택Greener Choices"을 참고하는 것이 좋겠다. 모호한 주장과 근거 있는 주장을 구별해 내는 데 유용한 정보를 담고 있다.

3. 바람잡이용 문구는 아닌가? 유기농 원료를 쓴 친환경 제품이라고 주장하면서 포장재는 독성 플라스틱 재료인 비스페놀A로 만드는 가공식품 회사를 생각해 보자. 또, 〈삼림 관리 협의회〉 인증을 받은 종이로 만든 종이 수건이라고 광고하면서, 그것을 오염을 매우 많이 일으키는 공장에서 제조했다고 생각해 보자. 이는 '숨겨진 상충 관계'를 보여 주는 사례들이다. 식품 기업이 온실가스 저감 방법을 찾아나갈 때, 소비자와 지속 가능성 인증 기관은 기업이 한 가지의 친환경 요소만 강조하면서 나머지는 여전히 환경에 해가 되는 방식으로 운영하지는 않는지 주의해서 보아야 한다. 지속 가능성 사안과 관련된 전국 투자자, 환경 단체, 공공 단체가 연합해 만든 〈세레스Ceres〉의 브루크 바튼Brooke Barton은, 기업이 "광고가 수장하는 바에 균형 삽힌 내용이 반엉되도록 문구를 신중하게 골라 사용해야 한다"고 말했다.

기업의 실천에 대한 광고

1. 시제가 무엇인가? 2008년 '지구의 날'에 배포한 보도자료에서 〈돌Dole〉은 코스타리카 바나나를 육상 운송할 때 나오는 온실가스를 줄여서 탄소 중립을 실천하겠다고 약속했다. 그런데 그 보도 자료를 잘 읽어 보면, '아마도,' '기대된다,' '생각한다' 같은 말이 많이 나온다. 기업 용어집에서 이런 말은 "미래 지향적인 표현법"이라고 알려져 있다. 이 보도 자료의 마지막 부분을 보면, 〈돌〉이 이런 용어를 이용해서 자신이 약속한 것을 **실행**하지 않고도 빠져나갈 수 있는 길을 열어 놓았음을 알 수 있다. "기후와 관련된 불확실성, 제품이나 원료의 공급 및 가격 불확실성, 개도국의 경제 위기나 안전 위험, 국제분쟁 등의 (…) 잠재적인 위험과 불확실성 때문에, 실질적인 결과는 이 보도 자료가 표현하고 있거나 암시하고 있는 것과 달라질 수 있다." 이게 결국 무슨 말인가? "우리가 이런 것들을 하나도 안 해도 뭐라 하지 마세요"란 말이 아닌가?

'약속'은 녹색 세탁 전략에서 가장 오래된 기법이다. 알다시피, "엄마, 주말에 내가 방 청소를 **할지도 몰라**"와 "엄마, 나 방 청소**했어**"는 다르다. 어떤 기업이 뭔가를 실천한다고 광고하는 것을 보면 일단 시제를 확인하라. 광고 문구에 '기대된다', '생각된다', '의도하고 있다'는 표현이 있는가? 그렇다면 나중에 진짜 그렇게 하는 것으로 밝혀질 때까지는 계속 의심을 품고 있어도 좋다.

2. 실천이 너무 후하게 정의되어 있거나, 아니면 그저 속임수이지는 않은가? 어떤 스타벅스 매장이든 들어가 보면 '에토스' 생수 병을 볼 수 있을 것이다. 홍보 자료는, 이 물을 구입하면 먼 곳에 사는 가난한 사람들이 생존에 필수적인 물을 구하는 데 도움을 줄 수 있다고 말하고 있다. 물론 가난한 사람들을 돕긴 할 것이다. 그러나 당신이 생각하는 만큼 돕는 것은 아닐 수도 있다. 1.80달러를 내고 에토스 한 병을 사면 그중 5센트만 자선기금으로 들어간다. 그리고 기업들은 매출의

아주 일부만을 기부할 뿐 아니라 전체 기부 금액에 상한을 두어서 기부금 액수를 또 제한한다. 광고 문구에 매출의 일정 비율이 자선사업에 들어간다고 쓰여 있거들랑, 전체 기부 액수에 제한이 있다는 뜻으로 해석해도 좋을 것이다. 당신이 시리얼이나 커피 원두를 살 때쯤에는 이미 그 제한을 넘은 상태라, 당신이 내는 돈 중에서는 한 푼도 자선사업에 쓰이지 않을 수 있다는 말이다.

3. 전체 맥락에서 보면 그 실천이 무의미하지는 않은가? 2008년에 뉴욕에서 열린 '그린 커뮤니케이션' 컨퍼런스에서, 〈코카콜라〉 환경 홍보 담당 임원 리사 맨리 Lisa Manley는 애틀랜타 본사에서 오지 못한 CEO 대신 〈코카콜라〉의 선제적인 친환경 조치들에 대해 이야기했다. 핵심은 물이었다. "현재 우리는 1리터의 음료를 만들기 위해 물 2.5리터를 씁니다."[92] 맨리는 하루에 15억 잔 분량의 제품을 생산하기 위해 매년 2,900억 리터의 물을 사용하는 것으로 추산했다. 맨리에 따르면, 〈코카콜라〉는 이 물 사용량을 줄이려고 노력하고 있다. 그렇다고 치자. 물 사용을 25퍼센트 줄인다고 치자. 그래도 〈코카콜라〉는 여전히 제품을 만들기 위해 물을 낭비하며, 어떤 경우에는 물을 만들기 위해 물을 낭비한다. 더 안 좋게는, 콜라를 만들기 위해 물을 낭비한다. 콜라에는 여러 가지 환경 보건상의 피해가 따라다니는데, 이를테면 20온스(약590ml)들이 콜라 병 하나에 설탕 17작은술이 들어간다. 전 지구적인 맥락에서 보면 이는 수자원을 크게 훼손한다. 농업은 전 세계 물 사용량의 거의 4분의 3을 쓰고 있으며, 오늘날 마실 물에 접근하지 못한 채 살아가는 사람들이 많게는 10억 명에 이른다.[93]

〈월마트〉의 녹색 조치들도 대대적으로 언론을 탔다. 매장의 에너지 효율성을 높이고, 포장을 줄이겠다는 식의 조치들 말이다. 하지만 〈월마트〉가 취한 조취의 전체적인 맥락에 대해 우리는 무엇을 알고 있는가? 하나의 사례만 들어보더라도, 〈월마트〉 같은 거대 할인 매장이 등장하면서 미국인이 장보기 위해 이동하는 거리는 1990년대 초 이래로 40퍼센트나 증가했다. 〈월마트〉가 매장을 시내 중심가에서 멀리 떨어진 곳에 짓고 지역 상점들을 몰아내면서, 장을 보려는 사람들은 더 멀리 차를 몰고 나가게 된 것이다.[94] 『대형 할인점의 속임수*Big-Box Swindle*』를 쓴 스테이시 미첼Stacy Mitchell은 〈월마트〉가 지속 가능성 전략을 발표하고 나서 2년 동안 미국에서 285개의 매장이 새로 문을 열었고 전 세계적으로는 1천 개 이상의 새 매장이 생겼다고 밝혔다. 미첼에 따르면, 되도록 적게 잡았을 〈월마트〉 자체 추산으로도 〈월마트〉의 "이산화탄소 방출량은 9퍼센트 증가했다."[95]

맥락은 중요하다. 어떤 기업이 녹색으로 간다고 제아무리 주장해도 먼저 그 기업의 전체적인 생태 발자국을 파악한 뒤 그 맥락에서 기업의 친환경 주장을 검토하라.

녹색 세탁을 잡아내기 위해 이런 질문에 답하는 것이 쉬울 때도 있겠지만, 대부분은 쉽지 않을 것이다. 분명히 정부 차원의 규제(광고 문구에 대한 엄격하고 강제성 있는 가이드라인 같은 것)는 도움이 된다. 우리는 그런 규제를 추진해야 한다. 하지만 그와 동시에, 우리 자신이 더 현명한 소비자가 되기 위해서도 노력해야 한다. 광고 내용의 행간을 읽는 법을 알아내고, 믿을 만한 비정부기구와 공공의 이해를 대변하는 인증 기관 등, 신뢰할 수 있는 곳들을 찾아내야 한다.

5장.

기후변화를 시장 기회로 삼기

식품 업계가 기후변화를 언급하기 시작한 이유 중 하나는, 기후변화에서, 그리고 기후변화에 대해 책임 있는 행동을 취하라는 여론의 요구에서 잠재적인 시장 기회를 포착했기 때문이다. 또, 거대 농업 기업은 현재 옥수수나 대두 같은 상품작물에 부여되고 있는 막대한 조세 혜택이 기후 친화적인 프로그램 쪽으로 옮겨갈 가능성에 대비하는 것일 수도 있다.

5장에서는 거대 농업 기업이 어떤 '친환경' 조치를 추진하고 있는지, 그리고 이에 대해 지원을 해달라고 정부에 어떻게 로비를 하고 있는지 알아볼 것이다. 이런 친환경 조치들은 기후변화에 대한 대중의 우려와 관심이 높아지는 분위기를 이용해서 농업 기업들이 어떻게 이득을 얻고 있는지를 보여 준다. 지속 가능성을 위한 근본적인 변화는 추진하지 않으면서 기존의 생산 방식을 아주 약간 땜질한 것을 가지고 이득을 얻는 것이다.

이런 전략은 농업, 더 나아가 식품 산업 전체가 기후 문제의 해결책이 될 수 있도록 진정한 변화를 일구려는 사람들의 정치적 의지를 꺾어 놓기 때문에 매우 위험하다. 그리고 물론 그런 전략은 환경과 기후에 파괴적인 영향을 미치는 산업화된 식품 공급망의 근본 원인을 거의 건드리지 않는다.

새로운 종류의 바이오 연료

2009년 1월 13일에 미국 최대의 가금류 생산 업체 〈타이슨〉과 〈타이슨〉의 제휴사 중 하나인 연료 업체 〈신트롤리엄Syntroleum〉이 루이지애나 주 지스마에 '재생 가능' 연료 공장을 열었다.[1] 이 '재생 가능한' 원료 생산에서 〈타이슨〉이 맡은 역할은 동물 지방과 사용하고 난 '가금 잠자리 짚'[2*] 등, 산업화된 축산 시설에서 나오는 부산물 수백만 킬로그램을 이 연료 공장에 공급하는 것이다.

〈타이슨〉은 세계에서 일곱 번째로 큰 석유 및 가스 업체 〈코노코필립스 ConocoPhillips〉(2008년 첫 세 분기 이윤이 140억 달러 이상이었다고 한다)와도 제휴를 했다. 〈타이슨〉이 가금류, 쇠고기, 돼지고기 생산에서 부산물로 나오는 지방을 텍사스 주 보거에 있는 〈코노코필립스〉 연료 공장에 공급해서 "더 깨끗하게 타는" 연료를 만든다는 계획이다.[3]

〈타이슨〉은 지스마와 보거에서 생산한 연료가 공군과 민간 항공사, 그리고 고속도로를 이용하는 교통수단에 쓰일 것이라고 말했다.[4] 〈타이슨〉에 따르면, 지스마 공장이 풀 가동되면 1년에 7,500만 갤런의 바이오 연료를 생산할 수 있는데, 이는 2005년 전국적으로 생산한 바이오디젤 양에 맞먹고, 2008년 미국 전체

● poultry litter. 가금류 사육 시설 바닥에 깔아 주는 짚. 사용하고 난 것은 주로 가금류의 변에 깃털, 남은 사료, 짚이 섞인 상태가 되는데 전통적으로는 거름으로 사용되었기 때문에 '가금류 퇴비'라고 부르기도 한다. 여기에서 언급된 잠자리 짚은 연료 공장의 원료로 쓰이기 때문에 이후로는 '가금류 폐기물'로 옮겼다. 옮긴이

　••• 지구를 위한 다이어트 혁명

생산량의 10퍼센트에 해당하는 수준이라고 한다.[5]

비행기에 "이 비행기는 채식인가요?"라고 물어봐야 할 날이 올 줄이야.

기후변화를 우려하는 대중이 늘어나는 상황을 시장 기회로 포착하는 농업 기업은 〈타이슨〉뿐이 아니다. 거대 가금류 업체 〈퍼듀〉는 2006년에 바이오 연료 사업부를 신설했다. 곡물 대기업 ADM도 "바이오 에너지 분야의 세계적인 리더"가 되겠다며 바이오 연료 시장에서 "폭발적인 성장"을 이룰 계획들을 내놨다.[6] 이 밖에도 사례는 많다. 거대 식품 업체 대부분이 지난 몇 년 사이 연료 시장에 진출했다. 이들 말로는 '**재생 가능한** 연료 시장'이라고 하지만, 환경 운동가들은 이들이 생산하는 연료를 재생 가능한 연료라고 부를 수 없다고 주장한다.

당신의 업계가 기후 위기에 미치는 영향을 더 이상 숨길 수 없다면, 이는 두 가지를 의미한다. 한편으로는 당신의 회사가 기후변화의 주범으로 비판을 받게 됐다는 의미다. 다른 한편으로는 당신의 회사가 친환경 보조금, 친환경 조세 혜택, 떠오르고 있는 탄소 거래 시장 등, 새로운 제도에서 득을 볼 수 있다는 의미기도 하다. 당신이 문제의 일부라면, 당신이 해결책의 일부라는 주장도 펼 수 있는 것이다. 그러니 그렇게 해서 이득을 얻지 않을 이유가 무엇이란 말인가?

곡물 업체와 육가공 업체를 중심으로 식품 업계는 최근 자신들이 기후변화에 미치는 영향을 줄이는 방법을 이미 개발하고 있다는 주장을 신속하고도 효과적으로 펴왔다. 그러면서 자신들이 노력을 기울인 만큼 커다란 혜택을 주길 바라고 있다.

하지만 이제까지 이들이 도입했다는 해결책은 온실가스 방출을 실질적으로 줄이지도, 환경과 지속 가능성에 막대한 피해를 유발하는 근본 원인을 건드리지도 못하고 있다. 기껏해야, 동맥이 터졌는데 반창고로 맞서겠다는 정도다. 이런 식의 '친환경' 조치들은 온실가스 문제를 해결하는 데에 거의 기여하지도 못하면서, 정작 중요한 곳에 가야 할 자금과 연구와 사람들의 관심을 돌려놓는다. 최악의 경우에는, 오히려 칼을 더 깊이 찔러서 상처를 악화시키고 온실가스 방출을 (줄이는 것이 아니라) 늘리기도 한다.

〈타이슨〉의 '가금류 폐기물'을 생각해 보자. 새 공장으로 운반해 연료로 바꾸기 전에는, 이것들은 대체로 분뇨다. 이러한 가금류 배설물과 함께, 〈타이슨〉은 식용으로 쓸 수 없는 동물 지방을 새 연료 공장에서 원료로 사용한다는 계획도 갖고 있다. 이런 식으로 만들어지는 연료를 전문용어로는 "코-프로세스 재생 가능 연료"라고 부르는데, 기존의 원유 정련 과정에 동물 지방을 첨가하는 형태기 때문에 바이오 연료와는 다르다.

〈타이슨〉은 코-프로세스 연료를 재생 가능하다고 부르지만 환경주의자들은 그렇게 부르지 않는다.

〈타이슨〉을 비롯해 소위 '재생 가능' 연료를 지지하는 사람들은, 공장형 농장에서 나오는 곡물이나 동물 부산물과 같은 원료는 석탄이나 석유 같은 유한한 화석연료와 달리 계속해서 재배하거나 거둬들일 수 있기 때문에 재생 가능하다고 주장한다.

하지만 비판하는 사람들은 '재생 가능'이라는 말을 가장 협소하게 정의할 때만 그렇게 부를 수 있다고 말한다. 코-프로세스 연료 생산의 전체적인 라이프 사이클을 무시했을 때만 재생 가능하다는 말을 겨우 쓸 수 있다는 것이다. 우선, 코-프로세스 연료를 생산하려면 거대 규모의 축산이 필요한데, 이는 표토를 고갈시키고 질소비료를 남용하며 물을 오염시킨다. 대규모 공장형 농장은 온실가스인 메탄을 비롯해, 암모니아, 황화수소, 그리고 여러 해로운 화합물도 방출한다.[7] 또한, 앞에서도 언급했지만, 집약형 축산에 쓰이는 사료작물을 재배할 때 들어가는 요소들도 에너지 집약적이고 온실가스를 많이 방출한다. 옥수수 같은 사료작물은 질소비료가 아주 많이 필요한데, 질소비료는 막대한 양의 천연가스를 사용해 생산하는 경우가 많다. 그리고 라이프 사이클의 마지막 단계에서도, 코-프로세스 연료는 일반 연료보다 더 깨끗하게 탄다고 볼 수 없다.[8]

대형 가금류 처리 공장●도 막대한 에너지를 사용한다. 동물에게 맞는 기온을 유지하기 위해 냉방을 해야 하고, 털을 뽑을 때 쓸 온수를 계속 공급해야 하며, 폐쇄된 공간에서 환기를 시켜야 하기 때문에 시설 가동에 많은 에너지가 드는 것이다.

공장에서 '재생 가능' 연료를 만드는 데도 추가적인 에너지가 필요하다. 미국 〈바이오디젤 위원회National Biodiesel Board〉의 제시카 로빈슨Jessica Robinson은 〈코노코필립스〉와 〈타이슨〉의 연료 공장에 대해 "고온 고압 공정을 사용하기 때문에, 원료에서 액체 연료를 뽑아내는 데 훨씬 많은 에너지가 들 것으로 보인다"고 말했다.[9]

여기에, 이 모든 '부산물'의 원천인 공장형 가금류 농장이 유발하는 각종 환경 피해도 생각해야 한다. 〈산업형 축산에 대한 퓨 위원회Pew Commission on Industrial Farm Animal Production〉가 2년 반에 걸쳐 수행한 연구에 따르면(이 연구는 축산 업계를 전반적으로 비판하고 있다), "(이런 방식으로 연료 생산이) 급속히 증가한 결과, 의도치 않은, 그리고 종종 예기치 못한 환경문제와 공중 보건 문제가 나타났다"고 지적했다.[10] 〈타이슨〉도 자사의 공장에서 나오는 폐기물이 "청정 수질법"을 여러 차례 위반했음을 인정했다. 최근에 〈타이슨〉은 공장 인근 수원을 4년

● "대형" 가금류 CAFO는 칠면조 5만 5천 마리 이상을 사육하거나 닭 12만 5천 마리 이상을 사육하는 시설을 말한다.

동안 오염시켜 온 일이 적발되어 벌금 550만 달러를 내기로 미 환경 보호청과 합의한 바 있다.[11]

하지만 어쨌든 〈타이슨〉은 새로운 연료 사업이 더러운 석탄이나 재생 가능하지 않은 화석연료를 대신할 친환경적 대안인 것처럼 보이게 만드는 데 성공해, 공장 건설에 정부의 지원, 그러니까 우리의 돈을 받아 냈다. 여기에는 다음과 같은 방법들이 쓰였다.

- **저비용 채권 발행**: 2008년 6월 19일, 루이지애나 주 채권 위원회는 "이의 없이" 1억 달러 규모의 비과세 채권 발행을 승인했다. 〈타이슨〉과 〈신트롤리엄〉의 루이지애나 연료 공장 건설 자금을 지원하기 위해서였다.[12] 공장 건설에는 1억 3,800만 달러가 들 것으로 추정됐다. 이 채권은 허리케인 리타와 카트리나로 피해를 본 지역의 재건을 돕기 위해 조성된 걸프 보조 지역 채권Gulf Opportunity Zone Bonds의 루이지애나 주 지분을 통해 조성되었다. 채권은 시장 이자율보다 25퍼센트에서 30퍼센트 저렴하게 발행됐다.[13] 채권 구매자들은 이자 소득에 대해 세금이 면제됐는데 이는 주 정부가 채권 구매자들에게 그리고 결국 〈타이슨〉에게 보조금을 제공한 것이나 마찬가지다. 〈타이슨〉은 납세자가 제공한 보조금을 통해 매우 싼 자본 비용으로 그 공장을 지을 수 있게 되었으니 말이다.

- **지역개발 지원**: 저비용 채권 말고도, 〈타이슨〉은 루이지애나 주 〈경제개발 공사〉에서 40만 달러를 확보했다. 그리고 이 공장 건설 프로젝트가 유치될 지역구 당국은 공장 인근에 철도 간선로를 짓는 것을 돕기 위해 판매세 환급의 형태로 60만 달러를 지원하겠다고 했다. 새 공장이 지역 일자리를 창출해 줄 경제 동력이 될 것이라고 생각해서였다.[14] (이 지역구 당국의 유일한 우려는 그 공장에서 가금류를 도축하느냐 아니냐였다. 〈타이슨〉이 가금류의 지방을 다른 공장에서 들여오겠다고 약속하자 거래가

성사되었다.)

* **세금 우대**: 이 합성 연료는 생산량에 따라 세액 공제 혜택도 받는다.[15]

물론 우리는 CAFO에서 배출되는 온실가스와 오염 물질을 반드시 빠른 시간 안에 줄여야 한다. 그런데, 〈휴메인 소사이어티〉의 다니엘르 니렌버그는 "가축 폐기물로 만드는 연료는 오히려 CAFO가 야기하는 환경문제를 영속화할 우려가 있으며, 축산 업계에 지속 가능하지도, 환경 친화적이지도 않은 영업 방식을 녹색 세탁할 수 있는 길을 열어 줄 가능성이 있다"고 지적한다.

니렌버그는 이렇게 말했다. "변에서 연료를 만드는 것은 축산업이 방출하는 온실가스를 줄일 수 있는 묘책이 아닙니다. 동물들이 풀밭에서 풀을 뜯게 하는 것이 더 좋고 지속 가능한 해결책입니다. 풀밭은 탄소 저장 기능이 있어서 탄소가 대기 중으로 방출되는 것을 막아 주기 때문이죠."

우리는 CAFO가 일으키는 문제를 어설프게 땜질하려고 할 것이 아니라 CAFO를 이용하는 생산 자체를 줄이도록 노력해야 한다.

분뇨의 문제는 무엇인가

중국 안후이 성의 서시안 시에서 동쪽으로 비포장 도로를 몇 시간 달렸을 때, 나는 처음으로 메탄 다이제스터를 보았다. 나중에 미국 중서부에서 보게 될 것들과는 아주 달랐다. 중국의 다이제스터들은 기아 퇴치 운동을 하는 단체 〈하이퍼 인터내셔널Heifer International〉이 진행하는 지속 가능성 프로그램의 일부로 설치된 것이었다.

농민들은 나에게 그 최신 설비를, 그러니까 논밭과 집 사이 사이에 들어선 콘크리트 탱크를 보여 주었다. 이곳 돼지들은 들판에서 나오는 작물 부산물을 먹으면서 작은 우리에서 자란다. 그리고 농민들은 그 돼지 몇 마리가 내놓는 분뇨를 이 탱크에 넣는다. 그러면 태양열로 돌아가는 탱크가 낮 동안에 메탄 가스를 뽑아 내고, 그 메탄이 작은 파이프를 통해 각 가정에 공급된다.

그리 비싸지 않게 설치할 수 있는 이 작은 장치를 통해 농민들은 밤에 불을 밝힐 수 있고 스토브에 연료를 대어 가스로 요리를 할 수 있게 되었다. 탱크에 남은 분뇨는 다시 거둬다가 인근 밭에 거름으로 뿌린다.

통역자의 도움을 받아 한 농민에게 다이제스터가 생기고 나서 어떤 점이 달라졌느냐고 물어봤다. 그 여성 농민은 이렇게 설명했다. "전에는 나무를 땠어요, 1년 중에 족히 한 달은 나무 구하러 아침 일찍부터 늦게까지 돌아다녀야 했지요. 그리고 아마 장작 패고 말리느라 또 한 달은 들였을 거예요. (…) 지금은 돼지 변을 사용해서 바이오가스를 만들지요."

이 마을에서 바이오가스 탱크는 열일곱 개 가정에 설치됐으며, 다른 가정에도 설치될 예정이다.

이 단순한 메탄 다이제스터의 원리는 간단하다. 분뇨의 자연 분해를 이용하는 것이다. 혐기성 상태(산소가 없는 상태)에서 분뇨는 자연 분해 과정을 통해 기체를 내놓는데, 대략 3분의 1은 이산화탄소고 3분의 2는 메탄이며 그밖에 미량의 다른 기체들이 나온다.[16] 다이제스터는 이 기체를 사용 가능한 에너지로 만든다. 압축해서 연료로 쓰거나, 더 일반적으로는 전기로 쓴다.[17] 동물 분뇨가 아니라 음식 찌꺼기나 농업 부산물을 원료로 사용하는 메탄 다이제스터도 있다.

하지만 모든 다이제스터가 다 같은 것은 아니다. 중국에서 본 지속 가능한 바이오가스 탱크와 위스콘신 주의 '와일드로즈 데어리Wild Rose Dairy'에서 본 메탄 다이제스터는 매우 달랐다.

위스콘신 주를 가로지르는 녹색 골짜기 사이에 난, 점점 좁아지는 도로를 달려가다 보면 옥수수 밭으로 둘러싸인 언덕에 와일드로즈가 나타난다. 길이가 100미터가량 되는 금속 지붕 헛간 두 채와 그보다 약간 작은 헛간 한 채에서 1,069마리의 젖소가 어깨를 맞대고 목을 금속 울타리 밖으로 내밀고 있다. 이 소들은 성장호르몬 rBHG를 맞으며 하루 세 차례 젖을 짠다.(아트 틸린Art Thelen은 1931년부터 3대에 걸쳐 와일드로즈를 소유해 온 집안의 농민이다. 틸린에게 인사하러 걸어가면서 보니 바깥 온도가 32도였다. 그리고 그 온도계는 논란을 빚고 있는 성장호르몬 포실락을 생산한 〈몬산토〉의 증정품이었다.)

틸린은 이곳에 세워진 첫 축사 사진을 보여 주면서 축산으로 전환하기 전에는 담배를 생산했다고 설명했다. 오늘날에는 젖소를 키울 뿐만 아니라 1,800에이커 규모의 농지에서 사료로 쓸 옥수수와 알팔파*도 생산한다. 그리고 이제는 전기도 생산한다.

위스콘신 주의 몇몇 CAFO들과 함께, 와일드로즈는 대규모 메탄 다이제스터를 설치한 초창기 농장 중 하나다.[18] 틸린의 메탄 다이제스터는 농장의 액체 분뇨 저장소 옆에 설치되어 있는데, 이 기계는 3년 전부터 지금까지 스물네 시간 내내 열심히 전기를 생산하고 있다.

소를 보러 걸어 내려가는 동안, 멀리서부터 소 우는 소리가 들렸다.

지지자들은 이런 메탄 다이제스터가 축산 농가를 더 청정한 21세기 산업으로 나아가게 도와줄 것이라고 말한다. 비판자들은 대량 폐기물을 집중 발생시키

---

* alfalfa, 콩과의 여러해살이풀, 옛날부터 사료 작물로 재배했다. 옮긴이

는 축산의 근본 문제는 놔두고 그저 녹색 장식품을 단 것에 불과하다고 말한다.

양 진영 모두, 현재의 축산 방식에 심각한 문제가 있다는 것은 알고 있다. 그리고 틸린도 알고 있다.

틸린의 소 1천여 마리는 날마다 분뇨 3만 3천 갤런을 배출한다. 올림픽 수영 경기장을 20일만에 다 채울 수 있는 양이다. 많다고? 하지만 이 정도의 농장 규모는 집중화된 축산 방식이 일반화된 미국에서는 흔하다.* 미국에서는 갇혀 자라는 가금류, 소, 돼지 등이 매년 5억 톤의 분뇨를 내놓는데, 이는 인간이 내놓는 배설물의 세 배다.[19]

자, 이 모든 분뇨가 어디론가 가야 한다.

와일드로즈에서는 분뇨가 소들이 살고 있는 축사의 비스듬한 바닥을 따라 흘러 내려가서 배수로를 지나 언덕 아래에 있는 분뇨 저장소로 간다. 중력과 물이 이 일을 해 준다.

오랫동안 틸린은 매일 아침 분뇨 저장소를 지나가는 것으로 일과를 시작했다. 이 저장소는 수백 갤런의 분뇨를 저장하고 있었다. 매년 틸린과 직원들은 봄에 500만 갤런을, 가을에 600만 갤런을 퍼냈다. 이 분뇨 중 일부는 15센티미터짜리 호스로 퍼내어 멀리는 5킬로미터 떨어진 곳까지 보냈고, 해마다 1만 4천 갤

● 최근 미 감사원은 환경 보호청의 CAFO 집계 및 관리 방식이 부적절하다는 보고서를 내놨다. CAFO에 대해서는 정확한 통계가 없기 때문에, 감사원은 농무부가 집계하는 대규모 축산 농장에 대한 자료를 토대로 분석했다. 이 자료에 따르면, 2002년에 젖소 중 35퍼센트(318만 3,086마리)가 700마리 이상 규모의 농장에서 자랐다. 농장 하나에 있는 젖소 두수의 중앙값은 1,200마리로, 1982년에서 2002년 사이 32퍼센트 증가했다. 전체적으로는, 2002년에 1만 2천 개의 대규모 축산 농장이 운영되고 있었다.

출처: *Concentrated Animal Feeding Operations: EPA Needs More Information and a Clearly Defined Strategy to Protect Air and Water Quality from Pollutants of Concern* (Washington, DC: GAO, 2008)

런은 자기 밭에 뿌렸다.

이렇게 해 분뇨의 일부를 생산적으로 사용할 수는 있었지만, 분뇨가 저장소에 있는 동안에는 문제를 일으킬 소지가 많았다. 첫째, 비가 많이 오면 넘칠 가능성이 있었다. "저장소가 가득 차면 안 된다는 걱정에 죽을 지경이었어요." 분뇨 저장소 옆에 가 보니, 내용물의 수위가 우리가 서 있는 땅보다 고작 50센티미터 정도 아래에 있는 것 같았다. 최근 위스콘신 주 전체에 닥쳤던 홍수 생각이 났다. 그리고 꼭 비 때문에 넘치지 않더라도 이러한 분뇨 저장소는 오염 물질을 인근 수원으로 방출할 우려가 있다.

둘째, 메탄 방출 문제도 심각했다. "아침에 나와 보면 분뇨 저장소가 내 손만 한 크기의 거품들로 덮여 있는 것을 볼 수 있어요. 거품이 수천 방울은 될 거예요. 태양이 그걸 데우면, 부글부글부글, 메탄이 대기 중으로 날아가는 거죠."

이것은 기후변화에 그렇게나 심각한 문제를 일으키는, 이 책에서 여러 번 이야기한, 바로 그 메탄이다. 특히 몇몇 주에서는 젖소 농가에서 방출되는 메탄 문제가 매우 심각하다. 캘리포니아 주의 경우 축산에서 방출되는 메탄의 절반이 분뇨에서 나오는데, 이 중 95퍼센트는 젖소에서 나온다.[20] 전국적으로 젖소의 장내 발효와 분뇨에서 나오는 메탄을 다 합하면 미국의 매립장에서 나오는 메탄 양의 30퍼센트에 해당한다.[21]

틸린은 감독 당국이 언젠가 계산기를 가지고 들이닥쳐서 "당신은 이렇게 많은 소가 있고 이렇게 많은 메탄을 내놓는군요"라고 말하면서 벌금을 내라고 할 날이 올지도 모른다는 것을 알고 있었다. 그래서 분뇨를 처리할 대안을 찾기 시작했고, 〈미크로기 코제너레이션 시스템Microgy Cogeneration Systems〉를 발견했다. 〈미크로기〉는 〈인바이어런멘탈 파워Environmental Power〉의 자회사로, 틸린의 농장에 있는 것과 같은 다이제스터를 만들고, 소유하고, 운영하는 곳이다.

몇 차례 전화를 주고 받은 뒤, 와일드로즈는 〈미크로기〉와 파트너가 되어 다이제스터를 짓고, 거기서 나오는 가스를 위스콘신 주의 〈데어리랜드 파워Dairyland Power〉(발전 및 송배전 협동조합)에 판매하기로 했다.

착유실과 급사장을 구경시켜 준 뒤에 틸린은 나를 밖으로 데리고 나갔다. 축사가 있는 건물 너머, 검정 액체가 든 분뇨 구덩이 옆에 바닥은 시멘트로 되어 있고 천정에는 팬이 달려 있는 메탄 다이제스터가 위풍당당하게 서 있었다. 〈미크로기〉 탱크에, 그리고 〈데어리랜드〉의 세척기와 엔진에 각각 130만 달러가 들어간 이 시설은, 높이가 19미터나 되고 75만 갤런의 분뇨를 담을 수 있다.

이런 다이제스터가 새로운 현상은 아니다. 1970년대에도 낙농 농가에 메탄 다이제스터 붐이 일었다. 그때는 에너지 가격이 치솟으면서 농민들이 다이제스터를 설치했다. 하지만 에너지 가격이 떨어지고 나서는 다이제스터도 한동안 인기를 잃다가[22] 메탄 방출 저감에 대한 관심이 높아지면서 다시 탄력을 받게 됐다.

지지자들은 대형 다이제스터가 윈-윈이라고 주장한다. 농장에서 방출되는 메탄의 양도 줄이고 전기를 생산해서 화석연료에 대한 의존도 줄인다는 것이다. 하지만 동물 부산물을 이용하는 연료 공장처럼 메탄 다이제스터도 더 큰 그림에서 볼 필요가 있다.

다이제스터는 대기 중에 그냥 방출되고 말았을 메탄의 일부를 잡아 내어 사용 가능한 에너지로 만들기는 한다. 그래서, 지지자들의 주장에 따르면, 전력을 얻기 위해 〔석유나 석탄 등〕 청정하지 않은 원료에 의존할 필요성을 줄여 준다. 미 환경 보호청도 이러한 메탄 사용을 지지하면서 "바이오가스를 사용하면 온실가스 방출을 줄일 수 있고, 재생 가능한 에너지를 생산할 수 있으며, 지역의 공기와 물을 깨끗하게 유지할 수 있다"고 주장했다.[23] 미 환경 보호청과 농무부의 '애그스타AgSTAR' 프로그램은 "폐기물에서 나오는 메탄을 활용하는 시스템을 젖소

및 돼지 사육 농가에서 사용하도록 권장"하고 있다.[24]

틸린도 에너지 생산이 큰 장점이라고 본다. 틸린이 직접 계산한 바에 따르면, 와일드로즈의 다이제스터는 400가구에서 600가구 정도가 쓸 수 있는 전력을 생산해 낸다. 60퍼센트는 이 마을에서 사용되고, 나머지 전력은 다른 곳에 보낸다. "모든 동네가 1천 마리 규모의 젖소 농장을 하나씩 가지고 있다면, 우리는 전기를 캐나다에 수출할 수도 있을 거예요."

지지자들은 다이제스터가 농장에서 발생하는 고형 폐기물도 줄여 준다고 주장한다. 한 연구에 따르면, 고형 폐기물이 50퍼센트에서 60퍼센트 가까이 줄었다는 것이다. 이게 많이 줄어든 것으로 보이는가? 하지만 젖소 농장에서 나오는 분뇨는 대부분 액체라서 고형 폐기물을 줄여도 전체 폐기물은 그다지 크게 줄지 않는다.[25]

반대자들은 다이제스터가 가져오는 환경상의 이득을 CAFO가 유발하는 **전체** 비용과 비교해 봐야 한다고 주장한다. 메탄을 내뿜는 분뇨 저장소 문제만이 아니라 CAFO 자체가 본질적으로 가지고 있는 환경, 사회, 동물 복지 문제들을 다 고려해야 한다는 것이다.

이러한 반대자들은 극소수의 환경 순수론자들이 아니다. 〈산업형 축산에 대한 퓨 위원회〉가 내놓은 산업적 축산 농장 보고서에 따르면(이 위원회의 위원은 15명인데, 공중 보건 운동가, 정부 당국자, 과학자 등이 포함되어 있다), "메탄 다이제스터의 이득이 널리 홍보되긴 했지만, 심각한 문제점은 계속 남아 있다. (공장형 축산에서 나오는) 폐기물의 양과 그 안에 있는 질소, 인, 병원균, 비소, 기타 중금속 등의 양은 여전히 심각한 문제다."[26] 와일드로즈가 분뇨를 처리할 수 있는 새로운 시장을 찾은 것은 좋은 일일지 모르지만, 〈퓨 위원회〉 위원들의 말대로 CAFO에서 생산되는 분뇨의 양 자체가 다이제스터로는 해결될 수 없는 심각한 수준이다.

로버트 케네디 주니어Robert Kennedy Jr.가 세운 수질 보호 운동 단체 〈수질 보호 연합Waterkeeper Alliance〉의 자넬르 호프 로빈스Janelle Hope Robins는, 분뇨 처리 방법을 다룬 책에서 메탄 다이제스터가 수질에 어떤 영향을 미치는지를 분석했다. 연구 결과는? 로빈스는 CAFO 분뇨가 부적절하게 처리될 가능성, 그리고 다이제스터 자체의 운영 과정이 토양의 인 수치와 지하수, 개울, 호수, 강의 질소 수치를 높일 가능성을 우려했다.[27] "어떤 것이든, 대규모 오수 저장 시스템을 영속화시키는 것은 해결책이 아니다. 여전히 처리 용량보다 넘칠 가능성이 있고, 속을 대어 놓지 않은 구덩이에서 오염물질이 새어 나갈 가능성도 있다. 새어 나간 오염물질은 지하수로, 그리고 많은 경우에 식수로 들어간다."[28]

물에 인과 질소가 많으면 왜 문제인가? 수중 식물이 너무 급격히 자라게 되기 때문이다. 이 식물들이 죽으면 미생물이 그것을 분해하면서 물 속의 산소를 다 써버린다. 산소가 부족한 물은 물고기, 개구리 등 수중 동물에게 치명적이다. 로빈스는 이렇게 말했다. "몇몇 기업과 단체가 환경에 큰 이득이 된다고 주장하고는 있지만, 이런 처리 기술이 장기적으로 수질에 이로운지 아닌지는 아직 완전히 판단할 수 없다."[29]

또한, 로빈스는 CAFO의 메탄 다이제스터는 관리가 잘못되어 연소 도중 아산화질소가 생성되고 병원균이 물로 흘러 들어갈 우려도 있다며, 이는 다이제스터가 설사 수질에 긍정적인 영향을 가져다 줄지라도 그것마저 곧 상쇄해 버릴 만한 위험이라고 지적했다.[30] "한 곳에 이렇게 많은 양의 분뇨가 존재한다는 것 자체에 근본적으로 문제가 있다. 폐기물을 집중시켜 두는 것은 재앙의 위험을 집중시켜 두는 것과 같다."[31]

CAFO용 메탄 다이제스터를 지지하는 사람들은 이러한 위험을 과소평가하고, 다이제스터를 사용할 농민이 얻을 이익, 특히 비용 절감을 과장해서 강조한다. 하지만 정말로 농민이 이득을 얻고 있을까? 그렇기도 하고 아니기도 하다. 와일드로즈의 경우, 다이제스터는 〈미크로기〉의 자금에 약간의 주 보조금과 연방 보조금을 받아 지어졌다. 다이제스터는 〈미크로기〉 소유며 와일드로즈는 10년의 임대 기간이 끝나면 그것을 사들일 수 있다. 농장의 전력 비용을 절감하기 위해 다이제스터에서 나오는 전기를 해당 농장 설비 운영에 사용하는 곳도 있지만, 와일드로즈는 다이제스터에서 나오는 전력을 배전망에 판매한다. 판매 이윤은 〈미크로기〉로 들어가고 틸린(그러니까, 농민)은 아무 것도 얻지 못한다. 틸린은 다른 이득을 얻긴 한다. 다이제스터에서 나오는 고형 폐기물 일부를 이웃에 비료로 팔 수 있는 것이다. 틸린의 농장에서 폐기물 관리 비용이 좀 줄기도 했다. 그리고 틸린은 자신이 "앞장 서서" 메탄 저감을 실천하고 있다고 생각한다. 하지만 가장 크게 이득을 보는 쪽은 틸린이 아니라 〈미크로기〉다.

몇 가지 이점이 있다 해도, CAFO에 메탄 다이제스터를 설치하는 것은 근본적으로 문제가 있다. 대규모 비육장을 승인하는, 심지어는 비육장에 사실상 인센티브를 주는 효과를 낸다는 점이다. 수백만 달러짜리 대형 다이제스터는 분뇨 양을 어느 정도 이상 확보해야만 운영이 가능하기 때문이다. 틸린은 이렇게 말했다. "이들은 당신이 800마리나 900마리를 가지고 있지 않다면 나서지 않을 거예요. 요즘은 1천 마리도 규모가 작다고 하는 걸요."

〈농촌 문제 센터Center for Rural Affairs〉의 브라이언 디퓨Brian Depew에게 CAFO에 메탄 다이제스터를 설치하는 것을 어떻게 생각하느냐고 물었더니, 그는 이렇게 설명했다. "좁은 의미로만 한정하자면 1,100마리 규모의 젖소 CAFO가 메탄 다이제스터를 갖고 있으면 그렇지 않은 것보다야 낫겠죠. 하지만 사실 그 질문 자체에 답하고 싶지 않네요. CAFO가 아예 존재하지 않아야 한다는 핵심을 빼놓고 이야기하게 되니까요."[32] 메탄 다이제스터는 환경 파괴, 동물 학대, 기후변화 등 수많은 비용을 유발하는 대규모 축산을 정당화시키는 데 일조하게 될 가능성이 있다. 〈농업 거래 정책 연구소〉의 마크 멀러는 이렇게 강조했다. "메탄 다이제스터는 모두 미봉책입니다." 그리고 우리에게 필요한 것은 미봉책이 아니라 전체적인 해결책이다.

메탄 다이제스터는 긍정적인 해결책이 될 수도 있다. 하지만 지속 가능한 체계 안에서만 그렇다. 우리는 폐기물이 유용한 부산물이 되는 순환 체계, 자연적 순환이 깨지지 않고 되살아 나는 지속 가능한 체계를 지원해야 한다. 하지만 현재까지 다이제스터 보조금은 주로 대규모 낙농 CAFO에 지급되었으며, 거대한 메탄 다이제스터는 많은 연구 자금을 잡아먹었다.

걱정스러운 점이 하나 더 있다. 농장을 둘러보고 나서, 나는 위스콘신 주의 조용한 마을 비로쿠아로 돌아왔다. 비로쿠아에 가면 농민시장에 꼭 가봐야 한다. 매주 농민시장에서는 아미시 가족들이 손으로 만든 앞치마와 냄비 집는 장갑을 가지고 와서 판매하는 것도 볼 수 있다. 비로쿠아의 생협에서 과일과 채소를 잔뜩 사오는 길에, 〈데어리랜드 파워〉(〈미크로기〉를 통해 와일드로즈의 가스를 구입하는 곳이다)에 반대하는 청원이 이뤄지고 있는 것을 보았다. 주민들은 〈데어리랜드 파워〉의 석탄재 폐기 계획에 반대하고 있었다. 석탄재는 마을의 바로 밖에서 폐기될 예정이어서 격렬한 논쟁을 불러 일으켰다. 알고 보니, 〈데어리랜드 파워〉는 오랫동안 석탄 산업에 몸 담아 왔고 '재생 가능한' 에너지로 눈을 돌리기 시작한 것은 최근의 일이었다.[33] 청원을 독려하는 포스터는 이 사안을 우려하는 시민들에게 석탄재 폐기에 반대하러 주민회의에 나오라고 촉구하고 있었다. 자세한 내용을 읽으면서, 나는 메탄 다이제스터의 또 다른 단점에 대해 생각했다. 전기는 마을을 떠나고 위험은 마을에 남는다.

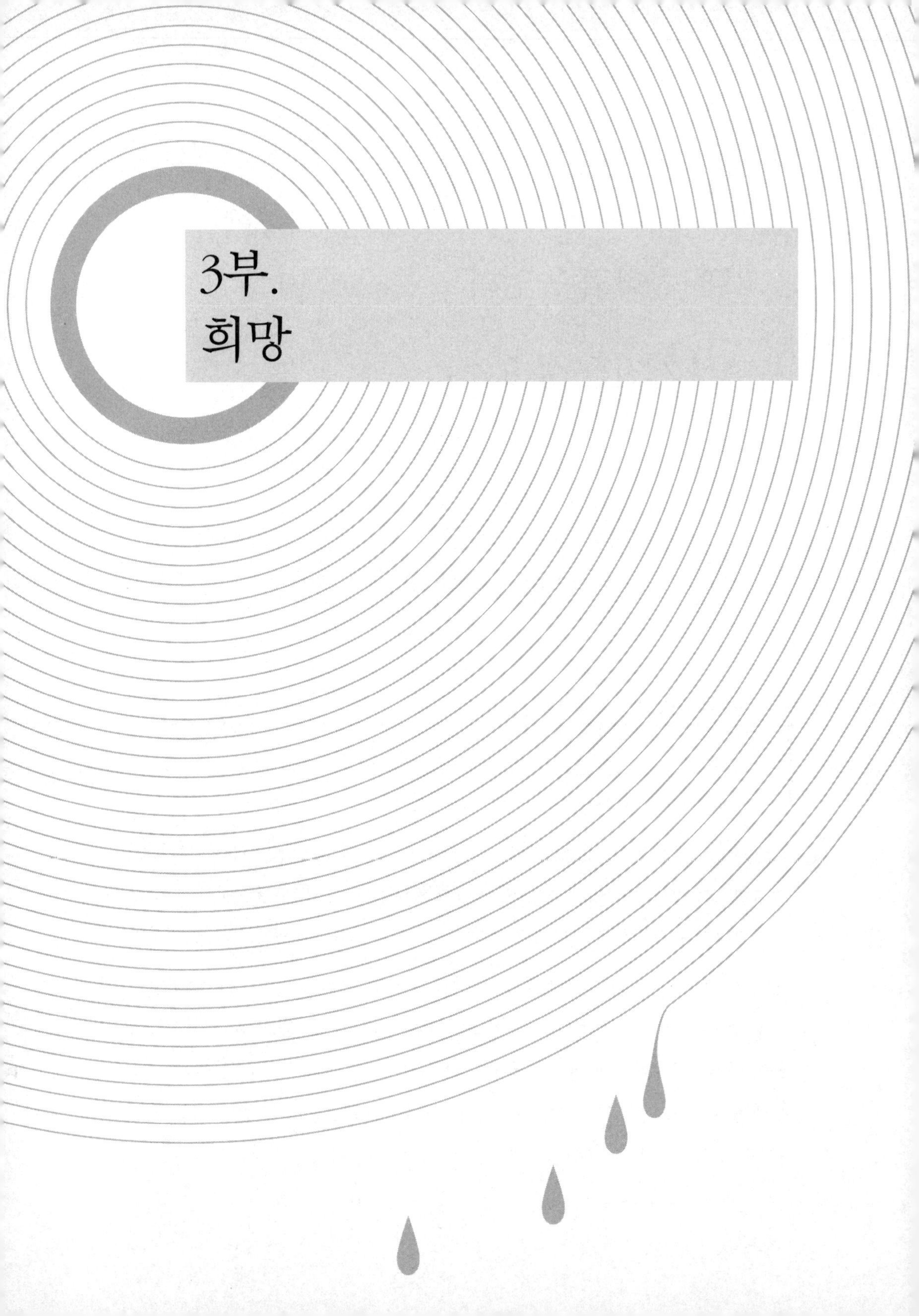

3부.
희망

6장.

기후 친화적 농업의

다섯 가지 구성 요소

자연에는 우리도 포함된다 (…) 우리는 자연 안에 있고 자연의 일부분이다.

(…) 자연이 번성하지 못하면 우리도 번성할 수 없다.

– 웬델 베리 *Wendell Berry*

'쿨한' 농장

마크 세퍼드Mark Shepard가 운영하는 106에이커 규모 농장은, 미국 농촌 풍경의 일부가 되어 버린 CAFO 처럼 보이지도 않고 그렇게 느껴지지도 않는다. 미국 동서부를 비행기로 왔다 갔다 하는 사람들이라면 1만 미터 상공에서 익히 보았을 거대한 농장처럼 보이지도 않는다. 위스콘신 주 키카푸밸리(매디슨에서 서쪽으로 130킬로미터 떨어져 있다)에 있는 '뉴포레스트 농장New Forest Farm' 을 찾아갔을 때, 세퍼드와 농업 훈련생 조지프 자르Joseph Zarr는 태양열로 돌아가는 사과주 제조장의 그늘진 현관 툇마루에서 시간을 보내고 있었다. 조지프는 야전침대에 대짜로 누워서 탈이 난 배를 달래는 중이었다. 세퍼드는 지난 밤 사건을 이야기하면서 조지프의 원기를 북돋워 주고 있었다. 지난 밤 사건이란, 새벽 4시에 돼지가 끽끽거리는 소리에 깨서는 바로 달려나가 코요테의 공격을 막아 낸 것을 말한다.

고물 렌터카에서 내가 내리자 개 한 마리가 멀리서 짖는다. 게으른 벌들 몇 마리가 돌아다닌다. 부드러운 여름의 열기 사이로 시원한 미풍이 분다. 세퍼드는 나를 맞으러 나오면서 농담을 한다. "옙! 오늘이 농장에서는 아주 험한 날이에요."

코요테와 대적하다니 엄청난 일처럼 들린다. 하지만 나는 곧 세퍼드의 말뜻을 이해했다. 그는 언제든 보통의 농민들이라면 대체로 참을 만한 수준보다 더 많은 코요테를 잡을 것이다. 세퍼드에게는 매주 (혹은 더 자주) 아픈 동물을 돌보러 오는 수의사가 없다. 연료를 때야 할 25만 달러 트랙터도 없고, 따라서 갚아야 할 빚 걱정도 없다. 미국 농촌 대부분에서 볼 수 있는, 광대한 면적에 옥수수와 대두가 일렬로 줄 서 있는 광경도 없다. 그런 농장은 '아벤지'나 '마크스멘' 같은 농약을 수 톤씩 뿌리는데 이런 농약은 접촉하면 매우 위험하기 때문에 아주 주의해서 사용해야 한다.

세퍼드의 농장은 모든 점에서 우리가 흔히 생각하는 현대 농업의 모습과 너무도 다르다. 뉴포레스트는 토양의 질을 떨어뜨리지 않고 토양의 건강을 회복시킨다. 유해한 온실가스를 방출하지 않고 이산화탄소를 대기 중에서 잡아 들여 건강한 토양과 우거진 식물에 저장한다. 상품작물을 재배하는 거대 농장들이 매년 수백만 달러씩 정부 보조금을 받는 것과 달리, 세퍼드는 한 푼도 받지 않는다. 그러고도 뉴포레스트는 수익을 낸다.

전력 생산은 화석연료에 의존하지 않고 농장의 모든 건물에 자체적인 발전 시설을 두어 해결한다. 새로운 건물은 새로운 에너지원이 된다. "건물 지을 때 태양광발전이나 풍력발전을 설치하면 다달이 지출이 나가는 게 아니라 자본 비용을 투자한 셈이 되는 거죠. 매달 전기요금이 나가는 대신 점차 금전적으로 이익이 되거든요."

세퍼드의 운영 방식은 식품을 먹는 사람도 만족시키지만(이곳 식품은 건강에 좋다), 기후의 측면에서도 합리적이다. 그리고 사업상으로도 합리적이다. 지구온난화로 기후가 점점 더 불안정해지는데, 세퍼드의 땅은 나쁜 환경에서도 더 잘 버틸 수 있기 때문이다.

세퍼드의 농장(그가 소유한 땅이 106에이커, 임대한 땅이 80에이커다)은 매년 먹거리를 수 톤씩 생산한다. 고추 반 톤, 아스파라거스 한 톤, 겨울 호박 7톤에서 10톤, 헤이즐넛 1톤 등등. 그리고 밤도 있다.(한두 해 뒤면 밤 9천 킬로그램을 수확하게 될 것이다.) 이 농장은 또한 1천 부셸의 사과로 사과주도 2천 갤런이나 생산한다. 여기까지는 비중 있는 것만 따진 것이고, 소소하게 생산되는 것들로는 쇠고기, 돼지고기, 곰보 버섯 등이 있다.

"히피들이 뒤뜰에 꾸민 작은 식물 낙원이 아니에요. 이곳은 영업 중인 농장이죠. 수백 에이커에 이르는 상업 농장이에요. 이것은 농업이죠." 세퍼드는 이렇게 강조했다.

이 '거꾸로 농장'과 세퍼드가 사회의 이탈자 같은가? 하지만 이런 식으로 현명하고 지속 가능한 농장을 일구는 사람은 세퍼드뿐만이 아니다. 세퍼드는 한국의 농촌에서부터 위스콘신 주의 계곡에 이르기까지 다양한 곳에서 농민운동과 시민운동에 참여하고 있는 사람들 중 한 명이다. 이들은 땅을 지키는 정신을 이어나가면서, 대안적 먹거리 체계가 있다는 사실을 증명해 준다. 식량도 안정적으로 공급해 주면서 그와 동시에 자연을 돌보고 기후변화를 완화하고 기후변화에 잘 견디는 먹거리 체계가 있다는 사실을 말이다.

웜프 월드

내가 도착하고 몇 분 뒤 세퍼드는 "『웜프 월드*The Wump World*』라고 들어 보셨어요?"라고 물었다. 못 들어 봤다고 하자 그는 파란색 미니밴 뒤에서 책 한 권을 꺼내서 보여 줬다. 차에는 헤이즐넛, 브로셔, 책 등이 가득했는데, 그는 막 어린이 대상의 토론 행사에서 돌아온 참이었다. 세퍼드는 이런 행사에 자주 참여하는데, 자신이 뉴포레스트에서 하고 있는 일과 웜프의 교훈에 대해 이야기하곤 한다.

디즈니 일러스트 작가가 그린 이 책에는 무성한 땅에서 살아가는 기니피그처럼 생긴 귀여운 동물 이야기가 나온다. 마흔여섯 살인 세퍼드는 짧은 금발머리 위로 야구모자를 눌러 쓰고 농장의 흙이 묻은 청바지를 입은 차림으로 책장을 넘겼다. 오염 행성의 외계인 '오염족'들이 웜프 월드에 도착해서, 자신들이 발견한 이 새로운 땅을 개발하겠다고 선언한다.

세퍼드는 페이지를 넘겨 가며 상세한 그림을 보여 주었다. 오염족이 말하는 개발이란 공장과 굴뚝과 고속도로와 고층 건물이다.

비꼬듯이 세퍼드가 말했다. "그래요, 아주 많이 개발되었지요."

이 책은 웜프 월드가 영화 〈월EWall-E〉에서와 비슷하게 완전히 망가진 뒤, 오염족들이 새 행성을 찾으러 떠나는 것으로 끝이 난다.

세퍼드는 고개를 들면서 "우리는 웜프 월드에 살고 있어요"라고 말했다.

뉴포레스트를 벗어나 길을 조금만 걸어 가 보면 우리는 그러한 '개발', 또는 소위 말하는 '진보'를 볼 수 있다. 줄줄이 서 있는 상품작물용 옥수수가 화학비료를 몇 톤씩 먹어 가며 자라고 있는 것이다. 이 옥수수는 사람이 먹는 옥수수와 똑같이 생겼지만 대부분은 사료나 고과당 옥수수 시럽이 된다. 이런 농장은 1960

년대 이래 미국의 표토 절반 이상을 유실시키는 데도 일조했다. 그리고 현재도 자연이 채워 줄 수 있는 속도보다 17배나 빠르게 귀중한 토양이 사라지게 만드는 데 일조한다.[1]

그런 옥수수 밭을 가리키면서 세퍼드는 물었다. "저게 진보인가요?"

세퍼드는 소위 '진보'를 매우 직접적으로 겪으며 자랐다. 세퍼드가 살던 매사추세츠 주 랜카스터는 내슈아 강이 흐르는 곳인데, 어린 시절에 세퍼드와 친구들은 알아 맞추기 게임을 즐겨 했다. 오늘 강은 무슨 색일까요?

"나는 유독 물질 하치장에서 자랐어요. 〈다우케미컬〉, 〈포스터그랜트Foster Grant〉, 〈듀폰〉 공장에서 나오는 폐수가 흘러오는 하류였지요." 세퍼드가 말했다. 화학물질 공장에서 나오는 오염 물질과 함께, 플라스틱 산업에서 나오는 유독 물질도 있었는데 이것들은 옆 동네에서 흘러들어 왔다.

"나는 그런 독성 물질이 이미 많은 피해를 끼치고 있다는 사실을 알았어요. 그리고 농업도 그런 오염원 중 하나였죠."

강이 붉게 변하는 것이 진보인가? 건강한 토양을 척박하게 만들고 (세퍼드의 말을 빌면) 생명 없는 먼지로 만드는 것이 진보인가? 식품 생산을 위해 우리의 기후를 바꾸어 버리는 것이 진보인가?

세퍼드는 그렇게 생각하지 않는다. 그는 새로운 의미의 진보를 일굴 수 있는 장소를 찾고자 했으며, 그런 노력에서 이 농장이 나왔다. 화학물질 집약적이 아니라 지식 집약적으로 농업에 접근해서 토양과 농장의 생태를 회복시키고, 지구의 기후변화를 치유하며, 험한 기후 조건 속에서도 더 잘 견딜 수 있는 농장 말이다. 뉴포레스트는 진정한 가치의 망을 따라 공동체(고객도 공동체의 일부다)와 연결돼 있는 농장이다. 전 세계적인 수익 망을 따라, 서로 단절되어 있는 중간 거래인들을 통해 영업을 하는 농장이 아니다.

기후 친화적 농경의 다섯 가지 구성 요소

요소1: 자연이라는 진짜 리더를 따른다.

요소2: 토양과 농장의 생태 건강을 회복시킨다.

요소3: 화석연료 없는 농장으로 지구의 기후를 치유한다.

요소4: 현재와 미래의 기후 충격에 잘 버틴다.

요소5: 지역공동체를 강화하고 지속 가능한 경제를 촉진한다.

요소1: 자연이라는 진짜 리더를 따른다

농장을 돌아보던 중에 우리는 한 언덕의 꼭대기에 올라갔다. 갑자기 눈앞에 떡갈나무, 사과나무, 밤나무, 옥매화, 시베리아 완두콩, 살구, 체리, 키위, 보리수, 멀베리, 블루베리, 들장미, 아스파라거스, 히커리넛 등이 어우러져 자라는 땅이 내려다 보였다. 우리는 이렇게 놀라운 생물 다양성을 갖춘 땅에 경의를 표하기 위해 잠시 멈추었다. 반 에이커 정도 되는 면적에 137종의 식용 가능한 식물이 있었다. 거기 서 있으니, 농장의 생명이 흥얼거리는 소리가 들렸다. 나는 비옥하고 유기물질이 풍부한 땅 속에 손을 깊이 넣어 보았다. 눈앞의 경관을 바라보면서, 전에는 이 땅들이 어땠을까 궁금해졌다. 이 땅에 단 한 종류의 식물(옥수수)만 존재하던 시절에 말이다. 지금은 그때 모습을 전혀 상상할 수가 없었다.

하지만 '상상'을 해야만 예전 모습을 떠올릴 수 있는 것은 아니다. 뉴포레스트 주변에 바로 그런 옥수수 밭이 있으니 말이다. 뉴포레스트 농장이 그 주변의 옥수수 밭과 얼마나 다르게 보이는지, 그리고 실제로도 얼마나 다른지에 대해 말했더니, 세퍼드는 내가 눈으로 보고 코로 냄새 맡고 손으로 느낀 그 모든 차이(벌 소리, 비옥한 땅, 높은 나무)가 불과 10여 년 사이에 일구어진 것이라고 알려 줬다.

세퍼드는 13년 전에 이 땅을 사들여 실험을 시작했다. 땅을 판 농민은 이 땅이 "쓸모 없는" 땅이라고 생각했다. 가파르고 굴곡이 있어 트랙터가 다닐 만한 대규모의 직사각형 밭을 만들기 어려웠기 때문이다.

현재의 농업 방식에 문제가 있다는 점을 깨달았을 때 우리가 빠지기 쉬운 함정이 있다. 이미 늦었다고, 회복시키려면 몇 세대가 흘러야 할 것이라고, 우리에게는 시간이 없다고, 지레 생각해 버리는 것이다. 하지만 꼭 늦은 것은 아니다. 나는 40년 동안이나 화학비료 농업으로 망가졌던 땅이 놀라운 속도로 회복되는 것을 이곳에서 보았다. 이는 배짱 있는 사내 한 명이 자연의 가르침을 따라야 한다는 농업 철학을 믿으면서, 자연을 통제하는 게 아니라 자연에서 배우고 자연의 천재성을 모방해 가며 자연과 함께 일하는 생태 모델을 도입해서 일군 결과였다.

"자연은 일직선으로 가지 않아요. 항상 중간으로 구불구불, 출렁거리면서 가죠." 언뜻 보기에는 계통 없어 보이는 자신의 농장을 설명하면서 세퍼드가 말했다. 바로 이런 출렁거림에서 일년생과 다년생 식물이 자연적으로 섞여 자라는 놀라운 생물 다양성이 생겨났다. 예를 들면, 일년생인 도토리호박과 고추가, 30년 살 수 있는 아스파라거스나 4천 년을 산다고 알려진 밤나무와 함께 자라고 있는 것이다.

세퍼드는 "농장과 숲을 별개로 생각하면 땅도 그에 따라 분리해 생각하게 되는 문제가 있다"고 설명했다. 하지만 농장을 통합적으로 보면 농장 운영도 통합적으로 할 수 있다. 그래서 뉴포레스트에는 나무와 관목과 꽃과 버섯이 함께 무성하다. 이는 농민 한 명이 땅의 요소요소에 가장 적합한 식물들을 심어서 만들어 낸 것이다. 세퍼드는 자신을 농부가 아니라 "개체군population 관리인"이라고 부르길 좋아한다. "모든 것이 균형을 이루도록 하는 사람이죠." 세퍼드의 직업(그는 자신의 일을 '직업'이라고 부르지는 않지만)은 자신의 농장에 살고 있는 모든 것들이 사이 좋게 잘 살아가도록 돕는 것이다.

세퍼드는 두 권의 책에 큰 영향을 받아 기후 친화적인 농업 방식을 택하게 되었다고 말한다. 하나는 1929년에 처음 나온 러셀 스미스Russell Smith의 『수목 작물: 영속적인 농업Tree Crops: Permanent Agriculture』이고, 다른 하나는 후쿠오카 마사노부의 『짚 한 오라기의 혁명』(영어 번역본The One-Straw Revolution은 1978년에 처음 나왔다)이다. "땅에 적합한 농사를 지어야 한다"는 게 스미스의 철학이다. 스미스는 대부분의 땅은 우리의 산업적 농업을 감당하지 못한다고 보았다. 산업적 방식으로 농사를 지으면 땅이 빠르게 고갈되고 땅에 저장된 탄소가 대기 중으로 방출된다. 스미스는, 세계 대부분의 지역에서 농업의 발달 과정은 숲에서 밭으로, 그리고 다시 사막으로 나아가는 일방향 전진이었다고 간단히 요약했다.[2]

후쿠오카는 자연 농경에 대한 깨달음을 얻기 전까지 요코하마의 세관 직원이었다. 후쿠오카의 철학은 "자연의 흐름"을 찾는 농업, "내버려 두는" 농업에 있었다. 그에 따르면, 산업화된 농업은 해로운 화학물질로 땅에 부담을 주지만 이런 농업은 산업화된 농업보다 걱정과 고통이 덜하다는 점이 특징이다. 후쿠오카와 세퍼드가 보기에, 이러한 농업 방식에는 영적인 측면이 있었다. 농업의 궁극적인 목적은 인간 영혼을 경작하는 일이다.

세퍼드는 자신이 어설프게 시도하면서 겪었던 시행착오와 그런 시도가 가진 한계를 통해서도 현재의 농업 방식에 대한 아이디어를 얻었다.

"내가 먹는 유기농 식품마저도 일년생 밭에서 자란다는 것을 알고서 환상이 깨졌어요. 매년 땅을 갈고 다시 심어야 한다는 건데, 이것은 생태적인 체계가 아니에요. 가장 좋은 유기농 농장이라 해도 겨울 피복작물*의 키가 10센티미터도 안 돼요. 이건 '완전하고 풍성하고 훼손되지 않은' 생태계라 할 수 없죠."

세퍼드가 발견한 해결책은 자연과 싸우기를 그만두고 자연과 함께 일하는 것이었다. 이 접근법이 성공하려면 무엇을 심을지를 처음에 잘 결정해야 했다. 그 장소에서 자연적으로 가장 잘 자랄 수 있는 작물을 심어야 하는 것이다. 그래서 세퍼드는 처음 몇 년 간 그 지역 생태를 연구했다. 현재 세퍼드는 참나무 사바나 생물군계인 이 지역에 자연적으로 잘 맞는 식물들을 되돌려 놓고 있다.

"여러 생물종이 가족을 이루어 살지요. 참나무, 밤나무, 너도밤나무, 사과, 헤이즐넛, 플럼, 체리, 구즈베리, 라즈베리, 포도, 풀……." 이러한 다양성은 세퍼드 농장의 상징이며 옥수수, 대두, 밀, 이 세 가지 작물만 있는 중서부 농촌 대부분의 모습과 다른 점이다.

이러한 농경 철학은 신뢰에 기반을 두고 있다. 자연이 스스로를 돌보게 하려면 자연을 믿어야 한다. 세퍼드의 농장에서 본 포도나무 덩굴이 그런 사례다. 세퍼드는 포도나무 덩굴용 격자 구조물을 만들기 위해 1에이커당 4만 달러가 넘는 돈을 들이기보다는(그 돈을 들여 만든 구조물도 시간이 지나면 낡아서 부서진다), 배나무를 포도덩굴이 타고 올라갈 구조물로 삼았다. 여기에는 또 다른 이점이 있는데, 두 가지 작물이 있는 땅에 가지치기를 한 번만 해도 되는 것이다.

생태계 관점으로 생각한다는 것은 그 지역의 독특한 특성이 주는 이점을 활용해서 식물들이 서로서로를 돕게 한다는 의미기도 하다. 예를 들면, 높이가 서

● 토양 침식을 막거나 토양을 개선하기 위해 겨울 동안 지면을 덮어 재배하는 작물이다. 주로 목초나 콩과 작물을 심는다. 옮긴이

로 다른 나무와 관목을 같이 심어서 함께 잘 자라게 하는 것이다. 스미스는 『수목 작물』에서 이를 "2층 농경"이라고 불렀다. 세퍼드는 2층 농경이 이루어지는 장소 한 군데를 보여 주었는데, 포도, 라즈베리, 보리수, 체리, 플럼이 함께 있었다. 또, 세퍼드는 사과나무가 있는 곳도 보여 주었는데 봄에는 여기서 곰보버섯이 자란다. 이 버섯은 사과나무를 아주 좋아한다.

세퍼드가 말했다. "누가 이것들을 심었나요? 누가 밭을 갈았나요? 누가 비료를 주었나요? 누가 잡초를 관리했나요? 누가 병충해를 관리했나요? 아무도 안 했어요." 그러니까, **사람이 한 일**은 아무것도 없다는 말이다.

그러면 대부분의 농장은 왜 이렇지 않은가?

농민들은 단일 작물을 줄지어 심는 것이 수확량을 관리할 수 있는 유일한 방법이라고 배웠다. 기계적으로 심고, 기계적으로 수확하고, 기계적으로 관리하려면 단일 작물이어야 한다는 것이다. 일단 산업화된 모델에 들어서고 나면 거기에서 꼼짝달싹 못하게 된다. 쳇바퀴에 올라 앉은 것이다. 후쿠오카에 따르면, "이런 방식이 필수 불가결한 것처럼 보이는 이유는, 자연적인 균형이 너무나 심하게 교란되었기 때문이다. (…) 산업화된 기술을 사용하면서 땅은 점점 더 그런 기술에 의존하게 되었다."[3]

세퍼드는 이렇게 설명했다. "두 종류의 관리법이 있어요. 하나는 구속복을 입혀서 통제하는 것이고, 다른 하나는 '계속해서 살살 잘 굴러가게 하는' 것이죠." 세퍼드의 방식은 전자가 아니다. 그리고 세퍼드가 가는 길은 자연이 만든 구불구불한 길이다. 이 방식은 말굽처럼 생긴 아스파라거스 두둑과 이리저리 방향을 틀어가며 심어 놓은 밤나무, 포도나무, 라즈베리, 엘더베리의 모습에서 잘 드러난다.

흔히들 이런 농법을 단순하거나 뒤쳐졌거나 비과학적이라고 잘못 생각하는

데, 이는 전혀 단순한 농업이 아니다. 농부이자 시인인 웬델 베리가『수목 작물』의 1987년판 서문에서 말했듯이, "산업화된 농업에서는 생산성을 높이기 위해 기계와 화학물질을 사용해 농사를 단순화하지만, (생태계를 회복시키는 농업은) 생물학적 패턴을 복잡하게 만들어 생산성을 높인다. (…) 이렇게 하려면, 정성과 지식과 솜씨가 필요하다."[4]

몇 년 전에 미주리 주 콜럼비아에서 단일 작물을 일렬로 심어 재배하는 농민을 만난 적이 있다. 어떻게 유전자 변형 옥수수를 기르기로 결정했는지, 자신의 집안이 어떻게 농사를 지어왔는지, 현재 그가 수천 에이커 규모의 땅에서 어떤 식으로 산업화된 농업을 운영하고 있는지 등에 대해 몇 시간 동안 이야기를 하고 나서, 그 농민은 당연하다는 듯이 이렇게 말했다.

"여기에서는 아마 **당신도** 농사를 지을 수 있을 거예요."

나는 그 말에 웃음이 터졌다. 도시에서 나고 자란 내가? 브루클린에서 10년을 산 내가? 나는 어림 없는 일일 거라고 말했다.

그러자 그가 대답했다. "달력 읽을 줄 아시죠? 그러면 된 거예요."

그는 작물을 심고 농약을 뿌리는 등의 농사 일정이 날씨나 땅이나 작물 상태에 따라서가 아니라 달력 날짜를 따라 이뤄진다고 말했다. 이것이야말로 단순성이다. 세퍼드와 함께 야생 들판과 같은 그의 농장에 있을 때는 볼 수 없던 단순성이다. 이런 농민들은 아마 기업이 제공하는 일정에 따라 농사를 지어야 더 안정적인 수확과 소득을 올릴 수 있을 거라고 생각했을 것이다. 하지만 농장들이 계속 문을 닫고, 유전자 변형 작물이 떠들썩한 약속에 훨씬 못 미치는 성과를 내는 것을 보면서, 자기 자신과 자연을 믿기 시작하는 농민이 앞으로는 더 많아질지도 모른다.

요소2: 토양과 농장의 생태 건강을 회복시킨다

내가 뉴포레스트를 방문하기 몇 주 전에, 수문학자 두 명이 뉴포레스트를 둘러보러 왔다. 그들은 자신이 보고 있는 것을 믿을 수 없어 했다. 세퍼드는 사과주 제조장에 전력을 댈 풍력 터빈을 설치하려고 3.5미터 깊이의 구덩이를 파는 중이었다. 구덩이를 파는 과정에서 토양이 층층이 드러났는데, 바로 이 토양을 보고 수문학자들이 놀란 것이었다. 흙이 짙은 붉은 색이었는데, 이는 토양에 산소가 있다는 증거였다.

왜 이게 놀랄 일이냐고? 전형적인 농장은 토양이 고갈되고 침식되고 굳어서, 어느 정도 밑으로 파내려 가면 산소가 없다. 산소가 없으면 생명도 없다.

건강한 토양은 건강한 농장의 기초다. 그리고 앞으로 설명하겠지만 토양이 건강하면 작물과 나아가 농장 전체가 기후변화의 충격에 더 잘 견딜 수 있다. 전세계적으로 토양은 살아 있는 식물보다 탄소를 두 배나 더 많이 저장하고 있다. 토양을 잘 유지하면 땅에 더 많은 탄소를 격리해 저장할 수 있기 때문에, 기후변화를 완화하는 데 큰 역할을 할 수 있다.[5]

풍력 터빈 구덩이를 구경하러 가는 길에 아무렇게나 자란 듯한 노란 전동싸리가 보였다. 이 식물이 기후변화를 해결하는 데 무슨 도움이 되겠냐고 생각할지도 모르지만 키 큰 나무들과 마찬가지로 전동싸리도 기후변화 완화에 일조한다. 이곳에서는 키 큰 나무와 전동싸리 같은 식물 모두가 다양한 수준에서 얼기설기 뿌리를 내리면서 땅속에 광대하고 깊고 영속적인 '뿌리망'을 형성한다. 비가 오면 표토가 침식되고 물과 흙이 그냥 쓸려 내려가는 게 아니라 뿌리들이 만들어 낸 작은 물길들로 빗물이 흡수된다. 표토가 손상되지 않고 남아 있기 때문에 토양의 탄소도 그대로 유지된다. 뿐만 아니라, 물을 저장한 토양은 가뭄이 닥쳤을 때 매우 유용하다. 결과적으로 농장은 극단적인 홍수나 가뭄, 어떤 위기에서도 더 잘 견딜 수 있고, 심지어 번성할 수 있다.

하지만 세퍼드의 산등성이에서 내려다 본 인근의 옥수수 밭은 땅에 저장돼 있던 탄소를 대기 중에 방출한다. 일년작 농장이 다 그렇듯이, 이 옥수수 밭은 매년 땅을 갈아엎기 때문에 토양 속의 유기물질도 더 빨리 분해된다. 세퍼드는 이렇게 설명했다. "주차장에 상추를 심을 수는 없잖아요. 잘 자라지 않을 테니까요." 그래서 산업적 농업을 하는 농민들은 씨앗을 심을 수 있는 상태로 만들기 위해 땅을 갈아엎는다. 하지만 땅을 갈아엎는 과정은 굉장히 파괴적이어서 토양이 저장하고 있던 탄소를 잃게 된다. 혹은, 땅을 갈아엎는 대신 제초제를 써서 잡초를 죽인다. 제초제로 잡초를 죽이든 땅을 갈아엎어 토양을 성기게 만들든 간에 비용이 많이 든다. 돈이 많이 든다는 의미에서도 그렇고, 기후에 미치는 비용이 크다는 점에서도 그렇다.

세퍼드는 땅을 갈아엎거나 약을 쓰는 대신 자연에 도움을 청했다. 뉴포레스트에서는 대부분의 일을 작물들이 한다. 예를 들면, 세퍼드는 중장비로 땅을 갈아엎는 대신, 수선화, 아이리스, 컴프리 등을 심어서 토양을 성기게 만든다.

세퍼드는 나더러 땅에 손을 대고 자신이 무슨 말을 하는 건지 **느껴보라고** 했다. 따뜻하고 잘 바스러지는 토양은 내 손으로도 쉽게 팔 수 있었다. 식물의 풍성한 뿌리망이 땅의 통기성을 좋게 하고 땅을 성기게 만든 것이다. 내가 보기에도 새 묘목에 알맞은 땅이 될 것 같았다. 세퍼드의 농장 전체에서 1년작이 자라는 부분은 겨우 4퍼센트며, 어느 시점을 보더라도 작물을 심기 위해 적극적으로 땅을 준비시키는 부분은 2퍼센트밖에 안 된다. 이 농장에서는 토양의 모든 면을 볼 수 있다. 그냥 검은 흙부터 일년작 재배용 흙, 다년생 풀을 위한 흙, 다년생 관목을 위한 흙, 그리고 키 큰 나무들을 위한 흙까지 말이다.

생물 다양성은 세퍼드의 수익에 또 다른 방식으로도 도움을 준다. 어떤 작물은 뿌리 채소로 자라고, 어떤 작물은 땅에서 낮게 자라며, 어떤 작물은 높이 자라고, 어떤 작물은 아주 키가 큰 나무로 자란다. 이처럼 작물이 다양하고 각기 다른 높이로 성장하기 때문에 한 곳에서 여러 작물을 거둘 수 있다. 섞어 심은 작물은 서로 다른 시기에 성장하므로 연중 현금소득을 올릴 수 있다. "다양한 식물들이 땅을 성기게 하는 역할도 해 주면서, 연중 세 번의 현금 소득도 올려 주죠."

기후 친화적 농경에서는 토양만 기후 회복에 기여하는 것이 아니다. 나무와 모든 다년생 식물도 매년 더 많은 탄소를 격리하면서 기후변화 완화에 큰 역할을 한다.

이제 위스콘신 주를 나와서 미국 전체를 살펴보자. 〈퓨 지구 기후변화 센터 Pew Center on Global Climate Change〉는 미국 농민들이 탄소를 더 많이 저장하고 온실가스 방출은 줄이는 몇 가지 지속 가능한 농법을 도입한다면 미국의 온실가스 방출이 5퍼센트에서 14퍼센트 가량 줄어들 것이라고 추정했다.[6]

그럼, 전 세계를 보자. 여러 연구에 따르면, 지속 가능한 농업은 토양에 아주 많은 탄소를 저장해 둘 수 있기 때문에 지구온난화 해결에 크게 기여할 수 있다.[7] 탄소 격리에 대한 장기 연구들을 토대로, 펜실베이니아의 〈로데일 연구소Rodale Institute〉는 지구상의 경작 가능한 땅 35억 에이커를 유기농 생산 방식으로 바꿀 경우, 많게는 현재 방출하는 탄소의 40퍼센트까지 격리할 수 있다고 추정했다. 물론 지구상의 모든 농경지가 유기농으로 바뀔 가능성은 거의 없지만, 어쨌든 40퍼센트라는 숫자는 지속 가능한 농경의 큰 잠재력을 보여 준다. 지구 위기를 막으려면 모든 방면의 노력을 동원해야 한다는 점을 생각할 때, 이는 무시할 수 없는 잠재력이다.

요소3: 화석연료 없는 농장으로 지구의 기후를 치유한다

세퍼드의 농장을 보니, 지속 가능한 농장이 산업화된 농장보다 화석연료를 훨씬 덜 사용한다는 사실을 알 수 있었다. 뉴포레스트에는 화석연료로 만드는 화학물질이 없다. 화석연료로 작동되는 관개 시스템도 거의 없다. 석유 먹는 트랙터도 없고 천연가스에 의존하는 합성 비료도 없다. 뉴포레스트를 보니 유기농 농장이 방출하는 단위 면적당 이산화탄소 양이 산업화된 농장이 방출하는 이산화탄소 양의 3분의 1에서 2분의 1에 불과하다는 연구 결과를 이해할 수 있었다.[8]

"수목 작물을 인간의 먹거리로 쓰고 그 사이에 있는 풀을 가축의 먹이로 쓴다면 화석연료 투입이 제로인 다년생 체계를 갖추게 되는 거죠. 그리고 판매를 할 수 있을 만큼의 에너지도 나오고요." 다년생 체계는 작물을 한 차례만 심으면 되기 때문에 에너지가 덜 필요하다. 그리고 잡초 관리는 작물을 심을 때만 해 주면 된다. 일단 뿌리가 자리를 잡으면 식물은 잡초가 있어도 알아서 잘 자라기 때문이다.

"풀 베기나 비료 주기는 동물들로 해결할 수 있어요."

이런 체계에서는 에너지가 크게 절약된다. "일단 자리가 잡히면 그 다음에는 식물을 많이 심을 필요가 없어요. 그냥 나오는 것을 거두기만 하면 되죠." 그리고, 나오는 것은 매우 많다. 호박이나 고추 같은 일년생 열매에서부터 식물이 썩어 분해될 때 거기서 자라는 버섯까지, 세퍼드는 식물의 생애 주기 내내 수확을 한다.

이런 농장의 운영에 희생이나 제약이 따르지 않는다는 점이 놀라웠다. 이곳은 '풍성한 농장'이었다. 나는 치솟은 밤나무에서, 무성한 베리 밭에서, 잘 자라는 포도덩굴에서 풍성함을 볼 수 있었다. 한 번은 내가 키가 아주 큰 나무 그늘 아래의 포도덩굴 근처에 서서 메모지에 뭔가를 적고 있었는데, 세퍼드가 메모지 한 장을 집어 들더니 이렇게 말했다.

"이 종이 보실래요? 펴서 내려 놓으면 이만한 면적이 태양에 노출되죠. 구부리면 갑자기 이만한 표면적이 생기게 돼요." 세퍼드는 종이를 접었다. 그리고 그는 우리 위의 나무들을 가리켰다. "자, 그늘을 좋아하는 식물이 있다면 이 나무 아래에 그 식물들의 공간을 만들어 줄 수 있지요."

전 세계적인 연구 결과도 내가 본 내용을 확인해 주었다. 에섹스 대학 연구자들은 57개국 286개 프로젝트, 농민 1,260만 명을 대상으로 지속 가능 농업에 대한 대규모 연구를 실시했는데, 연구 결과 지속 가능한 농업으로 전환하면 산출이 79퍼센트 증가하는 것으로 나타났다.[9] 옥수수, 감자, 콩 등, 몇 가지 작물은 100퍼센트 증가했다.[10] 이 연구의 한 저자는 이렇게 적었다. "땅을 많이 갈아엎지 않고 자연의 흐름을 이용해 해충을 통합적으로 통제하는 지속 가능한 농업은 농약 사용을 줄이고 탄소 격리를 증가시키는 효과도 있다." 또한, 이 연구는 지속 가능한 농업이 물도 덜 사용한다며, 개도국의 물 부족이 앞으로 더 심해지리라는 점을 생각할 때 이는 특히 중요한 효과라고 설명했다.[11]

선순환이 생겨나면서, 기후 친화적인 농경은 다시 생물 다양성을 증진시킨다. 유럽, 캐나다, 뉴질랜드, 미국에서 유기농 농업과 관행 농업을 비교한 연구에 따르면, 유기농 농업의 경우 생물 다양성이 "먹이사슬의 모든 단계에서" 증가했다. 조류, 포유류, 식물, 그리고 토양 속의 박테리아까지 말이다.[12] 미래의 기후 불안정성에 맞서려면 이러한 생물 다양성이 필수적이다.

뉴포레스트는 에너지 자급을 통해서도 지구의 기후 회복에 기여한다. 이곳에서는 자연에너지, 즉, 태양과 바람에서 에너지를 얻어 에너지 자급을 이룬다. 사과주 제조장은 풍력 터빈으로 돌아갈 것이다. 집에는 이미 태양열 패널을 설치해서 추운 위스콘신 주의 겨울을 날 수 있다. 또, 연료로 쓸 수 있는 작물도 키운다. 헤이즐넛이 그런 사례다. "헤이즐넛 알갱이는 영양 면에서 대두와 비슷한데, 무게당 세 배나 많은 기름이 있어요. 하지만 대두는 매년 심어야 하죠." 세퍼드는 이렇게 설명한다. "대두만큼 산출을 낼 수는 없지만 헤이즐넛 알갱이로는 에너지를 만들 수 있지요. 수확된 헤이즐넛 무게의 절반은 껍데기에서 나오는데 그 껍데기를 태우면 석탄만큼 뜨겁거든요."

요소4: 현재와 미래의 기후 충격에 잘 버틴다

홍수 피하기

내가 뉴 포레스트를 방문하기 불과 몇 주 전 중서부에 닥친 홍수로, 위스콘신 주는 피해를 복구하는 데 수백만 달러를 써야 하는 상황이었다. 여기 오는 길에, 나는 아직도 농사를 지을 곳이라기보다는 수영을 하기에 더 적합해 보이는 땅들을 보았다. 비바람이 너무 심해서 세퍼드의 농장에서도 1,350킬로그램이 나가는 연료 탱크가 뒤집혔다. 뉴포레스트 농장 인근의 옥수수 밭에는 급류로 땅이 깎여 나간 곳에 아직도 거대한 검은 도랑이 있었다.

나는 세퍼드의 작물이 어떻게 폭우를 견뎌 냈는지 물어보았다. "일년생이 자라는 4퍼센트의 땅은 피해가 심각했죠. 하지만 나머지는 괜찮았어요. 헤이즐넛은 멀쩡했고요. 필요한 물을 충분히 공급받아서 더 좋아하는 것 같았어요."

아무리 빨리 온실가스 방출을 줄인다 해도(그나마 우리가 당장 나서지 않는다면 '빨리' 줄일 수도 없을 것이다), 우리는 현재의 체계가 남겨 놓은 여파를 처리해야 한다. 현재 방출된 온실가스가 가져올 결과는 수십 년 간 계속될 것이다. 더 심한 가뭄이나 더 심한 홍수 같은 기후 혼돈이 닥칠 게 분명하다. 따라서 우리에게는 기후변화를 막아 주는 먹거리 체계만이 아니라, 기후변화에 잘 견디는 먹거리 체계도 필요하다. 세퍼드의 농장이 바로 그런 체계를 갖추고 있다.

어떻게 해서 인근 지역의 농업을 모조리 망쳐 버린 홍수의 재앙을 뉴포레스트는 피할 수 있었을까? 기록적인 폭우가 왔지만 (그 전 해에도 기록적인 폭우가 왔는데, 이번이 더 심했다) 세퍼드의 농장은 엄청난 강우량을 흡수할 수 있었다. 한 시간 동안 강우량이 30센티미터나 되었는데도, 물이 땅을 덮치고 지나간 흔적은 보이지 않았다.

세퍼드는 생태 농업적인 해결책으로 대비를 해 둔 상태였다.

첫째, 처음부터 애써서 육성해 놓은 건강한 토양이 매우 중요한 역할을 했다. 건강한 토양은 무엇인가? 세퍼드는 미생물, 균, 박테리아, 지렁이가 많아서 "숨쉬고 배설하는" 땅이 건강한 땅이라고 설명했다. 건강한 토양은 살아 있는 토양이다.

건강한 토양은 어디로 사라지지 않고 그 자리에 버티면서 매년 뿌리와 땅에 쌓인 낙엽에서 나오는 탄소를 저장한다. 낙엽은 토양의 모든 생명에 양분이 되어 준다. 이렇게 토양이 쌓여 가는 과정을 '매적 작용aggradation'이라고 하는데 기후 친화적인 농민은 매적 작용이 잘 이뤄지도록 신경을 쓴다. 시간이 지나면 땅은 두터워지고, 깊어지고, 비옥해지고, 다양해진다. 하지만 미국 대다수의 농장에서 벌어지는 일은 이와 반대다. 땅이 침식되는degradation 것이다.

건강한 토양에서 식물은 살 자랄 뿐만 아니라 충격에도 잘 버틴다. 건강한 토양은 물을 잘 흡수하기 때문에 홍수, 가뭄, 극단적인 기후 등에도 땅이 안정적으로 유지된다. 일본의 사례를 보면, 유난히 서늘했던 어느 여름에 화학약품을 쓰는 논은 완전히 흉작이 들었지만, 같은 지역에서도 지속 가능한 농업을 하는 농민들은 평년 수확량의 60퍼센트에서 80퍼센트 정도를 거둬들일 수 있었다.[13] 또, 〈로데일 연구소〉가 진행한 연구에 따르면, 가뭄이 든 해에 유기농 작물 산출이 일반 작물보다 35퍼센트에서 100퍼센트 많은 것으로 나타났다.[14]

둘째, 세퍼드는 땅에 지그재그로 물고랑을 만들어 두었다. 농장 전역에 15미터마다 생선 가시 모양으로 파놓은 이 고랑들은 합해서 많게는 물 50에이커피트*를 저장할 수 있다. 홍수가 오면 물이 고랑들을 통해 분산된다.

이에 비해, 산업화된 농장은 홍수 재앙을 앉아서 기다리고 있는 꼴이다. 전형적인 옥수수 농장의 경우, 1년에 8개월은 그냥 맨땅이다. 이런 땅은 비에도 씻겨 가고 바람에도 쓸려 간다. "2천 에이커가 있다고 칩시다. 젖었든 아니든 간에 언젠가는 작물을 수확해야 합니다." 수확 기계는 젖은 땅 위를 지나가면서 땅에서 공기를 빼내고 땅을 다진다. 또, 이런 옥수수 밭은 비가 퍼부으면 점토 입자가 지면에 쌓이는데 이것 또한 문제다. 해가 나오면 점토가 구워지기 때문이다.

"그러면 콘크리트처럼 단단해져요. 액체가 거의 스며들지 못하게 되는 거죠. 그래서 그 다음에 비가 올 때는 물이 그냥 쭉 흘러내려 가겠죠."

반면, 세퍼드의 농장은 폭우의 충격을 완화시킨다. 뉴포레스트에서는 비가 나무, 관목, 풀들을 타고 내리기 때문에 땅에 천천히 닿는다. 물이 땅에 닿을 무렵이 되면 "방울 방울 떨어지는 정도"가 된다.

건강한 토양은 빗물을 흡수하고, 지그재그로 파 놓은 물고랑에는 물이 찬다. 그러면 물고랑은 양서류들을 위한 작은 연못이 된다. 여기에서 또 하나의 선순환이 시작된다. 이 농장의 물을 좋아하는 벌레들이 아메리카두꺼비를 유인해 온 것

----

* 1에이커 면적에 15미터 깊이의 부피

이다.(아메리카두꺼비는 이런 벌레들을 잘 먹는다.) 알고 보니, 아메리카두꺼비는 자두바구미를 잡아먹는 유일한 천적이었다. 자두바구미는 긴 주둥이를 가진 풍뎅이의 일종으로, 특히 사과나무에 많은 해를 끼치는 해충이다. 세퍼드의 농장에도 자두바구미가 많았다. 홍수를 이겨 내면 해충도 이겨 낼 수 있다.

여기에 해충은 없어요

지구온난화가 농경에 미치는 영향을 우려하는 과학자들은 특히 해충을 많이 걱정한다. 열대지방을 눈앞에 그려 보라. 피나콜라다와 모래사장 말고 또 뭐가 보이는가? 덥고 습한 환경을 좋아하는 모기와 날벌레들이 보인다. 기후 과학자들은 기온이 올라가면서 이 벌레들이 온대 지방으로 몰려올 수 있다고 우려한다. 북쪽의 기후가 따뜻해지면서 이미 북쪽으로 이동하고 있는 벌레들도 있다.

그럼, 생태 농업은 화학 살충제도 쓰지 않으면서 어떻게 해충을 막아 내는가? 해답은 '관계'에 있다.

"기본적인 개체군 생태학이죠." 여기서 개체군은 벌레 개체군을 말한다. 세퍼드의 농장에는 윙윙대는 벌과 나비들, 그리고 해충의 천적인 벌레들이 많다. 우리 발 아래를 기어 다니는 딱정벌레와 쇠똥구리도 그런 벌레다. 역설적으로 보일 수도 있겠지만, 생태 농업적 해결책의 핵심은 천적 노릇을 해 주는 좋은 벌레가 땅에 충분히 존재하게 하고 그들의 먹이인 해충도 충분히 존재하게 하는 것이다.

넓적다리잎벌레를 예로 들어 보자. "화학약품을 쓰는 농부라면 이 벌레가 경제적 손실을 입힐 만한 수준으로 증가하자마자 약을 뿌리겠죠. 유기농 농부라면 유기농 농약을 사용할 거고요." 둘 중 어느 경우든 벌레의 다양성은 줄어든다.

"그보다는, 벌레 개체군이 자신의 규모를 스스로 조절하게 해야 해요." 처음에는 이 때문에 약간의 손실이 발생할 수도 있다. 하지만 미리 계획을 짜서 식물을 다양하게 심으면 해결할 수 있다. 그리고 그 이후에 벌어질 일은 기적과도 같다. 사실 그 기적은 자연의 자연스런 활동일 뿐이다. 죽음과 탄생의 순환을 거치면서, 농장에는 먹이를 찾아온 새로운 개체군들이 생기기 시작한다. 넓적다리잎벌레를 먹으러 새로운 벌레가 찾아오는 것이다. "시간이 지나면 개체군들의 종류와 규모는 안정적인 상태를 찾아 가죠."

여기에는 또 한 가지 운영 원칙이 있다. 작물에 대해 전체론적 관점에서 생각하고 소득에 대해 창조적으로 생각하라는 것이다. "모두가 사과는 유기농법으로 재배하기 힘들 거라고 했어요. 해충 때문에요. 그 말도 맞아요. 당신이 사과의 90퍼센트를 그림같이 완벽한 모양새로 수확하려고 한다면 말이지요. 이 근처 사과 과수원 중에는 모양새까지 따지는 품질 기준에 맞춰 사과를 재배하는 데 비용을 너무 많이 들이는 바람에 문을 닫게 된 곳들이 늘고 있어요." 하지만 사과 과수원은 다른 접근 방법으로도 운영할 수 있다.

세퍼드는 사과 과수원에서 사실상 해충 관리를 전혀 하지 않는다고 한다. 병균 관리도 안 하고 잡초 관리도 안 한다. 따라서 투입 요소 비용이 거의 없다. 아마도 A등급 사과는 10퍼센트에서 15퍼센트밖에 못 거둘 것이다. 하지만 그래도 수익이 난다. 어떻게? 나머지 과일들을 잘 활용하기 때문이다. 일부는 돼지에게 먹이는데, 목초를 먹여 키우고 사과로 마무리한 돼지는 곡물 사료로 키운 돼지보다 시장가격이 네 배에서 여섯 배 정도 더 높다. 또 그리 모양이 보기 좋지 않은 사과로는 주스나 사과주도 만든다. 생산된 사과는 이렇게 100퍼센트 활용하는데 투입 요소 비용은 거의 들어가지 않았기 때문에 이윤이 남는 것이다.

자연 세계가 다 알아서 잘 해 줄 것이라는 깊은 믿음과 우리가 모든 것을 통제할 수는 없으며 따라서 모든 것을 통제하려고 해서도 안 된다는 인식이 이 모든 과정의 근간이 된다. 후쿠오카는 이를 "환경이 자연적으로 균형을 찾을 수 있으며, 문제를 일으키는 잡초까지도 통제할 수 있다는 믿음"이라고 말했다.[15] 뉴에이지 사람들은 이것을 "우주를 믿는 것"이라고 부를지도 모르겠다. "생체 모방" 전문가인 재닌 베니우스Janine Benyus와 〈바이오니어스Bioneers〉 설립자인 케니 오수벨Kenny Ausubel 같은 생물학자라면 "자연의 작동이 주는 가르침"을 따르는 것이라고 부를 것이다.[16] 하지만 당신이 비싼 화학물질과 기계를 사기 위해 은행에 빚을 졌고, 주변에는 온통 산업화의 교의에 설득당한 사람뿐이며, 아슬아슬한 수익으로 살아가고 있어서 모험이나 위험을 감수하는 게 무모해 보이는 상황이라면, 불확실성을 받아들이기도 어렵고 신뢰를 갖기도 어려울 것이다. 다행히 세퍼드 같은 농민들이 점점 늘고 있다. 그들은 자연의 도움을 받아 지구를 시원하게 만들 수 있는 먹거리 체계를 운영하면서, 점점 더 많은 사람이 자연을 믿을 수 있도록 이끌어 준다.

농장의 삶

기후 친화적인 농장이 충격에 잘 버티려면 그 농장 농민의 삶의 질이 높아야 한다. 농민이 잘 살아갈 수 없다면 농장이 어떻게 잘 버틸 수 있겠는가? 세퍼드의 아들이 흙이 잔뜩 묻은 자전거를 타고 달려오는 것을 보면서, 그런 생각이 들었다.

열네 살인 에릭이 말했다. "아빠, 가라데 하러 언제 가요?"

친구 두 명을 언제 데리러 갈지에 대해 이야기를 나누고 나서 에릭은 자전거를 타고 고추 두둑이 있는 곳을 지나 밖으로 나갔다.

"나하고 그 애들하고는 이제 한 단계만 더 가면 검은띠가 돼요."

삶의 질이라는 주제는 부수적인 것으로 보일지도 모른다. 농장이 선사하는 이 모든 경이로운 생태 서비스에 뒤따르는 부가적인 이득이라고 말이다. 하지만 삶의 질은 생태 농업의 핵심이다. 『짚 한 오라기의 혁명』을 읽고 세퍼드의 말을 들으면서, 나는 생태 농업과 삶의 질은 별개 문제가 아니라는 사실을 이해할 수 있게 됐다. 후쿠오카는 이렇게 적었다. "나는 '일'이라는 말을 별로 안 좋아한다. 인간은 일을 해야만 하는 유일한 동물이다. 나는 이게 세상에서 가장 터무니없는 일이라고 생각한다."[17]

세퍼드도 후쿠오카의 이런 생각에 영향을 받았다. 나에게 돼지 네 마리를 보여 주면서, 세퍼드는 이 농장을 자신과 가족의 여가를 염두에 두고 만들었다며 한 가지 예를 들었다. 아침이면 세퍼드는 돼지를 보러 온다. 음식 찌꺼기를 가져다 주면서 돼지들의 상태가 좋은지 살펴본다. 그리고 달걀을 거두고, 오믈렛에 쓸 약간의 버섯도 거둔다. 그날 먹을 몇 가지 녹색 채소와 다른 먹거리들도 딴다.

"돼지를 먹이고, 쓰레기를 처리하고, 그날 먹을 것을 거두는 데 전부 다해서 15분이 걸렸어요." 아침 일과를 이야기하면서 세퍼드는 팔을 벌려 주변의 나무, 관목, 꽃을 아우르는 시늉을 했다. "이것들을 유지하고 관리하는 데 얼마나 많은 노력이 필요할 것 같나요? 우리는 전적으로 방치해도 되도록 작물을 골랐어요. 작물이 무성하지 않아도 우리는 상관 안 해요. 여기 있는 것들은 다 그게 생산적이고 해충 피해가 없기 때문에 여기 있는 것이거든요."

세퍼드의 농장살이 이야기를 들으면서 나는 미주리 주의 옥수수 농민이 했던 말이 생각났다. 그 농민은 유전자 변형 식품과 식품 체계의 집중화에 반대하는 입장이지만, 유전자 변형 옥수수를 키우는 것밖에는 선택의 여지가 없었다고 했다. 유전자 변형이 아닌 종자를 그 지역에서는 찾을 수가 없었다는 것이다. 동의하지 않는 작물을 키워야 하는데도 왜 농업을 계속하냐고 물었더니 그는 이렇게 말했다. "다른 방법이 없었어요. 농장을 포기하고 싶지 않았거든요. 아무도 이야기는 안 하지만, 농업에는 정서적인 무언가가 있어요. 농업은 내가 나의 가족을 위해 꾸리고자 하는 삶의 방식이에요." 정서적인 면을 수치화할 수는 없지만 그것은 지속 가능한 방식의 농경에서 핵심적인 부분이다.

6장을 집필하면서, 나는 세퍼드와 다시 연락을 했다. 세퍼드의 농장에 대해 친구에게 이야기했더니 친구가 너무 쉽고 너무 완벽해 보인다고 말했다고 세퍼드에게 전해 줬다. 그리고 어려운 점은 무엇이 있는지 물어 봤다. 세퍼드는 이렇게 설명했다. 새벽 5시에 일어나야 하고, 오후 2시까지는 축구장 두 개 만한 면적의 땅에서 아스파라거스를 자르고 묶어 구매자에게 운송할 수 있게 창고로 옮겨야 한다. 그 다음에는 고추 밭으로 가서 고추 모종 8,500개를 심는다. 열 네 시간 일하고 난 뒤에 저녁을 먹는다.

"나무 심어 봤어요? 나무 1천 그루 심어 봤어요? 손으로 하루에 1천 그루 심는 걸 몇 년 동안 계속 해 봤어요?" 세퍼드가 말했다. 너무 쉽다고? 자연과 함께 일한다고 해서 세퍼드가 일을 안 하는 건 아니다.

농장이 완벽해 보인다는 점에 대해서는, 이렇게 설명했다. 새가 나무에서 노래를 한다. 저물녘의 해가 녹색 잎에 비춘다. 그리고 세퍼드는 저녁식사를 상세하게 묘사했다. 사과주를 발라 구운 돼지고기(그가 풀과 헤이즐넛을 먹여 키운 돼지고기에 사과주 입힌 양파와 버섯, 그리고 버터를 듬뿍 넣어 요리한 것), 신선한 채소 샐러드와 구운 헤이즐넛 오일로 만든 홈메이드 사과 식초 드레싱, 집에서 만든 파르메산 치즈를 뿌린 아스파라거스 찜, 그리고 차가운 우유. 모두 인증받은 유기농 식품이고 대부분은 이곳, 그의 부엌 바로 옆의 땅에서 난 것이다.

이 모든 것은 환상일 뿐이라고, 세퍼드의 농장은 그저 특수한 사례일 뿐이라고 생각하는 사람도 있을 것이다. 단일 작물 경작지나 공장형 축산에 익숙한 우리에게는 뉴포레스트가 신기하게 보일지 모른다. 하지만 '진짜 식품' 생산에서는 자연적인 농업 체계가 부수적인 방식이 아니라 지구 전역에서 실제로 성행하고 있는 방식이라는 인식이 점점 퍼지고 있다. 그리고 그런 농경 방식이 우리를 구해 줄 것이라는 인식도 함께 퍼지고 있다.

자연적인 농업 체계가 더 풍부한 식품을 생산할 수 있고, 건강한 토양을 만들 수 있으며, 기후변화도 완화할 수 있음을 보여 주는 자료들이 속속 나오고 있다. 2008년 4월, 〈세계은행〉, 유엔, 민간 대표자, 비정부기구, 과학 연구소 등은 「발전을 위한 농업 지식, 과학, 기술에 대한 국제 평가(International Assessment of Agricultural Knowledge, Science, and Technology for Development, IAASTD)」(이름이 길어서 죄송)를 내놓았다. IAASTD는 4년간 400명 이상의 저자와 동료 평가자들이 진행한 연구와 분석을 바탕으로 전 세계 농경을 평가한 것으로, 아마 이 분야에서 가장 믿을 만한 자료일 것이다.

IAASTD는 생태 농업과 소규모 농업이 큰 이점을 가지며, 가축, 삼림, 수자원을 지속 가능하게 관리하는 것이 중요하다고 강조했다. 또 "농업 화학물질을 생물 기반의 물질로 대체"하고 "농업 분야가 화석연료 의존도를 줄이는" 방향으로 변화해야 한다고 촉구한다.[18] 〈그린피스〉는, IAASTD의 결론이 "파괴적인 화학물질에 의존하고 단일 작물을 심는 산업화된 농업에서 크게 벗어나야 한다는 의미"라고 설명했다.[19] 〈농약 행동 네트워크〉는 IAASTD의 결론을 이렇게 요약했다. "자원을 마구 추출하는 산업적 농업은 위험하며 지속 가능하지 않다."[20] 또, IAASTD 발표가 나올 무렵, 시민 단체들은 IAASTD가 "산업화된 농경의 실패에 대해 합리적인 설명을 하고 있으며", "새로운 농업 시대"의 시작을 예고하고 있다고 언급했다.[21]

세퍼드의 농장은 그 새로운 시대를 상징적으로 보여 준다. 물론 기후 친화적인 농장이 다 세퍼드의 농장과 비슷하지는 않을 것이다. 해당 지역의 특성과 필요에 맞게, 그리고 지역의 문화와 입맛에 맞게 발달해야 하는 것이 기후 친화적 농업의 핵심이니 말이다. 여기에서 설명한 다섯 가지 요소는 어디에나 적용되는 큰 틀의 원칙이고, 지역마다 각각의 특수성을 가질 것이다.

장기적인 시각

농장 산등성이에 올라가서 세퍼드는 '곰돌이 푸'의 집을 보여 줬다. 사실 아직은 집의 모양새가 아니라 묘목들을 원 모양으로 심어 놓은 상태일 뿐이었다. 하지만 세퍼드는 30년 뒤에는 그 묘목들이 크고 굵은 나무로 자랄 것이고, 충분히 넓기 때문에, 약간만 손질하면 살아 있는 나무로 만든 집이 될 것이라고 장담했다.

"농장에 아이들이 놀러 오면 거기 들어가서 놀 수 있겠죠. 2단 침대와 꿀단지도 갖다 놓을 거예요."

자라나고 있는 이 나무집의 가운데에는 포플러 나무 두 그루를 심었다. "사다리가 될 거예요. 아이들이 이걸 타고 2단 침대로 올라갈 수 있게요."

대부분의 현대인에게 30년을 내다보는 세퍼드의 시각은 생소해 보일 것이다. 30년이라고? 현대인들은 당장 결과를 보고 싶어한다. 하지만 세퍼드는 농장을 자기 원칙대로 운영하려면 장기적인 시각이 필요하다고 강조했다. 역설적으로 들릴 수도 있겠지만, 세퍼드의 농장에서 자연이 매우 빠르게 재생되는 것은 그가 매우 긴 시각을 가지고 있기 때문에 가능한 일이다. 수목 작물은 심어서 무언가를 얻기까지 수십 년을 기다려야 한다. 그리고 그 기간 동안 벌어질 자연의 전환을 믿어야 한다.

불행히도 우리는 "8분 복근 운동"과 "5주 안에 가장 아름다운 사이즈로 만들어 주는 다이어트"의 세계에 살고 있다. 30년 뒤에 돌아오는 소득이라고? 우리의 시간 관념에서 보면 이건 아주 끔찍한 일이다. 일반적인 기업은 다음 분기의 수익보다 더 미래의 일은 생각할 수 없을 것이다. (현대 먹거리 체계의 많은 부분을 기업이 이끌고 있다는 것을 생각하면, 우리가 지금 큰 문제에 처한 것도 놀랄 일은 아니다.)

하지만, 기후 친화적인 농업에는 긴 안목이 필수적이다. 긴 안목은 지속 가능성의 핵심이다. 자주 회자되는 이야기고 이미 진부해져 버린 말인지도 모르지만, "이로쿼이 원주민 동맹의 대원칙Great Law of the Iroquois"은 이렇게 말하고 있다. "어떤 문제에 대해 논의하든 우리는 우리 아래 일곱 세대에 미칠 영향을 고려해야 한다."

임신을 하고 나니, 뒤에 올 세대들을 생각해야 한다는 말이 실감났다. 환경의 지속 가능성에 대한 모든 추상적인 말들이, 환경과 식품에 있는 모든 독성 물질에 대한 말들이, 지구와 인류의 미래에 대한 말들이, 이제 더 이상 추상적인 것이 아니었다. 내 몸 속의 아이를 느낄 때, 이 모든 것은 나에게 현실적인 문제가 되었다. 33주째에 뱃속의 딸은 이미 손가락과 발톱과 폐와 네 개의 심방심실이 있는 심장을 갖고 있었다. 그리고, 나중에 내놓을 난자를 자기 안에 이미 가지고 있었다. 그러니까 내 뱃속에는 내 손주의 씨앗까지 있었던 것이다. 내 할머니의 몸 속에 내가 태어날 씨앗이 있었듯이 말이다. 이건 은유가 아니라 생물학이다.

요소5: 지역공동체를 강화하고 지속 가능한 경제를 촉진한다

친환경적으로 규모를 키우기

장기적인 관점은 세퍼드식 농업의 핵심 요소 중 하나다. 그런데 장기적인 관점에는 그에 맞는 종류의 사업 방식도 필요하다. 이를테면, 다음 분기 수익에만 집착하면서 즉각적인 이윤을 추구하는 사업 방식에는 장기적인 관점이라는 철학을 적용할 수 없을 것이다.

바로 이 점에서, 세퍼드가 참여하고 있는 유통 네트워크 〈오가닉밸리Organic Valley〉 농민 협동조합이 하나의 가능성을 보여 준다. 농사를 시작한 1995년부터 세퍼드는 〈오가닉밸리〉를 통해 생산품을 판매했다. 〈오가닉밸리〉 협동조합은 1988년에 설립되어 현재 1천 명이 넘는 농민과 회원을 보유하고 있으며, 200명이 농산품을 생산하고 있다.

〈오가닉밸리〉를 통해 세퍼드는 농장 운영을 지속할 수 있는 현금 소득을 올린다. 〈오가닉밸리〉의 또 다른 장점은 세퍼드가 자기 방식대로 농사를 지을 수 있도록 내버려 둔다는 점이다.

"다른 구매업자와도 계약은 할 수 있었겠지만, 그러려면 하나의 작물을 큰 규모로 키워야 했을 거예요." 〈오가닉밸리〉의 마술은, 수십 명의 생산자가 각자의 생산물을 한데 모으기 때문에 각기 다양하게 농사를 짓는 소규모 농민들도 큰 시장을 가질 수 있게 해 준다는 점이다. 〈오가닉밸리〉는 세퍼드 같은 농민들을 서로서로 연결해 시장 규모를 키운다.

이런 목적을 달성하려는 노력의 일환으로 〈오가닉밸리〉는 2007년에 위스콘신 주의 캐시톤에 새로운 처리 시설을 열었다. 〈오가닉밸리〉는 이 시설을 주요 유통 센터로 이용하는데, 많은 생산품이 소매 매장으로 가기 전에 이곳을 거친다. "규모가 '데스 스타Death Star' 만큼 엄청나요."

〈오가닉밸리〉와 세퍼드의 관계는 일반적인 유통 업체와 거기에 납품하는 농민의 관계와는 매우 다르다. 〈오가닉밸리〉에서는 농민들이 주도권을 가지고 있으며 중요한 사안에 대해 농민들이 논의를 거쳐 직접 결정을 내린다. "확장할 것인가", "가격을 얼마나 매길 것인가"와 같은 사안뿐 아니라 품질 기준 같은 내부 운영 정책도 농민 스스로 정한다.

"복잡하죠. 하지만 이게 민주주의에요. 나는 이것이 민주주의가 작동하는 방식이라고 생각해요."

농장을 거의 다 둘러 보았을 때 세퍼드는 1993년에 나온『내셔널 지오그래픽』을 보여 주었다. 태양에 바래고 세월의 흔적이 남아 있는 이 잡지는 그의 고향 마을에 대한 기사를 싣고 있었다. 오염 물질로 강물 색이 변하던 곳 말이다.

세퍼드는 잡지를 넘기면서 두 페이지에 걸쳐 나온 컬러 사진을 보여 주었다. 한 사진은 빨간색 강물이 거품을 내면서 낡은 벽돌 공장을 지나가는 사진이었다. 다른 하나는 몇 년 뒤에 같은 장소를 다시 찍은 것이었는데, 큰 차이가 있었다. 강이 맑았다.

이 사진이 주는 교훈은 세퍼드의 농장이 날마다 그에게 주는 교훈과 같다.

"우리는 되돌릴 수 있어요. 그것도 생각보다 빨리요. (…) 바로 어제 아내와 나는 작은 연못에서 무언가를 발견했어요. 이전에는 없던 오리들이 농장에 들어와 있더군요."

견학을 마치고 세퍼드의 농장을 나와서 3천여 에이커 정도의 화학물질 농장을 지나 667명이 사는 작은 마을 비올라(위스콘신 주)로 돌아왔다. 오는 길에, 나는 되살아난 강과 되살아난 밭에 대해 생각했고, 건강과 풍성함, 재생 가능한 삶으로 우리를 이끌어 주는 자연의 힘에 대해 생각했다. 나는 자연이 우리 편이라는 생각에 마음이 들떠 있다. 자연이 우리와 한 팀이라는 것을 우리가 잊지만 않는다면, 자연은 우리 편이다.

기후 압박적 농업과 기후 친화적 농업 비교

기후 압박적 농업	기후 친화적 농업
자연의 순환을 교란한다.(폐기물을 만들어 낸다.)	자연의 순환에서 이익을 얻는다.('폐기물'은 체계 안에서 순환하면서 재사용된다)
장소의 특성을 무시한다.	장소의 특성이 중요하다
투입 요소 집약적이다.(화석연료를 기초로 한 농약, 제초제, 비료 등에 의존한다.)	지식 집약적이다.(자연적인 특성을 파악해서 비옥도, 해충 관리, 잡초 관리가 자연적으로 이뤄지게 한다.)
이산화탄소를 배출한다.	탄소를 토양에 저장한다.
화석연료에 의존한다.	자연에너지에 의존한다.

7장.

비판자들에 대한 답변

먹거리의 미래에 대한 여섯 가지 그릇된 신화

1. 불가피성의 신화

   산업적 농업만이 현실적인 길이다.

2. 잘못된 상충 관계의 신화

   삼림과 지속 가능 농업 사이에서 반드시 하나만 선택해야 한다.

3. 빈곤의 신화

   기후 친화적인 농업으로는 가난으로 고통 받는 사람들을 도울 수 없다.

4. 성장 우선의 신화

   환경에 대해 생각이라도 할 수 있게 되려면 먼저 성장을 해야 한다.

5. 기아의 신화(8장 참고)

   지속 가능 농업으로는 세계의 모든 사람들을 충분히 먹이지 못한다.

6. 테크놀로지의 신화(9장 참고)

   기후변화에서 우리를 구하려면 유전자 변형 공학이 필요하다.

불가피성의 신화

말리의 바마코 공항을 나서면 텁텁하고 더운 먼지바람이 당신을 맞이한다. 이 먼지바람은 나무 타는 냄새, 고무 타는 냄새, 그리고 활주로를 누비며 당신의 도착을 준비하느라 뛰어다닌 노동자들의 땀냄새를 실어 나른다.

2007년 2월의 어느 더운 밤, 우리가 탄 파리발 비행기가 말리에 도착한 시간은 9시였다. 승객 중에는 귀국하는 말리 사람이나 원조 단체 직원들처럼 말리 공항에서 흔히 볼 수 있는 사람들도 있었지만 평소에는 볼 수 없는 사람들도 수십 명이 있었다. 인도네시아, 이란, 루이지애나, 모잠비크 등지에서 온 소규모 식품 생산자들이었다. 이들은 말리의 수도(수도라고 하기엔 마을같긴 하지만)에서 20킬로미터쯤 떨어진 곳에서 열릴 국제 농민운동 〈비아 캄페시나La Via Campesina〉 컨퍼런스에 참석하러 온 600여 명 중 일부였다.

"지구 친화적인 농업이 지구온난화는 완화할 수 있을지도 모르지만, 그렇더라도 산업화된 농업은 불가피하다"는 주장을 우리는 흔히 듣는다. 1980년대에 마가렛 대처가 우리에게 주입시킨 "대안은 없다" 식의 논리에서 보면 화석연료에 의존해 단일 작물을 재배하는 것이 배고픈 지구를 먹이는 유일한 방법이다. (당시 대처는 민주주의와 거리가 먼 기업 자본주의의 행진을 받아들여야 한다는 의미에서 이런 논리를 폈다.) 그리고 그러한 먹거리 체계가 유일하게 현실적인 경로인 것처럼 보이기 때문에 이 논리는 매우 설득력 있게 들린다. 게다가 산업화된 먹거리와 농경이 실제로 확산되는 것을 보면, 우리는 이러한 먹거리 체계가 거스를 수 없는 운명처럼 불가피한 일이라고 생각하게 된다.

하지만 말리에서 내가 만난 사람들은 그런 흔한 논리에 맞서는 살아 있는 증거 같았다. 말리에 모인 사람들을 포함해 〈비아 캄페시나〉에 속한 모든 사람들[*]은 이러한 불가피성의 논리를 받아들이지 않을 것이다. 이들은 농민의 힘을 믿으며, 소규모 농업이 기후변화를 완화할 수 있다고 믿는다. 자신들이 바로 그렇게 살고 있기 때문이다. 이 운동의 입장은 간단하지만 심오한 하나의 구호로 요약할 수 있다. "소규모 농민들은 지구를 먹일 수 있고 지구를 식힐 수 있다."

공항에서 비자 수속이 끝나기를 기다리느라 몇 시간을 보내고 나서(출입국 직원들이 한꺼번에 많은 사람의 입국을 처리하는데 익숙하지 않아 수속이 늦어졌다), 우리는 버스에 빽빽하게 올라 타고 비포장길을 달려 닷새 간의 컨퍼런스가 열리는 장소로 갔다. 긴 버스 여행 동안 (중간에 한 시간 반 동안 안전 관련 도로 통제 때문에 멈춰야 했다) 후텁지근한 공기 속에 수십 개의 언어가 섞여서 들렸다. 어둠 속에서, 나는 전 세계 식품 생산자들이 분투하고 있는 어려움, 그리고 그들의 오뚝이 같은 회복력에 대해 들었다. 루이지애나 주에서 온 새우잡이 마가렛 큐롤은 자기네 지역 경제가 중국의 공장형 양식장에서 들어오는 대하 때문에 망가졌다고 했다. 인도네시아 팀의 통역자인 모하마드 이크완은 자신의 동네에 팜유 플랜테이션이 확장되면서 지역공동체가 무너진 과정에 대해 말해 줬다. 나이지리아 〈중소 농민 연합〉에서 온 M.O. 아리그베데는 나중에 나에게 〈몬산토〉 측 사람들이 유전자 변형 농산물을 나이지리아에 들이 밀기 위해 어떻게 과대 광고를 하는지에 대해 이야기해 주었다.

우리는 또한 이제 아무도 농사를 짓고 싶어하지 않아서 농민이 거의 남지 않았기 때문에 농업의 산업화는 더더욱 불가피하다는 이야기도 자주 듣는다. 미국에서는 지난 100년간 농민 숫자가 크게 줄었다. 1900년에 농업 인구는 전체 인구

---

[*] 〈비아 캄페시나〉는 관련 단체 통틀어 전 세계 2억 명의 회원을 두고 있는 것으로 추정된다.[1]

의 41.9퍼센트였는데, 1950년에는 15.3퍼센트로 줄었고, 2000년에는 2퍼센트 미만이 되었다.[2] 하지만 세계에는 여전히 인구 중 많은 비율이 농민인 나라가 많다. 전 세계적으로는 경제활동 인구의 거의 절반이, 그리고 아시아와 아프리카에서는 열 명 중 여섯 명이 먹거리 생산과 농경에 종사하며 살아간다.[3] 개발도상국의 많은 소규모 농민과 공식 통계에 잡히지 않는 식품 생산자들, 비공식 시장에서 판매하는 텃밭 생산자들 등을 포함하면 농업 인구는 더 많을 것이다.

내가 말리에서 만난 성공적인 식품 생산자들은 자신이 구시대의 인물이라고 생각하지 않는다. 이란의 목축업자에게, 모잠비크의 여성 농민에게, 스페인 바스크 지방에서 온 치즈 생산자에게, 농사를 계속 짓기를 원하느냐고 물어보라. 그들은 이 질문이 무슨 뜻인지도 이해하지 못할 것이다. 이들에게 농업은 선택이 아니라 삶의 방식이다.

2008년에 〈비아 캄페시나〉 회원들에게 들은 말은 2000년에 폴란드에서 소규모 농업 지지자인 마레크 크리다Marek Kryda에게 들었던 말과 비슷했다. 그때 크리다는 폴란드 농민들의 생명력을 이렇게 강조했다. "여기 폴란드에서, 우리는 농민이에요. 내가 농민일 때 내 아들도 농민이고 내 손자도 농민이에요. 농민들에게는 이것이 정체성이죠. 저들은 우리더러 농사지어 먹고 살기 힘들면 트럭 운전사나 뭐 다른 것이 되라고 말하지만, 농사가 우리의 정체성일 때는 그럴 수 있는 문제가 아니에요. 농사는 우리가 누구인지를 말해 주는 것이거든요."

폴란드 농민들이 〈스미스필드〉가 잠식해 들어오는 것에 맞서서도 버틸 수

----

* 인구가 가장 많은 두 나라인 중국과 인도가 세계 농업 인구의 50퍼센트 이상을 차지한다.(Louis A. Ferlerger, "A World of Farmers, but Not a Farmer's World," *Journal of the Historical Society*, Winter 2002)

있는 요인이 무엇이라고 생각하는지 물었더니 크리다는 이렇게 대답했다. "폴란드의 식품 생산자들은 스탈린과 히틀러도 겪고 버텼어요. (…) 그들은 〈스미스필드〉도 겪고 버텨 낼 거예요." 우리는 '농민'이라는 말을 들으면 거의 자동적으로 16세기의 농촌 풍경을 떠올리거나 농민을 가난과 연결시킨다. 하지만 이제 우리는 농민이라는 말을 들으면 우리와 지구에 좋은 것이 무엇인지를 생각하는 혁신적인 식품 생산자를 떠올려야 할 것이다.

산업화된 농경이 불가피하다는 주장에 따라붙는 또 다른 주장이 있다. 기후 문제도 완화하면서 전 세계 인구를 먹일 수 있을 정도의 규모로 지속 가능한 농업을 운영하는 것은 현실적으로 불가능하다는 주장이다. 기아에 대한 공포를 조장하는 신화에 대해서는 뒤에서 더 자세히 알아보기로 하고, 여기에서는 무엇이 '현실적으로 가능한 것인지'를 짚고 넘어가도록 하자.

화석연료에 중독된 먹거리 체계에 의존하는 것이 정말로 현실적인 것인가? 현재의 태양에서 에너지를 얻는 먹거리 체계가 가능한데도 고대의 태양에서 나오는 에너지(석탄, 석유, 천연가스 등 우리가 빠르게 고갈시켜가고 있는 것들)에 전적으로 의존하는 먹거리 체계를 만드는 것이 현실적인 것인가?

우리는 이 '현실성 주장'을 거꾸로 뒤집을 수 있다. 정말로 순진하고 전적으로 비현실적인 생각은, 기업이 지배하는 산업적 먹거리 체계를 계속 운영해도 우리가 앞으로 지구에서 잘 살아나갈 수 있다는 생각이다. 산업적 농경이 미치는 영향의 예를 아주 조금만 들어보아도 섬뜩한 사례가 줄줄이 나오는 마당에 말이다. 이를테면, 미국에서는 자연적으로 다시 채울 수 있는 속도보다 17배나 빠르게 표토가 유실되고 있으며, 세계적으로 300만 명이 넘는 사람들이 농약에 중독되어 있고, 25만 명 이상이 매년 이러한 중독으로 사망하며, 농화학물질 유출로 생긴 데드존이 전 세계에 405곳이나 된다.[4] 또, 산업화된 먹거리 체계는 기후 위기의 중요한 요인이기도 하다. 요컨대, 현재의 지배적인 먹거리 체계는 그것이 제공한다고 주장하는 건강과 풍성함을 사실상 갉아먹고 있다.

자, 이제 당신이 내 말에 설득되었다고 치자. 현재의 먹거리 체계는 불가피한 것이 **아니라고** 말이다. 하지만 우리는 불가피성 신화의 마지막 부분도 논박해야 한다. 다른 길을 가기에는 너무 늦었기 때문에 산업화된 체계는 기정 사실이나 마찬가지라는 주장에 맞서야 하는 것이다. 이미 어쩔 수 없다는 이런 주장은 유전자 변형 작물 업계가 많이 이야기하는 논리다. 농업 생명공학은 이미 너무 멀리, 너무 빨리 퍼져서, 되돌아갈 수는 없다고 말이다.

〈미국 영양 학회American Dietetic Association〉가 유전자 변형 공학에 대한 입장을 밝힌 논문을 읽으면 바로 이런 인상을 받게 된다. "세계 인구의 절반 이상은 유전자 변형 작물이 공식적으로 승인되어 재배되고 있는 나라에 살고 있다."[5] 이런 말은 유전자 변형 작물이 도처에 있다는 느낌을 주지만 사실 유전자 변형 작물의 92퍼센트는 미국, 캐나다, 아르헨티나, 브라질, 인도, 이 다섯 개 나라에서 재배되고 있다.[6] 미국 한 나라에만 세계 유전자 변형 작물 경작지의 절반이 있다.[7] 유전자 변형 작물의 재배 면적이 12만 에이커 이상인 나라는 미국 포함 열 네 개 국가뿐이다. 12만 에이커는 작은 섬나라 팔라우만한 크기다.[8] 이는, 숫자 자체는 사실일지라도 현상을 오도할 수 있음을 보여 준다. 최근에 상업적 유전자 변형 작물 허용한 중국과 인도에 워낙 인구가 많기 때문에 숫자상으로는 "세계 인구의 절반"이 유전자 변형 작물 재배 국가에 산다는 말이 맞는다. 하지만 이 보고서는 중국 본토 경작지 중 유전자 변형 작물이 재배되는 곳은 겨우 3퍼센트라는 사실은 이야기하지 않았다.[9]

유전자 변형 작물이 확산되고 있는 것은 사실이다. 하지만 아직 지구를 다 뒤덮지는 않았다. 산업화된 농경과 집약적인 축산이 확산되고 있는 것도 사실이다. 하지만 우리는 너무 늦기 전에 이것을 바꿀 수 있다. 산업화된 농업에 저항하는 움직임이 세계 각지에서 일어나고 있으며, 지속 가능한 농업 공동체가 곳곳에서 생겨나거나 혹은 '다시' 생겨나고 있다. 이 글을 쓰면서 나는 말리에서 만난 농부들과 〈국제 유기농 운동 연맹(International Federation of Organic Agriculture Movements, IFOAM)〉이 개최한 "2008년 유기농 세계 대회"에서 만난 수천 명의 사람들을 생각했다. 산업화된 먹거리의 세계 수도라 할 수 있는 미국에서도 유기농 농민이 급증하고 있음을 보여 주는 미 농무부의 통계도 떠올랐다.[10]

나는 순진한 체하는 사람이 아니다. 현재 글로벌 기업의 이해관계가 추동하는 경제 논리는 반생태적인 농업의 산업화를 계속해서 밀어붙이고 있다. 거대 기업들은 정치적인 입지를 활용해 각종 지원을 타내면서, 우리를 더욱 파괴적인 경로로 몰아가는 무역 정책을 보장받아 왔고, 우리 시민들은 그저 방관했다. 나도 안다. 하지만, 그렇다고 이것이 산업화된 체계가 불가피하다고 주장할 근거가 되는가? 아니다. 오히려 그 반대의 근거가 된다. 반생태적인 농경은 그 자체가 어떤 장점을 가지고 있기 때문에 확산되는 게 아니다. 사람들이 생각하는 몇 가지 〔잘못된〕 전제와 기업들의 영향력 때문에 확산되고 있는 것이다. 그리고 그런 전제와 기업의 영향력 둘 다 불변의 것이 아니다.

또한, 반생태적인 농경이 생겨난 것은 그리 오래된 이야기가 아니라는 점도 기억하자. 이런 농업 방식의 역사는 반 세기밖에 되지 않았다. 이 또한 산업적 농업의 경로가 불가피한 것이 아님을 뒷받침해 주는 근거가 아니겠는가?

말리에서 돌아온 뒤, 나는 캐나다 레지나 대학 정의학과의 아네트 데마레스 Annette Demarais 교수와 이야기를 나눴다. 데마레스는 1993년 〈비아 캄페시나〉가 설립되던 당시부터 활동에 관여하고 있다. 가족 규모의 농업이 '불가피' 하게 산업 농업에 밀려날 것이라는 견해에 대해 어떻게 생각하느냐고 물었더니, 데마레스는 이렇게 대답했다. "지난 100여 년간, 자신이 세계의 농촌에서 어떤 일이 벌어지는지를 잘 안다고 생각하는 사람들은 농민이 사라질 것이라고 예측했지요. 그들이 옳았다면 지금쯤은 농민이 하나도 남아 있지 않아야 하죠."[11] 하지만 농민들은 남아 있다. 그리고 농민들의 목소리는 말리의 뜨거운 사막에서 크고 분명하게 들렸다.

잘못된 상충 관계의 신화

2008년 〈국제 유기농 운동 연맹〉이 개최한 "유기농 세계 대회"에서 1천 여 명의 사람들이 하얀 천막에 줄지어 앉아 〈마스Mars〉에서 온 사람의 발표를 듣고 있었다. 〈마스〉라고? 유기농 마스 초코바 회사인가? 정확히 말하자면 그렇지 않다. 발표자인 하워드–야나 샤피로Howard-Yana Shapiro는(전에는 〈마스〉가 소유하고 있는 〈시드 오브 체인지〉에서 일했다) 스니커스와 M&Ms를 만드는 〈마스〉의 식물과학 담당 임원이다. 샤피로에 따르면, 〈마스〉는 "코코아의 지속 가능성을 위해 업계가 펼치고 있는 세계적인 노력"에서 선도적인 역할을 맡게 된 것을 자랑스러워하고 있다고 한다.[12]

샤피로는 우리 앞에 힘겨운 선택지가 놓여 있다고 말했다. 중요한 삼림을 보호하거나, **아니면** 농경을 확장하거나, 이 둘 중에서 선택해야 한다는 것이다. 그의 말대로라면 둘 다 할 수는 없다. 샤피로는 이렇게 이야기하면서 슬라이드 하나를 보여 주었다. 열대우림 한쪽 구석이 네모 모양으로 잘려 나간 항공 사진이었다. 잘려 나간 부분은 〔우림을 베고 만든〕 농업 지역이었다. 샤피로의 주장에 따르면, 농업의 생산성이 높아질수록 잘려 나간 부분이 작아질 것이며 농경지를 위해 삼림을 베어야 할 필요도 줄어들 터였다. 경작지 확보를 위한 압력이 삼림 황폐화의 주범이자 대기 중 이산화탄소 방출을 가속화하는 요인임은 사실이다. 하지만 회의에 참석한 다른 발표자들 대부분은 샤피로와 다르게 이야기했다. 생태 농업이 우리에게 충분한 먹거리를 제공할 수 있고 동시에 생물 다양성을 지키고 탄소를 많이 저장할 수 있는 건강한 토양도 만들어 준다고 말이다.

샤피로의 주장은 산업화된 농경과 유전자 변형 작물을 지지하는 사람들이 늘 하는 말이다. 이들은 삼림과 농업이 상충한다고 말하며 기후변화의 해결책으로 유전자 변형 작물과 화학 농업을 지지한다. 여기에는 산업적 농업이 생태 농업보다 효율적이라는 가정이 깔려 있다.

그해 초여름, 〈다우 애그로사이언스〉 CEO 제롬 페리비어Jerome Peribere는 이렇게 말했다. "세계는 유전자 변형 작물을 받아들여야 한다. 특히 경작지를 늘리기 위해 나무를 베어서는 안 된다는 데 동의한다면 말이다."[13] 같은 해 봄, 〈신젠타〉의 회장 마틴 테일러Martin Taylor도 비슷한 이야기를 했다. "세계는 테크놀로지, 삼림 황폐화, 기아 중에서 선택해야 한다. 내가 보기에 다른 길은 없어 보인다."[14] 테일러는 유기농이 "중세 방식의 농업"이라고도 말했다.[15] 그 회의 참석자 중 많은 사람이 현재 유기농으로 농사를 짓고 있는데도 말이다.

상충 관계의 신화가 새로운 것은 아니다. 1999년에도 당시 〈몬산토〉의 농업 분야 임원이던 헨드릭 버파이에Hendrik Verfaillie는 세계의 농업이 유기농 쪽으로 움직인다면 "숲을 태워 버려야 할 것"이라며, "또한 모든 습지를 없애게 될 것이고, 절대로 받아들여질 수 없는 방식으로 환경을 해치게 될 것"이라고 말했다.[16]

〈국제 유기농 운동 연맹〉의 회의장으로 돌아가 보자. 이날 유전자 변형 작물 업계의 주장이 거짓임을 보여 주는 증거가 여러 발표에서 많이 제시되었다. 지속 가능한 먹거리 체계는 우리 모두를 충분히 먹여 살릴 수 있으며, 동시에 생태계를 지키고 탄소도 더 많이 격리시킬 수 있다. 이것은 제로섬이 아니다. 다음 장에서 더 자세히 다루겠지만 새로운 연구들을 보면, 생태 농업 체계는 풍부한 먹거리를 공급하면서도 생태계에 불필요한 위험을 가하지 않는다.

"화학물질 집약적인 농경이 숲을 살린다"는 주장에 맞서는 또 하나의 강력한 근거가 있다. 산업 농경이 확산된다는 것은 식량을 생산하는 곳도 늘지만 가축 사료와 자동차 연료용 작물을 생산하는 곳도 늘어난다는 뜻이다. 전 지구적으로 기아가 심해지고 있지만 이러한 농업의 확장은 많은 경우에 사람들이 먹을 식량을 늘리는 일과는 관련이 없다. 삼림에 압력만 가할 뿐이다. 삼림에 대한 압박을 없애는 진정한 방법은 공공의 자원을 민주적으로 관리할 수 있는 길을 확립하는 것이다. 농업의 확장으로 가장 큰 영향을 입게 될 현지 지역공동체가 목소리를 낼 수 있게 하는 것을 포함해서 말이다.

빈곤의 신화

몇 년 전에 제프리 삭스Jeffrey Sachs가 컬럼비아 저널리즘 스쿨에서 전 세계 기자들을 대상으로 강연을 했다. 미국의 먹거리 체계에 대한 질문이 나오자 삭스는, 미국은 기본적으로 먹거리 공급에 문제가 없다고 유쾌하게 답했다. 어느 슈퍼마켓에 들어가더라도 우리는 왕이나 여왕처럼 먹을 수 있다는 것이다. 게다가 삭스는 식품을 생산하는 인구가 2퍼센트밖에 안 되는데도 미국인 전체가 다 먹을 만큼의 식품을 충분히 생산하고도 남는다고 말했다. 하지만 삭스는 농민이 아닌 수백만 명의 식품 생산자들은 간과했다. 농장과 밭이 아니라 육가공 공장, 유통 매장, 운송업, 화학물질 제조 공장에서 일하고 있는 사람들 말이다. 농무부 자료에 의하면, 식품 산업에 종사하는 사람의 실제 비중은 지난 수십 년간 비교적 일정했다. 일하는 사람이 논밭에서 공장으로 옮겨 갔을 뿐이다. 그리고 이 중 많은 사람이 더 열악한 환경과 더 적은 자유를 갖게 된 것으로 보인다.

하지만 그날 삭스는 미국의 산업화, 특히 농업의 산업화가 빈곤을 끝내고 미국의 기아를 해결했다고 치하했다. 삭스는 저서 『빈곤의 종말*The End of Poverty*』에서도 이 주장을 되풀이한다. 경제는 "자급자족 농업에서 경공업과 도시화로, 다시 하이테크 서비스 부문으로 움직이면서" 성장한다는 것이다.[17] 삭스의 이론이 암시하는 대로라면 이러한 전환의 경로는 모두가 오르고 싶어하는 성공의 사다리다.

삭스의 강연이 열리기 전 여름에, 나는 뉴욕 웨스트 빌리지에서 열린 으리으리한 연회에 간 적이 있다. 투자 은행에서 일한다는 누군가가 나에게 무슨 일을 하냐고 물었을 때, 나는 칵테일 잔을 들고, 그러나 어색하기가 로데오 경기장에 온 동물 보호 단체 활동가에 진배없다고 느끼면서, 공손하게 대답했다. 그리고 이야기가 나온 김에 우리는 미국의 농민들에 대해 이야기하게 되었다.

그는 이렇게 말했다. "왜 미국인들이 계속해서 농사를 지어야 하죠? 다른 나라들이 더 싸게 생산할 수 있다면 그들이 농사를 짓게 하고 미국은 미국이 가장 잘 할 수 있는 일을 특화시켜야 합니다."

나는 칵테일을 꿀꺽 삼키고 숨을 크게 들이마셨다. 그때는 그 사람에게 별달리 대답하지 않았다. 하지만 삭스가 그와 비슷한 말을 하는 것을 들으면서, 나는 지속 가능한 농경이란 곧 가난을 뜻한다는 신화가 얼마나 널리 퍼져 있는지 다시 한 번 깨달을 수 있었다. 거칠게 말하자면, 이 신화는 기후 친화적이며 화학물질을 쓰지 않는 독립 자영농민과 소규모 농장의 생산을 지지하면 세계가 어둠의 시대에 빠지고 수십억 명이 가난에서 헤어나지 못할 것이라는 주장을 편다.

하지만 사실은 그와 반대다. 지속 가능한 농업은 기후변화를 완화하고 기후
변화에 적응해 나가는 데 도움을 주며, 이와 동시에 수십억 명의 사람들이 스스
로 먹을 것을 확보할 수 있도록 도와준다.

이 윈-윈-윈 관계가 눈에 잘 보이지 않을 수도 있다. 극도의 빈곤에서 고통
받는 세계의 12억 인구 중에 4분의 3은 농촌에서 살고 일하니 말이다. 그리고 영
양 부족 상태인 사람 중 절반이 농민이기도 하다.[18] 하지만 가족 단위의 소규모
농업을 하기 **때문에** 이들이 가난한 것은 아니다. 또, 가족 규모의 지속 가능한 농
업을 하는 농민은 반드시 기아와 가난에 시달릴 것이라는 의미로 해석해서도 안
된다.

우리는 위의 통계 수치들에서 매우 다른 결론을 도출할 수 있다. 해외 원조
가 수출 위주의 산업화된 농업을 촉진하면서 가족 단위의 농업을 압박했고, 그에
따라 지구상의 너무나 많은 사람들이 식량을 자급할 수 없게 되었다. 또, 지난 몇
십 년 간 농업 부문 투자가 급격히 축소됐다는 점도 지적해야 한다. 1980년에서
2004년 사이, 개도국 전체 공공 지출에서 농업 부문이 차지하는 비중은 절반으
로 떨어졌다. 그리고 나머지 절반은 주로 대규모 농업과 수출용 작물에 투자됐
다. 정책 싱크탱크인 〈오클랜드 연구소〉에 따르면, 수출을 장려하기 위한 무역
및 경제 개혁이 수십 년 진행된 뒤 2004년경에 이르면 43개 개도국은 수출의 5분
의 1을 커피나 설탕 같은 단 하나의 작물에 의존하게 된다. 지난 30년간 이런 농
작물들은 가격이 불안정했기 때문에, 개도국의 피해가 가중됐다. 게다가 많은 정
부와 국제 개발 기구들이 농민들에게 비싼 화학물질과 종자를 판매하면서, 농민
의 경제적 후생과 독립성, 그리고 지역공동체의 재정적 건강이 훼손됐다.

우리는 기업 친화적인 경제정책이 기아를 줄여 줄 것이라는 이야기를 많이
듣는다. 그러면, '개발된' 나라 사람들은 이에 대해 무슨 말을 하는가? 나는 그

것을 알아보려고 한국에 갔다. 이상해 보일 것이다. 한국은 빠른 경제성장의 경이로움을 보여 주는 대표 국가니 말이다. 면적이 인디애나 주보다 조금 큰 정도인 한국은 세계에서 가장 가난한 나라였다가 30년 만에 세계 13대 경제 대국이됐다. 1970년 이래로 논밭에서 일하는 사람의 비중은 50퍼센트에서 7퍼센트로줄었다.[19] 오늘날 4,900만 한국 인구 중 4분의 1이 서울에 산다. 한국은 전자제품의 주요 수출국이며(삼성과 LG를 생각해 보라), 또한 세계적인 석유화학 제품 수출국이기도 하다. 바꿔 말하면, 만약 고도로 산업화된 나라인 한국에서 소규모 농업이 지지를 받을 수 있다면 다른 데서도 그럴 수 있다고 볼 수 있지 않을까?

한국은 고도로 도시화되었지만, 1980년대의 민주화 운동 이래 농민운동과소비자 운동이 활발하게 전개됐다. 나는 한국에서 농민운동과 소비자 운동을 전개하고 있는 사람들을 만나 보았다. 15만 명의 회원을 둔 생협 운영자들부터 〈비아 캄페시나〉의 아시아 지역 회의를 준비하는 농업운동가들에 이르기까지, 이들은 '개발'에 대해 대안적인 견해를 보여 주었다.

사람들로 붐비는 점심시간에 어느 식당에서 한국의 전통 음식 중 하나인 뜨거운 국물 요리를 먹으면서, 건국 대학의 윤병선 교수는 한국에서 기업 친화적인식품 정책이 식품 공급의 독립성을 높이거나 가난을 없애는 데는 별로 기여한 것이 없다고 말했다. 그런 정책들은 주로 "수입 농산물 의존도를 높이고 농업의 산업화를 촉진하면서, 수많은 농민이 전통적인 농업 방식을 포기하게 만들었다"는것이다.

한국에 관심이 갔듯이 멕시코에도 관심이 갔다. 멕시코에서도 농민들이 자신의 땅을 치유하고 복원하면서 전통적인 농업 방식을 지키려고 애쓰고 있었다.멕시코와 한국은 인위적으로 가격을 낮춘 미국 식품(멕시코는 옥수수, 한국은 쇠고기)이 국내 시장에 밀고 들어오면서 농민들이 고통을 겪는다는 공통점도 있었다.

"북미자유무역협정(NAFTA)" 10년째인 2004년 무렵, 옥수수 생산에 의존하고 있던 1,500만 멕시코 농민들은 옥수수의 실질 가격이 70퍼센트 이상 떨어지는 것을 보아야 했다. "북미자유무역협정" 이후 값싼 옥수수 때문에 땅을 떠나게 된 농민이 150만 명이나 되는 것으로 추정된다. [20]

덥고 건조한 오악사카의 미스텍 지역은 표토 유실이 매우 심했던 지역이다. 내 친구이자 동료인 아브하야 카우프먼Abhaya Kaufman은 농민들의 이야기를 직접 듣기 위해 미스텍에 있는 25년 된 농촌 교육 및 개발 단체 CEDICAM 설립자들을 만났다. 이곳에서는 현재 소규모 농업이 번성하고 있는데, 농민들이 산업화의 유혹을 넘어서서 더 큰 그림을 볼 수 있는 법을 배운 결과다.

카우프먼은 CEDICAM 농민 워크숍에 참석했다. 마을 농구장 옆에서 열린 워크숍에서 농민들은 종자를 절약하고 퇴비를 만드는 방법을 논의하는 중간 중간 쉬는 시간에 모여 농구를 하기도 했다. 워크숍에서 카우프먼은 선교사로 왔다가 이 마을의 일원이 된 미국인 필 달-브레딘Phil Dahl-Bredine과 함께 농민들의 '토착 지식'에 대해 열정적인 대화를 나눴다고 한다. 달-브레딘은 농민들이 지역에서 나는 물질들로 비료를 충당하고, 자연적인 해충 통제 방식을 이용하며, 토착 종자를 심고, 비싸지 않은 기술들을 이용하기 때문에, 지역공동체가 번성하고 있다고 말했다. 이 농민들이 사용하는 방식은 지구를 치유하면서 동시에 자신의 마을을 풍성하게 하는 데도 크게 기여하고 있었다.

부드러운 말투 속에 강철 같은 의지를 가지고 있는 CEDICAM 설립자 헤수스 레온 산토스Jesus Leon Santos는 자신이 하는 일이 이중의 과정을 거친다고 말했다. 산토스에 따르면, 땅에서 독소를 빼서 땅의 화학물질 의존성을 없애는 일은 곧 사람들의 생각에서 독소를 빼서 '글로벌 북부' 식의 관념을 벗어나게 하는 일이다. 선진국 사람보다 지식이 모자라기 때문에 선진국에 의존할 수 밖에 없다고 느끼게 만드는 관념에서 벗어나야 한다는 뜻이었다. CEDICAM이 하는 일의 상당 부분은 이 마을이 이미 오랫동안 실천하고 있던 농업 방식을 장려하고 향상시키는 것이다. 오랫동안 이뤄져 왔지만 '테크놀로지'라는 말로 불리지는 않던 것들 말이다. 이 워크숍은 전통적인 기법과 주체성의 편에 손을 들어줬다. 이 주체성은 땅에 뿌리 박혀 있고 전통적인 농경 방식에 스며들어가 있었다.

카우프먼이 멕시코에서, 내가 한국에서 본 마을들은 빈곤의 신화가 거짓임을 보여 준다. 빈곤의 신화는 농업, 그리고 농업이 지구에서 차지하는 위치를 협소하게 파악하고 있다. 아네트 데마레스는 "기업 주도의 모델은 농업을 이윤을 내야 하는 벤처로만 여긴다. 그리고 이윤을 내기 위해서는 거대 농업 기업으로 집중화되어야 한다고 생각한다"고 말했다.[21] 이런 견해는 산업적 농업이 인간과 기후에 미치는 영향을 고려하지 않고 있으며, 지속 가능한 농업이 가져다 주는 생태적, 사회적 이득도 매우 과소평가하고 있다.

이러한 신화를 없애고 생각 속의 독소를 뺀 사람들은, 내가 한국과 말리에서 만난 사람들, 그리고 카우프먼이 멕시코에서 만난 사람들과 같은 전망을 갖는다. 이들은 대안적인 사회 발전과 경제 발전을 꿈꾼다. 그 대안적인 길은 농민이 주도하는 식품 생산의 가치를 인정하고, 식품 공급의 독립성을 추구하며, 지속 가능한 농업이 환경의 위기를 해결하는 데 문화적, 경제적, 환경적으로 큰 역할을 한다는 점을 인정한다.

성장 우선의 신화

빈곤의 신화를 따라다니는 위험한 신화가 또 하나 있다. 가난에서 먼저 벗어나야 환경에 대해 이야기라도 할 수 있으며, 기후변화 같은 커다란 문제일수록 더욱 그렇다는 신화다. (이 신화가 성장은 농업의 산업화를 통해서만 이뤄진다는 신화와 결합하면, 지속 가능한 농업을 통해 기후변화에 대처하자는 생각은 더 하기 어려워진다.)

이 신화는 사람들이 기본적인 필요에 대한 우려를 넘어서는 생각을 할 수 있을 정도로 경제가 성장해야만 환경적으로 각성될 수 있다는 가정을 깔고 있다. 이런 생각은 주요 언론에 자주 나온다. 소위 환경주의자들조차 이 말을 하는 걸 보면 정말 이 생각이 널리 퍼져 있음을 알 수 있다. 『돌파하라: 환경주의의 죽음에서 가능성의 정치로*Break Through: From the Death of Environmentalism to the Politics of Possibility*』(2008)에서 테드 노드하우스Ted Nordhous와 마이클 셸렌버거Michael Shellenberger는 성장 우선의 신화를 전면에 내세웠다. 이들은 환경 운동과 진보 운동이 1960년대의 "전후 번영기에 태어났다"며, 이 때 이르러서야 비로소 "포스트 물질주의적인 상위 욕구들이 광범위하게 등장"했다고 언급했다.[22] "포스트 물질주의"라는 어려운 단어는, "개인이나 사회가 기본적인 물질적 필요를 충족시킨 다음에야" 환경 운동이 나타난다는 이야기다.[23]

성장이 없으면 환경적 각성도 없다. 끝. 이 이론을 강화하기 위해 노드하우스와 셸렌버거는 다음과 같은 근거를 댔다. "미국, 일본, 유럽에 비해 브라질, 인도, 중국에서는 환경에 대한 관심이 매우 약하다. 개도국에서 환경 운동이 등장한 경우에는 사람들이 기아의 공포와 폭력에 시달리는 슬럼이 아니라, 이를테면 브라질의 리우데자네이루처럼, 기본적인 물질적 필요를 다 충족한 부유한 곳에서 생겨났다."[24]

사회운동을 연구하는 학자가 아니더라도 이들이 말하는 게 이야기의 전부가 아니라는 감을 잡을 수 있을 것이다. 수많은 환경 운동이 그들이 말한 '환경적인 각성이 덜한 지역들'에서 일어났으니 말이다. 그리고 내가 얼마 전에 확인해 본 바로, "교토 의정서"를 비준하지 않은 나라는 브라질, 인도, 중국이 아니라 미국이었다.

중국 정부가 매주 석탄 화력발전소를 하나씩 지을 정도로 화력발전을 밀어붙이는 것이 사실인지도 모른다. 하지만 그렇다고 잘못된 결론으로 빠지지는 말자.[25] 중국 정부가 공식적으로 밝히고 있지는 않지만, "환경에 관심을 갖고 있는" 중국 사람은 매우 많다. 환경부 고위 당국자인 저우 성시엔도 2005년에 중국에서 5만 1천 건의 오염 관련 항의가 있었다고 추산했다. 일주일에 1천 건 정도가 있었던 셈이다.[26]

아니면, 에콰도르에서 벌어지고 있는 환경 투쟁을 생각해 보자. 부유한 나라라고 할 수 없는 에콰도르에서 아마존 지역 토착민들은 거대 에너지 기업 〈셰브런〉이 일으킨 최악의 기름 오염에 맞서 15년 간이나 싸우고 있다.[27] 노드하우스와 셸렌버거의 협소한 정의대로라면 이들보다 "더 가난한" 사람은 없을 것이다. 따라서 그들의 논리를 따르자면 에콰도르 아마존 사람들은 "기본적인 필요"를 채우는데 급급해서 세계적인 거대 기업과 싸우는 헤라클레스적 위업은 시도도 할 수 없어야 한다. 하지만, 이들은 그렇게 하고 있다.

아브하야 카우프먼은 멕시코에 갔을 때 안내자이자 교육자며 오악사카 에틀라밸리에서 공동체 조직 활동을 하고 있는 욜란다 기론Yolanda Giron의 초대를 받았다고 한다. 같이 나무에 물 주러 가자고 말이다. 20년 전에 기론과 몇몇 친구들은 이곳에서 나무 심기를 하며 환경 운동을 시작했다. 25년이 지난 지금, 그들은 네 군데 산비탈에 숲을 만들었고, 숲은 더 확장되고 있다.

함께 갈 사람들을 태우려고 픽업 트럭을 타고 마을을 이리저리 돌면서 카우프먼은 샘, 솔레다, 아델파를 만났다. 이들은 〈유트누 쿠이Yutnuu Cuii〉라는 단체의 창립 멤버들인데 유트누 쿠이는 미스텍(멕시코의 원주민) 언어로 '초록 나무'라는 뜻이다. 이들은 어른 열 명, 어린이 스무 명과 함께 작은 유실수 밭에 갔다. 그 곳에서 모두가 자신이 달성한 일을 볼 수 있었다. 강둑 옆에 소나무가 굵게 자라 있었던 것이다. 아이들은 몇 년 전에 자신들이 판 우물로 달려가서 양동이에 물을 담아 언덕의 묘목에 물을 줬다. 이들은 수천 그루의 나무를 심었지만, 기론은 그보다 더 큰 성과는 의식의 변화였다고 말했다.

"해야 하는 한, 우리가 이 일을 계속 하리라는 것을 나는 알아요. 다음 세대도 계속 하리라는 것을요."

기론과 이 마을 사람들이 가진 땅에 대한 열정을 어떻게 설명할 텐가?에콰도르 토착 주민들의 15년에 걸친 투쟁은? 중국에서의 환경 운동은? 나는 케냐의 유기농 농민 운동가, 브라질의 토지개혁 운동가 등을 만나면서 용기 있고 낙관적이며 헌신적인 환경 지킴이들을 보았다. 이들은 물질적인 기준으로 보자면 부유하지 않지만, 부유한 사람들보다 환경에 더 깊이 감사하는 마음을 가지고 있었고, 환경을 지킬 수 있는 방법을 고민하는 데 더 분별력이 있었다. 하지만 노드하우스와 셸렌버거의 말을 받아들여서 성장 우선의 신화에 빠진다면, 이런 사람들의 존재를 이해할 수 없게 된다.

이런 오해는 매우 위험하다. 기후변화 같은 거대한 문제를 합리적으로 해결하는 데 수십억 명의 가난한 사람들이 함께 할 수 있는데도 그 가능성을 놓치게 되기 때문이다. 이미 방법들이 존재하는데도 우리는 그것을 보지 못하고 있다. 진정한 가능성을 보려면, 특히 전 세계 소규모 농민들이 가진 가능성을 보려면, 그릇된 신화에서 벗어나야 한다. 토착 농업 공동체에서, 슬럼 거주자들 사이에서, 경제적으로 잊혀진 곳에서 벌어지는 급진적인 환경 운동(기후변화에 대처하는 것을 포함해서)을 인식한다면, 노드하우스나 셸렌버거 같은 사람들은 보지 못하는 진짜 희망을 발견할 수 있다.

8장.

기아에 대한 두려움 조장하기

손이 위로 향하면 굶주리고

손이 땅으로 향하면 배불리 먹을 것이다

– 하와이 속담, 하와이 주 와이아내에 있는 마오 유기농 농장에서

미시건 대학 생태 및 진화생물학과의 캐서린 배드글리Catherine Badgley는 대학원 수업 '식품, 땅, 사회'를 수강하는 학생들을 강의실 밖으로 데리고 나와 함께 농장에 가곤 한다. 그 일환으로, 2004년 5월 말에 배드글리는 미시건 주 앤 아버 외곽에 있는 로브 매커처Rob MacKercher의 유기농 농장을 찾았다.

매커처는 15년 넘게 농사를 지었지만 자신이 소유한 1.5에이커 면적의 땅에서 농사를 짓기 시작한 지는 4년째였다. 요즘 기준으로는 1.5에이커가 전혀 큰 규모가 아니지만, 매커처는 땅의 곳곳을 모두 활용해 가며 케일에서 콜라비까지, 여름호박에서 사탕옥수수까지, 다양한 작물을 키우고 있었다. 상대적으로 작은 규모의 농장에서 이렇게 풍부한 농산물이 나오는 것에 놀란 배드글리는 매커처에게 연간 생산량이 얼마나 되는지 슬그머니 물어 보았다. "27톤"이라는 대답을

듣고 배드글리는 재빨리 계산을 해 보았다.

4인 가족이 샐러드를 한 번 먹을 때마다 450그램의 농산물(래디시, 시금치, 양파, 토마토 등)이 필요하다고 치면, 매커처의 농장은 150개 가정에 1년 동안 날마다 샐러드를 제공할 수 있었다.

배드글리는 "여기에서 이 정도 양을 생산할 수 있다면, 유기농 방식의 농업으로 전 세계 사람들을 먹이지 **못할** 이유가 없다는 생각이 들었다"고 말했다.

이 우연한 계기를 통해 배드글리와 여섯 명의 연구자로 이뤄진 연구팀은 유기농 농업에 대해 사람들이 흔히 우려하는 생산량 문제를 연구하기 시작했다. 배드글리는 "화학 농업을 지지하는 사람들은 화학 농업이 더 많은 산출을 내기 때문에 유기농 방식보다 우월하다고 오랫동안 주장해 왔다"고 설명했다. 그래서 이 연구팀은 유기농 농업으로 우리 모두를 먹일 수 있을지 연구하기 시작했고, 이 연구는 2년 반 동안 이어졌다.

나도 『타임』지 기사에서부터 유전자 변형 작물 업계의 컨퍼런스장에 이르기까지 수많은 곳에서, 생산량을 이유로 지속 가능한 농업을 비판하고 화학 농업을 지지하는 이야기를 많이 들었다. 언뜻, 설득력 있는 주장으로도 들린다. 사실 생산량 문제는 수십 년 동안 유전자 변형 작물 산업과 산업형 농업을 지지하는 강력한 근거였다. 배고픈 사람에게서 먹을 것을 빼앗자고 말할 사람이 누가 있겠는가? 2005년, 〈미국 바이오 산업 협회(Biotechnology Industry Organization, BIO)〉 워크숍에서 한 참가자는 이 논리를 너무 밀고 나간 나머지 유기농을 옹호하고 유전자 변형 작물에 반대하는 활동가들은 "인류에 대한 범죄를 저지르는 셈"이라고까지 말했다.[1] 내가 슬그머니 의자에서 몸을 낮추는 동안, 수백 명의 청중은 이에 대해 아무런 반대의 목소리도 내지 않았다.

2008년 세계적으로 식량 가격이 치솟는 위기가 닥쳤을 때, 언론은 까다로운 소비자들도 이제 기꺼이 유전자 변형 식품을 먹는다고 보도했다. 『인터내셔널 헤럴드 트리뷴』의 앤드류 폴락Andrew Pollack은 일본이나 한국 같은 나라에서도 식품 업체들이 유전자 변형 옥수수로 음료와 식품을 만드는 쪽을 택하고 있다고 보도했다. "이제까지는 기업들이 소비자들의 반발을 피하기 위해 (…) 유전자 변형이 아닌 일반 옥수수를 구매하는 데 추가적인 돈을 지불해 왔다. 하지만 (…) 그렇게 까다롭게 굴기에는 비용이 너무 많이 들게 되었다."[2]

화학 기업, 유전자 변형 작물 기업 등 산업적 농업에서 이윤을 얻는 기업들은 매우 능란하게 이런 논리를 편다. 거대 화학 업체인 〈신젠타〉는 자사의 기술을 활용하지 않으면 "농업이 미래에 늘어날 작물 필요량을 공급할 수 있는 역량을 키워나가지" 못할 것이라고 주장했다.[3] 2001년에 『인디펜던트』와 인터뷰를 하면서 〈신젠타〉 CEO인 마이클 프래그넬Michael Pragnell은 "우리는 농업이 다시 유기농으로 간다면 심각한 식량 부족을 겪게 되리라는 점을 인식해야 한다"고 말했다.[4] 그리고 "이렇게 말하는 게 좀 망설여지기는 하지만, 유기농 운동은 서유럽의 사치라고 생각한다"고도 언급했다.[5]

프래그넬의 발언과 같은 말들은 수없이 들을 수 있다. 1998년에 런던에서 열린 어느 회의에서 당시 〈몬산토〉의 지속 가능성 부서 담당자였던 카를로스 졸리Carlos Joly도 그런 말을 했다. 졸리는 〈몬산토〉의 유전자 변형 밀을 도입하면 산출이 증가할 것으로 예상되는 반면, 유기농 밀로 전환할 경우에는 산출이 "35퍼센트에서 44퍼센트까지 감소할 것"이라고 주장했다.[6] 이 점을 강조하기 위해 졸리는 이렇게 덧붙였다. "유기농 방식이 이곳 영국에서 널리 받아들여진다면 우리는 1년에 밀 500만 톤을 추가로 수입해야 하거나 밀 경작 지역을 확대해야 할 것입니다. (…) 유기농 농업은 아주 좋게만 들리지만, 극단적으로 몰고 가면 독이 됩니다."[7] 하지만 15년이 지난 지금, 유전자 변형 밀은 아직 상업화되지 않

았고, **그런데도** 우리에게는 여전히 밀이 충분하다.[8]

요즘은 기후 친화적인 먹거리 체계를 지지하는 사람들도 같은 논리로 공격을 받고 있다. 기후 친화적 농업이란 화석연료에 의존하지 않는 방식으로 비옥도를 유지하고 잡초와 해충을 제거하는 농법이며 다국적기업이 만드는 화학약품이 아니라 자연에 의존하는 방식을 통해 더 많은 산출과 혁신을 이루는 농법이기 때문이다. 이런 농업을 지지하려면, 우리는 프래그넬과 졸리의 주장에 담긴 논리를 잘 파헤쳐 보아야 한다. 무엇이 진실인가? 기후에 도움이 되는 농업은 전 세계의 기아를 해소하는 일에 정말 방해가 되는가?

배드글리의 연구는 이런 질문들에 답하는 데 도움이 된다.

우리 손에 전 세계가 있다

매커처의 농장에서 떠오른 질문을 바탕으로 배드글리 연구팀은 유기농 생산으로 갈 경우 세계의 식량 공급에 어떤 영향을 미칠 것인가를 연구했다. 세계 농업이 유기농으로 가면 우리는 굶주리게 될 것인가? 커다란 질문이다. 그리고 이에 답하기 위해 배드글리 연구팀은 몇 년에 걸쳐 자료를 조사했다.

배드글리 연구팀은 인증받은 유기농 농업, 산업화된 농업, 저투입 요소 농업 등 각기 다른 농업 방식의 산출량을 연구한 300여 개의 학술 저널 게재 논문들과 그레이 문헌들을 분석했다.[*] 이러한 300여 개의 기존 연구 결과를 토대로, 배드글리 연구팀은 유기농 농업과 유기농이 아닌 농업의 작물별 평균 산출량을 계산했다. 이때 생산요소를 많이 투입하고 일반적으로 화학 농업을 사용하는 선진국과 이제까지 흔히 투입 요소가 적어 산출량도 적었던 개도국을 별도로 계산했다.

(수치는 비유기농 산출 대비 유기농 산출로 나타냈다.)

선진국에서는 달걀과 감미료 원료를 뺀 거의 모든 작물의 평균 산출이 유기농으로 바꿀 경우 변화가 없거나 약간 줄어드는 것으로 나타났다. 산출 비율은 0.891에서 1.060 사이였다. 즉, 유기농 산출이 일반 농업 산출에 비해 약간 적거나 비슷한 것이다.**

개도국의 산출 비율 수치를 보면 더욱 흥미롭다. 평균 산출 비율이 낮게는 1.736(설탕)에서 많게는 3.995(콩류)까지 나타났다. 배드글리는 생태 농업적인 방식을 도입하면 농민들이 "이전보다 거의 두 배에서 네 배나 높은 산출을 올릴 수 있을 것으로 추정된다"고 설명했다. 현재 개도국 농업이 대부분 저투입 저산출이기 때문에, 기후 친화적인 유기농 생산으로 전환하면서 농업의 역량을 키우면 산출량이 늘고 식량 확보의 안정성도 높아질 수 있다.

우리가 정말로 지구 전체의 식품 공급에 관심을 갖는다면, 유기농으로 전환할 경우 세계의 전반적인 식량 공급이 어떻게 변할지도 살펴봐야 한다. 연구자들의 결론은? 유기농으로 전환할 경우를 추정해 보니, **조사한 모든 식품 카테고리에서** 생산량이 더 늘어나는 것으로 나타났다. 여기에는 우리에게 필요한 칼로리

● 그레이 문헌은 동료 평가를 거치지 않았고 학술 저널에 게재되지도 않은 문헌이다. 그레이 문헌을 인용하는 것에 대해 비판하는 사람들도 있지만, 동료 평가를 거치지 않았다고 해서 그레이 문헌의 연구가 허술하다는 뜻은 아니다. 그레이 문헌도 저명한 학자들이 연구한 것이고 많은 경우는 아직 연구가 완료되지 않아 저널에 게재되지 못한 장기 연구 중에 나온 것이다. 배드글리는 "그레이 문헌의 신빙성을 우려하는 것도 당연하지만 인용하려는 문헌이 7년에 걸친 자료를 갖고 있고 저널에 싣기 위해 10년을 기다리고 있는 사람의 연구에서 나온 것이라면, 아직 게재되지 않은 것이더라도 우리에게 유용한 자료라고 판단했다"고 설명했다.

●● 여기에서 '산출'은 농장에서 나오는 생산품만을 계산한 것이다. 각 농업 체계가 갖는 그 밖의 이점이나 단점, 이를테면, 농업에 쓰이는 화학물질이 기후에 미치는 영향 같은 것은 계산에 넣지 않았다.

와 영양분을 가지고 있는 주요 식품이 **모두** 포함되어 있다. 개도국에서 모든 식품 카테고리의 산출이 증가하므로(어떤 경우에는 매우 많이 증가하므로), 전반적으로 세계 식량 공급 상황이 많이 개선될 수 있는 것이다. 곡물만 보더라도 유기농으로 전환할 경우 세계적으로 식량이 45퍼센트 증가할 것으로 추정됐다.[9]

이 자료에는 유기농으로 갈 경우 산출이 줄어든다는 주장을 반박하는 또 하나의 흥미로운 근거가 있다. 유기농으로 갈 경우 선진국의 산출은 조금 감소하는데, 이는 딱 하나의 문제만 해결하면 상쇄할 수 있다. 바로, 식품의 낭비다.

선진국은 조사한 모든 식품 카테고리에서 식품을 낭비한다. 어떤 것은 심각하게 많이 낭비한다. 곡물? 사람이 먹는 것은 전체 생산량의 절반 밖에 안 된다. 나머지는 가축 사료가 되거나 종자가 되거나 버려진다. 사람들이 직접 섭취하는 것은 설탕과 감미료 원료의 경우 10퍼센트, 기름작물과 식물성 기름의 경우 4분의 1밖에 되지 않는다. 배드글리는 생산품 중 아주 많은 부분이 음료수와 가축 사료에 쓰이고 식물성 기름 중에는 공업용으로 사용되는 부분도 많기 때문이라고 설명했다. 이러한 낭비를 **조금만** 줄여도, 유기농으로 갈 때 선진국에서 발생할 약간의 산출 감소를 해결하고도 남을 것이다.

이 연구는, 지구 전체의 칼로리 필요량과 산출량 데이터를 통해 볼 때 "유기농 방식이 전 세계 식량 공급에 상당히 크게 기여할 수 있는 잠재력이 있으며, 그와 동시에 기존의 농업 방식에 비해 환경 피해도 줄일 수 있다"고 결론 내렸다.[10]

물론 배드글리도 강조하듯이 이러한 숫자들은 추정치일 뿐이다. 하지만 이 숫자는 유기농이 가진 강한 잠재력을 암시해 준다. 〈바이오 산업 협회〉 컨퍼런스에서 "유기농은 인류에 대한 범죄" 운운한 사람은 이를 모르고 있거나, 의도적으로 무시하고 있는 것 같다. 배드글리는 이렇게 설명했다. "이 연구의 핵심은 유기농이 산업적 농업보다 산출이 더 많다는 것을 보이려는 것이 결코 아니었다. 이 연구의 목적은 우리가 유기농 생산으로 전환해서 산업화된 방식이 현재 생산하는 만큼의 칼로리를 생산할 수 있을지, 그리고 전 세계를 먹여 살리기에 충분한 만큼 생산할 수 있을지를 알아보려는 것이었다"고 말했다. 그리고 답은 "할 수 있다"였다.

그러면, 유기농 비판자들이 제기하는 또 다른 문제인 '자연적인 비료의 한계'에 대해 살펴보자. 산업 농경의 지지자들은 자연적인 유기농 거름 원천은 높은 산출을 낼 만큼 비옥도를 유지하기에 충분치 않다고 오랫동안 주장해 왔다. 그래서 배드글리의 연구팀은 질소를 고정시키는 콩과 식물 피복작물, 분뇨, 퇴비 등의 유기농 거름원에서 잠재적으로 활용 가능한 질소의 양을 추산했다. 또한, 작물 로테이션, 사이짓기, 생물학적인 해충 통제 등과 같이 작물의 손실을 줄일 수 있는 유기농 기술의 잠재성에 대해서도 추정했다. 여기에서도, 배드글리의 연구는 유기농 쪽에 무게를 실어 줬다. 연구팀은 "온대와 열대의 농업 생태계 자료를 통해 볼 때, 콩과 식물로 피복작물을 삼으면 현재 사용되고 있는 화학비료를 대체하기에 충분할 정도로 질소를 고정할 수 있다"고 밝혔다.[11]

그리고 이러한 주장은 배드글리의 연구에서만 볼 수 있는 것이 아니다. 전 세계의 많은 연구들이 비슷한 결론을 내놓고 있다. 예를 들면, 줄스 프리티Jules Pretty가 이끄는 에섹스 대학 연구팀은 지속 가능 농업을 연구하면서, 유기농으로 생산할 경우 여러 작물에서 산출이 79퍼센트 증가한다는 것을 알아냈다.[12]

자료를 잘못 인용하기

이런 연구들이 보여 주는 증거가 있는데도 많은 보고서와 언론들은 유기농으로 전환하면 지구가 기아에 빠질 것이라고 공포를 조장하고 있다. 2008년, 샌 프란시스코에서 유기농 지지자 5만 명이 모인 가운데 '슬로푸드 네이션Slow Food Nation' 행사가 열렸다. 그 다음 주에, 『타임』은 "슬로푸드가 지구를 먹일 수 있을까?"라는 질문을 던지고는 이렇게 찬물 끼얹는 대답을 했다. "분명 슬로 푸드는 더 맛있다. 하지만 농업 기업은 70억 명에 육박하는 인구를 경제적으로 먹일 수 있는 유일한 방법은 산업화된 농경뿐이라고 오랫동안 이야기해 왔다."[13]

그 다음 문장에서, 그 기사를 쓴 기자 브라이언 월시Bryan Walsh는 마치 사실 을 보도하는 것처럼 이렇게 언급했다. "유기농 농업은 일반 농업보다 면적당 산 출이 적다. 이는 슬로푸드 운동이 전 세계적으로 퍼지면 더 많은 삼림을 농경지 로 만들어야 한다는 의미다."[14] 월시는 〈세계식량농업기구〉를 그에 대한 근거로 들었다. 월시는 "최근의 한 칼럼에서 〈세계식량농업기구〉 사무총장 자크 디우프 Jacque Diouf는 2050년까지 식량 생산을 두 배로 늘려야 하는데 유기농으로 이 문 제를 해결할 수 있다고 보는 것은 '위험하게 무책임한 것'이라고 지적했다"고 언 급했다.[15] (디우프의 인용 부분은 이 기사가 나오기 얼마 전에 디우프가 쓴 칼럼에 나온 것인 데, 디우프의 최종 결론이 유기농에 대해 의구심을 품는 것이기는 했지만, 어조는 훨씬 덜 극 단적이었다.[16])

캐나다 신문인 『글로브 앤 메일』의 에릭 레귤리Eric Reguly도 『타임』의 월시 와 매우 비슷한 이야기를 했다. 월시의 기사보다 며칠 일찍 게재한 칼럼에서 레 귤리는 유기농 농업에 반대하며 이렇게 말했다. "나는 이제 유기농이 땅을 잡아 먹는 사치스런 일이라고 결론 내렸다."[17]

레귤리의 근거는? "일반적으로 말해서, 유기농은 단위 면적당 산출이 일반 농업보다 적다. (…) 장소에 따라 다르긴 하지만, 유기농 밀 1톤을 재배하는 데는 **아마도** [강조는 애나 라페] 관행 농업으로 밀 1톤을 키우는 것보다 3분의 1의 땅이 더 필요할 것이다. 관행 농업에서는 비료와 제초제와 살충제를 써서 산출을 늘리기 때문이다."

레귤리가 배드글리와 에섹스 대학 등의 연구는 전혀 참고하지 않은 것 같은데, 그럼 자신의 주장을 뒷받침하기 위해 누구의 말을 인용했을까? 〈네슬레〉 회장 피터 브라벡-레트마테Peter Brabeck-Letmathe였다. 레트마테는 "유기농 생산으로는 세계 인구를 먹여 살릴 수 없다"고 말했다. 또, 레귤리는 〈신젠타〉의 사업 개발 담당 임원 로버트 베렌데스Robert Berendes의 말도 인용했는데, 베렌데스는 유기농 농업이 "작물이 더 많이 생산되어야 하는 시대에 경작지를 낭비하고 있는 것"이라고 말했다.[18]

〈네슬레〉와 〈신젠타〉 입장에서는 화학 농경의 이점에 대한 신화를 유지하는 게 이익이 될 것이다. 〈신젠타〉는 세계에서 가장 큰 농화학 기업이다. 〈네슬레〉는 상장된 식품 기업 중 세계 수위권에 드는 규모를 자랑하는데, 2008년에 100억 달러에 가까운 수익을 올렸으며 〈네슬레〉가 생산하는 제품은 산업적인 식품 공급망에서 조달되는 원료들을 대거 사용한다.[19]

레귤리는 덴마크에 있는 〈국제 유기농 먹거리 체계 연구 센터〉 소장 닐스 할베르Niels Halberg의 말도 인용했다. 유기농으로 가면 큰일난다는 자신의 주장을 뒷받침하기 위해, 레귤리는 "(할베르의 연구에서) 집약적이고 산출이 높은 농업을 하는 일부 지역에서는 유기농으로 전환하면 주요 생산품의 산출이 20퍼센트에서 45퍼센트 정도 줄어드는 것으로 나타났다"고 언급했다.[20] 레귤리는 유기농 생산의 긍정적인 면을 약간 언급하긴 했다. "작물 로테이션이나 자연적인 비료 등의 유기농 농법을 개도국에 도입하면 (…) 산출을 높일 수 있다."[21] 그러고 나서 마지막 펀치를 날렸다. "하지만 더 현대적인 비료와 농약을 사용하면 **아마도** 〔강조는 애나 라페〕 산출을 그보다 더 많이 늘릴 수 있을 것이다."[22]

할베르의 연구 내용을 어디선가 본 기억이 났다. 그런데 레귤리식의 유기농 비판이 아니라 유기농을 옹호하는 글에서 본 것 같았다. 그래서 할베르에게 이메일을 보내 물어봤다. 레귤리의 기사를 보더니 할베르는 이런 답신을 보내왔다. "약삭빠르게도, 기자가 내 글을 잘못〔거짓으로〕인용한 것은 아니지만 내 결론을 잘못 해석했군요."[23]

할베르 연구팀은 이 주제를 오랫동안 연구해 왔다. 2005년에 펴낸 논문에서 할베르 연구팀은 고투입 고산출이 일반화된 유럽과 북미에서 유기농으로 전환을 한다면 35퍼센트까지 산출이 줄어들 수 있다고 밝혔다.[24] 하지만, 유기농 전환이 식량 확보의 안정성에 미칠 영향은 매우 적을 것이라는 사실도 발견했다. 기아가 극심한 사하라 이남 지역에서는 유기농으로 전환하면 식량 자급력이 **높아져서 식량의 수입 의존도가 줄고** 기아도 줄 것이기 때문이다.[25]

이것이 레귤리가 놓치고 있는 할베르 연구의 핵심이다. 정말로 기아를 걱정한다면(현재 기아 인구는 10억 명에 육박하며 계속 늘고 있다) 우리는 **누가 기아를 겪는지를 알아야 하고, 그들이 어디에 사는지를 알아야 하며, 그들이 농업 체계의 변화로 어떤 영향을 받을지를** 알아야 한다. 절대적인 산출량만을 보는 것으로는 충분하지 않다. 자, 그럼 기아에 대해 우리가 알고 있는 것은 무엇인가? 기아를 겪는 사람들은 사하라 이남 아프리카와 남아시아에 집중되어 있고, 영양 부족 상태인 사람들의 4분의 3은 가난한 농업 지역에 산다.[26]

기후변화와 기아 문제를 정말로 해결하고 싶다면, 아니 기아가 더 심각해지는 것만이라도 막고 싶다면, 이런 지역들이 지속 가능하고 지역적인 식량을 생산할 수 있도록 지원해야 한다. 〈세계식량농업기구〉는 식량 확보 안정성을 이루기 위한 네 가지 실천 과제를 제시했는데, 산출도 물론 풍부해야 하지만 식량의 안정성, 접근성, 그리고 식량이 사용되는 방식도 중요하다고 말하고 있다. 기아 해결에 유일하게 중요한 문제인 것처럼 보이는 산출 증대는 사실 기아에 대처하는 여러 방법 중 한 가지에 불과하다. 지역적인 식량 생산을 우선 순위에 놓고 식량 공급의 불평등을 줄이지 못한다면 수백만 명의 가난한 사람들은 계속 영양 부족 상태로 살아가게 될 것이다. 할베르는 다음과 같은 사례를 이야기해 주었다. "인도는 지난 5년간 식품의 순수출국이었다. 하지만 인도에는 식량을 안정적으로 확보하지 못한 채 살아가는 사람이 아직도 2억 명 가까이 있다."[27] 배드글리의 연구에서, 우리는 기아 문제가 심각한 바로 그 지역들에서 유기농 농업이 산출을 증대시키는 확실한 길이 될 수 있음을 보았다. 농약과 유전자 변형 작물이 유발할 금전적, 생태적 비용을 치르지 않고도 말이다.

기아의 신화를 깨자

유기농 반대자들에 설득되어 입을 다물고 있으면 안 된다. 유기농으로 기후 변화를 해결할 수 있다고 말한다고 누군가가 우리를 〔기아를 겪는 사람들은 아랑곳하지 않고 기후 문제만 신경 쓰는〕 인정머리 없는 엘리트'라고 비난한다면, 배드글리, 프리티, 할베르 등이 제시하는 증거를 근거로 반박할 수 있을 것이다.

그 밖에 몇 가지 다른 지점에서도 잘못된 주장을 반박할 수 있다.

우리가 초점을 맞춰야 할 지역과 사람들을 생각해 보자. 세계적으로, 기아를 겪고 있는 사람들은 대부분 농촌에 산다. 이것이 유기농에 왜 중요한가? 노동 비용이 적은 개도국에서는 유기농이 두 가지 방식으로 공동체에 기여할 수 있다. 땅이 없는 사람들에게 고용 기회를 제공하고, 농약이나 화학비료 같은 비싼 투입 요소의 부담을 줄여 주는 것이다. 생태 농업을 하는 농민들은 이러한 비싼 원료

들을 지역에서 나는 자원으로 대신할 수 있다.[28]

배드글리는 이렇게 말했다. "산업적 농업은 분명 산출을 많이 늘려 줄 것이다. 화학물질과 〔유전자 변형〕 작물을 고안한 목적이 바로 그것이니 말이다. 하지만 산업적 농업을 지지하는 사람들은, 대안적인 농업 방식이 화학물질을 적게 쓰고 투입 요소를 적게 구매하면서도 산출을 늘릴 수 있는 잠재력, 더 친환경적이면서 **동시에** 경제적으로도 지속 가능한 잠재력이 있다는 것을 모르고 있다."[29]

그리고, 현재의 산출 자료는 유기농 농업이 생태 농업을 발달시킨 뒤에 우리가 갖게 될 **미래의** 생산성에 대해서는 분명하게 말해 주지 않는다. 생태 농업 관련 지식들이 깊어지고 확산되면, 미래에 산출은 더 향상될 것이다. 그리고 현재의 산출 자료는 미래에 거대한 기후변화가 닥칠 때 산업적 농업 하에서의 산출이 어떻게 될지에 대해서도 알려 주지 않는다.

누군가 10억 명의 인구가 기아에 허덕이는 상황에서 기후 친화적인 농경을 주장하는 것은 단견이라고 말한다면, 자신 있게 반박하자. 8장에서 알게 된 근거들을 다른 사람들에게도 이야기하자. 배드글리 등의 연구가 보여 주듯이 모든 경작지를 유기농으로 전환해도 모두에게 충분한 칼로리를 공급할 수 있다고 말하자. 기아의 공포를 이야기하는 사람들에게 온실가스를 많이 방출하는 화학 농업을 거부하고 생태 농업을 택한 소농들이 어떻게 자신의 공동체를 번성시키고 있는지 이야기하자. 저투입 생산, 지역 생산, 유기농 생산 방식을 촉진하는 먹거리 체계로 기후 위기에 대처할 수 있을 뿐 아니라 현대의 가장 고통스런 사실인 '풍요 속의 기아'라는 문제도 바로잡을 수 있다고 말하자.

9장.

떠들썩한 유전자 변형 작물

박물관에서 보낸 하루

손전등을 들고 가방을 검색하는 보안 요원들을 지나, 거대한 아트리움을 가로질러, 넓은 계단을 올라, 소리 지르는 아이들과 쌍둥이용 유모차를 피해, 갈라파고스 거북이 모형과 먼지 쌓여 가는 축소 모형들 너머로 걸어가 보자. 그러면 미국 자연사 박물관의 기후변화 특별 전시회장이 나온다.(이 전시는 10개월 동안 진행된 뒤 2009년 8월에 끝났다.)

유리문과 가짜 석탄 더미 너머로, 맨 먼저 보이는 것은 지난 한 세기 동안 대기 중 이산화탄소 수치가 260ppm에서 350ppm으로, 385ppm으로, 그리고 계속해서 증가하고 있음을 보여 주는 붉은색 네온 그래프다. 24달러를 내고 전시회 전체 투어를 하면 핵 에너지부터 석탄 공장에 대한 내용까지 이 위기에 대해 온갖 것을 알려 주는 패널 수십 개를 볼 수 있다. 그리고 백악관의 '녹색 일자리' 담당관이던 밴 존스Van Jones와 맥아더상 수상자이자 〈지속 가능한 사우스 브롱크스〉 설립자인 마조라 카터Majora Carter 등 여러 사람들이 지속 가능한 경제와 재생 가능한 에너지 인프라의 이점을 열심히 이야기하는 멀티미디어 메시지도 들을 수 있다.

‘우리는 무엇을 할 수 있는가’ 섹션은 개인이 할 수 있는 간단한 일들을 보여준다. 한쪽 구석에 기후 친화적인 식품 고르는 법을 설명한 패널도 있다.(포장을 줄이고, 로컬 푸드를 먹고, 과일과 야채를 많이 먹으라.) 하지만 입구에서부터 비행기, 기차, 자동차 등에 대한 내용을 이미 한참 본 당신은, 식품이 기후에 미치는 영향에 대해서는 알지 못한 채 이 전시회장을 떠나기 십상일 것이다. 박물관에서 가장 작은 글자들까지 샅샅이 읽는 사람이라면 축산이 전체 지구온난화 요인 중에서 18퍼센트(교통 부문이 차지하는 것보다 5퍼센트 포인트가 더 많다)를 차지한다는 내용을 읽을 수 있었을지도 모르지만 말이다.

이 약간의 언급을 제외하면, 자연사 박물관의 기후변화 특별전은 농업이 기후 위기에 얼마나 기여하고 있는지, 그리고 농업이 해결책을 제시하는 데 얼마나 기여하고 있는지에 대해서는 거의 이야기하지 않았다. 또한 화학물질에 의존하지 않는 대안적 농업 방식의 중요성에 대해서도 하나도 이야기하지 않았다.

그런데, 이날 전시회가 무엇을 **말하지 않았는지**보다 나를 더 놀라게 한 것은 이 전시회가 무엇을 **말했는지**였다. 미래의 먹거리를 다룬 패널 두 개는 기후변화가 우리의 식품 공급망에 심각한 위협을 제기한다고 경고했다. 그러면서 여기에는 해결책이 있다고 주장했다. 비교적 새로운 멋진 신세계, 유전자 변형 작물의 세계가 해결책이라는 것이었다. 이 패널은 홍수가 점점 잦아지면서 쌀 생산이 위기에 처했고, 가뭄에 직면해 옥수수 생산 또한 위기에 처했다는 데 초점을 맞추고 있었다. 여기 쓰여 있는 정보에 따르면, 사하라 이남 아프리카에서 매우 중요한 작물인 옥수수의 경우, 해결책이 명백했다. ‘아프리카를 위한 물 효율적인 옥수수(Water Efficient Maize for Africa, WEMA)’ 프로젝트를 통해 개발되고 있는

'가뭄 저항성 옥수수'가 그 해결책이었다.

유전자 변형 작물 기업들은 유전자 변형 작물이 기아에서 우리를 구원하고 농민의 파산을 막으며, 질병과 가난에 맞서고 심지어 생물 다양성을 보존하는 데 영웅적인 역할을 할 것이라는 과장 광고를 10년 가까이 해 왔다. 그리고 이제 여기에 더해 새로운 홍보거리 하나를 더 갖게 된 것 같다. '유전자 변형 작물은 기후변화에서 우리를 지켜 줍니다.'

1994년 미 식품 의약국이 처음으로 유전자 변형 작물의 상업적 판매를 허용한 이래, 유전자 변형 작물 기업은 줄기차게 장밋빛 약속을 이야기해 왔다. 당시에 〈몬산토〉 대변인 댄 베라키스Dan Verakis는 유전자 변형 작물이 제초제와 살충제 사용을 줄여 주기 때문에 생물 다양성에 득이 된다고 주장했다. "침묵의 봄 시나리오"를 거꾸로 되돌린다는 것이었다.[1] 또 1999년에 〈몬산토〉는, 유전자 변형을 통해 비타민A 섭취에 좋은 쌀 품종을 만들었다며, 비타민A 부족으로 생기는 시력 감퇴와 야맹증을 줄여 줄 것이라고 주장했다.[2] 같은 해에, 당시 〈몬산토〉 최고 경영자였던 로버트 샤피로Robert Shapiro는 유전자 변형 기술이 살충제 사용을 줄여 준다며, 이미 "미국에서만도 해충 저항성이 있는 작물을 도입한 결과 면화 재배에서 살충제 사용이 80퍼센트 줄었다"고 주장했다.[3]

이런 약속 중 어느 하나 실현되지 않았다. 상업적으로 생산되는 유전자 변형 작물은 현재 세계적으로 3억 에이커가 넘는 면적에서 재배되고 있는데, 대체로 두 종류다. 제초제에 내성이 있거나 해충에 저항성이 있거나.[4] 곧 설명하겠지만, 이런 작물들은 제초제에 내성이 있는 잡초와 살충제에 내성이 있는 해충을 육성시켰고 생물 다양성을 훼손했다.

전시회를 둘러보고 나서, 나는 홍보 문구만 문제인 게 아님을 깨달았다. 유전자 변형 작물이 기후변화의 해결책이라고 밀어붙이는 것은 수십억 달러의 돈이 들어가는 비즈니스다. 이는 기아와 지구온난화 문제에 직면해 우리가 취할 수 있는 강력하고 효과적인 방법들에 집중되어야 할 자원과 관심을 분산시키는 일이다.

유전자 변형 작물과 약속의 땅

자연사 박물관 기후변화 전시회에서 가뭄에 잘 견디는 유전자 변형 작물에 대해 설명한 한 패널은 다음과 같은 불길한 질문을 던졌다. "이 작물들이 필요한 만큼 충분히 빠르게 확산될 수 있을까?" 이 패널은 기후가 불안정해질 미래에는 극단적인 홍수와 심한 가뭄이 자주 발생할 것이며, 유전자 변형은 이러한 위기에 잘 견딜 수 있는 슈퍼 작물을 만들 것이라고 약속했다.

농학자가 아니라도 농업에 예측 가능하고 안정적으로 물이 공급되는 것이 중요하다는 사실을 잘 알 것이다. 예로부터 농민들은 비가 너무 많이, 혹은 너무 적게 오거나, 불규칙적으로 오는 것을 늘 걱정했고, 가뭄에 잘 견딜 수 있는 품종을 육종해 재배했다.

앞으로 가뭄은 틀림없이 더 많이 닥칠 것이고, 가뭄에 잘 견디는 작물에 대한 수요도 커질 것이다. 특히 영양이 부족한 사람이 아주 많고 가뭄이 만연한 사하라 이남 아프리카라면 더욱 그럴 것이다.

자연사 박물관의 전시회에 따르면, 유전자 변형 옥수수를 개발하는 〈아프리카 농업 기술 재단(African Agricultural Technology Foundation, AATF)〉이 주도하고 있는 '공공-민간 합동 프로젝트' WEMA에 구원이 있다. 나는 WEMA가 무엇인지, 유전자 변형 작물로 무엇을 달성할 수 있고 무엇을 달성할 수 없는지가 어느 정도나 알려져 있는지, 그리고 우리가 받아들일 수 있는 대안은 무엇인지 등을 알아보기 시작했다.

WEMA는 "가뭄에 잘 견디는 새로운 아프리카 옥수수 품종을 개발하는" 5년짜리 프로젝트로, 영국 국제 개발부, 미국 국제 개발처, 〈록펠러 재단〉 등이 자금을 대고 있다.[5]

〈록펠러 재단〉이라고 하니 떠오르는 것이 있었다. 나는 "기후변화: 생명에의 위협과 새로운 에너지 미래" 특별전 안내 책자의 뒷면을 넘겨 보았다. 안내 책자의 오른쪽 아래 구석에 〈록펠러 재단〉이 이 전시회의 주요 후원자라고 쓰여 있었다.[6]

〈록펠러 재단〉은 민간 분야에서 가장 큰 축에 속하는 과학 연구 후원 재단으로, 유전자 변형 공학과 깊은 관련을 맺고 있다. 일찍이 1932년에 수리물리학자 워렌 위버Warren Weaver가 〈록펠러 재단〉에서 생물학 연구를 시작했다. 1938년 무렵에 위버는 그가 "사물의 궁극적인 입자" 혹은 "분자생물학"이라고 부르는 연구를 진행하는데, 오늘날의 유전자 변형 공학이 여기에 기반을 두고 있다.[7]

WEMA 프로젝트는 유전자 변형을 신봉하는 몇몇 다른 재단에서도 자금 지원을 받았다. 〈빌 & 멀린다 게이츠 재단〉과 〈하워드 G. 버핏 재단〉● 은 총 4,700만 달러를 기부했다.[8]

〈게이츠 재단〉도 유전자 변형 작물 산업에 낯설지 않다. 2006년 10월에 〈게이츠 재단〉은 선임 프로그램 담당자로 로브 호슈Rob Horsch를 이사회에 영입했

● 하워드 버핏은 워렌 버핏의 아들인데 거대 식품 기업 〈콘아그라ConAgra〉와 산업적 농장에 관개시설을 설치하는 기업 〈린제이 코퍼레이션Lindsay Corporation〉의 이사회에서 활동하고 있다.

다. 호슈는 〈몬산토〉의 국제 개발 제휴 담당 임원을 지냈고 이 회사에서 25년 간 일한 사람이다.[9] 또한 〈게이츠 재단〉은 아프리카에서 유전자 변형에 기반한 농업 개발을 추진하는 〈아프리카 녹색 혁명 연합Alliance for a Green Revolution in Africa〉에 1억 달러를 투자했다.(〈록펠러 재단〉은 5천만 달러를 투자했다.)[10]

2008년 WEMA 프로젝트를 담당하는 〈아프리카 농업 기술 재단〉의 임시 소장 제니퍼 톰슨Jennifer Thompson도 유전자 변형 작물 분야와 오랜 인연이 있는 사람이었다. 〈남아프리카 유전자 변형 위원회〉의 일원이었고 〈농업 생명공학 적용을 위한 국제 서비스(ISAAA)〉의 이사회에서도 활동했다. ISAAA는 전 세계적으로 유전자 변형 작물의 유통과 시장 확장을 돕는 기구인데, 특히 개도국에 유전자 변형 작물을 확산하기 위해 활동하고 있다.[11] 1991년 익명이 기부한 100만 달러의 기금으로 시작된 비영리기구 ISAAA는 현재 주요 생명공학 기업의 후원을 받고 있는데, 이 중에는 〈바이엘 크롭사이언스〉, 〈몬산토〉, 〈신젠타〉, 〈파이오니어 하이-브레드〉 등이 있다. 〈록펠러 재단〉 등 민간 재단의 후원도 받는다.[12]

WEMA 프로젝트 자체도 〈몬산토〉와 독일 화학 그룹 〈바스프BASF〉 등, 유전자 변형 작물 업계에서 자금 지원을 받고 있다. 〈몬산토〉는 자사 전문가들과 자사가 소유권을 가지고 있는 생식질, 그리고 〈바스프〉와 함께 개발한 "가뭄에 저항력이 큰"(혹은 가뭄에 저항력이 크다고 그들이 주장하는) 이식 유전자를 제공한다.[13]

〈몬산토〉와 〈바스프〉의 조합이 좀 뜻밖으로 보일 수도 있다. 시장에서 〈바스프〉와 〈몬산토〉는 경쟁 관계에 있기 때문이다. 이를테면 〈바스프〉의 유전자 변형 캐놀라(자사의 제초제 '클리어필드'에 내성이 있는)는 시장을 지배하고 있는 〈몬산토〉의 라운드-업 레디 캐놀라에 맞서 점유율을 늘려 가려 하고 있다. (그래도 〈몬산토〉는 여전히 세계 유전자 변형 작물 시장의 절대 강자다. 〈몬산토〉의 유전자 변형 옥수수, 면화, 대두, 캐놀라는 전 세계 유전자 변형 작물 경작지 중 90퍼센트에서 재배된다.[14]) 하지만 이런 식의 제휴 관계는 두 회사 모두에게 시장 확대의 기회가 될 수 있다. 그리고 〈바스프〉는 다른 제품들이 매출에서 고전을 겪고 있기 때문에 농업 사업 부문을 확장하는 데 관심이 크다.[15]

WEMA가 진행 중인 프로젝트의 결과가 언제 나올 예정인지 물어보았다. WEMA 대변인 그레이스 워초로Grace Wachoro는 첫 번째 가뭄 저항성 작물을 미국 당국에 제출했으며 2013년에 상업화될 수 있을 것으로 기대한다고 말했다.[16]

하지만 업계 임원 중에도 농업 생명공학이 빠른 시일 내에 실질적인 결과물을 낼 수 있을 거라는 전망에 회의적인 사람들이 있다. 또한 이들은 현재까지 개발된 품종이 미래의 불안정한 기후에 거의 도움이 되지 않을 것이라는 점도 인정하고 있다. 2008년 여름, 〈신젠타〉의 마틴 테일러 회장은 유용한 유전자 변형 작물이 개발되어 테스트를 마치는 데는 20년이 걸릴 것이라고 내다봤다. 테일러 회장은 현존하는 유전자 변형 작물들은 "대체로 북반구의 기후와 화학물질과 해충을 염두에 두고 개발된 것이기 때문에 미래에는 적절하지 않을 것"이라고도 말했다.[17]

업계가 약속한 대로 10년 안에 가뭄에 저항력 있는 작물이 나온다고 쳐도 너무 늦기는 마찬가지다. 우리는 5년을 기다릴 시간도 없다. 이미 세계의 여러 지역이 심각한 가뭄을 겪고 있다. 소규모 농민들은 이미 고통을 받고 있다. 그렇다면 우리는 지금 당장이라도 잘 작동할 수 있는 해결책을 장려해야 하지 않겠는가? 그리고 유전자 변형 기술의 공허한 약속에 대해서는 문제를 제기해야 하지 않겠는가?

잭 하이네먼Jack Heinemann이 바로 그렇게 하고 있는 사람 중 한 명이다.

유전자 변형 기술의 문제점

"여러 가지 환경 악재에 저항성이 있다고 하는 유전자 변형 작물들(가뭄에 저항성이 있거나 홍수에 잘 버티거나 한다는 품종들)은 아직 약속일 뿐이고, 실제 제품으로 개발되어 있지는 않다. 상업적인 유전자 변형 작물이 존재한지가 10년이나 되었고, 유전자 변형 작물을 연구한지는 25년이나 되었는데도 말이다." 앞서 언급한「발전을 위한 농업, 지식, 과학, 기술에 대한 국제 평가(IAASTD)」보고서의 저자 수백 명 중 한 명이며, 유전자 생태학 전문가인 하이네먼은 이렇게 설명했다.

하이네먼은 뉴질랜드 캔터베리 대학의 분자생물학 교수이며 미 국립 보건원(National Institutes of Health, NIH)과 함께 일하기도 했다. 하이네먼은 유전자 변형 작물에서 일반 작물로의 유전자 전이와, 작물 특성(가뭄 저항성 등)의 유전 등에 대해 연구한다.

"가뭄이나 그 밖의 악조건(너무 많은 물이나 너무 많은 염분 등)에서 식물이 버티는 능력은 [인위적으로 조절하기에는] 매우 복잡한 특성입니다." 하이네먼은 뉴질랜드의 연구실에서 내게 이렇게 설명했다. 현재까지 나와 있는 상업화된 유전자 변형 작물들은 비교적 단순한 형태인데, 이를테면 한 가지 종류의 제초제에만 내성이 있거나 한 가지 종류의 살충 단백질에만 면역이 있도록 개발된 것이다.

화학 농업을 하는 농민들은 일반적으로 농업 기업에서 '기술 패키지'를 구매한다. 종자와 그 종자가 내성을 가지고 있는 제초제를 함께 구입하는 것이다. 해당 제초제에 내성이 있는 작물을 심고, 작물이 자라는 동안 그 제초제를 뿌려서 그 작물을 제외한 다른 식물을 죽이는 방식이다. 2007년에 유전자 변형 작물이 재배되는 경작지의 약 3분의 2는 제초제 내성 작물이었고, 나머지는 [살충 단백질을 삽입한] 해충 저항성 작물과 제초제 내성과 해충 저항성을 모두 가진 '다중 형

질 작물' 이었다.[18]

하이네먼은 이렇게 설명했다. "어떤 생명체에 하나의 유전자를 집어 넣어서 특정한 성질을 나타내도록 하는 것은, 그 생물체더러 전혀 생소한 물리적 환경에서 살아남으라고 요구하는 것과는 다릅니다. 그런데 가뭄 저항성이나 염분 저항성과 같은 특성은 후자에 해당하죠." 제초제나 살충 단백질에 견디는 것과 달리, 가뭄에 대해 저항성을 갖는 것은 매우 섬세하고 미묘한 역할을 수행하는 수많은 유전자의 복합적인 작용이 있어야 가능하다. 과학자들은 아직까지 그런 저항성을 갖게 하려면 얼마나 많은 유전자를, 혹은 어떤 유전자를 조작해야 하는지에 대해서조차 알아낸 바 없다.

설사 이런 저항성을 개발하는 데 성공했다 해도, 이는 통제된 실험실에서나 통할 뿐이다. 하이네먼은 "악조건에서 잘 견디는 능력은 여러 반응들의 상호작용으로 달성되는 것이며, 그 식물은 [실험실이 아니라] 환경에 적응해야 한다"고 강조했다. 식물을 실험실에서 꺼내 실제 세계에 갖다 놓으면 이야기가 완전히 달라지는 것이다. 그리고 실제 환경 속 여러 가지 영향들이 궁극적으로 식물에 어떻게 영향을 줄지 예측하는 것은 거의 불가능하다. 따라서 유전자 변형 작물이 실제 밭에서 안정적으로 가뭄에 대한 저항력을 가질 것이냐는 질문에는 여전히 답하기 어렵다. 하이네먼은 "실제 환경에서 작물 특성들 간의 관계를 바꾸기 시작하면 우리는 매우 예측이 불가능한 행동 패턴을 얻게 될 것"이라고 말했다.

또한, 〈우려하는 과학자 연합〉의 더그 구리안-셔먼은, 유전자를 조작해 개입하면 유전자들이 복잡하게 상호작용을 하면서 식물에 의도하지 않은 결과를 유발할 수 있다고 경고했다. "바람직하지 않고, 가뭄 저항성과는 상관도 없는" 결과들을 말이다.

하이네먼은 가뭄에 오래 견딜 수 있는 유전자 변형 작물을 만들 수 있느냐

없느냐의 문제에만 의구심을 갖고 있는 게 아니다. 기업의 제도적 특성에도 우려할 만한 문제가 있다. 하이네먼은 "바뀐 '지적 재산권법'은 DNA의 일부와 그 DNA를 포함한 작물을 소유하는 것을 허용하기 때문에, 농업 분야에서의 혁신이 종자 개발자에서 농약 제조자로 옮겨 가게 된다"고 설명했다. "유전자 변형 작물을 만드는 회사는 육종 기업이 아니라 농화학물질 기업입니다. 화학 회사인 것이죠."따라서 농업은 점점 더 우리 모두에게 가장 좋은 것이 무엇이냐는 판단이 아니라 자사의 제품을 팔아 이윤을 내려는 화학 회사들의 동기에 좌지우지된다.

하이네먼은 유전자 변형 작물의 근본적인 오류에 대해서도 우려한다. 유전자 공학 분야는 유전자의 본성에 대해 잘못된 개념에 기반하고 있기 때문이다. 하이네먼뿐 아니라 많은 사람들이 유전자 변형 작물 내세우는 약속(혹은 전제)에 대해, 또 기후변화가 우리의 생태계를 점점 더 위태롭게 만드는 이 시기에 유전자 변형 작물을 위험하게 밀어붙이는 것에 대해 문제를 제기하고 있다.

중심원리 뜯어보기

1960년대 이래로, 유전자, 그리고 정보가 유전자들 사이로 전달되는 방식에 대한 우리의 이해는 분자생물학의 '중심 원리'라는 것에 토대를 두고 있다. 이는 노벨상을 받은 프랜시스 크릭Francis Crick의 덕이다.

크릭은 1958년에 내놓은 논문과 그 이후의 여러 저술에서 이 개념을 정교화했는데, 생명체의 DNA에 있는 생물학적 정보는 (사람이건 햄스터건 고추건 간에) RNA를 통해서 단백질로 옮겨진다고 주장했다. 분자생물학적으로 말하자면, 유전자 정보는 일방향으로 전달된다.

　　"유전자들은 각각 생명체의 해당 형태나 기능을 직접적으로 형성하는 단백
질들로 해독, 혹은 표현된다는 것이 그 중심원리다."버클리 캘리포니아 대학의
미생물 생태학 교수이자 유전자공학 전문가인 이그나시오 차펠라Ignacio Chapela
의 설명이다. 중심원리는 단백질들이 세포, 그리고 궁극적으로는 해당 생명체의
기능을 작동시키는 "톱니이자 모터"라고 본다. 정보가 어떤 식으로 전달되는지,
그리고 단백질이 어떤 식으로 기능하는지에 대한 이러한 가정은, 지적인 비약을
약간만 거치면 유전자들 각각의 특성을 정확하게 파악해서 해당 특성을 깔끔하
고 반듯하게 썰어 낼 수 있다는 가정으로 이어진다. 농업 생명공학은 이러한 중
심원리에 기초를 두고 있다. 한 생물종의 유전자에서 정확히 원하는 부분을 떼어
다가 다른 생물종에 깔끔하게 이식하면 복제하고 싶은 기능을 복사하듯이 만들
어 낼 수 있다고 가정하는 것이다. 변형된 생물종에서 피드백 반응이나 예기치
못한 반응 같은 것은 일어나지 않는다고 본다. 의도치 않은 결과가 있다는 것을
과학자들이 인정한다 해도(인정하는 과학자도 있다), 유전자공학 과학자들은 그런
결과들이 우리가 잠 못 이루고 걱정해야 할 만큼 심각하지는 않으며, 전체적인
유전자공학 연구에 의문을 제기할 만큼 중요하지도 않다고 주장한다.

　　다 좋은데, 문제가 딱 하나 있다. 유전자가 이런 식으로 움직이지 않는다는
점이다.[19] 이미 수십 년 전에, 과학자들은 유전자의 정보 전달이 일방향으로 이뤄
지지만은 않는다는 사실을 밝혔다. 정보는 DNA에서만 나오는 게 아니라 RNA를
통해 단백질에서부터 DNA로, 역방향으로 전달되기도 한다.[20] 그리고 DNA가 단
하나의 형질 단백질 발현만을 지시하는 것도 아니다. 상황에 따라, 동일한 DNA
조각이 그 생명체에게 완전히 다른 효과를 일으킬 수도 있다. 생물학자 베리 커
모너Barry Commoner는, 이것이 어떻게 인간이 "겨자 풀과 비슷한 개수의 유전자
(약2만 6천 개)만 가지고서도, 그리고 초파리나 원시적인 벌레의 유전자 개수보다

고작 두 배 많은 유전자만 가지고서도 이렇게 복잡한 생명체가 되었는지"를 설득력 있게 설명해 주는 것이라고 말한다.[21]

게다가 RNA도 매우 복잡하다. 고등학교 생물시간에는 RNA가 유전자 정보를 DNA에서 단백질로 성실히 전달하기만 하는 우편배달부라고 배웠지만, 사실 RNA는 단백질처럼 행동할 수도 있고 DNA처럼 행동할 수도 있으며 심지어는 DNA가 서로 다른 시점에 어떻게 발현될 것인지에 영향을 미칠 수도 있다.

차펠라는 이렇게 설명했다. "DNA와 RNA에는 그 자체의 규칙에 따라 움직이는 세계가 있다. 1960년대에 성립된 중심원리가 설명하는 형태나 기능과는 아무 상관없는 방식으로 움직이는 세계가 말이다."[22]

중심원리가 잘못되었다는 말은 유전자 변형 농업이 남발하는 약속의 기초가 잘못되었다는 말이다. 이런 이유로, 유전자 변형 작물에 대한 의구심은 어떤 특정한 유전자 변형 작물이 가뭄 저항성을 가질 수 있느냐 아니냐보다 더 깊고 심각하다. 유전자 변형 기술 자체의 과학적인 기반에 문제를 제기하는 것이기 때문이다. 연구자들이 통제할 수 있는 실험실을 벗어나 유전자 변형 기술이 밭으로, 또 우리의 식품 공급망으로 나왔을 때 이미 벌어지고 있는 의도치 않은 결과들은, 이 기술의 과학적 기반에 문제가 있기 때문에 발생하는 것이라고 볼 수 있다. 그래서 의도치 않은 결과가 발견될 때마다 과학자들은 점점 더 많이 우려한다.

차펠라는 이렇게 말했다. "한 세기의 3분의 1에 해당하는 시간과 3,500억 달러가 넘는 돈을 들였는데도, (…) 아직 유전자 변형 생물보다는 허리케인이 더 예측 가능하고 산불이 더 통제 가능하다."[23]

1999년 10월의 어느 새벽, 차펠라는 전화벨 소리에 잠에서 깼다. 그의 제자인 대학원생 데이비드 퀴스트가 멕시코에서 건 전화였다. 퀴스트는 예상치 못한 소식을 알려왔다.

그날 퀴스트는 차펠라가 10년 넘게 연구 활동을 해온 오악사카의 시에라 노테에서 워크숍을 준비하고 있었다. 진균학을 전공한 차펠라는 토착 주민들과 제휴해 연구와 여러 활동을 해 왔다. 한번은 토착 주민과 함께 결성한 〈우니온 사포테카 치난테카 데 코무니다데스 포레스탈레스〉에 일본 기업인이 연락을 해 왔다. 이 지역의 우림에서 자라는 어떤 버섯에 관심이 있다는 것이었다. 관심이 보통 있는 정도가 아니었다. 이들 일본 수입업자들은 마추타케, 즉, 송이버섯에 파운드당 최대 500달러까지 지급하겠다고 제안했다.

"마을 사람들은 일본인 수입업자들이 약물 거래인이라면 엮이고 싶지 않다고 나에게 연락을 해 왔어요. 단지 먹을 것에 그만한 돈을 내겠다는 사람들을 이해할 수 없었던 거지요." 일본 기업인들이 그 버섯을 "식용 목적으로만" 판매할 것이라는 것을 확인하고서 차펠라는 이 두 그룹 사이에서 거래 중개인 역할을 했다.

이 첫 프로젝트 뒤에, 차펠라는 마을 사람들에게 그 마을이 가진 공동 자원의 가치를 알리는 일을 계속했다. 마을 사람들이 그들이 가진 공동 자원을 보호하고, 지키고, 또 그것에서 이득을 얻을 수 있도록 말이다. 차펠라와 일하면서, 마을 사람들은 이곳 토착 식물이 매우 풍부한 다양성을 가지고 있으며 이러한 다양성이 다양한 종자를 공급하는 중요한 자산이라는 사실을 알게 되었다.

1990년대 말이던 그 시절에는, 상품화된 유전자 변형 작물은 주로 미국 이야기였다. 멕시코는 유전자 변형 옥수수를 심지 못하도록 정부가 금지하고 있었다. 하지만 심을 수 있는 곳이 있었는데, 상당한 면적에 달하는 〈국제 옥수수와 밀 향상 센터〉의 실험용 밭이었다. 그리고 많은 멕시코 사람들이, 자신들이 원하든 원치 않든, 언젠가는 (아마도 꽤 금방) 상업화된 유전자 변형 옥수수가 멕시코에도 들어올 것이라고 예측하고 있었다.

"마을 사람들은, 자신이 스스로 판별할 능력을 갖추지 못하면 유전자 변형 작물이 들어와도 그것을 알아차리지 못할 것이라는 점을 분명히 알게 되었어요." 그래서 차펠라는 대학원생 퀴스트와 함께, 마을 사람들이 유전자 변형 작물 오염이 발생했는지 알아낼 수 있도록 유전자 변형 물질 판별법을 알려 주는 워크숍을 열기로 했던 것이다.

차펠라가 설명했다. "그때 우리는 아직 오염이 발생하지 않았을 것이라고 생각했어요. 〔유전자 변형 작물 기업들은〕 유전자 변형 종자가 환경으로 방출되는 일은 없을 거라고 광고했는데, 그 광고가 너무 대대적이어서 나도 그걸 믿었던 것 같아요."

워크숍 전날 밤, 퀴스트는 다음날 워크숍이 순조롭게 진행되도록 확실하게 준비하기 위해 시험 삼아 유전자 변형 물질 추적 실험을 해 보았다. 그리고 차펠라의 전화가 울렸다.

"문제가 생겼어요. 음성으로 나와야 할 통제군 표본에서 양성 반응이 나옵니다."

워크숍의 실험은 하나의 양성 표본(〈델몬트〉 옥수수 캔. 여기에는 확실하게 유전자 변형 옥수수가 들어있다)과 그 마을에서 채취한 다른 표본들을 비교해 보는 식으로 진행할 예정이었다. 차펠라와 퀴스트는 이 외진 곳에서 채취한 옥수수는 아마 세상에서 가장 순수한 축에 들 옥수수 종자일 거라고 생각했다.

"우리는 그냥 근처의 밭에 나가서 표본을 좀 수거해 오면 될 일이라고 생각했어요. 그것들은 분명히 음성 반응이 나올 것이라고 생각했죠. 그게 우리의 실수였어요." 순수한 품종이어야 할 인근 밭의 옥수수 표본 9개 중 6개에서 양성 반응이 나왔다. 유전자 변형 옥수수에 오염되어 있었던 것이다.

이 사실을 알고는 둘 다 너무나 놀랐다. 매우 큰 논쟁을 불러일으킬 내용이었기 때문에, 차펠라와 퀴스트는 결과에 백 퍼센트 확신할 수 있도록 4개월에 걸쳐 추가 실험을 했다. 그러고서 그들은 이 결과를 『네이처』에 발표했다.[24] 이 논문은 멕시코 전역에, 그리고 국제적으로도 큰 충격을 던졌다. 유전자 변형 옥수수가 **이미** 멕시코에 나타났다면, 오염이 더 광범위하게 퍼질 수도 있다는 말이 아닌가?

이들의 발견은 실제로 매우 많은 논란을 불러 일으켰고, 수많은 반론과 공격도 이어졌다. 온라인상의 중상과 비방 사건도 있었다. 나중에 이는 유전자 변형 작물 업계가 고용한 홍보 전문가들의 짓으로 밝혀지긴 했지만, 이런 비방이 압력이 되었는지 『네이처』는 차펠라와 퀴스트의 논문을 철회한다고 발표했다.[25]

하지만 차펠라와 퀴스트의 발견은 이상 현상도 아니었고, 예측할 수 없는 일도 아니었다. 작물 간 유전자 오염은 잘 알려져 있고, 특히 옥수수는 오염 가능성이 크다.[26] 차펠라는 이렇게 설명했다. "식물이 번식을 할 때 유전적 물질이 교환되는 정도는 식물에 따라 크게 다르다. 그런데 옥수수는 이 스펙트럼에서 극단에 속한다. 꽃가루 수정을 하는 곡물은 교차 오염이 일어날 기회가 아주 많다."

멕시코 옥수수의 경우에는, 1994년 "북미자유무역협정"이 체결된 뒤 미국 옥수수가 대거 수입된 것이 오염의 가장 큰 원인일 것이다. 수입 옥수수는 종자가 아니라 곡물 형태로 들어오지만, 차펠라는 이 구분이 그리 분명하지 않다고 말했다. "사람들은 먹는 것을 심고, 심는 것을 먹지요." 따라서 수입된 옥수수를 심는 것은 이상한 일이 아니다. 그리고 이런 옥수수 중 유전자 변형이 된 것은 밭을 오염시킨다.

이러한 오염을 우리가 왜 걱정해야 할까? 생물 다양성에서부터 작물 산출까지 모든 것에 영향을 주기 때문이다. 이 문제의 심각성을 이해하기 위해, 미국의 사례를 하나 이야기해 보자.

칡

내 대학 친구들이 스페인에서 r발음을 잘 굴리는 법을 배우고 있을 때, 혹은 프랑스의 고약한 냄새가 나는 치즈에 맛을 들이고 있을 때, 혹은 브라질에서 카포에이라[*]를 연마하고 있을 때, 나는 3학년의 어느 기간을 켄터키 주의 하란 카운티에 있는 작은 학교에서 아이들을 가르치며 보냈다. 깊은 브이자형 계곡 안에 있는 파인 마운튼 세틀먼트 학교에서 나는 일주일 동안 시골 생활에 푹 파묻힐 수 있었다. 우리는 아이들에게 양털을 빗질하는 법, 나침반 읽는 법, 무해한 검은 채찍뱀과 위험한 독사를 구별하는 법 등을 가르쳤다.

하루의 일과가 끝나면, 나는 좁은 시골길을 터덜터덜 걸어서 칡으로 둘러싸인 방 하나짜리 오두막으로 돌아왔다. 내 숙소 근처뿐만이 아니라 계곡 전체에 칡이 아주 많았다.

남부 사람이라면 칡을 잘 알고 있을 것이다. 하지만 캘리포니아 사람인 나는

---

[*] 브라질 전통 무술. 옮긴이

칡에 대해 들어본 적이 없었다. 이 초록색의 덩굴식물은 일본과 중국이 원산지다. 미국에는 1800년대 말에 들어왔는데, 주로 관상용으로만 사용되었다. 그러다 누군가가 칡이 침식 방지에 효과적으로 사용될 수 있다는 사실을 알아냈고, 이리하여 칡 위기의 싹이 태어났다.

대공황 기간 중에, 그리고 그 뒤에도 공공사업 촉진국은 미국인 수백만 명을 대규모 공공 사업에 고용해 도로를 건설했는데 여기서 칡은 매우 중요하게 쓰였다. 남부 전역에서, 칡은 건설되는 도로 옆의 침식을 방지해 주었다.

하지만 문제가 있었다. 칡은 뜨겁고 습하고 축축한 남부 기후를 좋아하기 때문에 걷잡을 수 없이 번식했다. 1953년이 되자 농무부는 오랜 친구 칡에 대한 태도를 180도 바꾸었다. 하룻밤 사이에 칡은 애국적인 식물에서 공식적으로 해로운 잡초가 되었다. 수십 년이 지난 지금도 이 끈질긴 식물은 여전히 켄터키 주의 골짜기를 계속해서 파고든다.

칡은 '체계'를 생각하지 않은 채로 생태계에 개입할 때 발생할 수 있는 '의도치 않은 결과'를 보여 준다. 복잡한 체계를 단순화해서 분해하는 것으로 당장의 위기에 잘 대처할 수 있다고 맹목적으로 믿게 되면 체계를 고려하지 않게 된다. 그리고 체계를 무시하면 내재되어 있는 상호 연관성에 눈을 감게 된다.

기후변화는 우리 인간 종이 직면한 어려움 중 가장 복잡한 축에 속할 것이다. '해체해서 해결하자'는 식의 접근은 현대판 칡을 찾으라고 우리를 유혹한다. WEMA의 가뭄 저항성 작물처럼 기후변화의 위험에 잘 견딘다고 하는 유전자 변형 작물들이 현대판 칡이 될 수도 있는 것이다.

호주와 뉴질랜드의 조인트 벤처인 〈그라미나Gramina〉가 공언한 약속을 생각해 보자. 〈그라미나〉는 지구온난화로 더워진 환경에서 잘 견딜 수 있는 유전자 변형 풀을 만들겠다고 했다.[27] 그 풀의 개발자들에 따르면, 소가 그 풀을 먹으면 또 한가지 이점이 생긴다고 한다. 이 풀이 특정한 효소의 발현을 막도록 고안되었기 때문에, 소가 소화를 더 잘 시켜 메탄 트림을 더 적게 내놓도록 할 수 있다는 것이다.[28] 하지만 몇몇 과학자들은 벌써부터 경고를 하고 있다. 이 회사가 메탄을 **감소시키도록** 고안했다는 그 풀의 유전자 변화는 위장 내 환경을 더 산성화하는 연쇄 작용을 촉발할 수 있고, 그러면 오히려 **더 많은** 메탄이 방출될 지도 모른다는 것이다.[29]

어떤 결과가 나올지 확실히 밝혀지지 않았는데도, 최근 〈그라미나〉는 연구를 실험실에서 밭으로 옮겨 진행한다고 발표했다. 우리는 이 새로운 풀에 들어있는 "더 극단적인 기후에 견디는 능력"이 토종 풀을 몰아낼 가능성은 없는지도 질문해야 한다. 이 풀이 21세기의 칡이 되면 어떻게 할 것인가? 〈그라미나〉는 밭에서의 실험은 제한된 구역에서만 이뤄질 것이라고 장담했다. 하지만, 오리건 주 사람들에게 물어보면 대번에 진실을 알 수 있다. 오리건 주에서 진행되는 필드 실험은 실험용 풀밭의 울타리를 뛰어 넘었고, 유전자 변형 풀은 오리건 주 전체에 퍼지고 있다.[30]

이전의 실수에서 (이를테면 칡에서) 배울 점이 있다면 이런 것이다. '기후변화를 해결하기 위해 우리가 빨리 나서야 하는 것은 맞지만, 우리의 행동이 체계의 흐름에 미칠 영향을 잘 파악하지 않은 채로 빨리 나서서는 안 된다.' "해체해서 해결하자" 대신 웬델 베리가 말한 "연관과 흐름을 생각해서 해결하자"로 접근하면 어떻겠는가? 연관과 흐름을 생각해서 해결하는 접근법은 상호연관을 무시하지 않고 연관성에 집중하는 방식이다. 먹거리 체계와 기후의 상호 작용을 파악하면서 우리가 할 수 있는 것들을 하자는 것이다.

내가 "연관과 흐름을 생각해서 해결하는" 방식을 지지하는 이유는, 이것이 우리가 진화해 온 방식이고 지속 가능한 농업이 작동하는 방식이며, 우리의 심각한 사회적, 환경적, 경제적 문제를 가장 잘 다룰 수 있는 방법이라고 생각하기 때문이다. 바이오 연료 지지자들이나 유전자 변형 작물 지지자들이 공언하는 것과는 달리, 기후 위기를 테크놀로지를 통해 깔끔하게 해결할 수 있는 길은 없을 것이다. 물론 우리는 여러 가지 실험을 해 볼 수 있다. 하지만 실험을 하면서도 칡을 항상 기억해야 한다. 이익이 있을지도 모르지만, 예상치 못한 재앙을 가져올 수도 있다는 점을 말이다.

유전자 변형 작물의 어리석은 여파

유전자 변형 작물들이 상업화되기 시작한 1990년대 이래로, 전 세계의 과학자들은 유전자 변형 작물이 환경과 상호작용하는 방식에 대해 여러 가지 우려할 만한 점들을 지적해 왔다.[31] 그런데, 이런 우려들은 아직 규제 당국의 활동에는 반영되지 못하고 있다. 기업 기밀이라는 주장을 업고 회사들이 정보를 숨기는 것이 한 가지 이유다. 〈미국 국립 과학 아카데미National Academy of Sciences〉는 2002년에 유전자 변형 작물에 대한 농무부의 감독 권한을 다룬 보고서에서, "기업 기밀" 주장 때문에 〔기업활동에 대한〕 외부의 감독·평가와 의사 결정 과정의 투명성이 저해된다"고 결론 내렸다.[32] 〔식품안정성이〕 취약한 아프리카 지역에 유전자 변형 작물 업계가 새로운 유전자 변형 품종을 장려하면서 이 우려는 더 깊어지고 있다. 어떤 우려들이 있는지 몇 가지를 살펴보자.

• **잡초 속으로:** 유전자 변형 작물이 등장한 이래, 과학자들은 작물에 삽입한 〔제초제 내성〕 특질이 제초제에 내성을 갖는 잡초들까지 육성하는 결과를 만들 수

있다고 우려했다. 그렇게 되면 잡초 통제가 어려워져서 잡초가 토착 품종들을 몰아낼지도 모른다.

잭 하이네먼은 이렇게 설명했다. "과거에는 농민들이 다양한 화학적 통제 방식과 수작업 통제 방식을 함께 사용했기 때문에 어떤 잡초라도 이 모든 방식에 동시에 내성을 키우기는 어려웠습니다. 하지만 산업화로 〔통제 방식이〕 너무 단순화되면서 농업 생태계는 결과적으로 더 취약해져 버렸지요."

캐나다의 캐놀라 밭에서부터 호주의 농장에까지, 이미 제초제에 내성이 있는 잡초들이 생겨나고 있다.[33] 아마도 제초제 글리포세이트의 경우가 이 문제를 가장 잘 보여 주는 사례일 것이다. 유전자 변형 작물이 도입되기 이전에는, 글리포세이트 내성 잡초는 큰 문제가 아니었다. 그러나 유전자 변형 작물 재배에 이 제초제가 널리 쓰이면서 유전자 변형 작물이 재배되는 주요 지역 모두에서 글리포세이트 내성을 가진 잡초가 생겨났다.[34] 미국에는 현재 글리포세이트 내성이 있는 잡초가 여러 종류 있으며, 이런 잡초들이 많게는 수백만 에이커를 덮고 있다.[35] 자연적으로 글리포세이트에 내성이 강한 잡초도 더 많이 퍼지고 있다. 그래서 농민들은 글리포세이트를 이제 더 많이, 더 자주, 더 많은 면적에 뿌린다. 이렇게 해서 글리포세이트는 미국에서 가장 많이 쓰이는 제초제가 되었는데, 이는 문제를 더욱 악화시킨다.

그러면 아프리카의 경우 이 문제가 어떻게 전개될 수 있는지 살펴보자. 가뭄에 저항력이 있는 옥수수 품종을 만들 수 있다고 치자. 그런데 이런 저항성이 아프리카의 잡초에도 옮겨진다고 생각해 보자. 예전에는 옥수수를 별로 위협하지 않던 잡초들이 (새 옥수수가 자라게 될) 가뭄이 잦은 환경에 적응한다고 생각해 보자. 너무 심한 비약 같은가? 그렇지 않다. 옥수수와 아프리카의 토종 잡초에서 같은 종류의 바이러스들이 이미 발견되었는데, 이 바이러스들은 생명체들 사이에 전이될 수 있는 것들이었다.[36] 이런 시나리오대로라면 우리는 '슈퍼 잡초'라고 부를 만한 것을 갖게 될 수도 있다. 하이네먼은 우리가 내일의 문제에 대한 답이라고 생각한 바로 그 특성이 "모레 그 기술을 잃게 만드는 원인이 될 수도 있다"고 경고했다.

• **슈퍼 해충의 등장**: 그리고 해충이 있다. 유전자 변형 작물의 장밋빛 약속 중에는 살충제 사용을 줄여 준다는 약속도 있다. 하지만 유전자 변형 작물이 도입된 이후로 오히려 살충제 사용이 증가하고 있음을 보여 주는 연구 결과들이 속속 나오고 있다. 중국의 목화 재배농을 조사한 연구에 따르면, 유전자 변형 작물이 도입되고 나서 7년 후에 조사해 보니 농민들은 도입 이전과 비슷한 양의 농약을 쓰고 있었다. 이는 주로 예전에는 크게 문제가 되지 않았던 해충이 갑자기 증가하는 '2차 해충' 문제 때문이었다.[37] • 연구자들은 유전자 변형 작물 재배 지역에서 발생하는 2차 해충의 위기가 "일부 해충을 비교적 무해한 것에서 상당히 파괴적인 것으로 만드는 세계적인 문제를 야기했다"고 언급했다.[38]

• **산출 방해의 문제**: 유전자 변형 작물 업계의 장밋빛 약속 중에 전지전능한 산출에 대한 맹세를 빼놓을 수 없다. 1998년에 〈몬산토〉의 최고 경영자 헨드릭 버파이에는 "유전자 변형 기술 덕분에 우리는 식품을 더 많이 생산할 수 있으며, 더 건강에 좋은 식품을 생산할 수 있을 것"이라고 말했다.[39] 유전자 변형 작물의

● 이곳에서 재배된 목화는 살충 성분인 BT 독소를 지니고 있어서 목화다래벌레에 강한 'BT 목화'였다. 첫 3년간은 살충제 살포 횟수와 양이 모두 크게 줄었다. 하지만 7년이 지난 뒤에는 BT 목화 도입 이전과 비슷한 수준으로 살충제 사용량이 다시 증가했다. BT 목화가 한 종류의 해충만을 염두에 두고 개발되었기 때문에, BT 목화 도입 이후 살충제 사용이 줄자 이전에는 문제가 되지 않았던 다른 해충이 크게 증가했던 것이다. 7년 뒤, 연간 살충제 사용량은 결국 줄지 않았고, BT 목화 종자는 일반 목화 종자보다 비싸기 때문에 농민들은 오히려 비용을 더 많이 들이게 되었다. 옮긴이.

홍보물들은 여전히 이 약속을 되풀이하고 있다. 이를테면, 〈몬산토〉의 광고는 이렇게 말한다. "더 많이 생산하기, 더 많이 보존하기, 농부의 삶을 향상시키기, 이것이 지속 가능한 농업입니다. 그리고 이것이 〈몬산토〉가 하는 일입니다." 〈몬산토〉가 이런 일을 한다는 증거는 아직 나오지 않았지만.[40]

찰스 벤브룩Charles Benbrook 박사는 각지의 대학 연구팀이 1998년에 진행한 8,200건의 대두 품종 실험 결과를 분석했는데, 〈몬산토〉의 '라운드업 레디' 대두에서 평균적으로는 5퍼센트, 많은 경우에는 10퍼센트의 산출 방해가 발생했음을 발견했다.[41] 벤브룩은 이렇게 설명했다. "미래에 육종을 강화시켜 되돌리지 않는다면, 이번에 발견된 대두 생산량의 감소는 유전자 하나를 조작한 작물에서 발생한 산출 감소 중 가장 심각한 사례가 될 것이다."[42]

유전자 변형 작물이 초기 몇 년 간은 약간의 산출 증가를 가져왔다가 곧 다시 떨어졌다는 연구 결과들도 있다. 어떤 경우에는 처음 수준보다도 아래로 떨어졌다. 일부 연구자들은 특정한 유전자 변형 작물이 내놓는 BT균이 이러한 산출 방해 요인이 아닐까 의심한다. BT균은 토양에 축적되어 계속해서 영향을 미칠 수 있다. 연구자들은 이러한 독소가 건강한 토양에 있는 풍부한 미생물을 교란하고 비옥도를 해쳐서, 유전자 변형 지지자들이 달성하려고 분투하는 '생산성'이라는 성배를 해칠 가능성은 없는지에 대해 연구하고 있다.[43]

유전자 변형 작물의 산출 문제는 또 다른 관점에서도 생각해 볼 수 있다. 밭에서 산출되는 먹거리의 양은 중요하다. 하지만 우리의 입으로 들어오는 먹거리의 양도 중요하다. 승인되지 않은 유전자 변형 식품이 식품 공급망에 들어왔다가 대규모 리콜되는 사태가 여러 번 있었다. 이것도 '산출 방해'에 포함되어야 한다. 이런 작물들은 결국 쓰레기가 되기 때문이다. 2001년에 있었던 스타링크 옥수수 리콜을 생각해보자. 〈신젠타〉의 유전자 변형 옥수수 작물인 이 품종은 동물 사료용으로만 승인되었는데, 사람이 먹는 식품 공급망에 들어왔다. 이 일로, 타코 셸 50만 상자, 〈콘아그라〉 옥수수 제품 70만 킬로그램, 채식 옥수수 핫도그 44만 1,206상자, 칠리 믹스 8만 2,008킬로그램 등이 리콜됐다.[44]

• **생물 다양성 손실**: 또 하나의 큰 문제는 유전자 변형 작물의 확산이 생물 다양성에 위험한 영향을 미칠 수 있다는 점이다. 우선, 작물 다양성이 줄어든다. 2007년에 단지 세 개의 유전자 변형 작물이 전체 유전자 변형 작물 경작지의 95퍼센트를 차지했다. 유전자 변형 대두가 경작지의 51퍼센트, 옥수수가 31퍼센트, 면화가 13퍼센트, 캐놀라가 5퍼센트였다.[45] 또한, 일반 품종이 유전자 변형 품종으로 오염되는 것도 다양성을 위협한다.

심각하고 극단적인 기후변화의 시기에 직면한 우리에게는 생물 다양성이 절실히 필요하다. 이그나시오 차펠라는 "기후변화란, 예측이 불가능해지고 여러 가지 어려움이 발생할 수 있다는 의미"라고 말했다. "우리는 최대한 다양한 작물을 가져야 합니다. 그것이 유일하게 가능한 해답입니다. 자연의 도전이 어떤 것일지 우리는 모르기 때문이죠."

유전자 변형 작물은 농민이 심는 (혹은 심지 않는) 작물뿐 아니라 죽이는 작물을 통해서도 생물 다양성에 영향을 준다. 잡초는 흔히 나쁜 것으로만 여겨지지만, 농장에서 중요한 역할을 하기도 있다. 벌들은 잡초의 즙과 꽃가루로 살아간다. 새들은 잡초의 씨앗으로 살아간다. 해충 퇴치에 도움을 주는 지렁이는 잡초들 사이에서 살아간다. 그 밖에도 잡초는 여러 가지 역할을 한다.[46] 영국은 정부 주도로 3년간 필드 실험을 한 적이 있는데, 제초제에 내성이 있는 유전자 변형 캐놀라, 비트, 옥수수를 심었기 때문에 무차별적으로 제초제를 뿌렸다. 이 실험 결과, 아마도 그리 놀랄 일도 아니겠지만, 제초제 때문에 생물 다양성이 심각하게 줄었고, 안 좋은 파급 효과도 많이 일어났다. 제초제가 벌 개체 수에 영향을 미쳤고, 그에 따라 꽃가루 수분을 해 주는 매개자가 줄어서 수분을 하는 식물들도 줄었으며, 따라서 생물 다양성이 줄어든 것이다.[47]

하이네먼은 이렇게 강조했다. "세계는 우리가 수확하는 작물에만 의존하는 것이 아닙니다. 세계는 많은 다른 종류의 식물, 동물, 미생물에도 의존합니다. 우리가 **수확하지 않는** 것들이더라도 말입니다. 그리고 이것들 덕분에 우리가 **수확하는** 작물들이 존재할 수 있는 것입니다."

사하라 이남 아프리카 같은 지역에 유전자 변형 작물을 재배하라고 강요하는 것은 가장 상황이 안 좋은 곳에서 선택의 여지를 모조리 없애는 결과를 낳을지도 모른다.

거대 유전자 변형 작물 기업은(특히 〈몬산토〉는) 종자 회사를 인수해서 생물 다양성에 영향을 끼치기도 한다. 2004년에 겨우 네 개의 종자 회사(〈듀폰〉/〈파이오니어〉, 〈몬산토〉, 〈신젠타〉, 〈리마그레인〉)가 세계 상업용 종자 시장의 29퍼센트를 장악하고 있었다.[48] 〈몬산토〉는 2005년에 〈세미니스Seminis〉를 인수해서 점유율을 더 높였다. 〈세미니스〉는 미국 채소 종자 시장의 주요 업체로, 판매용 상추의 55퍼센트, 토마토의 75퍼센트, 고추의 85퍼센트가 〈세미니스〉 종자다.[49] 2008년에는 네덜란드 기업 〈드 루이터 시드De Ruiter Seeds〉를 인수해서 점유율을 더 키웠다.[50] * 더 나쁜 것은, 유전자 변형 작물에만 관심을 쏟느라 정작 중요한 데서 관심이 멀어진다는 점이다. 지난 20년간 농업 연구 개발에 들어간 자금은 일반적

---

 * 아이러니하게도, 〈몬산토〉는 노르웨이 '스발바드 세계 종자 저장고'의 주요 자금 제공자 중 하나다. 보통 '최후의 날 저장고'라고 불리는 이곳은, 22억 5천만 종자를 보유할 예정이다. 물론 많은 수다. 하지만 빠르게 사라지고 있는 생물 다양성에 비하면 작은 부분에 불과하다. 그리고 그렇게 생물종이 빠르게 줄고 있는 이유 중 하나는 〈몬산토〉 같은 회사들이 종자 업계를 집중화시키고 있기 때문이다.[51]

인 교배를 통한 종자 개량이나 유기농 생산이 아니라 대부분 유전자 변형 작물에 들어갔다. 기업의 이윤을 늘려 주는 것이 우리의 생태계가 필요로 하는 것과 꼭 일치하지는 않는다. 생태적 지혜가 사라지고 있는 현실은 농장에서 확인할 수 있다. 유전자 변형 작물과 산업화된 생산 방식이 기후 친화적인 농경을 몰아내고 있는 것이다. 하이네먼은 이렇게 지적했다. "기업은 인류가 이용할 수 있는 해결책이 무엇인지를 결정할 때, 그 해결책이 자신이 실제로 소유할 수 있는 해결책인지를 먼저 따집니다. 그러나 이는 농업 생태계를 합리적으로 운영하는 방법이 아닙니다."

기후변화의 위협에 직면한 지금은 생물 다양성을 줄여야 할 때가 아니라 보호해야 할 때다. 그리고 하이네먼은 우리가 의존하고 있는 다양성이 "매우 얇은 것일 수도 있다"고 경고한다. "어떤 특성이나 유형을 발현하는 유전자는 복사본이 거의 존재하지 않을 수도 있습니다. 자연의 생물 다양성은, 새로운 유전자들과 예전에도 있었지만 우리가 그 유용성을 미처 알지 못했던 유전자들을 실질적으로 보유하고 있는 인큐베이터예요. 따라서 우리는 유전자의 저장고로서 생물 다양성이 필요하며, 그것을 지켜야 합니다. 이 생물 다양성을 내일의 어떤 신비한 특성을 위해 훼손한다면 내일 이후로는 아무런 신비한 특성도 갖지 못하게 될 것입니다."

하이네먼과의 대화를 적어 놓은 기록을 다시 읽어 보면서, 중국의 면화 재배농과 2차 해충에 대한 연구를 읽으면서, 차펠라가 이야기해 준 멕시코 옥수수 오염 이야기를 들으면서, 나는 계속 쉮에 대해 생각했다. 우리는 유전자 변형 작물이 진공 밀봉 상자에서 자라지 않는다는 사실을 이미 알고 있다. 이런 작물은 환경 속에서 작동하고 우리가 예측할 수 없는 방식으로 상호작용한다. 몇 년 전, 필라델피아에서 열린 회의에서 〈바이오 산업 협회〉는 완전히 자기 충족적인 생태계를 상징하는 '에코 구체'를 상으로 수여했다. 내가 보기에 그 에코 구체는 유전자 변형 작물 업계가 잃어버린 것, 즉, 현실 세계의 아름다운 복잡성을 나타내는 것 같았다. 우리는 가장 간단한 교훈에는 눈을 감은 채 유전자 변형 작물의 세계라는 큰 실험으로 내달리고 있다. 그 교훈이란, 우리가 가진 조잡한 유전자 변형 기술로 자연을 통제할 수 있다고 믿거나 그 기술이 자연에 미치는 영향을 완전하게 파악할 수 있다고 믿는 것은 거대한 자만이라는 교훈이다.

누가 이야기하는가

꼭 내 말만을 듣지 않아도 좋다. 이러한 우려는 사소한 일각에서 제기되고 있는 것이 아니다. 많은 과학자들이 전 세계에서 비슷한 경고를 하고 있다.

예를 들어, 유엔의 획기적인 보고서 IAASTD는 미래의 농경에서 유전자 변형 작물이 큰 비중을 차지할 경우 그것이 미칠 영향에 대해 심각한 문제들을 제기했다. IAASTD는 농업 생명공학이 "〔알아야 할 정보들을〕 따라 잡지 못하고 있다"며 "정보들이 일회적이고 상충되며, 가능한 이득과 피해에 대한 정보는 필연적으로 불확실하다"고 경고했다.[52]

57개국 정부가 서명을 한 IAASTD의 2008년 보고서 최종 결론에 모두가 환호한 것은 아니었다.[53] 〈신젠타〉 같은 화학 거인들과 〈크롭라이프 인터내셔널〉 같은 업계 협회들은 이 문서에 서명하기를 거부했다.[54] 이에 대해, 『뉴 사이언티스트』와의 인터뷰에서 〈신젠타〉의 작물 보호 연구 담당자 데보라 케이스Deborah Keith는 이렇게 말했다. "기후변화라는 임박한 문제에 대해서 (…) 유전자 변형 작물은 (…) 가뭄 저항성과 같은 특질을 개발하는 데 도움이 된다. 이러한 잠재력, 그리고 과학이 이런 잠재력을 지원한다는 내용이 보고서에서 누락됐다."[55] 또, 〈신젠타〉의 생명공학 연구 개발 담당 마틴 클라우Martin Clough는 나에게 이렇게 말했다. "폭넓은 기술들에 공평하게 기회를 주지 않는다면 참여하지 않아야 한다고 생각해요. 기술적인 선택지들을 나타내는 것은 중요하고, 그 선택지들은 '공정한 게임'을 해야 합니다. 하지만 이 보고서는 그렇지 않았어요."[56]

이야기되지 않은 희망

자연사 박물관 벽에 붙어 있었던, 유전자 변형 옥수수에 대한 찬사를 다시 생각해 보자. 이제까지 언급한 모든 우려에도 당신은 아직 유전자 변형 옥수수를 긍정적으로 생각하고 있을지도 모른다. "우리는 굶주리고 있는, 지구상의 가장 가난한 수백 명의 운명을 이야기하는 것이 아닌가? 유전자 변형 작물을 거부하는 것은 '부유한 사람의 취향을 강요하는 제국주의'가 아닌가?'『과학을 위해 굶주리다Starved for Science』의 저자이자 웰슬리 대학의 정치학 교수인 로버트 팔버그Robert Paarlberg 가 바로 이렇게 주장했다.[57]

"농업 과학에 대한 이러한 포스트모던적 저항이, 과학적 지식이 충분하지 못해 가난에서 벗어나지 못하고 있는 아프리카 국가들에 퍼질 경우 위험해진다."[58] 유전자 변형 공학은 과학적이고 생태 농업은 비과학적이라는 주장은 팔버그와 유전자 변형 작물 지지자들이 주문처럼 읊어대는 주장이다. 더그 구리안-셔먼은, "하지만 팔버그는 생태 농업이야말로 과학적이라는 사실을 깨닫지 못하고 있거나, 인정하지 않고 있다"고 말했다. 여러 면에서 생태 농업은 유전자 변형 공학을 이용하는 농업보다 복잡한 과학이다. "또, 팔버그는 자원이 빈약한 아프리카 농민들의 농업을 화학비료나 농약을 많이 사용하지 않는다는 의미에서 '유기농'이라고 부르고 있는데, 현대의 유기농은 단지 화학비료를 쓰지 않는 것만을 의미하는 게 아니다. 그리고 사하라 이남 아프리카에서 유기농은 산업화된 농업보다 더 많은 산출을 낼 수 있다." 팔버그식의 생각에는 일종의 "실험실 제국주의"가 자리잡고 있다. 자연에서부터 추상화해 낸 것만이 과학이며, 현미경과 배양 접시에 있는 것만이 과학이라는 생각 말이다. 이런 관점에서는, 미생물, 식물, 벌레, 동물 등 밭에 있는 모든 것 사이의 복잡한 상호작용을 연구하는 것은 과학이 아니다.

유전자 변형 작물은 앞에서 언급한 위험들을 감수할 만한 가치가 있는 것인가? 자연사 박물관 전시회는 '그렇다'고 대답하려는 듯 하다. 여기에 깔려 있는 가정은, 우리에게는 다른 대안이 없기 때문에 위험을 감수해야 한다는 것이다.

트랙터가 있는 밭을 찍은 사진 아래에는 다음과 같은 글이 쓰여 있었다. "기후변화가 강우량에 영향을 주면서 농민들은 첨단 기술에서 해답을 찾고 있다. 식품 공급 안정성을 위해 유전자 변형 종자를 활용하려는 것도 그런 사례다. 남부 아프리카의 농민들은 예상처럼 가뭄이 심각해지더라도 유전자 변형 옥수수를 도입하면 옥수수 농사를 계속 지을 수 있을 것으로 내다 보고 있다."

남부 아프리카 국가들은 유전자 변형 작물이 자신들을 구원해 주기를 기다리고 있는가? 유전자 변형 작물 말고는 대안이 없는가? 자연사 박물관의 전시를 보면서 나는 수 에드워즈Sue Edwards에게 물어봐야겠다고 생각했다. 에티오피아 계로 영국에서 태어난 식물학자 에드워즈는 에티오피아 아디스아바바에서 〈지속 가능 발전 연구소Institute for Sustainable Development〉의 "티그라이 프로젝트 Tigray Project"를 이끌며 지역 농민들과 함께 생태 농업을 통해 산출을 늘리는 활동을 펴 왔다.

위의 질문에 대해 에드워즈는 솔직하게 말했다. "아니요. 우리와 함께 일하는 농민들은 유전자 변형 옥수수에 그리 희망을 가지고 있지 않아요." (이러한 인식의 단절은 놀랄 일이 아니다. 〈오클랜드 연구소〉가 〈게이츠 재단〉의 내부 문서를 검토한 바에 따르면, "〈게이츠 재단〉의 농업 전략에 자문을 하는 사람들 중 아프리카 농민은 한 명도 없다."[59])

하지만 에드워즈는 이미 자신의 손가락 끝에 희망을 가지고 있었다. 그리고 자신의 밭에서 희망을 보고 있었다. 이 희망은 지구 반대편의 실험실에 있는, 검증되지 않은 기술에서 나오는 희망이 아니다. 농민들에게서 나오는 희망이다.

나는 에드워즈와 남편 테올데 에그지아브허Tewolde Egziabher를 2008년 이탈리아 모데나에서 열린 〈국제 유기농 운동 연맹〉 회합에서 만났다. 아제르바이젠에서 짐바브웨에 이르기까지(A부터 Z까지) 다양한 나라에서 천 명이 넘는 농민, 과학자, 소비자 운동가, 정부 당국자가 참석했다. 어느 날 밤 우리는 우스꽝스러울 정도로 귀여운 자갈돌 깔린 거리를 따라 내려가 시내로 갔다. 저녁에 열리는 농민시장에서 모데나의 유명한 발사믹도 맛보고, 경쾌한 클래식 음악이 연주되는 광장도 지나고, 홈메이드 라비올리와 시럽처럼 달콤한 식초를 끼얹은 샐러드로 저녁도 먹었다. 저녁을 먹으면서 아디스아바바에 있는 에드워즈의 집 정원에 대해 이야기를 들었다.(에드워즈는 그 정원을 '숲' 이라고 부른다.) 그리고 놀라운 생태 농업 프로젝트에 대한 이야기도 들었다. 이 프로젝트는 농민들이 이끌고 있었고 에티오피아에서도 가장 가뭄이 심각한 지역 중 한 곳의 삶을 바꾸어 낼 만한 힘을 가지고 있었다. 이것을 "반反유전자 공학"이라고 부르자.

1996년부터 에드워즈와 동료들은 소규모 농민들과 함께 먹거리 체계가 생태 농업 같은 자연적 방식으로 번성할 수 있는지를 조사하고 농민들이 스스로 그에 기반이 되는 기술을 구축할 수 있는지 알아보기 위한 프로젝트를 시작했다. 그리고 10여 년 후에 매우 인상적인 결과들을 얻었다.

에드워즈의 팀은 가뭄이 매우 잦은 지역에서 매우 적은 소득으로 살아가는 농민들이 생태적인 방식으로 토양의 비옥도를 되살리고 산출을 증대시킬 수 있는지 알아보고자 했다.[60] 에티오피아의 티그라이는 이를 알아보기에 완벽한 장소였다. 주민 400만 명 중 85퍼센트가 농촌 지역에 사는 티그라이는 연중 강우량이 500밀리미터에서 700밀리미터 사이다. 텍사스 주 샌안토니오보다도 비가 적다. 게다가 이 강우량은 짧은 우기에 집중되고 우기에는 심한 폭풍이 오기도 한다. 그리고 연중 나머지 시기는 매우 건조하다. 매우, 매우, 건조하다.

티그라이 농민들의 집에는 일반적으로 위생 시설이 없다. 수도도 없고, 전기도 없다. 여기 여성들은 날마다 두세 시간 이상을 걸어서 식수와 씻을 물 5갤런에서 7갤런 정도를 길어 온다. 집은 돌 지붕과 흙바닥이고, 소득은 연평균 300에티오피아 비르에서 400에티오피아 비르 정도인데, 하루에 20센트에서 50센트 꼴이다. 가장 가난한 사람들은 식량을 안정적으로 확보할 수 있는 기간이 4, 5개월밖에 안 된다. "그들은 굶주린 상태로 수확을 하죠"

에드워즈의 팀은 1996년부터 농민들을 교육하기 시작했다. 농민 교육은 네 개 농촌에서 시작해 점차 그 지역의 4분의 1에 해당하는 57개 마을로 확장되었다. 생태적 방식(퇴비화 등), 화학비료를 쓰는 방식, 아무런 투입 요소도 사용하지 않는 방식을 비교하기 위해 농민들을 필드 실험에 참여시켰다. 〈세계식량농업기구〉가 인정하는 표본 추출 시스템을 이용해서, 이들은 세 가지 경우에 대해 믿을 만한 자료를 얻을 수 있었다.

결과는 놀랍고 흥미로웠다. 2006년 무렵이면 화학비료 지역에 비해 생태 농업 지역에서 **모든 종류의 작물이** 높은 산출을 보였다. 아무 투입 요소도 사용하지 않은 지역에 비해서는 현저하게 높은 산출을 보였다.

옥수수는 어땠을까? 평균적으로, 생태적인 방식의 산출은 화학비료 밭보다 129퍼센트, 아무 것도 넣지 않은 밭보다 213퍼센트 높았다.[61] 여러 방식의 산출 결과를 비교한 다른 연구들도 비슷하게 놀라운 결과를 보여 주었다. 유엔 〈무역 개발 회의Conference on Trade and Development〉의 2008년 연구에 따르면,* 생태적인 방식이 화학비료 방식이나 아무 투입 요소도 사용하지 않는 방식보다 산출이 크다는 결과가 일관되게 나왔다.[62]

또 다른 이점도 있었다. 생태적 방식에 쓰이는 퇴비는 〔땅의〕 비옥도를 오래 유지하기 때문에 농민들은 땅에 퇴비를 돌려가며 줄 수 있었다. 즉, 매년 땅 전체에 퇴비를 써야 할 필요 없는 것이다. 또, '아베나 바빌로비아나' 등의 잡초 문제도 줄었으며, 작물이 '테프 싹 파리'** 같은 해충에도 더 잘 견디게 되었다.[63]

이 프로그램은 1차원적인 개입이 아니라 관계를 쌓아나가는 것이었다. 또한, 여러 마을에서 농민들은 이 프로그램 덕분에 작물을 뜯어 먹는 동물을 관리하는 방법을 찾아낼 수 있었다고 말했다.[64]

에드워즈가 하는 일, 그리고 이와 비슷한 수많은 시도들은 반건조 지역인 아프리카에서 비싸고 기후 위기도 유발하는 화학비료에 의존하지 않으면서도 산출을 높일 수 있는 전략이 이미 진행되고 있음을 보여 준다. 5년 뒤나 10년 뒤가 아니라, 바로 지금 말이다. 그리고 우리는 지금 당장 이런 대안이 필요하다. 게다가 더욱 좋은 것은 이러한 기술들을 농민들 자신이 개발하고 받아들인다는 것이

----

* 24개 아프리카 국가에서 진행된 114개 프로젝트의 결과를 분석한 것이다.

** 애벌레가 에티오피아 토착 작물인 테프의 새순을 먹고 자라기 때문에 테프 재배에 피해를 준다. 옮긴이

다. 지구 반대편에 있는 기업 임원들의 의사 결정에 종속되지 않고, 비싼 유전자 변형 종자나 화학비료를 구매해야 하는 부담을 지지 않고, 국제시장에서 비료 가격이 폭등할 때(2007년에는 200퍼센트 이상 뛰기도 했다) 속수무책이 되지도 않으면서 말이다.[65]

작물 생산성이 향상되면서, 식량 확보가 늘 불안정하고 극심한 가난에 시달리던 사람들이 이제는 연중 먹을 것을 확보할 수 있을 만큼 충분한 식량을 생산할 수 있게 되었다. 어떤 사람들은 여분을 판매할 수도 있었는데, 그래서 연 소득이 거의 두 배(700달러)가 되었다.

"이 농민들은, 자신을 짓누르던 가난에서 벗어나기 시작하고 있어요." 에드워즈가 말했다.

유전자 변형 옥수수에 집중하는 것이 왜 잘못인지에 대해 에드워즈는 또 하나 중요한 점을 지적했다. 유전자 변형 작물 기업들이 옥수수에 초점을 맞추는 이유는 옥수수가 다른 작물보다 딱히 인간의 건강에 이롭다거나 내재적으로 가뭄에 잘 견디는 속성이 있어서가 아니라 옥수수가 육종이나 유전자 변형이 쉬운 구조이기 때문이다. "그래서 옥수수는 육종이나 변형이 가장 많이 이뤄지는 작물이 되었지요."

WEMA는 옥수수가 아프리카의 핵심 주식이기 때문에 옥수수에 초점을 맞추는 것이라고 말하면서, "3억 명이 넘는 아프리카 사람들이 주식으로 옥수수를 먹는다"고 주장했다.[66] 하지만 에드워즈 등 생태 농업 지지자들은 옥수수가 이렇게 널리 퍼진 것 자체가 인위적으로 발생한 현상이었다고 주장한다. 식민지 시대 이전에 아프리카 사람들은 더 영양가 있고 다양한 식품을 먹었다. 이를테면 널리 먹던 작물로 수수가 있는데, 수수는 건강에도 좋고 가뭄이 잦은 아프리카에도 잘 적응했다.

에드워즈는 "현재는 옥수수가 주식인 것이 맞지만, 2차 대전 전까지만 해도 아프리카의 주식은 수수, 펄 밀렛,* 그리고 그 밖의 여러 토착 작물 위주였다"고 설명했다. 사실, 옥수수는 아프리카 토착 품종이 아니라 노예선을 타고 들어온 외래 품종이다. 노예선을 운영하며 긴 항해를 해야 했던 포르투갈의 노예 거래업자들이 칼로리가 높고 겉껍질이 있어서 보존하기도 쉬운 옥수수를 선호했던 것이다. 또, 옥수수는 식민지 산업가들에게도 인기가 있었는데 이들은 탄광과 플랜테이션에서 노동자들에게 지급할 음식으로 옥수수를 사용했다.[67]

옥수수에만 초점을 맞추는 협소한 정책은 문제를 더 심화시킬 수 있다. 에드워즈라면, 옥수수를 키우는 새로운 방법을 찾을 것이 아니라 영양가 있고 험한 기후에도 자연적으로 잘 맞는 토착 작물들의 가치를 다시 인정해야 한다고 말할 것이다.[68]

에드워즈는 특정한 기술에 대한 의구심에서가 아니라 전체적인 접근 방식에 대한 의구심에서 유전자 변형 작물을 비판한다. 에드워즈는 이렇게 말했다. "농민들을 쳇바퀴에 묶어 두는 가장 좋은 방법은 농민들의 자신감을 갉아 먹은 다음에 작물의 종자들을 없애는 것입니다."

하이네먼처럼 에드워즈도 유전자 변형 작물이 자신의 약속을 지킬 수 있을지 미심쩍어 하고 유전자 변형 작물의 의도치 않은 결과를 우려한다. 에드워즈는 이미 대안을, 진짜 희망을 보았다. 20년 넘게 현지의 농민들과 일하면서 에드워즈는 산출이 놀랄 정도로 증가하는 것을 보았다. 유전자 변형 작물이 유발하는 재정적·생태적 비용 없이 말이다. 에드워즈와 차펠라와 하이네먼이 제시하는

● 기장의 일종. 옮긴이

대안은 패러다임을 전환해 시스템의 문제를 시스템으로 푸는 것이다.

은유의 힘

우리는 유전자와 생태계의 복잡성을 알면서도 왜 중심원리의 단순한 개념을 계속해서 받아들이면서 유전자 변형의 의도치 않은 결과에 대해서는 눈을 감는 것일까?

한가지 답은 은유의 힘이 강력하기 때문일 것이다. 차펠라와 나는 사람들이 유전자 변형에 대해 이야기하는 방식을 주제로 대화를 나눈 적이 있다. 과학자들과 기자들은 일반 사람들에게 DNA가 우리의 '코드', '청사진', 혹은 '설명서'라고 설명한다. 여기에는 컴퓨터 은유가 잘 들어맞는다. 우리는 0과 1로 프로그램되는 디지털 기기처럼 유전자가 "켜진다"거나 "꺼진다"는 식의 비유를 자주 듣는다. 차펠라는 "컴퓨터 은유는 유전자 변형 기술에 대한 이런 견해에 잘 맞아떨어진다"고 말했다. 정확하고 통제 가능하고 깔끔하고……. 하지만 실제 상황에서 유전자 변형 기술은 그렇지가 않다.

자연사 박물관의 기후변화 특별 전시회장을 지나간 수만 명의 사람들은, 전시를 보면서 유전자 변형 작물의 위험성과 에드워즈의 프로젝트가 보여 주는 생태적인 방식의 희망을 저울질해 보지는 않았을 것이다. 하지만 생태적인 경로를 알고 또 그것을 배워가는 사람들은 중심원리에 도전할 수 있다. 쉬운 일은 아니지만 말이다.

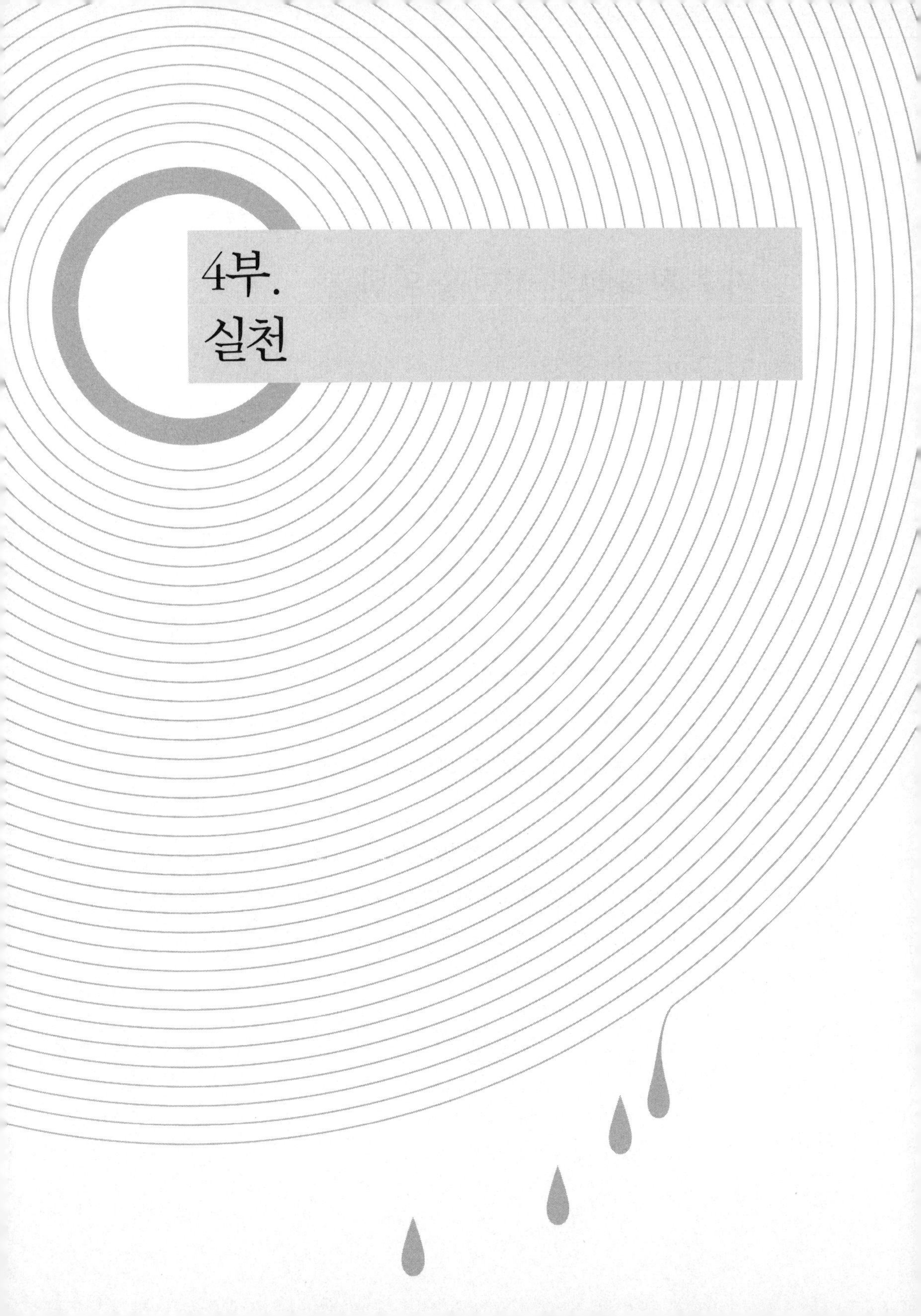
4부.
실천

10장.

기후 친화적인 식단을 위한

일곱 가지 원칙

다들 식습관 때문에 꾸중을 들은 적이 있을 것이다. 시금치 남기지 말고 다 먹어라, 칼로리를 줄여라, 간식 그만 먹어라. 혹은, 다들 지구온난화에 일조하지 말라는 훈계를 들은 적이 있을 것이다. 전등을 꺼라, 자동차를 몰지 마라, 비행기 타는 횟수를 줄여라. 나는 어느 쪽으로든 꾸중을 하려는 게 아니다. 기후 위기에 대처하려면 모두가 손을 모아야 한다. 그리고 죄책감을 불러 일으키는 것은 사람들을 실천으로 이끄는 데 효과적인 방법이 아니다.

"이렇게 해라, 이렇게 하지 말아라"의 화법을 버리고 오바마 대통령 말대로 "우리는 할 수 있다"고 함께 이야기해야 할 때다.* 이 점을 생각하면서, 기후 친화적인 식단을 위한 일곱 가지 원칙을 여기에 담았다. 하늘을 염두에 두고 식사를 하기 위한 로드맵으로 여기기 바란다. 명령이 아니라 아이디어를 주는 지침으로 말이다.

---

* 오바마 대통령의 2008년 대선 선거운동 슬로건이 "우리는 할 수 있다Yes We Can"였다. 옮긴이.

기후 친화적인 식단을 위한 일곱 가지 원칙

원칙1: 진짜 식품을 구하자

원칙2: 접시에 식물을 놓자

원칙3: 당황하지 말고, 유기농으로 가자

원칙4: 가능한 로컬 푸드를 선택하자

원칙5: 남겨서 버리지 말고 싹싹 다 먹자, 빙하가 녹고 있다

원칙6: 포장을 줄이자

원칙7: 스스로 기르고 요리하자

어떤 사람들은 이게 기후 친화적인 줄 몰랐을 뿐 이미 이런 원칙을 실천하고 있을 것이다. 또 어떤 사람들은 이런 원칙을 처음 들어 보았을 것이다. 하지만 그 누구라도 이 원칙을 쉽게 따를 수 있는 사람은 거의 없다. 우리가 사는 세계에서는 고를 수 있는 식품이 대부분 위의 원칙과는 거리가 멀기 때문이다. 지구와 우리의 건강에 좋은 식사를 하기 어렵게 만드는 장벽은 분명히 존재한다. 그런 장벽들에 맞닥뜨리면, 얼마나 많은 변화가 필요한지, 그리고 가장 많은 변화가 필요한 지점은 어디인지를 보여 주는 지표라고 생각하자. 더 강해지자. 지역공동체의 먹거리 운동에 참여하자. 젓가락을 넘어서서 행동에 나서자. 그리고 즐기자. 뭐니뭐니 해도 먹는 것은 즐거움이며, 이 원칙들은 음식을 죄책감 없이 누릴 수 있는 세계로 당신을 데려다 줄 것이다.

원칙1: 진짜 식품을 구하자

〈헬만Hellmann〉은 오랫동안 자사의 마요네즈를 "진짜 마요네즈"라고 불렀다. 요즘 미국 전역의 대학 캠퍼스에서는 '진짜 식품 운동Real Food Challenge' 이 퍼져 나가고 있다. 또 최근 서점에서는 『진짜 식품*Real Food*』이라는 책이 베스트셀러에 올랐다. 그런데, '진짜' 가 진짜로 의미하는 바는 무엇일까? 이 개념은 비교적 간단하다. 나라면 '진짜 식품'이란 '홀푸즈(whole foods, 온전한 식품)' 라고 부르겠지만, 〈홀푸즈Whole Foods〉 슈퍼마켓 매장이 전국에서 성행하면서 나는 홀푸즈라는 말이 슈퍼마켓 브랜드를 의미하는 것으로 오해 받지 않으려면 뜻을 분명히 정의하거나 아니면 이 말을 사용하지 말아야 한다는 것을 깨닫게 되었다. 자, 내가 의미하는 진짜 식품이란 이런 것이다. '자연 상태에 최대한 가까운 식품, 에너지 집약적인 가공 과정을 거치지 않은 식품, 화학물질에 절어 있는 재료들을 담고 있지 않은 식품.' 갓 따온 딸기는 진짜 식품이다. 딸기 맛 팝타르트는 진짜 식품이라고 하기 어렵다.

진짜 식품은 자연이 돌아가는 방식에 대한 지식을 활용해서 작물을 기르는 농민에게서 오는 것이지, 합성비료나 화석연료 기반의 화학물질을 구매하는 돈에서 오는 것이 아니다. 진짜 식품은 더 많은 물을 머금고 더 많은 탄소를 저장하고 불안정한 기후에 직면해서도 더 잘 버틸 수 있도록 돌본 땅에서 오는 것이다. 마크 세퍼드의 농장과 말레이시아 종려나무 플랜테이션의 파괴된 이탄 지대를 비교해 보면 알 수 있듯이, 진짜 식품은 농사를 지을수록 더 건강해지는 땅에서 오는 것이다. 그리고 진짜 고기와 진짜 낙농 제품은 목초를 먹이거나 유기농으로 재배한 사료를 먹여서 인도적으로 돌보며 키운 동물에게서 오는 것이지, CAFO에 갇혀 사는 불쌍한 동물에게서 오는 것이 아니다.

마지막으로, (이미 진부한 말이 됐는지도 모르지만) 농민시장에서 토마토를 먹어 본 사람이라면 진짜 식품에는 '진짜 맛'이 있다는 사실을 알 수 있을 것이다. 이 맛은 건강한 땅에서 '맛을 위해' 길러진 식물에서 맛볼 수 있는 것이지, '운송되기 위해' 길러진 식물에서 맛볼 수 있는 것이 아니다.

진짜 식품 찾는 법

안타깝게도, 진짜 식품을 찾기가 늘 쉬운 것은 아니다. 특히 요즘 대부분의 사람들이 장을 보는 곳에서는 더욱 그렇다. 2005년 무렵 미국인이 식품에 쓴 돈은 4달러 중 1달러 꼴로 월마트에서 지출되었다.[1] 가공식품이 그득한 대형 할인 매장에서 진짜 식품을 찾으려면, 뉴욕 대학 교수이자 『식품 정치학*Food Politics*』과 『무엇을 먹을 것인가*What to Eat*』의 저자인 매리온 네슬Marion Nestle의 조언을 따르는 것이 좋겠다. 네슬은 "가장자리에서 고르라"고 조언한다. 일반적으로 매장의 가장자리 쪽 매대에는 건강에 좋은 과일과 채소, 그리고 가장 가공이 덜 된 식품들이 있다.[2] 나는 '엄지손가락 법칙'도 곧잘 이용한다. 포장에 쓰여 있는 성분 목록이 엄지손가락 두께보다 길면 그 제품은 안 사는 것이다.

슈퍼마켓에 아예 가지 않고 그 대신 다음과 같은 곳들을 이용할 수도 있다.

• **농민시장**: 농민시장은 진짜 식품을 찾기에 매우 좋은 장소다. 미국에는 4,685개 이상의 농민시장이 있는데, 10년 전에 비해 거의 두 배로 늘었다. 덕분에, 직접 재배한 농민에게서 먹거리를 살 수 있는 사람들이 더 많아졌다.[3]

• **공동체 지원 농경**(Community-supported agriculture, CSA): 〔유럽에서는 1960년대

에〕 미국에서는 1986년에 시작된 공동체 지원 농경은 소비자들이 농장을 지원하는 형태인데, 시즌이 시작될 때 소비자들이 투자를 하고 나중에 매주 신선한 채소와 과일 등을 배달받는다. 꽃, 꿀, 커피, 육류, 낙농품 등까지 포함되는 경우도 있다. 농민은 자신의 고객을 알 수 있고 소비자는 식품이 어디에서 오는지를 알 수 있다. 현재 공동체 지원 농경 농장 회원은 수만 명에 이르며, 점점 더 늘고 있다.

* **지역공동체가 소유한 매장과 생협**: 당신이 살고 있는 곳의 지역공동체가 소유한 매장이나 생협에서도 진짜 식품을 찾을 수 있다. 이런 곳들은 상당수가 윤리 규약을 두고 있으며, 생태적인 원칙에 따라 재배되고 길러진 식품을 찾으려고 하는 소비자들이 주로 이용한다.

유전자 변형 식품 피하는 법

진짜 식품은 유전자 변형을 거치지 않은 과일과 채소와 곡물, 그리고 유전자 변형이 이루어진 사료를 먹이지 않은 육류와 낙농품을 의미하기도 한다. 유전자 변형 식품을 피하면 여러 가지 이유에서 기후변화를 막는 데 도움이 된다. 그러면, 미국에서는 유전자 변형 식품을 어떻게 피할 것인가? 여기에는 좋은 소식과 나쁜 소식이 있다.

우선 나쁜 소식. 현재 미국은 유전자 변형 식품의 상품화가 허용된 몇 개 안되는 나라 중 하나인데, 그런데도 미국 정부는 라벨에 유전자 변형 식품을 표시하도록 요구하는 규정을 마련하지 않았다. 흔히 민주화되지 않았다고 여겨지는 중국에서도 유전자 변형 표시 제도가 시행되고 있다.

다음은 좋은 소식. 라벨은 없지만 다음과 같은 몇 가지 요령을 따르면 미국에서도 유전자 변형 식품을 피할 수 있다.

- **유기농을 선택하자**: 미 농무부에서 유기농 인증을 받으려면 유전자 변형 식품이 아니어야 하고 유전자 변형 식품을 사료로 먹여 키운 동물에서 나온 식품도 아니어야 한다. 유전자 변형 작물이 일반 작물에 교차 오염을 일으킬 가능성에 대한 우려가 커지고는 있지만, 그래도 어쨌든 유기농이라는 말은 유전자 변형을 피했다는 뜻이다.

- **가공식품을 피하자**: 대부분의 가공식품에는 옥수수나 콩에서 추출한 물질들이 들어가 있다. 따라서 라벨에 명시적으로 유전자 변형이 아니라고 쓰여 있지 않는 한, 가공식품을 먹으면 유전자 변형 원료를 먹게 된다.

- **과일과 채소를 먹자**: 과일과 채소 중에는 유전자 변형된 것이 별로 없다.(하와이의 파파야, 소량의 사탕옥수수와 여름호박 정도가 있을 것이다.) 그러므로 유전자 변형일까 아닐까 하는 걱정 없이 당근은 마음껏 먹어도 좋다.⁴

첫 번째 원칙을 지키는 데 도움이 되는 자료들

- **진짜 식품에 대해, 그리고 그것이 왜 중요한지에 대해 알아보자**: 식품의 윤리학과 정치학을 다룬 웹사이트들을 참고하라. 내가 즐겨 가는 곳은 다음 두 군데다. www.grist.org, www.ethicurean.com

- **진짜 식품을 지지한다고 크게 말하자**: 당신이 가는 매장의 식품 구매 담당자들에게 당신이 그곳의 식품에 대해 신경 쓰고 있다는 사실을 알리라. 소심해서 '매니저 좀 불러 주세요'라고 이야기하지 못하겠다면, 혼자 하지 않아도 된다. 〈지속 가능한 식탁〉(www.sustainabletable.org)과 같은 단체를 찾아서 요령을 구하고 진짜 식품을 구입하려는 동지들을 찾으라.

• **진짜 식품을 찾아내자**: 집에서도, 그리고 여행 중일 때도 진짜 식품을 고르자. 〈잘 먹기 가이드〉(www.eatwellguide.org)는 진짜 식품을 주로 활용하는 식당, 농민시장, 공동체 지원 농경 등에 관한 정보를 제공한다. 〈씨에스에이 센터〉(www.csacenter.org)는 당신이 사는 곳 근처의 공동체 지원 농경에 관한 정보를 알려 준다. 〈로컬하비스트〉(www.localharvest.org)도 진짜 식품을 취급하는 농민이나 매장 등을 찾는 데 도움이 된다.

• **진짜 식품을 지원하자**: 당신의 동네에 진짜 식품이 들어오도록 돕고, 이미 들어와 있으면 진짜 식품을 들여 놓은 매장을 지원하자. 〈지역공동체 식품 안정성 연합Community Food Security Coalition〉(www.foodsecurity.org)을 참고하라.

원칙2: 접시에 식물을 놓자

산업화된 육류와 낙농품 생산이 생태와 사회에, 그리고 동물 복지에 많은 비용을 유발한다는 사실은 오랫동안 알려져 왔다. 이런 사실도 당신의 육류 소비를 줄이게 만들기에 충분치 않았다면, 이제 기후까지 생각해 보자. 축산에서 방출되는 온실가스가 전 세계에서 방출되는 온실가스의 5분의 1가량을 차지한다는 사실을 기억하는가? 앞에서도 귀에 못이 박히도록 이야기했지만 여기에서 축산과 기후의 관계를 다시 한 번 요약해 보자.

• 전 세계에서 방출되는 메탄의 3분의 1 이상이, 아산화질소의 3분의 2 이상이 축산에서 발생한다.[5]

• 전체 농업 용지의 70퍼센트가 축산에 사용된다.[6]

- 옥수수의 절반과 대두의 90퍼센트가 공장형 농장의 사료작물로 쓰인다.[7]

- 미국에서 화석연료 집약적인 화학비료의 절반은 사료작물 재배에 쓰인다.[8]

- 산업적으로 생산되는 가금류와 돼지는 세계 어유와 어분의 절반을 소비한다.[9]

- 식물성 단백질 생산에 비해 육류 단백질 생산에는 화석연료가 2.5배에서 50배까지 더 들어갈 수 있다.[10]

- 코넬 대학의 한 연구에 따르면, 평균적인 육류 소비자의 연간 식품 필요량을 생산하는 데는 농업용지가 2.1에이커 드는 반면, 식물성 중심으로 먹는 사람의 경우에는 0.5에이커가 든다.[11]

- 잡식, 채식, 비건 등, 식사 방식에 따라 농장의 생산 과정이 환경에 미치는 영향이 어떻게 다른지를 연구한 조사에 따르면, 쇠고기가 "환경에 가장 많은 영향을 주는 품목"으로 나타났으며 "동물성 제품을 많이 소비할수록 환경에 미치는 영향이 큰 것으로 나타났다."[12]

축산이 기후 위기를 유발하는 주요 요인이며 육류와 낙농품(특히 산업화된 농장에서 생산되는 육류와 낙농품) 소비를 줄이는 것이 기후 위기를 줄이는 식단의 핵심 원칙이어야 함을 알려 주는 증거는 이것 말고도 많다.

나쁜 습관을 버리자

파로, 회향, 퀴노아, 케일, 감, 파스닙 등, 식물의 왕국에는 맛과 영양이 가득하고 신기한 이름을 가진 것들이 한가득이다. 감사하게도, 접시에 더 많은 식물을 올린다고 해서 맛이나 다양성을 희생할 필요는 없다. 이는 오히려 맛과 다양성을 발견하는 일이다. 그리고, 대부분의 미국인에게는 (대부분의 선진국 사람들에 게도) 루타바가*를 좀 더 먹는 것은 건강에 나쁜 일이 아니다.[13] 오늘날 미국인은 한 사람당 연간 100킬로그램의 붉은 고기와 가금류를 먹는다.** 이는 전 세계 평 균 고기 섭취량보다 3배 이상 많고 한 사람이 날마다 치킨 맥너겟과 쿼터 파운더 버거를 주문하고 사이드로 베이컨을 시켜 먹는 것과 같다.[14] 고기 소비를 줄인다 는 것은, 고기를 먹을 경우에는 더 제대로 된 고기를 고른다는 의미기도 하다. 지 속 가능하고 인도적인 방식으로 키운 진짜 유기농 육류와 진짜 유기농 낙농품 말 이다.

2008년 〈미국 식육 협회〉 회의에서는 고기를 덜 먹으라는 말을 들을 수 없었 다. 미국 〈육우 축산업 협회〉의 영양 담당 부회장 메리 영Mary Young은 기업 임원 50명이 가득한 방에서 지금까지 우리가 논의한 바와는 다른 주장을 폈다.[15] 부분 적으로는 꾸짖고 부분적으로는 격려하면서, 영은 '영양에 대한 강력한 논리'를 쏟아 냈다. 고기를 먹으면 근육이 생기고 면역력이 좋아지고 에너지가 생기며 포 만감을 느낄 수 있고 체중을 관리할 수 있고 질병을 예방할 수 있다는 것이다. "모든 사람이 단백질을 확보하려고 하는데, 고기가 가장 좋은 단백질원이다."

미국인은 이런 말을 너무 많이 들은 것 같다. 현재 전형적인 미국인은 자신의 몸이 실제로 사용하는 양보다 **두 배나** 더 많은 단백질을 섭취하고 있으니 말이 다.[16] 몸에서 사용되지 않은 나머지 단백질은 질소를 만들어 내는데, 이 질소는 소 변으로 나온다. 그리고 추가적인 단백질에서 나오는 칼로리는 다 쓰지 않으면 지

● 순무의 일종. 옮긴이

●● 아이, 어른, 남자, 여자 모두 합해서 계산한 1인당 평균 수치다.

방으로 저장된다.

산업적으로 키운 육류와 낙농품, 특히 가공 육류를 과다하게 섭취하면 심각한 건강 문제를 일으킬 수 있다. 〈세계 암 연구 기금World Cancer Research Fund〉이 최근 발표한 식단 권고 사항을 보면 "붉은 고기와 가공 육류 소비를 줄이고, 대체로 식물성 위주로 섭취하라"는 내용이 명시적으로 나온다.[17] 붉은 고기와 가공 육류는 몇몇 종류의 암(특히 결장암, 폐암, 식도암, 췌장암, 자궁암)을 일으키는 데 "상당한, 혹은 어느 정도 가능성 있는 원인"이다.[18] 또, 미국 국립 보건원이 약 50만 명을 조사해 분석한 결과, 육류와 가공 육류를 많이 먹은 사람들이 (특히 암이나 심장병으로) 일찍 사망할 확률이 큰 것으로 나타났다.[19]

영에게는 미안하지만, 우리가 새겨들어야 할 것은 기후 친화적인 원칙을 따라 식사를 해도 건강을 해치지 않을 뿐 아니라 오히려 건강을 향상시킬 수도 있다는 사실이다.

두 번째 원칙을 지키는 데 도움이 되는 자료들

• **채식 만세**: 〈월요일에 육식 줄이기〉(www.meatlessmonday.com)를 확인하거나 매혹적이고 아이디어가 가득한 다음의 요리책을 참고하라.

　－『먹거리: 도시의 유기농 부엌을 위한 아이디어들*Grub: Ideas for an Urban Organic Kitchen*』: 내가 펴낸 책인데 채식 위주의 조리법과 장보기 요령을 담고 있다.

　－몰리 카첸Molly Katzen이 쓴 요리책들: 『무스우드 쿡북*Moosewood Cookbook*』이 유명하다. 카첸은 자녀와 함께하는 요리법에 대한 책도 썼다.

　－피터 벌리Peter Berley의 『현대 채식주의자의 부엌*The Modern Vegetarian Kitchen*』: 나는 프라이팬에 요리하는 채식주의자용 옥수수 빵에 완전히 푹 빠졌다. 이 글을 쓰면서는, 할라페뇨와 메이플 시럽이 주는 즐거움에 빠지기 시작했다.

－ 브라이언트 테리Bryant Terry●의 『비건 소울 키친*Vegan Soul Kitchen*』: 테리는 21
세기의 소울 푸드●●를 소개한다. 동부콩 튀김은 둘이 먹다 하나 죽어도 모른다.

－ 루이자 샤피아Louisa Shafia의 『맑은 식품*Lucid Food*』: 매혹적인 조리법과 매혹적
인 사진이 담겨 있다.

• **진짜 육류와 진짜 낙농품을 만드는 농민을 지원하자**: 다음 단체에서 당신이 사
는 곳 근처의 농민 시장을 알아보고, 지역에서 생산된 육류와 낙농품을 찾을 수
있다. 〈잘 먹기 가이드〉(www.eatwellguide.org)

• **목초를 먹여 키운 것을 찾자**: 고기를 꼭 먹어야겠거든, 목초를 먹여 키운 것으
로 고르라. (이에 대해서는 다음 절에서 더 자세히 설명할 것이다.)

▌원칙3: 당황하지 말고, 유기농으로 가자

한 육류 업계 회의의 점심시간이었는데 나는 한 무리의 남자들과 같은 테이
블에 앉게 되었다. (이런 모임에 늘 오는 사람들 같았다.) 내 옆에 앉은 사람은 식용 색
소 기업의 임원이었다. 그가 일하는 회사 덕분에 당신이 '핫포켓'●●●을 구웠을
때 갈색 빛이 도는 것이다. 내가 유기농 식품에 대해 말하자 그는 약간 어리둥절
해 보였다. "유기농이요? 그건 할머니께서 드시던 거랑 비슷한가요?"

꼭 그렇지는 않다. 미국에서는 2002년 10월에 유기농 인증 제도가 시작되었

● 내 친구이자 『먹거리』의 공저자.

●● 미국 남부 흑인 전통 음식. 이 책은 미국 흑인의 전통 음식을 다루고 있다. 옮긴이

●●● 고기나 치즈가 들어간 파이로 주로 전자레인지에 데워먹는 레토르트 식품. 옮긴이

는데, 유기농 인증을 받으려면 미 농무부가 정한 요구 사항에 부합하는 방식으로 생산해야 한다.[20] 이 기준들이 명시적으로 기후변화에 대처하기 위한 조치로 만들어졌다고는 할 수 없지만, 유기농 방식은 식품이 유발하는 온실가스 방출을 줄이는데 여러 가지 면에서 도움을 줄 수 있다.

유기농 인증을 받으려면, 농민과 가공업자는 고도의 인조 화학비료와 석유 기반의 농약을 사용하면 안 된다. (일부 화학물질은 허용이 되지만 〈전국 유기농 프로그램National Organic Program〉에서 허용한 것이어야 한다.) 유기농 인증 기준은 농민들이 화학물질을 덜 사용하도록 유도하기 때문에 직접적으로 농장에서 방출되는 이산화탄소 양을 줄여 준다. 예를 들면, 유기농 옥수수는 에이커당 에너지 필요량이 일반 옥수수의 3분의 1인 것으로 나타났다. 한 추정치에 따르면, 이것은 유기농 옥수수 1에이커당 화석연료 64갤런이 절약되는 것과 마찬가지다.[21]

또한, 하수오니라고 부르든 좀더 우아하게 바이오 고형물이라고 부르든 간에, 유기농 농민은 도시 생활 폐기물을 비료로 사용할 수 없다. 당신은 아마 쓰레기를 버리고 난 뒤에 그것이 어떻게 되는지에 대해서는 생각해 보지 않았을 것이다. 들판에 뿌려질 것이라는 생각도 해 보지 않았을 것이다. 하지만 도시 생활 폐기물을 (물론 처리를 한 후에) 경작지에 뿌리는 것은 드문 일이 아니다. 하수오니를 농장에 뿌리는 것에 반대하는 사람들은 하수오니가 병원균, 과다한 양분, 중금속으로 지표수를 오염시킨다고 주장한다. 유기농 옹호자들은 자연적인 비료 원천(퇴비, 가축 분뇨, 콩과 식물 피복작물)이 이러한 부정적인 결과를 막아 줄 뿐 아니라, 토양의 비옥도를 높여 주고 징밀로 중요한 토양의 탄소 저장 기능을 높여 주어서 대기 중으로 탄소가 방출되는 것을 막는다고 주장한다. 또한, 유기농 비료는 농장에서 폐기물로 버려질 수 있는 것을 재사용하는 효과적인 방법이다. 이 역시 온실가스 방출을 줄여 주는 요소다.

유기농 생산자에게 금지된 중요한 것이 두 가지 더 있다. 방사선 조사照射와 유전자 변형이다. 방사선 조사는 식품을 전리 방사선에 노출시키는 것인데, 유기농 제품은 방사선 조사를 하면 안 된다. 방사선 조사는 수십 년 동안 식품으로 옮겨지는 병원균 박테리아를 죽이는 데 효과가 있다는 이유로 촉진되어 왔지만 공공 보건을 염려하는 사람들은 방사선 조사가 식품의 영양분을 파괴하고 잠재적으로 해로울 수 있는 화학 부산물을 남긴다고 우려한다.[22] 방사선 조사도 산업화된 식품 공급망에 들어가는 에너지 집약적인 공정인데, 유기농 생산은 이 과정을 피해 간다.

유전자 변형 식품도 유기농 인증을 받을 수 없다. 유전자 변형 작물에 대한 우려를 생각할 때 이 조항도 지구온난화와 싸우는 유기농 팀에 점수를 준다.

육류와 낙농품은 유기농 인증을 받으려면 추가적인 지침을 따라야 한다. 예를 들면, 육류와 낙농품 생산자는 유기농 사료만 먹여야 한다. 이것도 기후에 이로운 조항이다.

여러 생산 방식들이 각각 어떻게 다른지를 설명하자면 다음과 같다.

• **유기농과 내추럴**: 친환경인 것처럼 보이는 많은 식품에 내추럴이라고 쓰여 있어서 유기농과 헛갈린다. 하지만 내추럴과 유기농은 퍽 다른 용어다. 미국에서 유기농 식품 인증을 받으려는 농민은, 농업 방식을 제3자에게 확인받아야 하고 "연방 유기농법"이 정한 기준을 따라야 한다. 고의적으로 이 규칙을 어기면 건당 많게는 1만 1천 달러의 벌금을 내야 한다. 기업들이 이 규정을 어기거나 규정을 바꾸려고 로비를 하고 있어 유기농 소비자 운동가들의 우려가 일고 있긴 하지만, 대부분의 유기농 농민은 규칙을 잘 지키고 있다.

반면, 내추럴은 모호한 용어다. 여러 가지 생산 방식의 제품이 내추럴이라고 불릴 수 있다. 어떤 공정은 농장에서 방출되는 온실가스를 줄일 수 있지만, 또 어떤 공정은 화학적 농경보다 기후에 그리 더 좋은 영향을 미치지 않는다.

• **유기농과 목초 사육**: 소, 염소, 양과 같은 반추동물의 육류 표시에서 목초 사육grass-fed이라는 표현을 본 적이 있을 것이다. 반추동물은 섬유질 식물을 소화할 수 있다. 목초 사육 지지자들은 목초 사육으로 키운 육류와 낙농품을 선택하는 것이 식품의 탄소 발자국을 줄일 수 있는 한 가지 방법이라고 본다. 한 연구에 따르면, 곡물 사료로 키운 쇠고기(곡물 비육우)는 풀로 키운 쇠고기(목초 사육우)에 비해 에너지를 두 배나 필요로 하는 것으로 나타났다.[23] 또 다른 연구는, 소를 풀밭에서 키우면 온실가스를 적어도 20퍼센트는 줄일 수 있을 것이라 추정했다.[24] 목초 사육을 지지하는 사람들은 소가 풀밭에서 풀을 뜯을 때 자연적으로 소화시키는 과정에서 메탄이 나오기는 하지만 이것은 탄소 순환의 자연적인 부분일 뿐이며, CAFO가 유발하는 식의 환경 비용은 일으키지 않는다고 주장한다.

이러한 주장을 반박하는 사람이 없지는 않다. 최근의 『와이어드』 매거진을 보다가 나는 "놀랍게도 관행 농업이 지구에 더 좋을 수 있다"는 제목의 기사를 보고 깜짝 놀랐다. 그 기사를 쓴 조애나 펄스타인Joanna Pearlstein에 따르면 목초를 먹인 소들은 환경 면에서 더 좋은 선택이 아니다. 목초를 먹인 젖소가 산업적으로 생산되는 젖소보다 마리당 온실가스를 16퍼센트 **더** 내놓는다는 것이다.[25] 그리고 펄스타인은 목초를 먹인 소는 더 오래 살기 때문에 시간을 두고 보면 온실가스를 더 많이 방출하므로, "유기농 낙농품은 지구온난화 기계의 부품이 된다"고 주장했다. 또, 육우의 경우 목초로 키우는 소는 곡물로 기우는 소가 방출하는 것의 두 배나 되는 메탄을 방출한다는 〈세계식량농업기구〉의 추정치를 인용했다.

하지만, 〈식품 안전 센터〉 "쿨 푸드 캠페인Cool Foods Campaign"의 메리디스 나일스Meredith Niles(현재 데이비스 캘리포니아 대학의 박사과정 학생이다)는 이런 결론

유기농 작물과 비유기농 작물 비교

유기농	비유기농
• 분뇨, 피복작물, 퇴비 등 자연적인 비료 원천을 사용해 토질을 높인다.	• 화학, 합성비료와 하수오니로 토질을 높인다.
• 잡초는 작물을 순환시키거나 손으로 잡초를 뽑거나 자연적인 피복법을 써서 통제한다.	• 잡초는 제초제로 통제한다.
• 해충은 새나 이로운 곤충 등 화학적이지 않은 방법으로 통제한다.	• 병충해는 화학 농약(제균제, 살충제 등)으로 통제한다.
• 방사선 조사가 허용되지 않는다.	• 병원균을 죽이기 위해 일부 식품에 방사선 조사가 허용된다.
• 유전자 변형 종자가 허용되지 않는다.	• 유전자 변형 종자가 허용된다.

에 속지 말라고 말한다. 그런 추정치들이 전체 그림을 다 담고 있지는 않기 때문이다. 이를테면, 목초 사육 체계에서 탄소 격리로 생기는 이점은 여기에 반영되지 않았다. 그리고 "비육장 사료작물 생산에 들어가는 비료와 농약이 일으킨 온실가스 방출이나 이 체계를 유지하기 위한 운송 과정에서 방출되는 온실가스도 계산되지 않았다." 뿐만 아니라, 반추동물이 잘 관리된 풀밭에서 자랄 때는 농민들이 사료 재배를 위해 땅을 갈지 않아서 그만큼 탄소를 방출하지 않는다.

각각의 체계가 미치는 영향을 더 잘 알려면 물론 더 많은 연구가 필요하지만, 지금으로서는 기후 문제에 관심이 있다면 고기 섭취를 줄이고, 고기를 먹는 경우에는 목초를 먹인 것을 택하는 게 좋겠다. 요즘에는 이런 제품을 표시하는 새로운 라벨이 나와 알아보기 쉽다.

2007년 10월에 농무부는 목초 사육 임의 표준을 정교화해서, 소가 풀과 포리지*만 먹어야 한다고 규정했다. (태어나자마자 우유나 우유 대용품을 먹는 것은 허용

유기농 육류 및 낙농 제품과 비유기농 육류 및 낙농 제품 비교

유기농	비유기농
• 가축은 100퍼센트 유기농 사료로 키워야 한다.	• 사료에 대한 조항이 없다. 동물성 부산물을 포함한 사료를 먹어도 된다.
• 항생제와 성장호르몬 사용은 금지된다.	• 항생제와 성장호르몬 사용이 허용된다.
• 가축이 밖에 나다닐 수 있어야 하고 반추동물은 풀밭에 갈 수 있어야 한다.	• 가축은 밖에 나갈 수도 있고 나가지 못할 수도 있지만 일반적으로는 갇혀서 자란다.
• 질병은 건강한 식사, 인도적인 여건, 방목 로테이션 등의 자연적인 방식으로 예방한다.	• 질병은 여러 가지 약품으로 관리한다.

된다.) 또한, 동물들이 성장하는 기간 동안(이 기간은 장소에 따라 다르다) 풀밭에 나갈 수 있어야 한다고도 규정하고 있다.

농무부 기준의 목초 사육우를 선택하려면 "생산 과정 확인process-verified" 표시가 붙어 있는지 확인하라. 〈소비자 연합〉 어바시 랜건Urvashi Rangan 박사의 설명에 따르면, 이는 생산 농민이 제3자의 확인을 받았다는 뜻이며, 농무부 마케팅 지원청이 정한 더 엄격한 최신 기준을 따르고 있다는 뜻이다.

〈미국 목초 사육 협회(American Grassfed Association, AGA)〉가 인정한 제품을 찾는 것도 좋은 방법이다. 이곳에 속한 농민들은 축산을 분절적으로 생각하지 않고 지속 가능한 체계의 일부분으로 보는 통합적인 관점을 가지면서 목초 사육을 하고 있다. 〈미국 목초 사육 협회〉는 가축을 우리에 가둬 기우는 것을 엄격하게

● 돌아다니면서 풀을 뜯는 가축이 먹는 식물.

육류와 낙농 제품 라벨 내용 비교

	농무부 인증 유기농	서티파이드 휴메인[†]	AGA (반추동물만 해당)	내추럴[††]	일반
	USDA ORGANIC	CERTIFIED HUMANE RAISED & HANDLED	American Grassfed	라벨 없음.	라벨 없음.
인증	제3기관 인증 필요.	제3기관 인증 필요.	반추동물만 해당 제3기관 인증 필요.	인증 없음.	인증 없음.
사료가 농무부가 인증한 유기농인가?	예.	아니오.	해당사항 없음. 가축을 사료로 키우지 않음.	아니오.	아니오.
사료가 농약, 제초제, 제균제, 화학비료로 재배되지 않은 것인가?	예.	아니오.	해당사항 없음.	아니오.	아니오.
사료에 유전자 변형 작물이 없는가?	예.	아니오.	해당사항 없음.	아니오.	아니오.
사료에 동물성 부산물이 없는가?[†††]	예.	예.	해당사항 없음.	없을 가능성이 큼.	아니오.
호르몬을 쓰지 않고 키웠는가?	예.	예.	예.	없을 가능성이 큼.	아니오.
항생제를 쓰지 않고 키웠는가?	예.	예.[††††]	예.	아니오.	아니오.
동물이 밖이나 풀밭을 다닐 수 있었는가?	그럴 가능성이 큼.[†††††]	반드시.	반드시.	아니오.	아니오.
폐기물이 지속 가능한 방식으로 관리되는가?	예.	예.	예.	아니오.	아니오.

〈소비자 연합〉, "친환경 소비자의 선택"을 참고해 작성했음. 더 상세한 정보는 www.greenerchoices.org 참고.

금지하며(이유기 때와 분류할 때는 제외) 백 퍼센트 목초로 키우도록 규정하고 있다. 또한 이 협회에 속한 농민들은 협회가 제3자 인증 기관으로 정한 기관의 규칙도 따른다.

이렇게 복잡하게 따지는 게 싫다면 가장 좋은 방법은 안면 있는 생산자를 찾아가는 것이다. 하지만 우리들 대부분은 생산자들과 알고 지내는 사이가 아니다. 그러니 라벨을 잘 읽어야 한다. 여전히 라벨은 제품을 고를 때 중요한 안내가 돼준다.

로컬 유기농

여기까지 내 논의를 따라왔다면, 당신은 유기농과 목초 사육 인증 기준에 '장소'에 대한 규정은 없다는 사실을 알아차렸을 것이다. 사실, 유기농 가공식품

---

† 〈서티파이드 휴메인〉은 동물을 어떻게 다루어야 하는지를 분명히 규정하고 있다. 항생제나 호르몬을 사용하지 말 것, 영양가 있는 먹이를 먹일 것, 동물이 거처와 쉴 곳과 충분한 공간을 보장받을 수 있을 것, 동물이 자연적인 행동을 할 수 있는 곳에서 키울 것 등이 이에 포함된다.

†† 육류와 가금류 중에 '내추럴'이라고 표기하려면 인공 향, 색소, 화학 방부제 등의 인공 첨가물이 들어가지 않아야 한다. 그리고 "최소한으로만 가공되어야" 한다. 일부 항생제 사용이 허용되며 동물을 어떤 방식으로 키워야 하는지에 대한 규정은 없다.

††† '동물 부산물'은 도축된 동물 중에 사람이 먹지 않는 모든 것을 일컫는데, 골분과 피 등도 여기 포함된다. 1997년 이래로 미국은 "거의 모든 반추동물의 조직을 반추동물 사료로 쓰지 못하게 금지"했다. 광우병에 대한 우려 때문이었다. 하지만 소비자 단체들은 허점이 많아 여전히 그런 물질이 사료로 쓰일 수 있다고 주장한다.

†††† 병든 동물을 치료하기 위해서는 항생제를 사용할 수 있다.

††††† 구체적인 기준이 아직 확정되지 않았다.

은 비유기농 가공식품만큼이나 먼 데서 온 것일 수도 있다. 또, 유기농 육류와 낙
농품은 수천 킬로미터 떨어진 곳에서 들여온 사료를 먹인 것일 수도 있다. 유기
농에 대한 수요가 공급을 초과하는 경우, 혹은 저렴한 원료를 찾으려는 경우, 식
품 업계는 멀리 떨어진 곳에서 원료를 조달하기도 한다. 한 추정치에 따르면, 미
국에서 현재 소비되는 유기농 대두의 절반 가량이 중국산이다.[26] 그렇다면, 우리
는 유기농 식품을 찾을 때 두 가지의 원칙을 더 고려해야 한다. 진짜 식품과 로컬
푸드를 찾는 것이다.

유기농 알아보는 법

• **농민시장의 유기농 식품** : 농민시장에 나온 식품이 모두 농무부의 인증을 받
은 것은 아니다. 인증 절차를 밟는 데 드는 비용이 소규모 농민들에게는 부담이
될 수 있기 때문이다. 그러나 농민시장의 농민들은 고객에게 식품을 기른 과정을
직접 설명할 수 있다. 농민시장이나 지역 시장에서 궁금한 게 있으면 생산자나 시
장 운영자에게 물어보자. 많은 소규모 농민이 공식적으로 인증은 받지 않았다 해
도 생태적인 방식으로 농사를 짓고 있다. 이런 농민을 지원하는 것은 환경적으로
가장 좋은 선택일 수 있다. 분명 신선하고 가까운 곳에서 수확됐을 테니 말이다.
물론, 기후 친화적이고 맛있는 식품을 직접 기르는 것이 최고의 선택일 것이다.

• **유기농 농산물**: '그래니 스미스' 사과에 붙어 있는 PLU스티커에 관심을 가
져본 적이 없을지도 모르겠지만, PLU는 유기농을 쉽게 알아볼 수 있는 방법이
다. 낱개로 파는 과일이나 채소는 개별 제품에, 케일 같은 것은 묶음에, 양파나
감자는 봉지에 붙어 있다.

유기농	비유기농
유기농	9로 시작하는 다섯 자리 수. 미 농무부 전국 유기농 프로그램의 가이드라인에 따라 생산된 것.
비유기농	4로 시작하는 네 자리 수. 농약, 제초제, 제균제 등을 뿌려 키운 것.

• **유기농 가공식품**: 유기농 가공식품을 고를 때는 좀더 잘 살펴보아야 한다. 뒷 장의 표를 참고하면 각각의 유기농 라벨이 무엇을 의미하는지 알 수 있을 것이다.

세 번째 원칙을 지키는 데 도움이 되는 자료들

• **유기농에 대해 더 자세히 알아보자**: 미 농무부 홈페이지(www.ams.usda.gov/nop)에서 미국의 유기농 규정에 대해 더 자세히 알아볼 수 있다. 유기농 농업과 유기농 식품에 대한 국제적인 흐름은 〈국제 유기농 운동 연맹〉(www.ifoam.org) 또는 영국의 〈토양 연합Soil Association〉(www.soilassociation.org)을 참고하라. 〈유기농 센터〉(www.organic-center.org)도 이 분야에 대한 연구 결과들을 살펴보기 좋다. 미 농무부의 농촌 협동 지도 사업(www.eorganic.info)도 최근 유기농 농업에 대해 방대한 정보를 제공하는 등의 활동을 펴고 있다.

• **유기농을 지지한다고 말하자**: 정부기관이 유기농에 대한 지원을 늘리기 시작

	백 퍼센트 유기농	유기농	유기농 원료로 만들었음	성분표에만 표기가능
미 농무부 인증을 받아야 하는가?	예.	예.	예.	아니오.
라벨의 의미는?	모든 재료와 가공 처리에 들어가는 보조 물질이 미 농무부가 인증한 유기농임. *	95퍼센트 이상 유기농 재료가 들어감. 유기농으로 구할 수 없는 재료는 전국 유기농 프로그램에서 허용한 비유기농 농산물 재료를 포함할 수 있음.	70퍼센트 이상 유기농 재료가 포함되어야 함. 30퍼센트까지는 비유기농 재료가 포함될 수 있는데, 유전자 조작이 아니어야 하고, 방사선 조사되지 않은 것이어야 하며, 하수오니를 비료로 사용하지 않은 것이어야 함.	유기농 재료가 70퍼센트 이하.
표기	USDA ORGANIC	USDA ORGANIC 마크와 함께 유기농 재료 함유 퍼센트가 표기됨. 그리고/혹은 성분 목록에 "유기농"이라고 표시함.	마크를 붙일 수 없음. 포장 앞면에 3개까지 유기농 재료명을 쓸 수 있음. 마크를 붙일 수 없음.	유기농 재료명은 성분표에만 쓸 수 있음.

* 유기농 재료 함유 퍼센트는 무게 기준이고 물과 소금은 포함되지 않았다.(물과 소금에 대해서는 유기농 인증이 없기 때문이다.)
출처: National Organic Program, USDA

했다. 2009년에 미 농무부는 처음으로 5천만 달러를 유기농 농민, 그리고 화학 생산에서 유기농으로 전환하려는 농민에게 지원해서 농장에 친환경 방식을 도입할 수 있게 했다. 또한, 유기농 농민과 가공 업체는 인증 수수료의 75퍼센트에 해당하는 유기농 인증 비용 분담 환급금을 받을 수 있게 됐다. 〈푸드 데모크라시나우〉(www.fooddemocracynow.org)를 방문하면 유기농 지원을 늘리기 위해 활동하는 사람들에 대한 정보를 얻을 수 있다. 유기농 농민을 지원하고 유기농 식품 정책을 촉구하는 목소리를 내고자 한다면 〈유기농 소비자 연합〉을 방문하라. (www.organicconsumers.org). 〈소비자 연합〉(www.notinmyfood.org)에서도 유용한 자료를 찾을 수 있다.

• **유기농 원료에 대해 사실 정보를 확인하자**: 여기에서 설명한 라벨에 관해 우려되는 점이 있거나 더 알고 싶은 점이 있는가? 그렇다면 〈친환경 소비자의 선택〉(www.greenerchoices.org)을 방문하라. 그 밖에 〈코뉴코피아 연구소Cornucopia Institute〉(www.cornucopia.org)의 자료도 참고할 만하다. 〈코뉴코피아 연구소〉는 "유기농"이라는 말이 남용되지 않고 엄격하게 쓰이는지 감시하는 활동을 하는데 가장 좋은 유기농 우유와 유기농 콩 제품 기업이 어디인지를 '점수표'로 보여 주고 있다.

• **"유기농을 넘어서는" 농민을 찾자**: 지역 농민시장에서 이런 농민을 만나고, 소규모의 지속 가능한 농장을 돕는 정책을 지지함으로써 그들을 지원하자. 더 많은 자료는 원칙1에 나온 것을 참고하라.

원칙4: 가능한 로컬 푸드를 선택하라

2007년에 '로커보어'* 라는 단어가 『새 옥스포드 아메리칸 사전』의 '올해의 단어' 중 하나에 올랐다. 이는 로컬 푸드 운동의 도약을 보여 주는 하나의 상징이다. 이제 로컬 푸드 운동은 캘리포니아 주에 있는 구글 본사에서부터 캐나다 브리티시콜럼비아 주의 작은 연안 마을에 이르기까지 많은 곳에서 생겨나고 있다.

기후변화와 식품의 관계에 대한 인식이 퍼지면서 로커보어도 확산되고 있지만, 이에 대해 일부 비판도 있다. 로컬 푸드를 먹는 것의 장점부터 말하자면, 우리의 식품 대부분은 접시에 오기까지 엄청난 거리를 이동하기 때문에 로컬 푸드를 먹으면 운송 과정에서 발생하는 온실가스를 줄일 수 있다.**

그럼, 로커보어에 대한 비판은? 먹거리 체계에서 방출되는 온실가스 상당 부분은 '푸드 마일food mile' 때문에 발생하는 게 아니다. 우리의 탄소 발자국을 줄이려면 푸드 마일만 고려해서는 안 된다.

'로컬'이라는 단어 때문에 로컬 푸드가 푸드 마일에만 초점을 맞춘다는 인

---

* locavore, 로컬 음식을 먹자는 운동, 혹은 그런 운동을 실천하는 사람. 옮긴이

** 푸드 마일에 대하여: 식품이 이동하는 평균 거리를 숫자로 나타내는 것을 나는 별로 좋아하지 않는다. 아마도 당신은 1,500마일(2,400킬로미터)이라는 숫자를 들어보았을 것이다. 이 수치는 아이오와 스테이트 대학의 〈지속 가능 농업을 위한 레오폴드 센터〉 리치 피로그의 연구 팀에서 나온 것이다. 하지만 이 연구는 모든 식품의 평균 거리를 잰 것이 아니라 미국에서 생산되는 과일과 채소 33가지가 시카고 터미널 마켓까지 오는 거리를 잰 것이다. 이 연구는 18퍼센트에 달하는 수입 식품은 계산하지 않았고 고기나 낙농품도 계산하지 않았다. 하지만 언론은 1,500마일이라는 숫자를 제시하면서 마치 이것이 정확한 평균치인 것처럼 이야기하는 경우가 많다. 피로그는 이런 식으로 이 숫자를 사용하려던 게 아니었다. "우리는 이 연구가 의식을 각성시키는 하나의 도구가 되기를 바랐다"고 피로그는 말한다. 이 연구에 포함되지 않은 것들을 생각할 때, 미국에서 소비되는 전형적인 식품의 실제 평균 이동 거리는 이보다 훨씬 길 것이다.

상을 받을 수도 있다. 그러나 로커보어들도 푸드 마일을 넘어서 다른 상황도 고려해야 한다는 사실을 잘 알고 있다. "푸드 마일은 중요하다. 하지만 어떻게 생산되고 누가 생산했는지도 그에 못지 않게 중요하다." 로커보어들은 식품이 지속 가능하게 길러져야 하고, 우리가 아는 사람들에게서, 혹은 적어도 알 수 있는 사람에게서 와야 한다고 생각한다. 영업 방식과 일하는 사람들의 얼굴, 손, 노동이 우리에게 보이지 않는, 산업화된 먹거리 체계와는 다르게 말이다. 로커보어들은 근처에서 나왔다고 해서 인근 CAFO에서 사육된 닭고기를 '로컬' 닭고기라고 생각하지는 않는다. '로컬'은 지속 가능성과 상호 연관성까지도 의미하는 단어다. 초창기 로커보어 중 한 명인 제시카 프렌티스는 이렇게 설명했다. "로컬 푸드를 먹는 것은 산업화된 먹거리 체계의 익명성에 문제 제기하는 것입니다. 무엇보다도, 나는 상호 연관된 방식으로 음식을 먹고 싶어요."

하지만 언론은 근시안적으로 푸드 마일에만 초점을 맞추는 경우가 많아서 로커보어의 깊은 의미를 제대로 다루지 않기 일쑤다. 예를 들면, 2007년 8월 『뉴욕타임스』 칼럼에서 제임스 맥윌리엄스는 로컬 푸드 지지자들에게 치명타가 될 만한 정보를 제시한 것처럼 굴었다. 맥윌리엄스는 뉴질랜드와 영국의 식품을 비교한 어느 연구를 인용하면서, "런던 사람들은 인근 지역 생산자들이 생산한 양고기를 먹는 것보다 뉴질랜드에서 수입해서 먹는 것이 네 배나 더 에너지 효율적"이라고 언급했다.[27] 이 기사는 양고기 좋아하는 환경주의자들이 로컬 푸드를 선택할 것인가 말 것인가를 고민하게 만들기에 충분했다.

맥윌리엄스의 논쟁적인 결론은 여기서기서 지속적으로 관심을 끌었다. 2007년 11월에는 『포브스』에 인용되었고 2008년에는 슬레이트닷컴에 인용되었으며, 심지어는 무역이 기후에 도움이 된다고 주장하는 〈세계무역기구(World Trade Organization, WTO)〉의 홈페이지에도 인용되었다.[28]

하지만 맥윌리엄스가 근거로 인용한 연구 결과를 자세히 살펴보면, 우리가 꼭 뉴질랜드 양고기를 택해야 한다는 의미는 아니다. 영국 양고기가 에너지 효율적이지 못한 이유는 양고기의 이동 거리보다는 농경 방식이나 영국의 에너지 정책과 관련이 있었다. 뉴질랜드의 농가는 화석연료 에너지를 훨씬 덜 사용한다. 2008년에 뉴질랜드는 30퍼센트의 에너지를 재생 가능한 방식으로 얻고 있었는데[29] 영국은 고작2퍼센트였다.[30] 또한, 뉴질랜드 양고기는 목초지에서 자라지만 영국의 양고기는 온실가스를 많이 방출하는 비료로 재배한 사료를 먹고 자란다. 그래서 뉴질랜드에서 자란 양고기가 질산염을 7배 덜 사용하고, 온실가스를 더 적게 방출했다는 꼬리표를 달고 나오는 것이다.

이 이야기의 교훈은 먼 곳의 고기를 먹으라는 것이 아니라 운송은 여러 가지 고려 사항 중 하나며 식품이 생산되는 방식에 대한 전반적인 맥락에서 평가되어야 한다는 것이다. 또 다른 교훈은? 영국 사람들은 자국의 에너지 정책이 재생 가능한 에너지 쪽으로 가도록 지금 바로 압력을 넣어야 하고, 화학적으로 재배한 사료로 동물을 키우는 방식을 재고하도록 양고기 업계를 설득해야 한다. 그리고 이러한 압력과 설득이 이루어지는 동안에는 고기 대신 루바브(채소의 일종)를 선택해야 할 것이다.

로커보어의 의미를 배우기

푸드 마일이 식품이 지구온난화에 미치는 영향 중 가장 중요한 것이라고는 말할 수 없지만, 그렇다고 이 문제를 무시해도 된다는 의미는 아니다. 푸드 마일은 여전히 중요하며 앞으로도 더 중요해질 것이다. 유엔은 무역이 증가하면서 운

송 부문에서 방출되는 온실가스가 2020년까지 70퍼센트 증가할 것으로 내다보고 있다.[31]

예를 들면, 캘리포니아 주로 수입되어 들어오는 식품과 캘리포니아 주에서 생산되어 수출되는 식품(생포도, 네이블 오렌지, 와인, 마늘, 쌀, 생토마토)에 대한 연구 결과, 수입 식품이 로컬 푸드에 비해 운송에서 온실가스를 40배나 많이 방출하는 것으로 나타났다. 특히 항공 운송되는 수입 식품은 지구온난화를 일으키는 정도가 500배나 심했다.[32]

게다가, 운송에서 나오는 온실가스의 심각성을 제대로 파악하려면 해당 식품 자체뿐 아니라 그 안에 들어가는 원료들의 운송 거리까지 고려해야 한다. 모로코에서 오는 암모니아라든가 브라질에서 오는 사료 등을 포함해야 하는 것이다. 여기에, 우리의 먹거리 체계가 의존하고 있는 고속도로, 도로, 트럭, 기차 등의 인프라를 건설하고 유지 보수하는 과정에서 나오는 온실가스도 생각해야 한다. 실제로, 도로 손상이 너무 심각해서 보수 비용을 감당하기 위해 주요 고속도로와 주간 고속도로에 트럭만 다닐 수 있는 유료 차선을 두는 것을 고려하는 주들도 있다.

이 뿐만이 아니다. 전체적인 푸드 마일을 이야기하려면 소비자들이 식품 매장까지 갈 때 나오는 온실가스도 고려해야 한다. 대형 할인점은 원스톱 쇼핑을 할 수 있으니 로컬 푸드를 사러 농민시장에 가는 것보다 기후 친화적으로 보일 수도 있다. 그러나 대부분의 대형 할인점은 인구가 밀집한 곳에서 멀리 떨어진 교외나 외곽에 있기 때문에 거기까지 가려면 상당한 거리를 (자동차로) 이동해야 한다.[33]

마지막으로, 푸드 마일을 생각할 때는 공동체에 미치는 영향도 고려해야 한다. 캘리포니아 주에서 수행된 연구에 따르면, 가난한 지역 거주자들이 오염으로 피해를 입은 사례가 압도적으로 많았다. 교통의 허브(공항, 항만, 기차 등)가 보통

저소득층들이 사는 곳에 들어서기 때문이다.[34] 이를테면, 남부 캘리포니아의 선박에서 방출되는 매연, 황산, 아산화질소 등이 인근 지역에서 발생한 700명의 인명 피해, 그리고 그 밖에 많은 질병과 관련이 있는 것으로 나타났다.[35]

로컬 푸드가 기후변화를 막는 데 좋다고 주장하려면, 농장의 중요성도 이야기해야 한다. 미국에서는 1분에 2에이커의 농경지가 개발에 밀려 사라진다.[36] 농경지가 사라지고 그 자리에 쇼핑몰이나 콘도가 들어서는 것은 탄소를 저장할 수 있는 건강한 땅의 잠재력을 잃는다는 의미이기도 하다. 그리고 좋은 농경지가 쇼핑몰이나 콘도 용도로 개발되면서 농업은 더 척박한 곳으로 밀려나는데, 이런 곳에서는 침식이 더 많이 일어나고 화석연료를 많이 쓰는 관개에 더욱 의존하게 된다.[37]

처음 이 꼭지의 초고를 썼을 때, 나는 냉랭하게 이렇게 덧붙였다. "여러분은 들어봤는지 모르겠지만 나는 농장이던 땅에 지어진 스트립몰이 다시 농장으로 되돌아갔다는 이야기를 아직까지 듣지 못했다." 그런데 이 말을 취소해야 할 일이 생겨서 그 문장을 지웠다.

책을 퇴고할 때 쯤 어느 지역에서 쇼핑몰이 없어지고 그 자리에 공동체 정원이 생겼다는 뉴스를 들었다. 캘리포니아 주 글렌데일의 쇼핑센터 하나가 파산하자, 활동가들이 문 닫은 쇼핑몰 구역에 이 지역의 첫 공동체 정원을 만들기로 했다는 것이다. 스트립몰을 유기농 농장으로 바꾼 것과는 좀 다르지만, 아마도 이것은 가장 예상하기 어려운 장소에서 정원들이 생겨나고 그곳에서 우리가 진짜로 원하는 로컬 푸드에 접근하게 되는 경향을 알리는 신호탄인지도 모른다.

네 번째 원칙을 지키는 데 도움이 되는 자료들
• **로컬 푸드를 찾자**: 진짜 식품과 로컬 푸드를 찾으려면 원칙1에 나오는 자료

를 확인하라. (제품에 원료가 많이 들어가 있을수록 푸드 마일이 길어지기 마련이라는 사실을 기억하자.) 〈푸드 라우트〉(www.foodroutes.org)에서 벌이고 있는 "신선한 것과 지역에서 생산된 것을 삽시다Buy Fresh Buy Local" 활동이 당신의 지역에서도 벌어지고 있는지 알아보자. 몇몇 매장은 신선 식품이 매장까지 오는 데 얼마나 많은 거리를 이동했는지 표시하고 있다. 당신이 가는 매장이 그렇지 않다면, 매장 매니저에게 그렇게 하는 것을 검토해 달라고 요구해 보자.

• **로컬 푸드를 지원하자**: 당신의 동네에서 이미 로컬 푸드 단체나 식품 정책 위원회가 로컬 푸드 운동을 진행하고 있을지 모른다. 찾아보자. 〈가족 농민과 공동체 연대〉(www.caff.org)의 자료를 참고할 수 있다. 당신이 살고 있는 주에 식품 정책 위원회가 있는지 알아보고 그 활동에 참여하려면 다음 웹사이트를 방문하라. www.statefoodpolicy.org.

• **'로컬 푸드 먹기' 운동에 참여하자**: 팔을 걷어붙이고, 젓가락을 들고, 로컬 푸드를 먹기 시작하자. www.eatlocalchallenge.com.

• **농민을 위해 목소리를 내자**: 소규모 농민을 위한 활동을 하는 단체에 참여해서 로컬 푸드 운동을 전국적으로 확산시키라. 참고할 만한 곳들로는 〈전국 가족 농 연합National Family Farm Coalition〉(www.nffc.net), 〈전국 지속 가능 농업 연합 National Sustainable Agriculture Coalition〉(sustainableagriculture.net) 등이 있다.

원칙5: 남겨서 버리지 말고 싹싹 다 먹자, 빙하가 녹고 있다

브루클린-퀸즈 고속도로가 이스트 리버를 만나는 곳 아래, 이제는 사라진 공업 지역의 흔적만 남은 지역이 있다. 이 지역의 움푹 패인 길가에는 창고들이

면해 있다. 별다른 특징 없는 이런 건물 중 하나에서, 한 달에 한 번 독특한 저녁 식사가 열린다. 내가 참석한 날, 나는 신선한 주키니 샐러드, 멕시칸 라자니아, 마늘향 케일, 으깬 브로콜리와 콜리플라워, 푸른 옥수수 추로스와 고소한 몰레 소스, 그리고 몇 가지의 디저트('쿠키 매쉬'라는 것도 있었다)를 먹었다. 먹을 것이 아주 풍부해서 50명 가까이 식사를 할 수 있었는데, 모두 공짜로 조달한 음식이 었으니, 뉴욕 길거리에 버려진 식품 중에서 신중하게 골라 주워 온 것들이었다.

'프리건freegan'이라고도 불리는 이 사람들은 자신들이 현재의 먹거리 체계가 가진 오류를 활용하는 것일 뿐이라고 말한다. 그 오류란 먹거리 체계에 내재되어 있는 낭비를 말한다. 미국의 레스토랑, 빵집, 슈퍼마켓에서 버리는 것들 상당 부분은 멀쩡하게 먹을 수 있는 음식들이다. "매장에서는 판매할 수 없는 것이겠지만 우리에게는 여전히 좋은 음식이죠." 그날의 파티를 주관한 사람 중 한 명인 제프 스타크가 말했다. 오늘날 미국 전역에서 많은 사람들이 먹거리 체계에서 발생하는 낭비를 줄이기 위해 여러 가지 방식으로 노력하고 있다.

하지만 음식 쓰레기를 줄이기 위해서 꼭 쓰레기장을 뒤져야 하는 건 아니다. 활용되지 않던 식품을 활용하는 방법에는 여러 가지가 있다.

몇 년 전에 샌프란시스코 베이에어리어에서 아시야 와두드Asiya Wadud를 만났다. 밤에는 앨리스 워터스Alice Waters가 주방장으로 있는 레스토랑 '셰 파니스'에서 일하고 낮에는 자신의 '진짜 열정'을 추구한다. 베이에어리어 거주자들의 마당에서 과일을 거두는 일이다. 이곳에 이사 왔을 때 와두드는 동네에 과일 나무가 많은 것에 놀랐고, 곧이어 사람들이 마당에 과일이 너무 많아서 처치 곤란이라는 점을 알게 되었다.

"과일이 이 집 저 집 뒤뜰에 쌓여서 썩어 가고 있더라고요." 이 많은 과일이 낭비되는 것을 보고서 와두드는 2008년 초에 〈포리지 오클랜드〉를 설립했다.

아이디어는 간단하다. 과일이 있는 사람이 등록을 하면 와두드가 그 과일들을 수거해 가서 다른 사람들과 나누는 것이다.

"공짜고 누구나 참여할 수 있어요." 어느 해인가는 200개 가정이 참여했다. 와두드의 트위터에는 이런 글들이 올라온다. "51번가 자몽을 마멀레이드로 만들고 있어요." "한밤 중에 올리브 수확을 하다 막 돌아왔어요."

와두드는 말 그대로 '로컬'(지역의) 식품을 사람들에게 배달해 준다. 글로벌 먹거리 체계에서 아주 멀리 떨어진, 변방에서나 이뤄지는 사소한 일로 보일 수도 있겠지만, 이는 미미한 일이 아니다. 이웃과 이웃을 연결해 주고 상당한 분량의 신선 식품도 배달해 준다. 그리고 이런 일을 하는 사람은 와두드뿐이 아니다. 로스앤젤레스에는 〈낙과Fallen Fruit〉라는 모임이 있어서 동네의 과일나무에서 열린 과일로 잼을 만드는 워크숍을 연다. 데이비스에는 〈투르 드 시트론Tour du Citron〉이 있어서 거주자의 과일나무에 열린 과일을 수확해서 자전거로 날라 지역 푸드 뱅크에 기증한다. 과일나무 주인은 수제 잼 등 맛있는 음식으로 보상을 받는다. 이런 모임은 캘리포니아 주 이외의 지역에서도 생겨나고 있다. 오리건 주 포틀랜드에는 〈포틀랜드 과수 프로젝트Portland Fruit Project〉가, 필라델피아에는 〈필리 과수 프로젝트Philly Orchard Project〉가, 토론토에는 〈나무에서 그리 멀지 않아요Not Far from the Tree〉가 활동을 하고 있다.

이러한 '과일 줍기'가 인기 끄는 이유를 무엇이라고 생각하는지 물었더니, 와두드는 곧바로 대답했다. "자기가 고르는 식품이 환경에 미치는 영향, 그리고 기후에 미치는 영향에 대해 인식하는 사람들이 점점 더 늘고 있어요. 그리고 이런 사람들은 그런 문제를 창조적으로 해결할 방법을 찾고 싶어하지요." 와두드가 수확한 식품은 온실가스를 얼마나 방출할까? 거의 제로다. "나는 운전 면허도 없어요." 와두드의 '운송'은 아주 튼튼한 자전거 한 대로 이뤄진다.

남의 집 과일나무에 열린 것을 달라고 말하기가 아직 좀 쑥스러운가?

그렇다면, 미국 전역의 농장에서 나오는 것들을 활용하는 푸드 뱅크 활동에 참여할 수 있다. 예를 들면, 〈캘리포니아 푸드 뱅크 연합〉은 2006년에 "농장에서 가정으로" 운동을 벌여서 '남거나', '부수적인' 것들을 생산자에게서 거둬들였다. 1년이 지났을 때 이 프로그램은 이미 과일 38종과 채소 1,700만 킬로그램을 주 전역에 나르고 있었다.

아니면, 매립장으로 가는 음식 쓰레기를 줄이는 일에 동참할 수도 있다. 이를테면, "2012년까지, 퇴비화 가능한 유기물질 매립장으로 보내지 않기(COOL 2012)" 운동이 있다. 이는 주 정부 및 지방정부와 함께 음식물 쓰레기 등 퇴비화 가능한 물질이 메탄을 내놓는 매립장에 들어가는 것을 막는 캠페인이다.

'COOL 2012' 는 미국의 매립장에서 방출되는 온실가스가 미국의 전체 석탄 화력발전소에서 나오는 온실가스의 20퍼센트에 해당한다고 추정한다. 매립장으로 가는 쓰레기를 절반으로 줄이면 석탄 화력발전소 60개를 없애는 효과를 볼 수 있다. 유기물질 쓰레기는 대체로 음식 쓰레기와 정원 쓰레기인데 많은 도시에서 생활 폐기물의 절반 가까이를 차지한다. 따라서 음식 쓰레기를 줄이면 매립장으로 가는 쓰레기를 크게 줄일 수 있다. 게다가 이를 퇴비로 만들어 소규모 농장과 공동체 정원에 거름으로 쓸 수 있다. 'COOL 2012' 의 린다 크리스토퍼Linda Christopher는 "유기물질 쓰레기가 매립장이나 소각로로 가면 우리는 토양과 작물과 우리들 자신에게 양분이 되어 줄 수도 있었을 자원을 영원히 잃어버리게 된다"고 강조했다. 현재까지 대도시 12곳 이상, 마을 수십 곳, 그리고 소도시 등에서 음식물 쓰레기 분리 수거 프로그램을 도입하고 있다.

밭에서 (그리고 뒤뜰에서) 나오는 식품이 우리의 입으로 (혹은 누군가의 입으로) 들어가게 하는 것이 쓰레기 줄이기의 첫 단계다. 또한, 퇴비를 만드는 것도 집에서 음식물 쓰레기를 내놓지 않을 수 있는 방법이다. 그리고 이 두 가지를 지원하는 정책을 지지하는 것 역시 우리가 할 수 있는 실천이다.

다섯 번째 원칙을 지키는 데 도움이 되는 자료들

• **개인적으로 배출하는 쓰레기를 파악하고 관리하자**: 다음 한 주 동안 당신 집에서 어떤 음식들이 낭비되고 있는지 알아보라. 프리건이 본다면 당신의 부엌 쓰레기통에서 무엇을 찾아낼 수 있겠는가? 이 목록을 작성하고 나면 음식을 덜 구매해 쓰레기를 줄일 수 있는 방법을 알게 될 것이다. 돈도 절약하고 말이다. 다음 웹사이트를 방문하면 이와 관련된 몇 가지 요령과 아이디어를 얻을 수 있다. www.lovefoodhatewaste.com

• **집에서 퇴비를 만들자**: 정원이 있는가? 그렇다면 퇴비통을 만들라. 음식 쓰레기를 줄이고 잘 활용하는 좋은 방법이다. 정원이 없어도 참여할 수 있다. 농민 시장 중에는 가정의 음식 쓰레기를 수거해 농민에게 보내 퇴비화할 수 있는 프로그램을 운영하는 곳들이 많다. 혹은 지역공동체의 정원에 참여할 수도 있을 것이다. (다만, 대부분의 음식 쓰레기는 퇴비화할 수 있지만, 고기, 생선, 동물성 지방은 안 된다는 것을 명심하자.) 다음 웹사이트를 참고하라. www.howtocompost.org

• **일터에서 노력하자**: 우리의 먹거리 체계에서 낭비의 대부분은 가정에서보다는 기관에서 이뤄진다. 학교에서 일하는가? 슈퍼마켓에서? 당신이 속한 조직이 무엇을 낭비하고 있는지 알아 내고, 그것을 줄이거나 도시의 퇴비화 프로그램에 포함시킬 수 있는 방법을 찾아보자.

• **COOL 2012 운동에 참여하자**: COOL 2012에 대한 더 자세한 정보는 홈페이지(www.cool2012.com)를 참고하라.

• **이삭 줍는 사람들을 찾자**: 아시야 와두드의 블로그를 방문하면 와두드와 연

결되어 있는 다른 집단들도 찾을 수 있다. http://forageoakland.blogspot.com

원칙6: 포장을 줄이자

미국인은 매년 많게는 400억 개의 플라스틱 물병을 버린다.[38] 한 사람당 130
개 꼴이다. 샌프란시스코에서는 매년 1억 8천만 개의 비닐봉지가 가게에서 물건
을 사는 소비자의 손으로 갔다가 버려진다.[39] 〈맥도날드〉만 해도 매년 5억 5천만
개의 빅맥 포장재와 상자를 미국의 쓰레기장으로 보낸다.[40]

종이, 플라스틱, 마분지, 병, 캔, 스티로폼 등의 음식 용기는 먹거리 체계가
지구온난화에 미치는 영향 중 큰 부분을 차지한다. 포장재 제조 과정에서부터 매
립장 쓰레기에 이르기까지 포장은 지구온난화에 크게 기여한다. (앞에서 말한 샌프
란시스코의 비닐봉지를 다 생산하는 데는 석유 77만 4천 갤런이 든다.[41])

우리는 비닐봉지, 일회용 컵, 포크, 접시 등을 덜 사용해 개개인의 식품 생태
발자국을 줄일 수 있다. 재활용과 재사용을 장려하고 과도한 포장을 줄이려는 지
역 당국의 정책을 지원하는 것도 식품 생태 발자국을 줄이는 데 도움이 된다.

이를테면, 2007년 초에 샌프란시스코 감리 위원회는 대형 슈퍼마켓에서 비
닐봉지에 물건을 담아 주는 것을 금지하는 조례를 투표에 부쳤다. 소비자들이 직
접 장바구니를 들고 오거나 퇴비화 가능한 옥수수대나 재활용 가능한 종이로 만
든 봉투에 물건을 담아야 한다는 내용이다. 물론 이 획기적인 조례에 반대하는
세력도 있었다. 〈캘리포니아 식품점 협회〉는 소비자와 유통업체 비용이 늘어날
것이라며 반대했다. 그래도 비닐봉지 금지 조례는 결국 통과됐다.

비닐봉지에 과세를 해서 사용을 줄이는 나라도 있다. 아일랜드는 2002년에

비닐봉지에 세금을 물려서 사용을 90퍼센트까지 줄였다.[42] 로스앤젤레스도 비닐봉지 금지 조치를 검토 중이라는 말이 있으며, 워싱턴DC는 비닐봉지에 과세하는 방안을 검토하고 있다. 그리고 이런 일이 도시 단위로만 이뤄지라는 법은 없다. 2009년 6월 8일에 〈유엔환경계획(United Nations Environment Program, UNEP)〉 사무총장은 비닐봉지를 전 세계적으로 금지해야 한다고 촉구했다.[43]

비닐봉지 이외의 다른 포장재까지 금지하려는 움직임도 있다. 캘리포니아 주의 산타모니카는 재활용 할 수 없는 테이크아웃용 플라스틱 음식 용기 사용을 금지하는 조례를 통과시켰다.[44]

당신의 도시나 주가 이러한 금지나 과세를 검토하고 있는지 알아보고 지원하라. 당신 스스로 그러한 캠페인을 시작할 수도 있을 것이다.

여섯 번째 원칙을 지키는 데 도움이 되는 자료들

• **기후 친화적인 정책을 지지하자**: 인근 환경 단체와 연락하거나 진보적인 공직자에게 연락해서 포장을 줄이는 정책을 촉진하자. 더 자세한 자료와 실천 아이디어는 다음을 참고하면 된다. www.storyofstuff.org.

• **개인적으로도 포장을 줄이자**: 자신의 식단이 포장을 얼마나 사용하는지를 파악하자. 그게 다 매립장으로 간다고 생각하고, 줄이기 위해 할 수 있는 일들을 찾아보자. 재사용 가능한 머그컵, 물병, 냅킨을 가지고 다니자. 〈투고웨어To-Go Ware〉 같은 기업체에서 재사용할 수 있는 이동용 식품 용기와 도구를 찾을 수 있다.

원칙7: 스스로 기르고 요리하자

기후 친화적인 식단의 원칙을 지키려면 현대 산업사회의 호모사피엔스에게는 점점 생소해지고 있는 행위를 해야 한다. 자신이 먹을 것을 시간을 들여 직접 요리하는 것 말이다. 다행히 많은 요리책과 자료가 나와 있어서 우리를 도와준다. 지구온난화에 대처하는 다른 처방들과 달리, 기후 친화적인 식단을 만드는 일은 재미있고 즐거우며 풍부한 맛도 느낄 수 있다.

기후 친화적인 농업은 사람들(살과 피를 가진 진짜 사람들)이 직접 손을 땅에 대는 것을 의미하기도 한다. 불행히도, 50년 넘게 정부 보조금이 대규모 농업을 지원하면서 수천 명의 소규모 농민들이 땅을 떠나야 했다. 하지만 새로운 농민들이 자신의 괭이를 들고 땅을 파기 시작했다. 이들은 오늘날 미국 전역에서 농업의 오아시스를 만들고 있다.

모두가 농민이 되어야 하는 것은 아니다. 모두가 뒤뜰에 텃밭을 가꿀 수 있는 것도 아니다. 하지만 여건이 되는 사람은 자신이 먹을 것을 직접 기르는 것이 기후변화에 가장 잘 맞서는 방법이다. 뒤뜰에 공간이 없다면 지붕 공간을 활용해도 좋을 것이다. 〈건강한 도시를 위한 녹색 지붕Green Roofs for Healthy Cities〉이 2009년에 실시한 조사에 따르면, 미국에서 녹색 지붕의 수는 2008년에만도 35퍼센트나 증가했다. 지붕 텃밭 면적은 55만 제곱미터에서 90만 제곱미터에 달하는 것으로 추정됐다.

정원도 지붕도 없는 사람은? 지역공동체의 정원에 참여하거나, 자녀가 다니는 학교의 '먹을 수 있는 정원' 운동을 지원하라.

일곱 번째 원칙을 지키는 데 도움이 되는 자료들

• **부엌을 탈환하자**: 앞에 소개한 요리책을 하나 들고 부엌으로 가자.

• **손을 땅에 대자**: 유기농 농업에 관심이 있다면 산타크루스 캘리포니아 대학의 〈생태 농업과 지속 가능한 먹거리 체계 센터〉의 "농장과 정원 실습 프로그램(http:// casfs.uscs.edu/training/index.html)"을 참고하라. 농사를 지을 수 있는 기회를 찾으려면 〈그로우 푸드〉(www.growfood.org)도 있다. 미국의 젊은 농부들을 다룬 다큐멘터리 〈그린혼Greenhorns〉도 참고하라. 〈그린혼〉 다큐멘터리의 웹사이트 (www.thegreenhorns.net)에서는 신참 농부들을 위한 자료도 찾을 수 있다.

• **지역공동체 정원**: 당신의 지역에 공동체 정원 운동이 있는지 확인하라. 미국 〈공동체 정원 연합〉(www.communitygarden.org)의 홈페이지도 참고하라.

• **학교 정원**: 〈캘리포니아 학교 정원 네트워크〉(www.csgn.org)를 참고하라. 자녀가 다니는 학교와 지역의 농민을 연결하는 활동에 관심이 있다면 "농장에서 학교로" 네트워크(www.farmtoschool.org)를 참고하라.

<기후 친화적인 식단을 위한 일곱 가지 원칙>

기후 친화적인 식단을 실천하는 것은 로켓 공학처럼 복잡한 것이 아니다. 나와 가족이 먹는 식품을 잘 알고 선택하면 된다.

1. **진짜 식품을 구하자**: 엄지손가락 법칙을 이용해 첨가물이 너무 많이 들어간 식품을 피하고, 매리온 네슬이 제안한 방식대로 슈퍼마켓에서는 가장자리 매대를 활용해 가공식품을 피하자.

2. **접시에 식물을 놓자**: 식물성 식품 위주로 먹자. 동물성 식품을 고를 때는 지속 가능하고 인도적인 방식으로 기른 것을 고르고, 유기농 마크나 목초 사육 인증 표시를 확인하자.

3. **당황하지 말고, 유기농으로 가자**: 산업적 화학물질이나 에너지 집약적인 원료를 사용하지 않고 생산한 식품을 고르자. 농무부의 유기농 인증 표시를 찾거나 식품 생산자에게 그들이 어떻게 재배하는지 직접 물어보자.

4. **가능한 로컬 푸드를 선택하자**: 지역의 식품 경제를 지원하자. 로컬 푸드를 구비한 슈퍼마켓에 가고, 가까운 농민시장이 어디인지 알아보고, 공동체 지원 농경에 참여하자. 기후 친화적인 식품을 오늘도, 그리고 내일도 먹을 수 있으려면, 소규모 농민들의 네트워크와 지역 기업을 지원하는 것이 매우 중요하다.

5. **남겨서 버리지 말고 싹싹 다 먹자, 빙하가 녹고 있다**: 음식 쓰레기에 신경을 쓰자. 학교에서는? 학교 차원에서 음식 쓰레기를 퇴비로 만들 수 있는 방법을 고민하고 요구하자. 식당이나 케이터링 업체에서 일하는가? 재활용과 재사용 프로그램을 알아보자. 지역사회의 이웃과 연대해서 낭비를 줄이고 로컬 푸드를 더 많이 이용할 수 있는 혁신적인 방법을 찾아보자.

6. **포장을 줄이자**: 창조적으로 생각하자. 장바구니를 들고 가는 것에서부터 재사용할 수 있는 용기에 음식을 보관하는 것, 그리고 남은 음식으로 맛있는 새 음식을 만드는 방법을 개발하는 것 등, 다양한 아이디어를 낼 수 있다. 이는 가장 간단한 일이면서도 가장 어려운 일이기도 하다. 버리는 문화의 세계에 살고 있는 우리로서는 버리는 습관을 바꾸는 것이 쉽지만은 않은 일이니 말이다.

7. **<u>스스로 기르고 요리하자</u>**: 기후 친화적인 식단을 실천하는 가장 좋은 방법 중 하나는 먹을 것을 직접 기르고 요리할 줄 알게 되는 것이다.

〈추가 정보를 얻을 수 있는 곳들〉

● 〈식품 안전 센터〉의 '쿨 푸드 운동' : 어떤 식품을 구매해야 기후 친화적인 먹거리 체계를 지원할 수 있는지 알아볼 수 있다.www.coolfoodscampaign.org

● 〈열대우림 행동 네트워크Rainforest Avtion Network〉의 '농업 기업 운동' : 식품 기업들이 생태계를 보호하도록 요구하는 행동에 참여할 수 있다. www.ran.org

● 〈본 아페티트 매니지먼트 컴퍼니 재단Bon Appé tit Management Company Foundation〉의 '저탄소 식단 계산기' : 개인의 식품 생태 발자국을 확인해 볼 수 있다. www.eatlowcarbon.org.

● 〈농업 무역 정책 연구소(Institute for Agriculture and Trade Policy, IATP)〉의 '기후와 농업 연구' : 기후와 농업에 대해 IATP가 진행한 학술 연구들을 찾아볼 수 있다. www.iatp.org/climate

11장.

젓가락을 넘어서

2003년 11월 초에 나는 애리조나 주 프레스콧 칼리지에 강의를 하러 갔다. 이 학교에서는 해키색*을 하거나 퇴비 더미에 대한 의견을 교환하는 학생들을 쉽게 볼 수 있다. 그날 저녁에 나는 늦게까지 차를 마시면서 나를 초대한 교수와 이야기를 나눴다. 대화는 큰 주제들로 흘러갔고, 우리는 우리 시대의 심각한 환경문제에 대해 이야기했다. 아마도 그중 가장 명백한 문제일 전 세계적 기후 위기 이야기도 물론 빠지지 않았다.

그 교수는 내내 엄격한 환경주의자로 살아왔지만 최근에 환상이 많이 깨졌다고 말했다. 수십 년 동안 그는 "옳은 일은 무엇이든 하는" 녹색주의자였다고 한다. 커피숍에 갈 때는 재사용 가능한 머그컵을 가지고 가고, 퇴비를 만들고, 카풀을 하고, 열심히 전등을 끄고 등등 말이다. 그러다 어느 날 뉴욕에 갔다고 한다.

● Hachy Sack, 미국식 제기차기. 옮긴이

"지하철에서 나와보니 타임스퀘어 한복판이었어요. 그리고 심장이 덜컥 내려 앉았죠. 거기 서있던 1분 동안 내가 평생 절약해 온 에너지보다 많은 에너지가 사용되고 있었어요."

그때는 그의 생각이 잘못되었다고 말해 주지 못했다. 아마도 잘못되지 않았을지도 모른다. 그의 기분을 북돋워 주기 위해 내가 무슨 말을 했는지, 무슨 말을 하긴 했는지, 잘 기억이 나지 않는다. 하지만 지금 돌이켜보니 그때로 돌아간다면 이렇게 말할 수 있겠다는 생각이 든다.

우선, 우리의 행동이 아무리 작은 것으로 보일지라도 전 지구적인 파문을 갖는다고 말해 줄 수 있었을 것이다. 나는 이런 파문을 직접 보았다. 유기농 제품을 선택하는 나와 당신 같은 소비자가 없다면 내가 만났던 유기농 농민들이 그런 방식으로 농사를 지을 수 없을 거라고 말하는 것은 과장이 아니다.

그리고 오스트리아의 귀싱에 사는 사람들에 대해 이야기할 수도 있었을 것이다. '막다른 마을' 이나 '잊혀진 변방 소도시' 라고 불리던, 동구권에 인접한 빈촌에 살던 그들도 실망하고 절망했을 것이다. 하지만 이 마을은 10년 동안 녹색마을로 전환하려는 노력을 기울인 끝에 재생에너지 산업으로 번성할 수 있었다. 이 마을에는 재생 가능 에너지 회사 수십 개가 들어서 있으며 이들이 총 1천 명이상을 고용하고 있다.[1]

혹은, 중부 아메리카에 있는 작은 나라 코스타리카에 대해 이야기할 수도 있었을 것이다. 개발 바람 때문에 삼림이 대부분 황폐해졌을 때 주민들은 환상이 깨지고 절망했을 것이다. 하지만 진보적인 환경 정책과 시민운동 덕분에, 코스타리카는 삼림의 가치를 재평가하고 나무를 다시 심어서 20년 전보다 삼림 면적이 두 배나 많은 나라가 되었다.

또한, 지금의 내가 확실히 가지고 있는 어떤 느낌을 그날 이야기할 수도 있었을 것이다. 일상적인 의사 결정을 내릴 때 환경적인 가치를 따르다 보면, 자기 자신에 대해서도 다르게 생각하게 된다고 말이다. 그러한 의사 결정들을 내릴 때, 우리는 더 이상 수동적인 소비자가 아니다. 시장을 구성해 나가는 적극적인 시민이다.

식품에 대해서 이야기하자면, 이는 무엇이 시장에서 팔릴지(그리고 무엇이 팔리지 않을지), 어떤 기업이 번성할지(그리고 어떤 기업이 번성하지 않을지), 기후에 좋은 건전한 농업 방식과 먹거리를 장려하기 위해 어떤 정책을 도입할지를 결정하는 힘이 우리의 젓가락에 있다는 사실을 깨닫는 것을 의미한다. 또한 우리 자신을 먹거리 생산자와 파트너로 여기게 된다는 것을 의미한다.

이것을 기후 친화적인 식단의 여덟 번째 원칙이라고 생각하자. 여덟 번째 원칙에 비추어 보면 다른 일곱 가지 원칙이 쇼핑 요령에 불과한 것이 아님을 알 수 있다. 이런 원칙들은 우리 자신을 고립된 소비자가 아니라 운동의 참여자로 보도록 우리 마음가짐을 바꾸게 해 준다. 독일 물리학자 한스 페터 뒤르Hans Peter-Durr가 이야기했듯이, 환경과 생태의 관점에서 보면, "부분은 없다. 모두가 참여자다." 우리는 사회의 변화를 이루어 가는 큰 연대의 참여자들이고 시장을 이용해 목소리를 내는 시민들이다. 첫 번째 보이콧으로까지 거슬러 올라가는, 그리고 시장경제의 기원으로까지 거슬러 올라가는 시민 참여자들인 것이다.

1880년대 아일랜드의 춥고 습한 서부 연안으로 가보자. 그러면 집단적인 힘을 행사하는 보이콧 전략의 기원을 보게 된다. 당시 〈아일랜드 토지 연맹〉은 수십 년 동안 지역 농민을 위해 일하면서 지주들의 착취에 대항해 싸우고 있었다. 1880년에 이 싸움은 절정에 달했다. 영국 태생의 찰스 커닝햄 보이콧Charles Cunningham Boycott이 지대를 또 올리겠다고 가난한 농민들을 협박했다. 〈토지 연맹〉은 이에 맞섰다. 〈토지 연맹〉은 보이콧의 집으로 함께 행진해 가서 "보이콧의 모든 고용인들이 일을 그만 두도록" 만들자고 농민들을 설득했다.[2] 또, 지역의 가게 주인들에게 가서 보이콧 가족과 거래를 하지 말도록 촉구했다. 우편 배달부는 우편물을 보이콧 집에 배달하지 않았다. 대장장이는 보이콧 집의 일을 해 주지 않았다. 빨래하는 사람은 보이콧 집의 빨래를 해 주지 않았다. 수확하는 사람은 보이콧 집의 수확을 해 주지 않았다. 보이콧 집안은 고립되었고 보이콧은 두 손을 들었다. 그리고 '보이콧'이라는 말은 불멸의 단어가 되었다.

그로부터 수많은 세월이 흐르는 동안, 시민들이 시장에 영향을 주기 위해 집단적으로 힘을 행사하는 방식은 점점 정교해졌다. 그리고 기후변화 운동에서도 이러한 시민운동이 전개되고 있다. 이제는 대학 구내식당에서부터 〈크로거〉 매장의 과자 코너까지, 또 뉴욕의 시의회에서 국제 기후변화 협정이 체결되는 협상 테이블에 이르기까지, 다양한 곳에서 먹거리 체계와 지구온난화 문제를 연결시키는 활동이 벌어지고 있다. 이러한 움직임들은 규모나 범위나 전략 면에서 각기 다르지만, 공통점이 있다. 이런 움직임들을 통해 우리는 젓가락이 가진 힘을 새롭게 생각하게 되고, 우리 자신을 슈퍼마켓에 나와 있는 물건을 그저 받아들이는 사람이 아니라 미래의 식품을 만들어 나가는 참여자로 여기게 된다.

무엇이 팔릴 것인가를 결정하기: 쿨한 캠퍼스의 진짜 식품

2007년 어느 날 사정이 약간 시난 시간, '식품과 사회' 연례 보임에 참석한 500여 명이 긴 공식 회의를 마치고 각자 방으로 흩어지고 나서도 한참이 지난 뒤였다. 〈캘리포니아 학생 지속 가능성 연합〉의 팀 갤라노Tim Galarneau와 보스턴에 있는 비영리기구 〈식품 프로젝트〉의 아님 스틸Anim Steel, 브라운 대학의 데이비드 슈워츠David Schwartz 등 몇몇 젊은이들은 미시간 주 트래버스시티의 그랜드 트래버스 리조트에 있는 텅 빈 회의실에 남아 이야기를 나누고 있었다. 이들은 이미 1년 넘게 진행해 온 논의를 이어가는 참이었다.

무엇이 이들을 이렇게 늦게까지 붙잡아 두었는가?

이들은 지속 가능하고 공정하게 기른 먹거리로 캠퍼스 구내식당의 음식을 조달해야 한다는 운동이 대학에서 벌어지고 있는 것을 각자 목격한 터였다. 갤라노는 캘리포니아 주의 주립대학들에서 대학 먹거리를 바꾸려는 노력이 대대적으로 일어나는 것을 보았고, 슈워츠는 브라운 대학이 있는 프로비던스에서 지속 가능한 먹거리를 조달하라는 학생들의 목소리가 점점 커지는 것을 보았으며, 식품 정의 운동을 이끄는 스틸은 보스턴의 〈식품 프로젝트〉에 참가한 젊은이들이 농장을 운영해 가는 모습을 보았다. 이들은 각지의 학생들이 지속 가능성과 식품 조달에 대해 더 큰 목소리를 내고 싶어한다는 사실을 알고 있었다. 다만, 그렇게 하기 위한 효과적인 방법이 필요했다. 이들의 논의를 통해 '진짜 식품 운동'이 탄생했다.

개념은 정말로 간단하다. 학생들은 자신의 학교가 제공하는 음식에 대해 목소리를 낼 수 있어야 하며(학생들이 내는 등록금을 생각해 보라. 어떤 학생들은 4년제 사립학교 등록금으로 10만 달러를 낸다), 학교의 먹거리는 공정성과 지속 가능성이라는 사회적 가치를 반영해야 한다는 것이다. '진짜 식품 운동'은 학교가 변화하도록 학생들이 힘을 행사할 수 있는 조직적 도구를 제공해 준다. 운동에 동참하는 학교들은 2020년까지 학교 먹거리 중 적어도 20퍼센트 정도를 진짜 식품으로 바꾸는 것을 목표로 삼는다. 여기서 진짜 식품이란 지속 가능한 방식으로, 공정하게, 지역 농민들이 기른 먹거리를 말한다.

'진짜 식품 운동'은 20퍼센트라는 구체적인 목표를 제시할 뿐 아니라, 각 학교와 학생 활동가에게 진짜 식품을 조달할 수 있는 방법을 알려 주고, 활동가들을 교육하며, '진짜 식품 계산기'라는 도구도 제공한다. 이 계산기를 통해, 현재 제공되는 식품 중 진짜 식품이 얼마나 되는지를 계산할 수 있고, 시간이 지나면서 얼마나 향상되는지도 파악할 수 있다.

갤라노는 지구온난화에 대처하기 위해 학생들의 힘을 활용한다는 점이 이 운동에서 특히 의미 있는 부분이라고 설명했다. 이제까지 학생 환경 운동의 핵심 전략은 학교에서 사용되는 에너지를 재생 가능한 에너지원 쪽으로 전환해서 지구온난화에 영향을 덜 미치도록 학교를 설득하는 것이었다. 성공적인 사례 중 하나로 '캠퍼스 기후 운동Campus Climate Challenge'을 꼽을 수 있다. 이 운동을 통해 미국과 캐나다 각지의 학생들은 자신의 대학과 고등학교에 백 퍼센트 청정에너지 정책을 도입하도록 요구하는 활동을 벌였다. '진짜 식품 운동'은 '캠퍼스 기후 운동'에서 '변화를 위해 학생들의 열정을 활용한다'는 아이디어를 얻었다. 갤라노는 이렇게 설명했다. "캠퍼스에서 기후변화 운동을 펼 수 있는 분위기는 무르익은 상태였어요. 앨 고어의 다큐멘터리도 큰 인기를 끌었고요. 하지만 기존의 운동은 기후변화를 먹거리 체계와 연결해 생각하지는 않고 있었어요."

"먹거리 체계가 지구온난화의 핵심 요인이며 지속 가능성에 대한 논의를 더 광범위하게 진전시키려면 먹거리에 대해 이야기해야 한다는 점을 이제 많은 학생들이 인식하고 있어요."

다시 1년 반 동안 논의가 진행된 뒤, 2008년 8월, '진짜 식품 운동'이 공식적으로 출범했다. 그리고 한 달 안에, 창립 멤버들은 자신들의 예감이 옳았다는 것을 바로 알 수 있었다.

이 운동은 11개 학교에서 시범적으로 시작됐다. 활동가들은 수백 군데의 학교가 곧 더 참여할 것이라고 기대했다. 갤라노는 이렇게 말했다. "첫 달에 전화

회의를 하면서 우리는 얼마나 많은 학교들이 들어와 있는지 확인해 봤어요. 200 곳 쯤 되겠지 생각했죠. 그런데 이미 230개 학교가 있었어요. 제대로 건드렸구나, 하고 느낀 것이 그 때였어요. 사람들의 관심이 쏠리고 있었어요.”

첫 해가 끝날 때쯤에는 329개의 학교가 동참했다. 브라운 대학, 뉴욕 시립대학, 캘리포니아 산마테오의 디앤자 커뮤니티 칼리지 등이 함께 했다. 이들은 1년이 더 지나면 1천 개 학교, 즉 2년제와 4년제 대학의 4분의 1이 참여할 것으로 내다보고 있다.

이러한 움직임은 어느 정도나 영향력을 발휘할 수 있을까? 미국의 대학들은 현재 연간 40억 달러 이상을 먹거리에 쓰고 있다. (절반 정도는 식품 서비스 회사와 계약해 식품을 제공하며, 나머지는 학교가 직접 관리한다.) 만약 ‘진짜 식품 운동’이 성공적으로 이뤄져서 참여하는 학교가 2020년까지 식품 예산의 20퍼센트를 지속 가능한 먹거리를 구매하는 데 쓴다면 2020년 무렵에는 약 10억 달러를 지속 가능한 먹거리 구매에 사용하는 셈이 된다. “우리는 이를 시스템 일깨우기라고 표현해요. 그리고 학생들은 이 말을 좋아해요.” 갤라노가 말했다.

공정하고 지속 가능하게 길러진 로컬 푸드를 캠퍼스에 들여온다는 ‘진짜 식품 운동’을 기후변화 완화 노력과 연결시키는 것은 까다롭고 어려운 문제다. 우선, 기후에 미치는 영향을 양적으로 측정하기가 어렵다. 캠퍼스 에너지 사용에 대한 자료를 얻는 일과는 달리(에너지는 온실가스 방출을 측정하기가 상대적으로 쉽고, 어떤 조치를 취하느냐 아니냐에 따른 변화도 파악하기 쉽다), 식품에 대한 온실가스 자료는 얻기가 어렵다. 학교는 자신이 구매하는 먹거리가 가지고 있는 전체 이야기를 거의 모른다. 먹거리와 관련해 방출되는 온실가스 대부분은 생산, 가공, 유통 과정에서, 즉 식품이 학교 식당에 오기 한참 전에 발생하기 때문이다. 그리고, ‘직접적인’ 방출(학교 주방에서 나오는 것, 음식 쓰레기가 매립장에 갈 때 나오는 것 등)조차도 정확하게 측정할 수단을 가지고 있는 학교가 드물다.

하지만 자료가 없다고 행동도 할 수 없는 것은 아니다. '진짜 식품 운동'은 학교들이 지구 친화적인 선택을 내릴 수 있는 원칙을 강조한다. 이 원칙에는 10 장에서 다룬 내용들이 포함된다. 이를테면, '진짜 식품 운동'에 참여하는 학교는 육류 구매를 줄일 수 있고, 음식 쓰레기 배출 방식을 변경할 수 있고, 포장을 줄일 수 있고, 로컬 푸드를 더 많이 조달할 수 있을 것이다. 그리고 이 학교들은 실제로 이런 조치를 시행해 나가고 있다.

학생들의 열정에 학교들도 관심을 보이고 있다. '진짜 식품 운동'은 식품 서비스 제공 업체들의 관심도 끌게 되었다. 첫 달부터 이 운동 본부에 참여하고 싶다는 기업들의 전화가 끊이지 않았다. 〈아라마크〉, 〈소텍소〉, 〈본 아페티트〉 등이었다. "그들은 이 운동에 동참하고 싶다고 전화를 했어요." 갤라노가 말했다.

하지만 갤라노와 동료들은 기업의 공식적인 참여에 대해서는 신중했다. 기업들이 실제로 운영 방식은 바꾸지 않으면서 이 운동에 발만 걸치는 것이 아닐까 우려했기 때문이다. 그들은 이미 근본적으로 변하지 않은 채 계약서상에서나 지속 가능성을 떠들어 대는 식품 기업들을 본 적이 있었다. 갤라노는 135페이지짜리 식품 납품 계약서를 검토 중인데, 그 회사가 지속 가능성을 피해갈 구멍을 만들어 놓고 있는지 아닌지를 샅샅이 살펴보는 중이라고 했다. "중요한 것은 각론이니까요."

한편, 매년 학교와 기업의 구내식당에 8천만 끼의 식사를 제공하는 〈본 아페티트〉는 ㄱ 나름내로 저탄소 식단 운동을 벌여 왔다. 여기에는 음식물 쓰레기를 줄이고, 퇴비화를 추진하며, 고객에게 식품 선택에 대해 교육하고, 2007년에서 2009년 사이 쇠고기 구매를 33퍼센트 줄이는 것 등이 포함돼 있다.

'진짜 식품 운동' 활동가들은 학생들을 참여하게 만드는 것에 가장 초점을 두고 있다고 말했다. 학교의 식품 구매 담당자들은 필요한 변화를 추진해 갈 시간이 없기 때문에 학교는 주로 학생들에게 의존한다. 그리고 스틸은 "식품 서비스 회사들이 아무리 동참할 의지가 있다 해도, 어느 정도까지 나아가느냐는 학생들이 밀어붙이는 정도에 달려 있다"고 말했다.

학생들은 활발하게 참여하고 있지만, 이 운동은 여러 가지 어려움도 가지고 있다. 그중 하나는 학교 행정 당국이 심각한 경제적 불황에 처해서 학생들의 요구에 귀를 기울일 여력이 없다는 것이다. 하지만 운영자들은 기후 친화적인 원칙을 채택하면 학교가 돈도 절약할 수 있다고 말한다. 예를 들면, 스탠포드 대학 학생들은 영국의 '음식 사랑, 낭비 금지Love Food, Hate Waste' 운동에서 아이디어를 얻어 학교 구성원들이 쓰레기를 쉽게 퇴비화할 수 있는 시스템을 만들었다. 스탠포드 식품 및 캠퍼스 주거 담당의 '지속 가능한 식품' 운영자 에린 게인스 Erin Gains('진짜 식품 운동'의 활동가이기도 하다)에게 이곳의 성공 사례를 들을 수 있었는데, 그에 따르면 이 운동을 통해 스탠포드 대학은 2008년에 학교 식당에서 나오는 54만 킬로그램의 음식 쓰레기를 퇴비로 만들 수 있었다. 매립장으로 갈 뻔한 54만 킬로그램이 근처의 퇴비화 시설로 간 것이다. 그리고 이렇게 만들어진 퇴비의 절반은 학교의 정원으로 되돌아왔다.

갤라노는 캘리포니아 주립대학들의 사례도 알려 주었다. 산타크루스 캘리포니아 주립대학은 학생들이 자기가 먹을 수 있는 양보다 음식을 많이 담아 오는 것을 막기 위해 구내식당에서 쟁반을 없애기로 결정했다. 쟁반이 없으면 설거지도 줄어든다. 학교 측에 따르면, 1년에 100만 갤론 이상의 물이 절약되는 것으로 추정된다. 그리고 쟁반이 없으면 음식 쓰레기도 적어진다. 이 정책이 도입된 이후로 이 캠퍼스에서는 음식 쓰레기가 3분의 1 가량 줄었으며, 나머지 음식 쓰레기는 퇴비가 되었다. 갤라노는 이렇게 설명했다. "우리의 표어는 '고활용'이다.

쓰레기를 쓰레기가 되기 전에 줄이고 발생한 쓰레기는 퇴비화해서, 절대로 쓰레기가 되지 않게 만드는 것이다." 이 한 가지 조치만으로도 에너지 소비를 줄이고 (설거지 기계를 덜 돌려도 되므로), **또한** 온실가스 방출도 줄일 수 있었다.(음식물들이 매립장으로 가지 않으니까.) 뿐만 아니라, 학교는 돈을 절약할 수 있었고, 따라서 지속 가능한 식품에 투자할 자금이 더 많아졌다.

경제학자들이 시장의 흐름을 바꿀 수 있는 티핑 포인트를 분석한 결과에 따르면, 어떤 소비 경향이 시장의 20퍼센트를 점유하면 그것은 멈출 수 없는 힘이 된다고 한다. 갤라노는 자신과 같은 활동가들이 "공정하고 지속 가능한 구매를 늘려가는 활동을 통해 이 이론을 시험해 보고 있다"고 말했다. 또 노스 플로리다 대학에서 '진짜 식품 운동'을 하고 있는 카트리나 노르봄Katrina Norbom은 이렇게 말했다. "어쨌든, 모든 일은 학생들에게 달려 있어요. 우리가 어떤 일에 대해 충분한 지지만 이끌어 낸다면 그 일은 이뤄지는 거죠."

갤라노, 스틸, 노르봄, 게인스 등은 이런 신념을 가지고 자신의 목소리를 증폭시켜서 시장에서 변화를 만들어 내고 있다. 수백만 달러의 규모의 식품 기업(대학에 납품하는 기업 등)이 학생 한 명의 요구(쓰레기 정책을 바꾸라거나 유기농 케일을 들여오라고 하는 요구)에 귀를 기울이지는 않을 것이다. 하지만, '진짜 식품 운동'에서처럼 그런 목소리들을 모으고 증폭시키면 기업과 당국은 더 많이 귀를 열 수밖에 없다.

그리고 이러한 신념은 학교 너머에까지 영향을 미칠 수 있다. '진짜 식품 운동'의 졸업생들은 각지의 **공동체**로 가서 자신의 열정과 활동가로서의 업무 능력을 활용해 진짜 식품 시장을 전국적으로 확장하고 있다. 갤라노와 스틸에게 사례를 알려달라고 했더니, 그들은 기억하고 있는 수많은 내용들을 그 자리에서 줄줄 말했다. 아이오와 스테이트 대학의 수 더블리에크Sue Dublieck는 메인 주에서

‘농장에서 학교로’ 프로젝트를 하고 있다. 2009년 새러 로렌스 칼리지 졸업생인 샘 립슐츠Sam Lipschultz는 브루클린의 가장 가난한 동네에서 ‘젊은이가 운영하는 농민시장’을 시작했다. 어바인 캘리포니아 대학의 하이 보Hai Vo는 졸업 후 젊은이들의 역량을 강화하는 다른 프로젝트에서 활동하다가, 지금은 유기농 농장에 막 견습 신청을 한 상태다.

이들은 2020년까지 학교 먹거리의 20퍼센트를 기후 친화적인 진짜 식품으로 바꾸어 내는 것만으로도 야심 찬 계획이라는 것을 알고 있다. 하지만 그들의 비전은 더 대담하고 더 광범위하다. 현재 학교 먹거리 중 진짜 식품의 비중은 대략 2퍼센트 미만이다. 나라 전체를 봐도 비율은 더 높지 않다. 스틸은 이렇게 말했다. “우리가 학교에서 변화를 만들 수 없다면, 어떻게 다른 곳에서 변화를 기대할 수 있겠어요? 반대로 우리가 학교에서 할 수 있다면, 다른 곳에서도 못하란 법이 없는 거죠.”

기업의 운영 방식 바꾸기: 팜유의 문제

〈시카고 아트 인스티튜트Chicago Art Institute〉에서 일하는 에이프릴 노가 April Noga는 부활절을 기념하기 위해 근처의 도미니크 슈퍼마켓으로 갔다. 동물 모양 머시멜로 과자나 PAAS의 달걀 염색 키트를 사려는 것이 아니라, 팜유가 들어 있는 부활절용 과자에 몰래 “스티커를 붙이러” 간 것이었다.

노가뿐만이 아니었다. 캘리포니아 주 풀러튼에서부터 미네아폴리스, 시카고, 그리고 캐나다의 여러 도시에 이르기까지 많은 지역에서 수백 명이 허쉬의 키세스, 리즈의 피넛 버터 컵, 캐드베리의 초콜릿 등, 팜유가 들어있는 과자에 스티커를 붙이면서 잠재적 구매자들에게 이렇게 알리고 있었다. "당신이 구매하는 상품이 우림을 파괴하고 있을지 모릅니다."

'부활절에 스티커 붙이기'는 〈열대우림 행동 네트워크〉가 '팜유의 문제 Problem with Palm Oil' 운동의 일환으로 벌이고 있는 여러 가지 활동 중 하나다. 이 운동은 팜유와 지구온난화의 관계를 사람들에게 알리고, 기름용 종려나무 생산 방식을 열대우림과 지역공동체와 기후를 보호하는 방식으로 전환하기 위해 시작되었다.

〈열대우림 행동 네트워크〉는 1985년에 열대우림과 그곳 공동체 사람들의 인권을 보호하기 위해 설립되었다. 15년 뒤 농업 비즈니스가 귀중한 우림을 파괴시키고 있다는 사실이 점점 명확해지면서 〈열대우림 행동 네트워크〉는 우림을 특히 심각하게 파괴하는 기업 활동에 초점을 맞춰 운동을 전개하기로 했다. 모든 길은 팜유로 통했다. 세계 팜유 생산의 80퍼센트를 차지하는 말레이시아와 인도네시아에서 이탄 지대를 마르게 하고 우림을 베어 넘기는 기업들이 문제를 일으키는 주범이었다.

'팜유의 문제' 운동은 2008년 초에 시작되었다. 우선, 〈열대우림 행동 네트워크〉는 수 개월 동안 업계에 대해 연구했다. 기업들이 어디에서 팜유 원료를 조달하는가, 가장 큰 구매자들은 누구인가, 가장 파괴적인 운영 방식은 무엇인가, 어떻게 이 업계를 사회적으로, 또 환경적으로 더 책임성 있게 만들 수 있는가? 또한, 팜유 구매자들이 공급 업자에게 운영 방식을 개선하라고 압력을 넣는 일에 동참하도록 만들 수 있는 방법에 대해서도 연구했다. 이러한 것들을 알아보는 과정에서, 〈열대우림 행동 네트워크〉는 팜유가 간식부터 화장품, 세제, 바이오 연료까지, 우리가 사용하고 먹는 광범위한 제품에 들어가고 있는데도 이에 대한 공공의 의식이 전무하다는 사실을 깨닫게 되었다. 지구온난화에 미치는 영향에 대한 인식은 고사하고 말이다.

많은 연구와 계획을 거쳐 〈열대우림 행동 네트워크〉는 세 갈래의 운동을 시작했다. 이 기후 파괴적인 원료〔팜유〕에 대한 사람들의 인식 수준을 높이는 것, 기업들이 팜유 사용을 줄이게 하는 것, 지속 가능한 방식으로 재배한 팜유를 납품받고자 하는 기업에게는 그들의 요구를 공급 업체에 알릴 수 있는 방법을 마련해 주는 것이 그것이다.

2008년 여름, 〈열대우림 행동 네트워크〉는 상점 매대에 진열된 제품 중 팜유를 함유한 제품을 조사하기 위해 시민 탐정을 출동시켰다. 로스앤젤레스에서 워싱턴 DC까지, 샌프란시스코의 〈레인보우 그로서리〉에서부터 시카고의 〈주얼〉 매장까지, 곳곳에서 시민 탐정들은 어디에 팜유가 들어 있는지 알아보았다. 그 결과 팜유가 350개 이상의 기업이 제조하는 500개 이상의 제품에 들어 있다는 사실을 알아내었다.

팜유를 함유한 제품의 이름과 바코드 정보를 가지고, 〈열대우림 행동 네트워크〉는 소비자들에게 팜유와 우림 파괴의 관계를 알리기 위한 첫 번째 스티커 붙이기 운동을 진행했다. 첫날 2천 명 이상의 자발적인 참여자들이 미국, 캐나다, 호주 전역에서 스티커를 붙였다. 남부 캘리포니아에 사는 의료 영상 회사 직원 사브리나 라메Sabrina Lammé(50세)도 그 중 한명이었다. 라메는 인터넷 서핑을 하다가 이 문제에 대해 알게 되었다고 한다. "우림 파괴와 팜유는 전에는 몰랐던 문제였어요." 라메는 이 심각한 문제를 깨닫고는 동참하기로 했다. 그는 인근 매장인 〈푸드 포 레스〉와 〈스마트 앤 파이널〉에서 롤로스, 트위즐러 등의 제품에 200개 정도의 스티커를 붙였다고 한다.

라메와 같은 자발적인 참여자들이 노란 스티커를 들고 매장을 다니는 동안, 〈열대우림 행동 네트워크〉는 팜유를 사용하는 것으로 밝혀진 350개 기업에 편지를 보냈고 온라인 활동가들도 독려해 그런 기업에 이메일을 보내도록 했다.

"우리는 이 기업들이 자사 제품에 무엇이 들어 있는지 알기를 바랐어요. 자신의 원료가 어디에서 오는지, 환경에 어떤 영향을 끼치는지를요." 〈열대우림 행동 네트워크〉의 레일라 살라자르 로페즈Leila Salazar Lopez가 말했다.

이 운동에 참여한 사람들은 팜유를 우려하는 내용을 담은 이메일을 관련 기업에 100만 통 넘게 보냈다. 다량의 메일이 집중적으로 오면서 기업 이메일의 받은편지함이 가득 찼다. 작은 비누 회사부터 거대한 팜유 공급업체까지, 반응은 즉각적이었다. 이들 기업에서 걸려온 전화가 〈열대우림 행동 네트워크〉 사무실에 울리기 시작했다. "기업들은 이메일을 그만 받으려면 어떻게 해야 하는지 물었어요." 살라자르 로페즈가 말했다. 그런데 가장 큰 팜유 구매자들(〈크래프트〉, 〈프록터 앤 갬블〉, 〈유니레버〉 등)은 눈에 띄게 침묵을 지켰다. "그래서 그들에게도 접근을 해야 할 필요가 있었어요."

〈열대우림 행동 네트워크〉는 기업들에게 지속 가능한 팜유를 조달하겠으며 그러기 위해 거대 공급업체(ADM이나 〈카길〉 등)에 압력을 넣겠다는 약속에 서명하라고 했다.

처음 며칠 간 열 개 기업이 서명을 했다. 9월 말에는 25개 기업이 서명했다. 하지만 가장 큰 구매자들, 혹은 〈열대우림 행동 네트워크〉가 가장 큰 구매자로 추정한 곳들*은 여전히 서명하지 않았다.

조사를 통해 최대한 정교하게 추정한 내용을 바탕으로, 〈열대우림 행동 네

---

* 팜유 구매에 대한 공식적인 자료가 없었기 때문에 〈열대우림 행동 네트워크〉는 연구자들을 직접 고용해 중서부의 화물 열차를 조사하는 방식으로 팜유가 어디로 운송되는지 알아보았다. 살라자르 로페즈는 이렇게 말했다. "우리는 이 답을 스스로 알아내고 있지요."

트워크〉는 "더러운 20대 기업"을 지정했다. 팜유를 제품에 포함하면서도 〈열대우림 행동 네트워크〉의 접촉 시도에는 반응을 하지 않는 주요 유통 업체와 유명 제조 업체들이 이 명단에 포함돼 있었다. 몇 달 뒤 헬러윈 기간에 두 번째 스티커 운동이 벌어졌고, 자원봉사자들은 〈유니레버〉와 〈홀푸즈〉를 포함한 이들 20개 회사에 초점을 맞추었다.

이들 기업 중 상당수는 〈열대우림 행동 네트워크〉에 불만을 표했다. 업계에 〈지속 가능한 팜유 협의회〉가 이미 존재해서 지속 가능한 원칙을 제시하고 실무 집단이 온실가스 방출 저감 방법을 연구하고 있으니만큼 〈열대우림 행동 네트워크〉가 하는 운동은 필요하지 않다는 주장이었다.

그러나 〈열대우림 행동 네트워크〉는 그 협의회에 속한 기업은 팜유 기업의 40퍼센트뿐이라고 지적한다. 여기 포함되지 않는 기업들 중에는 문제를 일으키는 정도가 가장 심각한 곳들도 있다.

그리고 〈열대우림 행동 네트워크〉는, 〈지속 가능한 팜유 협의회〉가 올바른 방향으로 나아가고는 있지만 회원 기업에 지침을 제공하거나 인증 프로그램을 실시하는 것만으로는 충분치 않다고 강조했다. 이 협의회는 유통 업체, 은행, 투자자, 가공 업체, 구매자 등으로 구성되어 있고 누구나 회원이 될 수 있다. 회원이 되기 위해서 그 회사가 꼭 지속 가능한 방식으로 생산한 팜유를 조달해야 하는 것은 아니다. 이곳의 회원이라는 말은 원칙과 기준에 (겉으로나마) 동의를 하고 회비를 내는 정도의 성의를 보인다는 의미일 뿐이다.

미국 최대 팜유 수입 업체인 〈카길〉은 〈열대우림 행동 네트워크〉의 활동에 반응을 보이긴 했다. 하지만 그 반응은 불평이었다. "우리는 〈지속 가능한 팜유 협의회〉 회원이며 우리의 플랜테이션은 최근에 인증을 받았다." 잠깐만. 인증받은 플랜테이션이라고? 살라자르 로페즈는 "그 인증받은 플랜테이션은 〈카길〉의 다섯 개 플랜테이션 중 하나에 불과하다"며 〈카길〉의 모든 플랜테이션이 인증을 받아야 하고 〈카길〉의 모든 공급 업체들도 인증을 받아야 한다"고 지적했다.

로페즈는 이렇게 말했다. "우리는 〈지속 가능한 팜유 협의회〉가 더 발전하기를 바랍니다. 그 협의회가 정교한 녹색 세탁 도구가 되지 않기를 바랍니다." 그리고 그 협의회가 더 강하고 투명해지도록 대중과 업계가 압력을 넣는 것도 변화를 위한 전략 중 하나다.

그래서 〈열대우림 행동 네트워크〉는 〈지속 가능한 팜유 협의회〉가 정한 기준을 넘어서서 자사의 기업 활동을 청정하게 하기 위해 〈카길〉 같은 대형 공급 업체에 압력을 행사할 의지가 있는 기업들의 참여를 독려한다.

"현재까지 〈홀푸즈〉, 〈세븐스 제너레이션〉 등을 포함해 45개 기업이 연합에 참여했어요. 또, 20개의 기업이 추가적으로 참여를 고려하고 있고요. 이들 기업은 우림 파괴의 공범이 되는 것이 아니라 업계를 선도하는 기업이 되고자 하는 것이죠."

시카고에서 스티커 붙이기에 참여했던 노가와 내가 전화 통화를 마칠 때쯤, 노가는 마지막으로 다음과 같은 이야기를 해 줬다.

노가가 스티커 붙이기를 같이 하자고 설득한 사람 중에는 노가의 여동생도 있었다. "그 애는 환경에 관심은 많지만 자신이 무력하다고 생각하는 사람이에요. 여동생은 이렇게 말하곤 했죠. '나는 수많은 사람 중 한 명일 뿐이야. 내가 무슨 변화를 만들어 낼 수 있겠어?'" 몇 번 설득한 후에 노가는 동생과 함께 시카고 북부 교외 지역에 있는 〈도미니크〉로 가서 수십 개의 스티커를 붙였다.

집으로 돌아오는 길에, 이들은 어떤 고객이 과자를 집어 들었다가 스티커를 읽어 보고 조용히 그 알록달록한 제품을 선반에 내려 놓던 광경을 떠올렸다. 노가의 여동생은 어쩌면, 아마도 어쩌면, 소비자들에게 지구 반대편의 우림 파괴 사실을 알리는 자신의 행동이 생각보다 큰 의미를 가질지도 모른다고 느꼈다. 그는 이 순간이 스티커를 붙이는 다른 수천 명의 경험으로 증폭되는 것을 상상했다고 한다. 그리고 이 스티커를 읽게 될 수많은 사람들, 그리고 편지를 받게 될 수십 개의 기업에 대해 생각했다고 한다.

생애 처음으로 노가의 여동생은 자신이 지금까지 상상한 그 어떤 것도 넘어서는 큰 연쇄의 일부임을 느꼈다고 한다. 그녀는 노가에게 이렇게 말했다. 어쩌면, 아마도 어쩌면, 한 명이 변화를 만들 수 **있을지도 모른다고,** "특히, 충분히 많은 한 명 한 명이 참여한다면" 그럴 거라고 말이다.

▎기후 친화적인 식품을 육성하기: 한국의 교훈

시카고 도시 근교의 대형 할인점을 나와 지구 반 바퀴를 돌아서, 나는 기후 친화적인 먹거리 체계로 갈 수 있는 또 하나의 전략을 배우기 위해 한국에 갔다. 연구 조교와 나는 한국을 달군 2008년 저항의 여름이 끝날 무렵에 서울에 도착했다. 수만 명이 도로에서 시위를 했고 많은 사람들이 연행되었고, 아직 풀려나지 않은 사람들도 있었으며, 여덟 명은 조계사에 피신해 있었다. 2003년에 광우병 때문에 금지되었던 미국 쇠고기 수입을 재개하기로 한 한국 정부의 결정이 이 분노를 촉발시켰다. 2003년의 수입 금지는 미국 축산 업계에 큰 타격이었다. 한국은 미국의 굉장히 큰 쇠고기 수출 시장 중 하나였기 때문이다.

하지만 한국 사람들이 그렇게 분노한 진짜 이유는 한층 복잡했다. 이는 식품에 대한 자기 결정권의 문제였던 것이다. 자신들의 슈퍼마켓에 올라가는 식품은 국민 스스로 결정할 권리가 있다는, 대통령도, 〈세계 무역 기구〉도, 미국의 로비

집단도 아니고 국민 스스로 결정해야 한다는 생각 말이다. (한국의 한 활동가는 이명박 대통령의 취임식 때 참석한 〈미국 육우 축산업 협회〉 대표자가 당당하게 카우보이 모자를 쓰고 있는 것을 보고 매우 분노했다고 이야기했다.)

미국 쇠고기 수입 반대 시위는 많은 한국 사람들이 식품이 곧 정치라는 사실을 이해하고 있음을 보여 주는 현상이었다. 먹거리 체계를 바꾸려면 정치적인 활동이 필요하다. 미국 쇠고기에 반대하는 목소리를 내는 것이든, 기후 친화적인 먹거리를 요구하는 것이든 말이다. 또한, 나는 이러한 정치적인 활동에는 한 가지 틀만 있는 것이 아니라는 사실도 알 수 있었다. 스탠포드의 학생들에게서도, 시카고의 슈퍼마켓에 스티커를 붙이는 사람들에게서도, 그리고 한국의 생협 운동에서도, 모두 이런 생각과 활동을 볼 수 있었다.

동료인 제시카 워커 보몬트Jessica Walker Beaumont, 통역자인 최지은과 함께 나는 서울 어느 거주 지역에 있는 제과점에서 맛있는 음식을 대접받았다. 가게는 녹색 벽에 분홍색으로 장식이 되어 있었고, 우리가 자리에 앉자마자 한국식 디저트가 나왔다. 바닐라 아이스크림과 팥고물을 얼음 가루와 깍둑썰기한 과일 위에 수북하게 담아 낸 디저트였다. 우리를 맞이한 사람들은 우리가 그걸 먼저 먹고 나서야 질문을 하도록 허락했다.

우리는 〈아이쿱iCOOP〉의 운영자 네 명과 이야기를 나눴다. 〈아이쿱〉은 한국의 소비자 생협 중 한 곳으로, 이 제과점을 '소유'하고 있었다. 당시에 브루클린의 〈파크슬로프 생협〉회원이었던 나는, 생협에 대해 내가 좀 안다고 생각했다. 〈파크슬로프〉는, 자랑스럽게 말하건대, 1만 4천 명의 회원을 둔 미국 최대의 생협이다. 그러나 〈아이쿱〉 사람들에게 내 첫 질문에 대한 대답을 들었을 때 나는 바로 꼬리를 내렸다.

이 생협은 겨우 10년 전에 생겼는데, 이미 5만 가구가 회원으로 가입해 있었다. 그리고 직원이 600명이고 자원봉사 교육자가 1천 명이며, 68곳에 지역 사무실이 있고, 활발히 운영되는 온라인 쇼핑몰이 있었으며, 34곳의 식품 매장이 있었다. 이 모두가 3천여 농민 가족을 지원하고 있었다. 〈아이쿱〉이 한국에서 가장 큰 생협인 것도 아니었다. 다음날 나는 가장 큰 곳인 〈한살림〉 운영자를 만났는데, 이곳은 15만 가족 회원을 두고 있었다.

규모가 이쯤 되면, 생협은 거대한 사업체나 마찬가지다. 그리고 이 사업체는 매우 창조적으로 굴러간다. 이 활기찬 제과점 자체가 이들이 가진 인간 중심 사업 모델의 사례다. 이 제과점은 회원 62명이 출자해 만든 것인데, 출자자들은 매장에서 나오는 수익으로 투자한 돈을 회수한다. 하지만 생협의 사업 모델과 운영 동기는 이윤을 추구하는 기업들과 매우 다르다. 생협은 회원들에 의해 민주적으로 운영되고 관리되며 분기별 수익이나 주주들의 변덕에 좌우되지 않는다.

〈아이쿱〉 운영자들은 사업 모델뿐 아니라 철학에 대해서도 많이 이야기했다. 그해 여름, 거리에 나온 사람들과 마찬가지로 이들 생협도 자신의 기원을 수십 년 간 이어져 온 민주화 운동의 전통에서 찾았다. 생협 운영자들은, 시장과 사회에서 소비자들이 발휘할 수 있는 힘을 이용해 '녹색 식품' 정책들을 밀어붙이는 것이 중요한 목적 중 하나라고 말했다. 또, 한국 정부는 오랫동안 수입 기반의 산업화된 먹거리를 촉진해 왔는데, 소비자들에게 이러한 먹거리 정책이 환경과 사회에 어떤 영향을 미치는지를 교육하는 것도 생협의 중요한 목적이라고 했다. 그 제과점에는 교육용 포스터가 붙어 있었는데, 한국에서 소비되는 거의 모든 밀이 수입산임을 나타내는 그래프가 있었다. 한국에서 생산되는 빵류의 0.3퍼센트만이 국산 밀을 사용하고 있었다. 이 제과점은 모든 제품을 국산 밀로 만든다.

두 아이의 엄마이자 생협의 자원봉사자인 이정주는(나중에 알고 보니 생협의 제품 카탈로그 모델이기도 했다) 처음에 생협을 찾게 된 이유는 "〔자신과 가족이 먹는〕 식품에 대해 개인적으로 걱정이 되어서"였다고 말했다. "하지만 이제는 이것이 정치적인 사안이라는 것을 알고 있어요. 환경적인 사안이기도 하고요."

한국에서 우리가 본 생협들은 로컬 푸드, 화학물질 없는 농업, 소규모 생산 등을 촉진하는 생협의 활동이 기후 친화적인 먹거리 체계의 요소라는 점도 회원들에게 알려 나가고 있었다. 〈한살림〉 운영자 중 한 명인 김성희는 이 점을 특히 강조했다. 1986년에 시작된 〈한살림〉의 환경 철학은 〈한살림〉의 여러 활동에서, 특히 교육 프로그램에서 잘 드러난다. 이를테면, 〈한살림〉은 회원 가족 아이들을 대상으로 "생명 학교" 프로그램을 여는데, 이는 매년 여름 500명의 아이들이 회원 농가를 며칠 간 방문하는 체험 행사다. 한국의 도시 어린이들은 이런 행사를 통해 지속 가능한 농업의 삶에 빠져 보는 경험을 하게 된다.

김성희는 〈한살림〉 철학을 보여 주는 또 하나의 예로 낭비 제로 정책에 대해 설명했다. "우리 생산품을 백 퍼센트 소비하기 위해 노력해요. 누군가가 양파가 너무 많이 생산되었다고 하면 우리는 온라인으로 그것을 알리죠." 그러면 다른 회원들이 그 양파를 산다.

〈아이쿱〉, 〈한살림〉 그리고 다른 한국의 생협들은 미국의 생협들과는 매우 다르게 정교하고 발달되어 있었다. 하지만 전 세계적으로도 이런 곳이 많다. 전 세계에는 여러 형태와 규모를 갖춘 75만 개의 생협이 있으며 7억 3천만 회원이 활동하고 있다.

이러한 생협들은 기후 친화적인 먹거리 체계를 만들어 나가는 데 중요한 지렛대 지점이 어디인지를 보여 준다. 소비자와 식품 생산자의 새로운 연결 고리를 만들어 주는 것이 바로 그 지렛대 지점이다. 소비자가 고르는 먹거리가 생산지에서 멀리 떨어져 있으면 이러한 연결 고리는 생길 수 없다. 그리고 현재 점점 더 많은 사람들의 먹거리가 ADM, 〈벙기〉, 〈카길〉, 〈타이슨〉, 〈스미스필드〉, 〈몬산토〉,

<신젠타>, <유니레버>, <크래프트>, <코카콜라>, <펩시> 같은 대기업을 통해 조달되고 있다.

　나는 생협이 어느 날 갑자기 미국에서도 활성화되리라고 기대하는 것은 아니다. 하지만 지레 포기해서도 안 된다. 1988년에 <오가닉밸리>가 생겼을 때, 이곳을 설립한 위스콘신 주 라파지의 농민들은 <오가닉밸리>가 5억 3천만 달러 규모의 사업이 되어서 소규모로 기후 친화적인 농사를 짓는 농민 1,300명이 자기 방식대로 농사를 지으면서도 소비자들에게 식품을 공급할 수 있게 되리라고는 생각하지 못했다.

　소비자와 생산자가 만나면 정체성과 이해관계가 놀랍게 변화한다. 그리고 예기치 않았던 대화들이 벌어진다. 김성희는 <한살림>에서 오가는 농담 한 토막을 소개했다. 매년 농민 대표와 소비자 대표가 만나서 그해의 식품 가격을 정하는데, 이 회의에서는 언제나 우호적인 언쟁이 벌어진다고 한다. 특히 쌀 가격이 늘 논쟁적이다. 매년 소비자들은 농민에게 시장가격에 맞춰 주기 위해 돈을 더 내겠다고 주장하고, 농민들은 생산 비용이 시장가격보다 낮으므로 돈을 덜 받겠다고 주장한다는 것이다. "논쟁이 얼마나 격렬하다고요." 김성희는 웃으면서 말했다. "우리의 생산자들은 우리의 소비자들을 알고 있어요. 그래서 자신이 소비자의 생활에 책임이 있다는 것을 알죠. 또, 소비자들도 농민들을 알아요. 그래서 자신이 생산자의 후생에 책임이 있다는 것을 알죠."

기후 친화적인 식품 정책 만들기: 식품 생태 발자국 연합

여름 치고는 이상하게 서늘하고 비가 오던 어느 날, 몇 명의 뉴요커가 로컬

푸드 단체인 〈정의로운 식품Just Food〉 사무실에서 식품 생태 발자국을 줄이기 위
한 뉴욕 시의회 결의안 2049호 발표를 앞두고 기자회견을 준비하고 있었다.

그보다 1년 전쯤, 우리는 뉴욕 시가 (세계의 다른 많은 도시와 마찬가지로) 지구
온난화의 영향에 대처하기 위한 조치들을 시작했지만 먹거리 체계는 건드리지
않고 있다는 사실에 실망하고 있었다. 그래서 동물 복지에서부터 로컬 푸드에 이
르기까지 다양한 영역에서 활동하는 단체들이 모여 〈뉴욕 식품 생태 발자국 연
합NYC Foodprint Alliance〉을 만들었다. 우리는 뉴욕 시가 지속 가능하고 지역적
인 식품 정책과 프로그램, 공공 교육 등을 기후변화 관련 조치(이를 테면 뉴욕의 온
실가스를 2030년까지 20퍼센트 감축시킨다는 청사진인 "플랜 뉴욕PlaNYC" 같은 것)에 포함
시켜야 한다는 시의회 결의안을 만들기로 했다. 〈브라이터 그린Brighter Green〉의
미아 맥도날드Mia Macdonald와 〈팜 생추어리Farm Sanctuary〉의 재스민 싱어Jasmin
Singer 등 몇몇이 결의안 초안을 만들었고, 이를 〈정의로운 식품〉의 나디아 존슨
Nadia Johnson이 발표했다. 우리는 미국 최대의 도시가 공식적으로 기후변화와
먹거리를 연결시키는 일에 한 걸음 더 가까이 다가갔다고 느꼈다. 시의원인 빌
드 블라시오Bill de Blasio와 맨해튼 구의장인 스콧 스트링거Scott Stringer도 미아
맥도날드에게 결의안 이야기를 들은 뒤 힘을 보탰다. 이들의 열정을 보고, 우리
는 이 결의안이 의회에서 지지를 받을 것이라고 생각했다.

다른 곳은 어떤지 궁금해져서, 우리는 미국의 다른 도시들과 다른 나라의 도
시들에 대해 알아보았다. 그리고 뉴욕뿐만 아니라 여러 도시들이 같은 방향으로
나가고 있다는 사실을 알게 되었다. 런던은 2007년 '기후변화 행동 계획'에서는
먹거리나 농경을 이야기하지 않았지만, 활동가들의 압력 덕분에 먹거리를 포함
하기 위한 연구를 발주했다. 〈브루크 린드허스트Brook Lyndhurst〉가 이 연구에 나
섰다. 〈브루크 린드허스트〉의 애니 오스틴Annie Austin은 이 연구가 "런던에서 식

품이 유발하는 기후 영향을 줄일 수 있는 지렛대 지점이 어디인지를 알려면 꼭 필요한 첫 걸음"이라고 설명했다. 이들은 매년 런던에서 공급되는 80억 끼니가 유발하는 온실가스 방출 현황을 조사했다.[3] 농업 생산에서부터 제조, 운송, 가정에서의 소비에 이르기까지 전체 생애 주기를 살펴본 결과, 식품이 "런던에서 방출되는 온실가스의 상당한 원인"이라는 사실을 알아냈다.[4] 또한, 그중 절반 이상이 생산 단계에서 방출된다는 사실이 드러났는데, 이는 어떤 농업 방식을 선택하느냐가 식품이 방출하는 온실가스를 줄이는 데 상대적으로 중요한 지점임을 보여 준다. 운송은 식품 부문이 유발하는 온실가스 방출의 5분의 1, 식품 저장과 가정에서의 조리는 10분의 1에 책임이 있었다. 또 오스틴은 "시 당국의 입장에서, 어떤 지점에서 조치를 취해야 빠르고 실질적인 효과가 있을지에 대해 연구했다"고 말했다. 일례로, 공공 분야(학교, 병원, 감옥 등)가 연간 약 1억 1천만 끼니를 공급하고 있다는 사실을 알아냈는데, 이는 공공 기관에서 어떤 식품을 선택하느냐가 중요한 지렛대 지점이 될 수 있다는 의미로 볼 수 있다.[5]

많은 도시에서 시민들은 기후변화에 대응하는 도시 당국의 정책에 먹거리 관련 내용이 반영되어야 한다고 촉구하고 있다. 캘리포니아 주에서는 새로운 시민 연합이 생겨 주 정부가 먹거리와 농경에 관련된 기후 정책을 도입해야 한다는 운동을 펼치고 있다. 시애틀에서는 최근 시의회가 모든 거주자에게 기후 친화적인 식품을 장려하는 식품 정책 조치를 통과시켰다. 여기에는 사람들에게 스스로 먹거리를 기르는 법을 알리고, 도시 소비자들과 농민들의 연결을 강화하며, 음식 쓰레기를 줄이고, 농경지를 보호한다는 내용 등이 포함돼 있다.[6]

미 연방 정부 수준에서도, 농민들이 토양의 탄소 격리를 증가시키고 비료와 농약과 관개를 줄이거나 적어도 효율적으로 사용하도록 유도할 수 있는 정책을 만들기 위해 시민 활동가들이 노력하고 있다. 또한, 농장에서 나오는 온실가스 배출을 평가하고 측정하는 데 필요한 연구에 더 많은 돈을 지원하도록 정부에 요구하고 있다.

내가 이 글을 쓰는 지금, 전 세계의 농민과 시민들은 2009년 12월 코펜하겐에서 열릴 기후 협약을 준비하고 있다. 회담에 참석할 세계의 지도자들에게, 농업이 열대우림을 파괴해서는 안 되며, 소규모 식품 생산자들의 생활을 지킬 수 있는 지속 가능한 식품과 농업을 기후변화 토론의 핵심 주제로 체택해야 한다고 말하기 위해서다. 기후변화를 완화하기 위해서도, 불안정한 미래의 기후에 더 잘 대처하기 위해서도 말이다.

〈정의로운 식품〉 사무실에서 회의가 열리고 몇 주 뒤에 〈뉴욕 식품 생태 발자국 연합〉 회원들, 드 발리오, 스트링거, 그리고 일부 언론은 시의회에서 기념비적인 결의안이 발표되는 자리에 있었다. 미국에서 지역 당국의 기후 정책안에 먹거리를 포함한 사례로는 빠른 축에 속하는 것이었다. (임신 39주에 부어 오른 발목으로 뒤뚱거리면서, 나도 그 자리에 있었다.) 스트링거는 이렇게 말했다. "이것은 혁명을 시작하는 결의안입니다." 꼭 그렇게 되기를.

앞에서 말한 프레스콧 대학의 교수에게 시민의 힘에 대한 이 네 가지 사례를 그때 말해 주었다면 그가 회의를 떨쳐버렸을지는 알 수 없다. 하지만 분명히 이런 이야기가 내 회의를 떨치는 데는 도움을 주었다. 여덟 번째 원칙을 받아들여 젓가락을 넘어선다면 회의를 떨칠 수 있다. 나는 먹거리 체계를 지속 가능한 방향으로 이동하게 만드는 거대한 흐름에 내가 함께하고 있다는 사실을 느낄 때마다 힘이 난다. 개인주의적인 관점에서 벗어나면, 우리 자신과 먹거리를 다르게 볼 수 있다. 먹거리라는 렌즈를 통해 우리는 추상적인 개념에 머물렀을 수도 있는 생태학이라든가 상호 연관성이라는 개념을 잘 파악할 수 있다.

또한 우리는 먹거리를 통해 미처 예상하지 못했던 곳에서 가능성들이 자라나는 것을 볼 수 있다. 먹거리와 농업이 기후 위기와 관련 있다는 사실을 깨달으면, 식품과 농업이 기후 문제를 해결하는 하나의 방법이라는 사실도 알 수 있게 된다. 또 지구에 사는 수십억 명의 사람들을 기후를 지키는 영웅으로 생각할 수 있게 되고, 우리 스스로를 (직접 먹을 것을 재배하든 아니든 간에) 먹거리 체계를 함께 만들어 나가는 사람으로 여길 수 있게 된다.

무엇보다 좋은 것은, 기후 친화적인 먹거리 체계에 힘을 보태면 희망을 얻을 수 있다는 점이다. 희망은 좋은 소식이 들릴 때까지 앉아서 기다린다고 오는 게 아니기 때문이다. 희망은 우리가 적극적으로 선택하는 것이다. 여기에서, 지금, 우리가 행동을 할 때, 우리에게서 생겨나는 것이다.

우리는 사람들이 무엇을 좋아하는지 알고 있다. 사람들은 도전한다는 느낌을 좋아한다. 역사적인 무언가에 참여한다는 느낌을 좋아한다. 어깨를 맞대고 중요한 일을 함께 해 나간다는 느낌을 좋아한다. 우리는 그러한 느낌을 서로의 일을 돕는 품앗이에서, 공동의 큰일을 함께 해결해 나가는 데서, 그리고 기후 재앙에서 우리의 지구를 구하기 위한 싸움에 함께 나서는 데서 얻을 수 있다. 우리의 식품이 해결책의 일부라는 사실을 알았으니, 이보다 힘이 나고 맛있는 일이 또 어디 있을까?

변화는 가능하다

최종 편집 작업을 하면서 나는 기말시험을 보는 학생 같은 느낌이 들었다. 답안지에 이미 뱉어 놓은 말들이 있고, 감독관은 시간이 다 되었다고 말한다. 하지만 나는 해야 할 말이 더 남아 있다. 잉크가 마르는 그 잠깐 동안에도 너무 많은 것이 달라졌기 때문이다.

이 책을 시작할 무렵에는, 식량 가격이 폭등해 수십억 명이 쌀값이 두 배로 오른 현실에 직면해야 했고 [기존에 이미 기아 상태에 있던 사람들 말고도] 많게는 1억 명의 사람들이 기아 상황에 내몰리고 있었다. 그런데 이 책의 퇴고를 할 때는 〈이코노미스트 인텔리전스 유닛(Economist Intelligence Unit, EIU)〉이 집계하는 식음료 및 사료 물가지수가 25퍼센트 떨어질 것이라는 전망이 나왔다.

이 책을 시작했을 때, 동료들과 나는 먹거리와 기후변화의 관계에 대해 이야기하는 사람이 너무 적다고 한탄했다. 존스홉킨스 대학의 로니 네프 박사는 이를 보여 주는 자료도 가지고 있었다. 기후변화에 대한 언론 기사를 분석해 보니 먹거리 체계를 언급한 기사가 너무나 적었던 것이다. 그런데 책을 퇴고할 때쯤에는 언론에서 먹거리와 기후변화의 관계를 다룬 기사를 열심히 싣고 있었다. 폴 매카트니는 지구온난화에 대처하기 위해 고기 먹지 않는 월요일을 선언했다. 오프라의 잡지도 개개인의 기후 영향을 줄일 수 있는 실천 중 하나로 '육류 덜 먹기'를 이야기했다.

이 책을 시작했을 때는, 육류 업계가 지구온난화에 대해 침묵하고 있었다. 그런데 책을 마무리할 무렵에 나온 〈미국 식육 협회〉 브리핑 자료는 전체적으로 기후 문제에 초점을 맞추고 있었다.

이 연구를 시작했을 때는, 조지 W. 부시가 〔미국〕 대통령이었다. 그리고 워싱턴 정계에서는 기후변화 자체를 부인하는 목소리가 지배적이었다. 〈나사 NASA〉조차도 백악관의 요청으로 정부 과학자들이 기후 위기에 대해 이야기하는 것을 검열하다시피 했다.[1] 그런데 책을 마무리할 무렵에는, 버락 오바마가 대통령이 되어 스티븐 추Steven Chu를 에너지 장관으로 임명했다. 추는 오랫동안 온실가스 감축의 절박한 필요성을 이야기해 온 사람이었다. 그리고 미 농무부는 청사 건물 앞의 아스팔트를 걷어서 **유기농**으로 작물을 키우는 '국민의 정원'을 만든다고 발표했다. 또한, 최근에 임명된 미 농무부 차관 케이틀린 메리건Kathleen Merrigan은 유기농 식품과 유기농 농업이 미 농무부의 전체 업무에 통합되도록 애쓰고 있다고 말했다.[2]

전 세계에서 우리는 이와 비슷한 지각변동을 보고 있다. 독일의 연방 환경 보호청은 지구온난화에 맞서 소시지 소비를 줄이자고 소비자들을 설득하고 나섰고[3] 『가디언』은 영국의 병원들이 병원에서 방출되는 온실가스를 줄이기 위한 방법으로 고기 없는 메뉴를 권장할 계획을 세우고 있다고 보도했다.

이 책을 시작했을 때는, 미국의 선출직 공무원들과 전 세계의 공직자들 대부분이 기후 정책이 농업 및 먹거리 문제도 다뤄야 한다는 사실에 대해 눈을 감고 있었다. 그런데 이 책을 끝낼 무렵에는, 적어도 일부 도시들은 해당 도시에서 방출되는 온실가스를 줄이려는 정책적 노력에 먹거리 체계를 포함시키고 있었다. 뉴욕 시가 통과시킨 결의안처럼 말이다. 그리고 덴마크에서는 유권자들이 동물 복지 정당에서 나온 대표자를 의원으로 뽑았다. 그 의원은 가축과 기후의 관계를 사람들에게 알려 나가는 것을 주요 의제 중 하나로 삼고 있었다.

날마다 새로운 성과가 나오고 새로운 결실이 맺어진다. 하지만 새로운 문제점도 발생한다. 오늘, 나는 아마존 우림의 상당 지역을 대규모 농업에 개방하려는 정부의 결정에 평화 시위로 저항하던 페루의 토착민들이 정부가 지원하는 특별군의 공격을 받았다는 소식을 들었다. 가장 최근에 집계된 사망자 수는 36명이었다.[4]

그렇다. 역사는 계속된다.

나는 이 책으로 독자 여러분들 자신이 구경꾼이 아니라는 사실을 깨달을 수 있기를 바란다. 우리 각자는 하나의 큰 이야기를 만들어 가는 참가자들이다. 지구온난화는 거대한 규모로만 벌어지고 있는 것이 아니다. 어딘가에서 빙하가 녹는 일이나 먼 도시에서 벌어지는 회담하고만 상관 있는 일이 아닌 것이다. 지구온난화는 지금, 여기에서, 일어나고 있다. 우리가 살아가는 날마다의 일상에서 말이다. 이는 바꿔 말하면, 절망적인 기후 이야기를 회복력과 치유력을 갖춘 더 튼튼한 기후 이야기로 바꾸는 데 우리도 일조할 수 있다는 의미가 된다. 이 역사적인 전환의 일부가 될 수 있는 좋은 방법들이 많이 있다. 지역공동체의 건전한 먹거리 체계와 관계를 맺고, 지속 가능한 먹거리를 위한 국제 운동을 지원하고 지구의 진정한 기후 수호자인 농민들을 존중하는 것이 바로 그 방법이다.

우리의 그러한 행동이 어느 정도나 영향력을 발휘할지는 알 수 없다. 누가 우리의 행동을 보고 있는지도 알 수 없다. 에이프릴 노가의 여동생 말을 빌면, 우리가 몇 명의 "한 명 한 명들"에게 영향을 미칠 수 있는지 알 수 없다. 하지만 우리의 선택들이 파문을 일으키리라는 것은 알 수 있다.

이 책의 서문을 써준 빌 매키번Bill McKibben은, 대기 중 이산화탄소 농도를 현재 수준보다 40ppm 적은 350ppm으로 낮추기 위해 전 세계적인 운동을 조직하려 애쓰고 있다. 그 목표를 달성하려면, 용기 있는 정치 지도자와 현명한 소비자와 힘 있는 시민들이 필요하다. 먹거리 체계를 포함해 모든 분야가 자신의 역할을 해야 한다. 우리 시민들도 마찬가지다.

먹거리 체계를 움직여 온실가스를 줄일 수 있는 방법에 대해 이제 독자 여러분들이 감을 잡았기를 바란다.

이 책을 마치는 지금도 나는 아직 써야 할 내용이 더 있다는 느낌이 든다. 다행히 내 뱃속에는 마감 시간을 알려주는 사람이 있다. 내 아이가 곧 태어날 것이다. 그러니 이제 펜을 놓아야 할 때다.

절망과 희망의 샌드위치를 베어 물며

2009년 12월 7일, 정장과 빳빳한 넥타이 차림의 192개국 대표자 수백 명이 온실가스 방출 저감을 위한 전 지구적인 해결책을 마련하는 논의에 결론을 내기 위해 코펜하겐에 모였다. 공식적인 회의 이외에도 '부수 행사'가 수백 개나 열렸는데 여기에는 3만 명 이상의 활동가들이 참석했다. 전 세계의 수많은 사람들이 단지 말만이 아니라 진짜 행동과 진지한 실천을 원하고 있었다. 기대와 관심과 우려 속에 열 하루가 지났고 회의에 참석한 대표자들은 모두 각자의 나라로 돌아갔다. 논의는 결국 교착 상태로 끝났다.

하지만 전 세계의 공동체들은 구속력 있는 국제 협정이 나올 때까지 손 놓고 기다리고만 있지는 않는다. 그들은 소매를 걷어 부치고 모든 영역에서, 특히 먹거리와 농업에 대해서 행동에 나서고 있다. 놀라운 성과들도 있었다.

〈열대우림 행동 네트워크〉가 팜유와 팝타르트의 기후 영향을 알리기 위해 진행하던 운동을 기억하는가? 3년 동안 〈열대우림 행동 네트워크〉 활동가들은 소비자와 기업들에게 현재 팜유 생산이 얼마나 지속 가능하지 않은 방식으로 이뤄지고 있는지에 대해 특히 미국에서 가장 큰 팜유 수입업체인 〈카길〉의 공급망에 있는 팜유 생산자들이 일으키는 문제들에 대해 널리 알렸다. 〈열대우림 행동 네트워크〉는, 일단 자사의 제품이 기후에 안 좋은 영향을 미친다는 점을 알게 되면 많은 기업들이 적극적으로 나서서 자사 공급 업체들에게 청정한 기업 활동을 요구한다는 점을 알게 되었다.(〈카길〉 팜유의 가장 큰 구매자들인 〈월마트〉, 〈크래프트〉, 〈제너럴밀스〉 등은 아직 미적거렸지만 말이다.) 그러다가, 2010년 9월 22일에는 거대 식품기업 〈제너럴밀스〉가 지속 가능한 팜유를 구매하겠다는 보도자료를 내놓았다. "우리(〈제너럴밀스〉)는 팜유의 확장으로 세계 우림 지역이 황폐화되는 것을 우려하고 있습니다." 〈열대우림 행동 네트워크〉는 이런 정책으로 〈제너럴밀스〉가 팜유의 문제를 다루는 운동의 "선봉"에 서게 되었다고 언급했다.

또, 2008년에 '진짜 식품 운동'을 시작한 학생들을 기억하는가? 현재 17개 대학이 공식적으로 이 운동에 동참했다. 다 합하면 이 학교들은 연간 3천만 달러 어치 이상의 '진짜 식품'을 구매하고 있다. 그리고 더 많은 학교들이 동참할 계획이다. 2011년 2월에는 보스턴에서 600명, 산타크루스에서 400명, 조지아에서 200명, 중서부에서 150명, 애리조나에서 75명 등이 모여 총 1,500명의 학생 식품 활동가들이 어떻게 하면 대학 식당에 기후 친화적인 진짜 식품을 들여올 수 있을지에 대한 전략을 논의할 예정이다.

미국의 생협은 한국에서 내가 본 것만큼 소비자 권력과 정치적 힘을 발휘하지는 못하고 있지만, 그래도 〈전미 식료품 생협 협회〉의 매출이 지난 5년간 58퍼센트 증가해 2010년에 12억 달러를 넘어섰다. 생협은 기후 친화적인 식품을 우리의 식탁으로 가져오는 활동의 전위에 서 있으며, 수백만 명의 사람들에게 관련 사안에 대한 교육도 진행하고 있다. 이 협회의 연례 회의에서 나는 여기에 소속된 사람들이 기후 친화적인 농경을 여러 가지 창조적인 방식으로 지원하고 있음을 알게 되었다. 알바니, 뉴욕, 캘리포니아 주 데이비스 등에서 온 사람들이 자신의 사례를 이야기했다. 또, 워싱턴 주의 〈벨링험 생협〉은 "푸드 투 뱅크 온Food to Bank on" 프로그램을 통해 신참 농민들에게 농사를 오래 지은 생산자나 지역의 푸드 뱅크를 소개시켜 주는 방식으로 그들을 돕고 있다. 뉴멕시코 주 〈앨버커키 생협〉은 지속 가능한 식품을 생협 매장뿐 아니라 인근의 소매 매장에도 판매해 식품 운송 비용을 줄이고 지역 사람들이 다양한 식품에 접할 수 있게 하고 있다.

그러는 동안, 빌 매키번이 운영하는 국제적인 네트워크 350.org가 폭발적으로 성장했다. 2010년 10월 10일에는 아마 인류 역사상 최대 규모 사회 운동일 "글로벌 행동 잔치Global Work Party"를 188개국에서 열었다. 7천 개 이상의 공동체가 기후 위기를 알리고 적극적인 행동을 촉구하는 행사를 열었는데 먹거리와 농경이 기후 문제와 갖는 관련성에 초점을 맞춘 행사도 많았다. 인도의 데라둔에서는 수십 명이 〈나브다냐Navdanya〉*를 방문해 지속 가능한 농업이 기후 문제의 해결책으로서 수행할 수 있는 역할에 대해 배우고 땅에 커다란 "350.org" 글자를 새겼다. 필리핀의 사가이에서는 학생들이 모여 맹그로브 묘목 수백 그루를 심었다. 브루클린의 플랫부시에서는 동네 사람들이 모여서 공동체 정원을 손질하고 가져온 음식들을 나눠 먹으면서 기후를 안정시키는 일에 도시 농경이 어떻게 기여할 수 있을지에 대해 논의했다.

개인적으로는, 이 책을 쓰기 위한 연구를 하면서 나 자신의 식단을 기후 친화적으로 만들고 먹거리를 일부나마 직접 기르는 일을 다시 실천하게 되었다. 우리 집은 '공동체 지원 농경'에 다시 참여해서 몇 개월 째 222개 가정과 함께 〈그린 섬 농장〉과 우리의 농민 빌 헬지에게서 신선 식품을 배달받아 먹고 있다. 내

---

* 작물 종자와 농업의 독립성을 지키기 위해 활동하는 단체. 옮긴이

딸은 첫 라스베리, 첫 배, 첫 깍지콩, 첫 블랙베리, 첫 바질, 첫 자두, 첫 복숭아, 첫 여름호박을 모두 빌의 것으로 맛보았다.

한 친구는 이 책을 읽는 것이 "절망과 희망의 샌드위치"를 먹는 것 같다고 말했다. 이 책에는 꽤나 암울한 이야기와 정책상의 어려움들이 담겨 있지만 희망도 있다. 그렇다. 국제적인 기후 협약은 지지부진하고, 국내 정책들은 허황되며, 기후 변화를 부인하는 목소리도 많다.(2010년 중간 선거에서 상원 의석을 노린 공화당 정치인 37명 중 한 명 빼고 모두가 전 세계적 과학계가 인정하는 기후 문제를 부인했다.) 하지만 이 책에서 희망적인 점들도 발견할 수 있었을 것이다. 이 책에 실린 여러 가지 운동과 실천의 사례들을 보면서 힘을 낼 수 있었을 것이다. 나는 그랬다. 그리고 기후 친화적인 선택을 내리는 것은 뿌듯할 뿐 아니라 맛있기도 하다. 내 딸도 여기에 동의한다.

2010년 11월,

뉴욕 브루클린에서

● 참고 문헌

여는 글: 식탁에서 찾은 희망

1. David Chandler, "Climate Change Odds Much Worse than Thought," Massachusetts Institute of Technology News Office, May 19, 2009. Study Published in *Journal of Climate*, http://web.mit.edu/newsoffice/2009/roulette-0519.html.

2. David S. Battisti and Rosamond L. Naylor, "Historical Warnings of Future Food Insecurity with Unprecedented Seasonal Heat," *Science* 323, no. 5911 (2009).

3. Brian Halweil, *Vital Signs*, November 28, 2007,
 http://www.worldwatch.org/node/5440.

4. Henning Steinfeld et al., *Livestock's Long Shadow: Environmental Issues and Options* (Rome: FAO, 2006).

5. 같은 책.

6. R. A. Neff, I. L. Chan, and K. A. Smith, "Yesterday's Dinner, Tomorrow's Weather, Today's News? US Newspaper Coverage of Food System Contributions to Climate Change," *Public Health Nutrition*, v. 12 issue 7, pp. 1006~1014.

7. Rajendra Pachauri, "Global Warning: The Impact of Meat Production and Consumption on Climate Change" (paper, Compassion in World Farming, London, September 8, 2008).

8. Tim F. Flannery, *The Weather Makers: How Man Is Changing the Climate and What It Means for Life on Earth* (New York: Atlantic Monthly Press, 2005), 256.

1장. 젓가락 끝의 기후 위기

1. IPCC, *Climate Change 2007: Fourth Assessment Report of the Intergovernmental Panel on Climate Change* (New York: Cambridge University Press, 2007), graphic 13.5.

2. Henning Steinfeld et al., *Livestock's Long Shadow*.

3. IPCC, Climate Change 2001: Working Group I: The Scientific Basis, "Chapter6: Radiative Forcing and Climate Change." (Cambridge, UK: IPCC, 2007).

4. Kirk Smith, "Methane Controls Before Risky Geoengineering, Please," *New Scientist*, June 25, 2009, http://www.newscientist.com/article/mg20227146.000-methane-controls-before-risky-geoengineering-please.html.

5. K. Paustian et al., "Agriculture's Role in Greenhouse Gas Mitigation," (Arlington, VA: Pew Center on Global Climate Change, 2006), 3.

6. Statement from Nobel Committee, http://nobelprize.org/nobel_prizes/peace/laureates/2007.

7. Spencer R. Weart, *The Discovery of Global Warming*, revised and expanded ed. (Cambridge, MA: Harvard University Press, 2008), 205.

8. Howard T. Odum, *Environment, Power and Society* (New York: Wiley-Interscience, 1970), 115-16.

9. Diarmuid Jeffreys, *Hell' s Cartel: IG Farben and the Making of Hitler' s War Machine*, 1ᵈᵗ. ed. (New York: Metropolitan Books, 2008), 56.

10. 같은 책., 57.

11. Personal communication, Professor Jonathan Lynch, University of Pennsylvania. 다음도 참고하라. CNN, "All About: Food and Fossil Fuels," March 17, 2008, http://edition.cnn.com/2008/WORLD/asiapcf/03/16/eco.food.miles.

12. Datamonitor Premium Research Reports, "Fertilizer: Global Industry Guide," June 30, 2009, http://www.alacrastore.com/research/datamonitor-premium.

13. EPA, "U.S. Emissions Inventory 2006: Inventory of U.S. Greenhouse Gas Emissions and Sinks: 1990~2006," (Washington D.C., USEPA: 2008).

14. Danielle Nierenberg and Gowri Koneswaran, "Global Farm Animal Production and Global Warming," *Environmental Health Perspectives* 116, no. 9 (2008).

15. USDA Economic Research Service, "U.S. Fertilizer Imports/Exports: Summary of the Data Findings," http://www.ers.usda.gov/Data/FertilizerTrade/Summary.htm.

16. 같은 책.

17. 예를 들어 다음을 참고하라. California Air Resource Board, "Research on GHG Emissions from Nitrogen Fertilizers," http://www.arb.ca.gov/ag/fertilizer/fertilizer.htm.

18. Personal communication, Dennis Keeney, Iowa State University, April 13, 2009.

19. USDA ERS, "Economic Information Bulletin No. EIB-48," April 8 2009, http://www.ers.usda.gov/Publications/EIB48.

20. Quoted in Jeffreys, *Hell' s Cartel*, 68~69.

21. Office of Global Analysis, *Livestock and Poultry*: World Markets and Trade (USDA, Foreign Agricultural Service, Circular Series, 2008).

22. Steinfeld et al., *Livestock' s Long Shadow*, xxi. 다음도 참고하라. P. Smith et al., "Agriculture," in O.R. Davidson et al., eds., *Climate Change 2007: Mitigation*. Contribution of Working Group III to the Fourth Assessment Report of the Intergovernmental Panel on Climate Change (Cambridge and New York: Cambridge University Press, 2007), 510.

23. Steinfeld et al., *Livestock' s Long Shadow*, xxi.

24. 예를 들어, 다음을 참고하라. Carbon Farmers of Australia, http://carbonfarmersofaustralia.com.au.

25. Jacqueline Switzer, *Environmental Activism: A Reference Handbook* (Santa Barbara, CA: ABC-CLIO, 2003).

26. Lance A. Compa, *Unfair Advantage: Workers' Freedom of Association in the United States Under International Human Rights Standards* (Ithaca, NY: ILR Press, 2004), 94. 로드니 베이커Rodney

Barker가 『그리고 물이 피가 되었다 *And the Waters Turned to Blood*』에서 제시한 설명에 따르면, 노스캐롤라이나 주는 "조세 감면, 토지 용도 지정 제도상의 보호, 엄격한 환경규제의 예외 적용 등으로 혜택을 주며 양돈업계를 유치하려 했다." 양돈업계에 제공된 혜택 중에는 가족농이 받던 세금 우대를 공장형 사육장과 가공 처리장에까지 확대 적용하는 것도 포함되었는데, 이를 통해 전통적인 가족 농장과는 비슷한 점이 거의 없는 대규모 비육장과 가공 처리장까지 동일한 혜택을 받게 되었다. Barker, *Waters Turned Blood*, 234.

27. Smil, *Transforming the Twentieth Century*, 152.

28. Mary Hendrickson and William Heffernan, "Concentration of Agricultural Markets," University of Missouri, Columbia, Missouri, April 2007, 3.

29. Code of Federal Regulations 40 CFR 122.23 (4), http://cfr.vlex.com/vid/19812671.

30. X.P.C. Verge, C. De Kimpe, and R. L. Desjardins, "Agricultural Production, Greenhouse Gas Emissions and Mitigation Potential," *Agricultural and Forest Meteorology* 142 (2007), 255~269.

31. *World Agriculture: Towards 2015/2030, Summary Report* (Rome: FAO, 2002). 다음에도 인용됨. Verge, De Kimpe, and Desjardins, "Agricultural Production."

32. Pachauri, "Global Warning" (introduction, n.7).

33. *World Agricultural Supply and Demand Estimates* (Washington, DC: USDA, 2009), 12. ERS, *Feed Grains Database: Yearbook Tables* (Washington, DC: USDA, 2008).

34. Steinfeld et al., *Livestock's Long Shadow*, xxi.

35. FAO, Fisheries and Aquaculture Department, "Fish Utilization," July 7, 2009, http://www.fao.org/fishery/topic/2888/en.

36. N.H. Stern, *The Economics of Climate Change: The Stern Review* (Cambridge: Cambridge University Press, 2007).

37. Greenpeace International, "Eating up the Amazon," (London: Greenpeace International, 2006), 5.

38. Cargill, "Cargill's View on the Greenpeace Report: 'Eating Up the Amazon'" May 2006, http://www.cargill.com/wcm/groups/public/@ccom/documents/document/doc-amazon-response.pdf.

39. Mary Hendrickson and William Heffernan, "Concentration of Agricultural Markets," University of Missouri, Columbia, MI (April 2007). Information on company activity from ADM, Bunge, and Cargill corporate Web sites.

40. H. Steinfeld and T. Wassenaar, "The Role of Livestock Production in Carbon Cycles," *The Annual Review of Environment and Resources* 32 (2007). 274.

41. Steinfeld et al., *Livestock's Long Shadow*, 87.

42. 같은 책.

43. Nierenberg and Koneswaran, "Global Farm Animal Production." 다음도 참고하라. Steinfeld et al., *Livestock's Long Shadow*.

44. Rosamond L. Naylor et al., "Effect of Aquaculture on World Fish Supplies," *Nature* 405 (2000).

45. Explanation of conversion ratio: Frances Moore Lappé, *Diet for a Small Planet*, 20th anniversary ed. (New York: Ballantine Books, 1991), 445. 추가적인 내용은 다음을 참고하라. Paul Roberts, *The End of Food* (Boston: Houghton Mifflin Company, 2008), 293.

46. Quoted in Barker, Waters Turned to Blood, 234.

47. Smith et al., "Agriculture," 511.

48. Frank Spellman and Nancy Whiting, *Environmental Management of Concentrated Animal Feeding Operations* (Boca Raton, FL: CRC).

49. EPA, "U.S. Emissions Inventory 2006," Agriculture 6~7, http://www.epa.gov/climatechange/emissions/download09/Agriculture.pdf.

50. Steinfeld et al., *Livestock's Long Shadow*, 99.

51. Mia MacDonald, *Skillful Means: The Challenge of China's Encounter with Factory Farming* (New York: Brighter Green, 2008), 3.

52. Andy Thorpe, "Enteric Fermentation and Ruminant Eructation: The Role (and Control?) of Methane in the Climate Change Debate," *Climate Change* 93, no. 3~4 (2009): 408.

53. J. McMichael et al., "Food, Livestock Production, Energy, Climate Change, and Health," *Lancet* 370, no. 9594 (2007):1253~63.

54. 다음에서 나온 수치임. U.S. Emissions Inventory 2009: Inventory of U.S. Greenhouse Gas Emissions and Sinks: 1990-2007, http://epa.gov/methane/sources.html.

55. Thorpe, "Enteric Fermentation," 411.

56. 평균적인 뉴질랜드 젖소가 방출하는 온실가스에 대한 앤디 소프Andy Thorpe의 계산에 기초한 것임.

57. Steinfeld et al., *Livestock's Long Shadow*, xx.

58. 같은 책.

59. 같은 책, xxi.

60. *Livestock and Soil Fertility: Exploiting the Natural Balance* (Nairobi, Kenya: International Livestock Research Institute, 1997).

61. Steinfeld et al., *Livestock's Long Shadow*, xxi.

62. Greenpeace Brazil, "Amazon Cattle Footprint," January 29, 2009, http://www.greenpeace.org/internatonal/press/reports/amazon-cattle-footprint-mato.

63. 도축율은 1965년부터 2007년까지, FAOSTAT의 데이터를 토대로 했음. http://faostat.fao.org/site/569/DesktopDefault.aspx?PageID=569#ancor.

64. Steinfeld et al., *Livestock's Long Shadow*, xxiii.

65. "Coke vs. Coke: A Tale of Two Sweeteners," *Consumer Reports*, June 2009.

66. Anita Regmi, ed., *Changing Structure of Global Food Consumption and Trade* (Washington, DC: USDA ERS, May 2001), 47~51.

67. Personal communication, Steve Ettlinger, June 2009. 다음도 참고하라. Steve Ettlinger, *Twinkie, Deconstructed* (New York: Hudson Street Press, 2007).

68. Mark Gunther, "Eco-Police Find New Target: Oreos," *Money*, August 21, 2008.

69. USDA FAS, "Indonesia: Palm Oil Production Prospects Continue to Grow," December 31, 2007. http://www.pecad.fas.usda.gov/highlights/2007/12/Indonesia_palmoil.

70. USDA FAS, "Palm Oil: World Supply and Distribution," June 10, 2009.

71. Personal Communication, Lafcadio Cortesi, Rainforest Action Network, August 2009.

72. Wetlands International, http://www.wetlands.org/Whatwedo/Wetlandsandclimatechange/ Peatlandsandclimatechangemitigation/tabid/837/Default/aspx.

73. ———, "How the Palm Oil Industry is Cooking the Climate," 2.

74. Personal communication, Mohammed Ikhwan, Indonesian Peasant Union, May 2009.

75. "Palm Oil Firm Wilmar Harming Indonesia Forests-Group," Reuters, July 3, 2007, http://www.alertnet.org/thenews/newsdesk/SIN344348.htm.

76. Cargill-Malaysia, http://www.cargill.com.my/, Cargill-Indonesia, http://www.cargill.co.id

77. 예를 들어, 다음을 참고하라. Cargill's position statement : http://cargill.com/news/issues/palm_roundtable.htm#TopOfPage. 다음도 참고하라. Bunge: http://www.bunge.com/about-bunge/promoting_sustainability.html.

78. Herman E. Daly, *Ecological Economics and Sustainable Development: Selected Essays of Herman Daly*, (Cheltenham, UK, and Northampton, MA: Edward Elgar, 2007), 197~198.

79. *Food Miles: How Far Your Food Travels Has Serious Consequences for Your Health and the Climate* (Washington, DC: Natural Resources Defense Council, 2007).

80. 럿거스 대학의 한 연구 결과, 뉴저지 주로 토마토를 들여오는 데 연간 63만 5천 갤런의 연료가 들며 여기에서 6,616톤의 이산화탄소가 발생하는 것으로 나타났다.

81. *Urner Barry's Reporter* 3, no. 2 (Spring 2008): 50.

82. Peter Leo, "Cleveland Gets Testy over Bottled Water," *Pittsburgh Post Gazette,* July 20, 2006.

83. USDA ERS, "U.S. Cattle and Beef Industry, 2002~2007." http://www.ers.usda.gov/news/bsecoverage.htm. 구할 수 있는 가장 최근 자료임. 무게는 상업용 사체 기준. U.S. Red Meat and Poultry Forecasts. 출처: World Agricultural Supply and Demand Estimates and Supporting Materials. From USDA ERS. 다음도 참고하라. http://www.ers.usda.gov/browse/tradeinternationalmarkets.

84. Personal communication, Michael McConnell, USDA ERS, November 2008.

85. Mary Hendrickson et al., *The Global Food System and Nodes of Power* (Social Science Research Network, 2008), 4, http://ssrn.com/abstract-1337273.

86. Stacey Rosen and Shahla Shapouri, "Obesity in the Midst of Unyielding Food Insecurity in Developing Countries," *Amber Waves*, 2008.

87. 같은 책.

88. 같은 책.

89. 같은 책.

90. Juliette Jowit, "Supermarkets Come in from Cold as Part of Low Carbon Revolution," *Guardian*, October 25, 2008.

91. U.S. Department of Energy, Energy Information Administration, "1999 Commercial Buildings Energy Consumption Survey–Commercial Buildings Characteristics," www.eia.doe.gov/emeu/cbecs/char99/intro.html.

92. F. Walravens, Clare Perry, and Alexander von Bismarch, *Facing the F-Gas Challenge: The Need for a Global Phase-Out of HFCS* (London: Environmental Investigation Agency, 2007).

93. Emma Clarke, "HFCs: Ozone-Saving Gas Targeted for Climate Effect," Climate-ChangeCorp, June 12, 2009, http://www.climatechangecorp.com/content.asp?contentid=6183.

94. *Fast Food Nation 2008: A Consumer Perspective on the Fast Food Industry* (Chicago: Research International USA, 2008).

95. Frazão, Meade, and Regmi, "Converging Patterns," xx.

96. U.N. Population Division, "World Urbanization Prospects: The 2007 Revision Population Database," http://esa.un.org/unup.

97. Regmi, *Changing Structure*, 24.

98. 브라질의 '무토지 노동자 운동Landless Workers Movements'은 1980년대 중반에 시작된 이래 농촌의 25만여 가구가 보람 있고 지속 가능한 공동체를 일구도록 돕는 활동을 펴고 있다. 니제르에서는 농민들이 주도하는 운동이 1,240만 에이커의 땅을 다시 푸르게 만들었다. 이들은 지난 20년간 2억 그루에 달하는 나무를 심었다. 그 밖의 사례들에 대해서는 다음을 참고하라. Frances Moore Lappé and Anna Lappé, *Hope's Edge: The Next Diet for a Small Planet* (New York: Tarcher/Penguin, 2002).

99. 환경 보호청에 따르면, 미국의 도시 생활 쓰레기 중 음식 쓰레기가 12.5퍼센트에 달한다. http://www.epa.gov/waste/conserve/materials/organics/food/fd-basic.htm.

100. ERS, *Nutrient Availability* (Washington, DC: USDA, 2008).

101. Smith et al., "Agriculture."

102. From Environmental Working Group data 1995 to 2006. Livestock Disaster/Emergency, $1,456,101,626; Livestock Indemnity Program, $85,837,335; Total Dairy Program, $2,560,602,488. Total: $4,102,541,449. 각각의 수혜자에 대해서는 분석하지 않았지만, 농장 보조금의 거의 3분의 2가 상위 10퍼센트의 생산자에게 간다고 추정한 〈환경 실무 그룹〉의 언급을 바탕으로 생각할 때 대체로 대규모 생산자들이 수혜자일 것으로 보인다. 〈환경 실무 그룹〉은 이들을 "미국에서 보조금을 받는 농업 생산 시설 중 가장 규모가 크고 일반적으로 가장 부유한 곳"이라고 언급했다. http://farm.ewg.org/farm/regiondetail.php?fips=00000&summlevel=2.

103. Data from Environmental Working Group, http://farm.ewg.org/sites/farmbill2007/progdetail1614.php?fips=00000& progcode=otal&page=croptable.

104. Doug Gurian-Sherman, *CAFOs Uncovered: The Untold Costs of Confined Animal Feeding*

Operations (Washington, DC: Union of Concerned Scientists, 2008), 2.

105. Timothy A. Wise, "Identifying the Real Winners from U.S. Agricultural Policies," ed. Global Development and Environment Institute (Medford, MA: Tufts University, 2005).

106. Timothy A. Wise and Elanor Starmer, "Feeding at the Trough: Industrial Livestock Firms Saved $35 Billion from Low Feed Prices," ed. Global Development and Environment Institute (Medford, MA: Tufts University, 2007).

107. Gurian-Sherman, *CAFOs Uncovered*

108. Office of U.S. senator Ken Salazar, press release, 2005, http://www.salazar.senate.gov/news/releases/050314embbeef.htm.

109. Switzer, *Environmental Activism*, 53.

110. 다음을 참고하라. "Food and Agriculture Statistics Global Outlook" (as of June 2006), http://faostat.fao.org/Portals/_Faostat/documents/pdf/world/pdf.

2장. 다가올 미래

1. Coca-Cola Company, per-capita consumption data, http://www.thecoca-colacompany.com/ourcompany/ar/pdf/2010-per-capita-consumption.pdf

2. FAO, press release, "Livestock a Major Threat to Environment, Remedies Urgently Needed," 2006, http://www.reuters.com/article/pressrelease/idus219553+10-sep-2008+gnw20080910.

3. Rosegrant et al., *2020 Global Food Outlook*, "Trends, Alternatives, and Choices," 4.

4. Quoted in Steinfeld et al., *Livestock's Long Shadow*, xx (introduction, n. 4).

5. Smith et al., "Agriculture," 500, 503~504 (chap. 1, n. 26).

6. Elisabeth Rosenthal, "As More Eat Meat, a Bid to Cut Emissions," *New York Times*, December 3, 2008.

7. PepsiCo, press release, "PepsiCo Plans to Invest $1 Billion in China Over the Next Four Years," 2008, http://www.pepsico.com/PressRelease/PepsiCo-Plans-to-Invest-1-Billion-in-China-Over-the-Next-Four-Years11032008.html.

8. 같은 책.

9. "Power Players," *Advertising Age*, October 13, 2008. Coca-Cola Company, $776.8 million ad budget; PepsiCo, $473 million; McDonald's Corporation, $1.15 billion.

10. Betsy McKay, "Coke Bets on Russia for Sales Even as Economy Falls Flat," *Wall Street Journal*, January 28, 2009.

11. 같은 책.

12. PepsiCo, "PepsiCo Plans."

13. Benjamin R. Barber, *Jihad vs. McWorld*, 1st Ballantine Books ed. (New York: Ballantine Books, 1996), 60.

14. 같은 책, 69.

15. 같은 책, 70.

16. Brent Berry and Taralyn McMullen, "Visual Communication to Children in the Supermarket Context: Health Protective or Exploitive?," *Agriculture and Human Values* 25, no. 3 (2008), 333~348.

17. Clive Thompson, "There' s a Sucker Born in Every Medical Prefrontal Cortex," *New York Times*, October 26, 2003.

18. William Wallis and Javier Blas, "US Investor Buys Sudanese Warlord' s Land," *Financial Times*, January 9, 2009.

19. William Wallis, Javier Blas, and Barney Jopson, "Quest to Create a New Sudan Bread Basket," *Financial Times*, January 9, 2009.

20. 같은 책.

21. Devinder Sharma, "Land Grab for Food Security: Corporatising Agriculture," *Bangalore Deccan Herald*, November 13, 2008.

22. Deborah MacKenzie, "The 21st-Century Land Grab," *New Scientist*, December 6, 2008.

23. Sharma, "Land Grab."

24. 같은 책. 다음도 참고하라. Santoosh Menon, "Enter the New Farmers," June 25, 2008, http://blogs.reuters.com/global/tag/ukraine.

25. Sharma, "Land Grab."

26. 같은 책.

27. 같은 책.

28. MacKenzie, "21st-Century Land Grab."

29. *Seized! GRAIN Briefing Annex* (GRAIN, October 2008), 8, http://www.grain.org/landgrab.

30. 같은 책.

31. Alexandra Spieldoch, "Global Land Grab," Foreign Policy in Focus, 2009, http://www.fpif.org/fpiftxt/6201.

32. 같은 책.

33. MacKenzie, "21st-Century Land Grab."

34. Central Intelligence Agency, the World Factbook, Poland, https://www.cia.gov/library/publications/the-world-factbook.

35. Smithfield Foods, Form 10-K, 2000.

36. ——, Form 10-K, 2004.

37. ——, Form 10-K, 2007.

38. 같은 책.

39 USDA, Foreign Agricultural Service, Production Estimates, Crop Assessment Division, "Poland: Basic Agriculture: Past, Present, and Thoughts on Its Future in the European Union," December 1, 2003, http://www.fas.usda.gov/pecad2/highlights/2003/12/poland/index.htm.

40. Hendrickson et al., *Global Food System*, 8~9 (chap.1, n. 96).

41. Bankwatch Network, "Animex/Smithfield Operation, Poland,"
http://www.bankwatch.org/project-shtml?w/147579&s/153979.

42. Personal communication, Anna Witowska, Food & Water Watch Poland, August 2008.

43. Bankwatch Network, "Animex/Smithfield Operation, Poland."

44. 같은 책.

45. Letter, from Hans Christian Jacobsen, director, Agribusiness, EBRD, to Polska Zielona Siec, sent February 24, 2004.

46. Hendrickson et al., *Global Food System*, 4.

47. Jeff Caldwell, "Vertical Integration Benefits Small Hog Producers, Says Farm-land Foods CEO," *High Plains Journal*, April 7, 2005.

48. Mary Hendrickson and William Heffernan, "Concentration of Agricultural Markets," University of Missouri, Columbia, MO, April 2007.

49. Hendrickson et al., *Global Food System*, 1.

50. 〈스미스필드〉의 루마니아 진출에 대한 더 자세한 내용은 다음을 참고하라. Terra Mileniul III, *Industrial Pig Farms and Their Environmental Impact: Case Study Smithfield in Romania* (Bucharest: Terra Mileniul III, 2006).

51. Personal communication, Anna Witowska, Food & Water Watch Poland, August 2008.

52. Smithfield, Form 10-K, 2004. 다음도 참고하라. Standard & Poor's, *Industry Surveys: Agribusiness* (Standard & Poor's, 2007), 13.

53. 같은 책.

54. Tyson Foods, Form 10-K, 2007.

55. MacDonald, *Skillful Means* (chap.1, n.57).

56. 중국에서의 산업적 농업 확산에 대한 개괄은 다음을 참고하라. Danielle Nierenberg, WorldWatch Paper 171, *Happier Meals: Rethinking the Global Meat Industry*, "Country Study #3: China," 38. 다음도 참고하라. Mia MacDonald and Sangamithra Iyer, *Skillful Means: The Challenges of China's Encounter with Factory Farming* (New York: Brighter Green, 2008).

3장. 눈 가리고 아웅하는 홍보 논리

1. Neff, Chan, and Smith, "Yesterday's Dinner," 80 (introduction, n. 6).

2. Rosenthal, "As More Eat Meat" (chap. 2, n. 7).

3. *MAP Report 2: Aspirational Environmentalism* (New York: Getty Images, 2007).

4. Elizabeth Kolbert, "The Catastrophist," *New Yorker*, June 29, 2009.

5. Globescan, "Greendex," *National Geographic*, June 2008, 10.

6. Jeffrey McNeely and Sara Scherr, *Ecoagriculture: Strategies to Feed the World and Save Wild Biodiversity* (Washington, DC: Island Press, 2003). 다음도 참고하라. Sara Scherr and Jeffrey

McNeely, *Farming with Nature: The Science and Practice of Ecoagriculture* (Washington, DC: Island Press, 2007).

7. USDA ERS, "Food Security in the United States," 2007,
   http://www.ers.usda.gov/briefing/foodsecurity.

8. Christian Nellemann et al., *The Environmental Food Crisis: The Environment's Role in Averting Future Food Crises* (Nairobi, Kenya: United Nations Environment Programme, 2008).

9. Pachauri, "Global Warning" (introduction, n. 8).

10. Juliett Jowit, "Hospitals Will Take Meat off Menus in Bid to Cut Carbon," *Guardian*, January 26, 2009.

11. Brook Lyndhurst, *London's Food Sector Greenhouse Gas Emissions* (London: Greater London Authority, February, 2008), http://www.london.gov.uk/mayor/publications/2009/02/food-emissions.jsp.

12. 식품업계에서 기후변화가 위험 요인, 책임 요인, 기회 등으로 인식되는 정도를 알아보기 위해, 연구 조교와 나는 전 세계 32개 대규모 식품 회사들의 10-K연간 보고서(2004년에서 2007년까지)를 검토했다. 12곳은 식품 제조 기업, 8곳은 육가공 기업, 12곳은 농업 기업이거나 농화학물질 기업이었다. (이중 많은 기업들이 세 영역을 모두 아우르는 영업을 하고 있다. 기업의 분류는 각 기업이 주요 수입원이라고 보고한 영역을 기준으로 한 것이다.) 이 보고서들에서 "기후변화," "지구온난화," 〔온실가스〕 방출," "온실가스," "이산화탄소," "CO2," "아산화질소," "메탄," "환경" 등의 단어가 나오는 빈도와 맥락을 조사했다. 125개 이상의 보고서를 검토한 결과, 소수를 제외하고는 기후 위기가 거의 언급되지 않고 있었다. 2006년 이후 지구온난화에 대한 언급이 약간 증가하긴 했지만, 대체로 식품 업계의 10-K 보고서에서 기후 위기는 거의 언급되지 않았다. (연구 조교 캐서린 딜리에게 감사를 전한다.)10-K연간 보고서들은 다음에서 확인할 수 있다. www.secinfo.com.

13. Smithfield Foods, Form 10-K, 2007.

14. 같은 책.

15. Peter Kilborn, "Hurricane Reveals Flaws in Farm Law as Animal Waste Threatens N. Carolina Water," *New York Times*, October 17, 1999.

16. Kilborn, "Hurricane Reveals Flaws."

17. Hormel, Form 10-K, Item 5, "Stockholder Proposal Requesting Disclosures," 2008.

18. Daniel C. Esty, "Transparency: What Stakeholders Demand," *Harvard Business Review*, October, 2007, 5~7.

19. Interview with Michel Santos, Bunge-Brazil, Corporate Marketing and Sustainability, by research assistant Laura Zaks, July 28, 2008.

20. TobaccoDocuments.org, Anne Landman's Collection,
    http://tobaccodocuments.org/landman/332506.html.

21. "Smoking and Health Proposal," http://legacy.library.ucsf.edu/tid/nvs40f00/pdf. 이 자료는 〈레거시 담배 문서 정보 도서관Legacy Tobacco Documents Library〉의 〈브라운앤윌리엄슨〉 자료 모음

에서 나온 것이다. 〈레거시 담배 문서 정보 도서관〉에는 5,000만 페이지 이상에 달하는 970만 건의 서류가 있다. 〈브라운앤윌리엄슨〉은 2004년에 〈R.J. 레이놀즈〉와 합병됐다. Quoted in David Michaels, *Doubt is Their Product: How Industry's Assault on Science Threatens Your Health* (Oxford and New York: Oxford University Press, 2008), xi.

22. "Luntz F. Memo: The Environment: A Cleaner, Safer, Healthier America," ca. 2003, http://www.ewg.org:16080/briefings/luntzmemo. Quoted in Michaels, *Doubt Is Their Product*.

23. National Cattlemen's Beef Association, http://www.beef.org/uDocs/issuesforumonenvissues-summerconf07.ppt.

24. Editorial, "The U.N.'s Meatless Drive: Our Appetite for Steaks and Burgers Is a Huge Contributor to Global Warming," *Los Angeles Times*, September 9, 2008.

25. Terry Stokes, audio news release, "CEO Terry Stokes Addresses Anti-Meat Activists' Claims That Methane Gas from Livestock Is Major Contributor to Global Warming," October 24, 2007, http://www.beefura.org/Docs/audiostokesweekly10-24-07508.mp3.

26. Center for Consumer Freedom press release, March 25, 2009. 〈소비자 자유 센터〉에 대한 정보는 다음을 참고하라. www.sourcewatch.org. Dr. Barry Popkin, "Reducing Meat Consumption Has Multiple Benefits for the World's Health," *Archives of Internal Medicine* 169, no. 6, (March, 2009), 543~545.

27. Stokes, "CEO Terry Stokes."

28. *US Emissions Inventory 2006: Inventory of U.S. Greenhouse Gas Emissions and Sinks: 1990~2006* (Washington, DC: Environmental Protection Agency, 2008), http://www.epa.gov/climatechange/emissions/downloads/08_CR.pdf.

29. David Pimentel and Marcia Pimentel, *Food, Energy, and Society*, (Boca Raton, FL: CRC Press, 2008), 188.

30. U.S. Department of Energy, Carbon Dioxide Information Analysis Center, cited in *Who is Heating Up the Planet? A Closer Look at Population and Global Warming* (Sierra Club, 2008). 수치 자료는 IPCC의 보고서를 토대로 했으며, 〈세계 자원 연구소〉가 분석했다. Personal communication, Thomas Damassa, World Resources Institute, February 2009. 18퍼센트 정도로 보는 다른 추정치들도 있다.

31. Julian Borger, "Half of Global Car Exhaust Produced by U.S. Vehicles," *Guardian*, June 29, 2006. 『가디언』에 인용된 자료의 출처는 다음과 같다. John DeCiccio, Freda Fung, and An Feng, *Global Warming on the Road: The Climate Impact of America's Automobiles* (Environmental Defense Fund, 2006), http://www.edf.org/documents/5301_globalwarmingontheroad.pdf.

32. Terry Stokes.

33. Nierenberg and Koneswaran, "Global Farm Animal Production" (chap. 1, n. 17). 니렌버그와 코네스워런이 인용한 자료의 출처는 다음과 같다. C. Cederberg et al. "System Expansion and Allocation in Life Cycle Assessment of Milk and Beef Production," *International Journal of Life*

Cycle Assessment, vol. 8, 2003, 350~356; D. Fanelli, "Meat is Murder on the Environment," *New Scientist,* July 18, 2007, 15.

http://environment.newscientist.com/article.ns?id=mg19526134.500&feedId=online-news_rss20; A. Ogino, "Evaluation Environmental Impacts of the Japanese Beef Cow-Calf System by the Life Cycle Assessment Method," *Animal Science Journal,* vol. 78, 2007, 424~432.

34. Alex Avery and Dennis Avery, letter to the editor, *Environmental Health Perspectives* 116, no. 9 (October, 2008), A374~A375

35. 같은 책.

36. Dennis T. Avery, *Saving the Planet with Pesticides and Plastic: The Environmental Triumph of High-Yield Farming,* 2nd ed. (Indianapolis: Hudson Institute, 2000), 138.

37. 같은 책. 132.

38. Avery and Avery, letter.

39. 같은 책.

40. Leopold Center, "Organic, Natural and Grass-fed Beef: Profitability and Constraints to Production in the Midwestern United States," (Ames, Iowa: Leopold Center, 2008), http://www.leopold.iastate.edu/research/grants/2008/M2005-30.pdf.

41. Personal communication, Professor John Lawrence, Iowa State University, September 2008.

42. Personal communication, Allen Baker, USDA, September 2008.

43. Personal communication, Processor Timothy Searchinger, Princeton University, September 2008.

44. Timothy Searchinger et al., "Use of U.S. Croplands for Biofuels Increases Greenhouse Gases Through Emissions from Land-Use Change," *Science,* 319, no. 5867, (February 2008), 1238~1240.

45. *US Emissions Inventory 2005: Inventory of U.S. Greenhouse Gas Emissions and Sinks: 1990~2003: Nitrous Oxide Emissions by Source (TgCO2 Equivalents)* (Washington, DC: Environmental Protection Agency, 2005), http://www.epa.gov/nitrousoxide/sources.html.

46. Sara Scherr and Sajal Sthapit, "Chapter 3: Farming and Land Use to Cool the Planet," *State of the World 2009* (Washington, DC: WorldWatch, 2009), 30~49.

47. Personal Communication, Christel Cederberg, September 2008.

48. IRS Form 990, 공공에게 개방되어 있는 자료임. 〈허드슨 연구소〉의 Form 990과 그 밖의 501(c) (3) 는 웹사이트 Guidestar.com에서 볼 수 있고, 혹은 이곳에 직접 연락을 해서 받아볼 수도 있다. 〈허드슨 연구소〉의 연간 보고서에는 모든 자금 제공자의 명단이 나와 있다. 2005년에 온라인에 올라온 2003년 연간 보고서가 이곳 웹사이트에서 볼 수 있는 가장 최근 보고서이다. http://www.hudson.org/files/publications/2003_annual % report.pdf.

49. 2003년의 연간 보고서에 나온 축산 업계의 〈허드슨 연구소〉 자금 지원은 다음과 같다. Trustees' Circle: Eli Lilly, Monsanto, John M. Olin Foundation, PotashCorp, Sarah Scaife Foundation,

Syngenta Crop Protection. Chairman's Circle: Pioneer Hi-Bred International, DuPont, Dow AgroSciences. President Circle: American Feed Industry Association. Corporate sponsors: Doolittle Award Luncheon, Archer Daniels Midland Foundation, Bayer Corporation.

50. Yahoo! Finance company profile, http://finance.yahoo.com/q/pr?s=lly.

51. Cattle Network, "Eli Lilly & Company Announces Acquisition of Ivy Animal Health," June 25, 2007.

52. Bayer HealthCare Portal:
http://www.viva.vita.bayerhealthcare.com/index.php?id=36&tx_ttnews% 5btt_news% 5d=10883&chash=e0874c3c0c.

53. PotashCorp, http://www.potashcorp.com/about_potashcorp.

54. Roberta Rampton, "Update 2: Potash Corp Says Fertilizer Outlook Still Strong," Reuters, September 17, 2008.

55. John M. Olin Foundation, http://www.jmof.org.

56. Olin Corporation, http://www.olin.com, http://www.chloralkali.com.

57. Monsanto, "Biotechnology Trait Acreage: Fiscal Years 1996~1997," June 28, 2007, http://www.monsanto.com/pdf/pubs/2007/q32007acreage.pdf. 시장 점유율에 대해서는 다음을 참고하라. Mary Hendrickson and William Heffernan, "Concentration of Agricultural Markets," http://www.nfu.org/wp-content/2007-heffernanreport.pdf.

58. AFIA, http://www.afia.org/afia/home.aspx.

59. Sheldon Rampton and John C. Stauber, *Mad Cow U.S.A.: Could the Nightmare Happen Here?*, 1st. ed. (Monroe, ME: Common Courage Press, 1997).

60. Press release, "Alliance Announces First East Coast Anti-Terrorism Training Course," January 12, 2006,
http://www.animalagalliance.org/main/home/cfm?Section=2006_0111_Terrorism&Category =ConferencesEvents.

61. PowerPoint presentation:
http://www.gmaonline.org/events/2008/sustainability/presentations/kahn%gma%20fwo1 _friday%20general%20session.pdf.

62. Dow Chemical, Form 10-K, 2007.

63. ——, Form 10-K, 2004.

64. DuPont, Form 10 K, 2006.

65. 연구 조교 캐롤린 데일리에게 감사를 전한다.

66. Larry Aylward, "And Now for the Weather: Mother Nature's Impact on the Business Climate Looms Large," *Meat & Poultry*, December 2003.

67. Joanna Peot, "New Products Annual: Salads and Salad Dressings," *Prepared Foods*, March 2008.

68. Editorial, "Packaged Food Trends U.S.: The Growing Green Movement," *Prepared Foods*,

March 2008.

69. 같은 책.

70. William A. Roberts Jr., "Gluten-Free to Nutrient-Rich ? Trendspotting at ExpoWest," *Prepared Foods*, June 2008.

71. Bob Sperber, "Renovating for Energy Efficiency," *Food Processing*, June 2008.

72. Esty, "Transparency."

73. 같은 책.

74. Andrew Hoffman, "Regulation: If You' re Not at the Table, You' re on the Menu," *Harvard Business Review*, 2007.

75. 같은 책.

76. Sperber, "Renovating for Energy Efficiency."

4장. 식품 업계의 홍보 게임

1. 나는 다음의 다섯 개 업계 컨퍼런스에 참석했다. Grocery Manufacturers Association' s Environmental Sustainability Summit (Washington, D.C., January 2008), Meat Conference (〈식품 마케팅 연구소〉 등이 후원함) (Nashville, March 2008), *Advertising Age*' s Green Conference (NYU, New York City, June 2008), American Strategic Management Institute' s Green Marketing workshop (Washington, D.C., April 2008), BDI' s Green Communications 2008 Case Studies conference (CUNY, New York City, June 2008). 연구 조교가 추가로 두 개의 컨퍼런스에 참석했다. Food marketing Institute' s Sustainability Summit (Minneapolis, June 2008), Biotechnology Industry Organization' s annual summit (San Diego, July 2008).

2. Quoted in Michael Skapinker, "Virtue' s Reward? Companies Make the Business Case for Ethical Initiatives," *Financial Times*, April 28, 2008. Original source: Milton Friedman, *Capitalism and Freedom* (Chicago: University of Chicago Press, 1962).

3. Henry I. Miller, "Firms Need to Focus on Profits: CEOs Are Often Distracted by Corporate Social Responsibility and Other Forms of Social Activism," *Genetic Engineering & Biotechnology News* 28, no. 3 (February 1, 2008), http://www.genengnews.com/articles/chitem.aspx?aid/2353.

4. *The Future of the Corporate Brand* (New York: Euro RSCG Biss Lancaster World-wide, 2008). 이 연구는 영국, 미국, 프랑스의 성인 1,851명에 대한 설문을 바탕으로 했다.

5. 같은 책.

6. Source for revenues: "The Global 2000," Forbes, April 2, 2008, http://www.forbes.com/lists/2008/18/biz_2000global08_The-Global-2000_Rank.html. Source for GDPs: CIA, the World Factbook, 2008, http://www.cia.gov/library/publications/the-world-factbook.

7. Source for S&P 500 revenues: CompuStat Research Insight, 2008. Source for GDP for countries: CIA, the World Factbook, 2008, http://www.cia.gov/library/publication/the-world-factbook.

8. "Engine Chalrie," *Time*, October 6, 1961.

9. Lobbying total: "Lobbying Database," Center for Public Integrity, http://www.opensecrets.org/lobbyists.

10. Lobbyists: "Lobbying Database," Center for Public Integrity, http://www.opensecrets.org/lobbyists. 이 곳에 따르면 2008년에 미국에는 등록된 로비스트가 1만 5,138명 있었다.

11. *Future of the Corporate Brand* (Euro RSCG Biss Lancaster Worldwide).

12. Courtney Barnes, "Sustainability Reporting: Ensuring Long-Term Notoriety in the Marketplace" (paper, at the ASMI Green Marketing workshop, Washington, DC, April 22, 2008).

13. Personal communication, Carol Somody, stewardship manager, Syngenta, July 28, 2008.

14. Economist/YouGov/Polimetrix poll, quoted in "Deflating a Myth: Consumers Aren't as Devoted to the Planet as You Wish They Were," *Adweek*, May 12, 2008.

15. Stuart Hart, *Capitalism at the Crossroads: The Unlimited Business Opportunities in Solving the World's Most Difficult Problems*, (Wharton School Publishing, 2005).

16. Adam Werbach, "Seeing Green? Maybe It's Time to Go Blue," *Advertising Age*, May 2008.

17. "Half-Price Big Mac to Fight Global Warming Proves Big Hit in Japan," AFP, September 4, 2007.

18. 같은 책.

19. McDonald's press release, "McDonald's 'Summer of Happy Meal Fun' Concludes in Style with Miniature Fashion and Big Off-Road Adventure," August 3, 2006.

20. Daniel C. Esty and Andrew S. Winston, *Green to Gold: How Smart Companies Use Environmental Strategy to Innovate, Create Value, and Build Competitive Advantage* (New Haven: Yale University Press, 2006), 78.

21. 같은 책.

22. 같은 책, 137.

23. Kenny Bruno, "BP: Beyond Petroleum or Beyond Preposterous?", CorpWatch, December 14, 2000, http://www.corpwatch.org/article.php?id =219%20see%20for%20info%20on%20bp%20renewables.

24. 같은 책.

25. BP press release, "BP Amoco Invests $45 Million in Solarex Stake to Create World's Biggest Solar Company," April 6, 1999, http://www.bp.com/genericarticle.do?categoryId=2012968&contentId=2001268. 다음도 참고하라. Agis Salpukas, "It's Official: BP Is Planning to Buy ARCO," *New York Times*, April 2, 1999, http://www.nytimes.com/1999/04/02/business/it-s-official-bp-is-planning-to-buy-acro.html.

26. Jad Mouawad, "Oil Giants Loath to Follow Obama's Green Lead," *New York Times*, April 7, 2009. Elizabeth Bluemink, "BP Cost Cuts Threaten Alaska's Oil Field Contractors," *Anchorage*

Daily News, September 2, 2009.

27. Esty and Winston, *Green to Gold*.

28. 같은 책, 140.

29. Laurel Brubaker Calkins and Margaret Cronin Fisk, "Victims of BP's Texas Refinery Explosion Seek $2 Billion," *International Herald Tribune*, November 21, 2007.

30. "BP Settles More Claims from a Texas Refinery Fire," *International Herald Tribune*, February 23, 2007.

31. Felicity Barringer, "Large Oil Spill in Alaska Went Undetected for Days," *New York Times*, March 15, 2006.

32. 같은 책.

33. U.S. Chemical Safety Board (CSB), "BP American Refinery Explosion," March 23, 2005, http://www.csb.gov/investigations/detail.aspx?ISID=20.

34. Esty and Winston, *Green to Gold*, 140.

35. 같은 책, 141

36. Cargill, "Our Businesses," http://www.cargill.com/about/organization/business_list.htm.

37. Felicity Lawrence, "Should We Worry About Soya in Our Food?," *Guardian*, July 25, 2006.

38. "Special Report: The Global 2000," Forbes.com, April 2, 2008, http://www.forbes.com/lists/2008/18/biz_2000global08_The-Global-2000_Company_12.html.

39. Roderick Boyd, "Agricultural Giant to Launch Hedge Fund Next Month," *New York Sun*, December 9, 2003.

40. "SunEdison Closes $161 Million in Financing; Six Investment Partners Participate in Solar Energy Services Provider's Equity and Debt Financings," Business Wire, May 23, 2008. Nicole Garrison-Sprenger, "CarVal Growing Beyond Cargill: Equity Group Draws Investors," *St. Paul Pioneer Press*, March 16, 2007.

41. Cargill, "Cargill Global Emissions, Euro Power & Gas Trading," http://www.cargill.com/about/organization/emissions_power_trading.htm.

42. 〈카길〉에 대한 추가적인 내용에 대해서는 다음을 추천한다. Felicity Lawrence, *Eat Your Heart Out: Why the Food Business Is Bad for the Planet and Your Health* (London and New York: Penguin Books, 2008). 영국의 기자인 로렌스는 브라질에 가서 논란을 일으킨 〈카길〉의 브라질 영업에 대해 취재했다.

43. Cargill, "Financial Information," http://www.cargill.com/company/financial/index.jsp.

44. *MAP Report 2: Aspirational Environmentalism* (Getty Images).

45. Letter, Joe Bonanno, Nestlé Waters North America, to Joe Holtz, April 14, 2008.

46. "Perdue Farmhouse: Embracing the Future by Rebuilding the Past," *Urner Barry's Reporter*, Spring 2008.

47. Perdue, "Perdue Farms: Who We Are,"

http://www.perdue.com/company/about/who_we_are.html.

48. 예를 들어, 다음을 참고하라. *Factory Farm Offender* (Horsham, PA: Farm Sanctuary, 2008).

49. 고객사에 대해서는 다음을 참고하라. http://www.osborn-barr.com.

50. Lisa Rathke, "Ben & Jerry's Opposes Monsanto's Move in Several States to Ban rBGH-Free Labels," Associated Press, February 5, 2008.

51. 기부자 명단은 〈덕스 언리미티드〉의 연간 보고서에서 찾아볼 수 있다. 2006년 연간 보고서에 나온 기부자에는 다음이 포함되어 있다. Gold Legacy ($500,000 to $749,999): Bayer CropScience, Dow Chemical, ExxonMobil. Legacy ($250,000 to $499,999): Monsanto, Penzoil Products, Chevron Texaco, Coors Brewing. Benefactor ($100,000 to $249,999): Shell Oil Company. Diamond Heritage ($75,000 to $99,999): Cargill. Heritage ($50,000 to $74,999): Syngenta, Tyson Foods, Dow AgroSciences.

52. "Syngenta Donates Herbicide to Ducks Unlimited," Ducks Unlimited, http://www.ducks.org/states/25/news/pub/article 1424.html.

53. National Agricultural Statistics Services, Agricultural Chemical Use Database, (Washington DC: USDA, 2005).

54. Carl T. Hall, "From Boyhood Curiosity to Scientific Discovery," *San Francisco Chronicle*, November 4, 2002.

55. Professor Tyrone Hayes interviewed by Steve Curwood on Living on Earth, National Public Radio, April 26, 2006, http://www.loe.org/shows/segments.htm?programID=06-P13-00016&segmentID=1.

56. Charles Duhigg, "Debating How Much Weed Killer Is Safe in Your Water Glass," *New York Times*, August 22, 2009.

57. 같은 책.

58. Syngenta Global, "Ensuring There is Honey Still for Tea," June 1, 2006, http://www.syngenta.com/en/media/newstopics.01.06.2006.html.

59. 같은 책.

60. Tyson Foods, *Sustainability Report: Living Our Core Values*, 2005, http://www.tyson.com/corporate/pressroom/docs/s-2005.pdf.

61. *Summary of Litigation Accomplishments* (Washington, DC: U.S. Department of Justice, Environment and Natural Resources Division, 2003).

62. Tyson Foods, multiple Form 10-Ks, 1999 to 2002, http://www.secinfo.com.

63. *Summary of Litigation Accomplishments* (U.S. Department of Justice).

64. *Tyson Foods, Sustainability Report*, 32.

64. 같은 책, 35.

66. Sierra Club, press release, "Tyson on the Hook for Factory Farm Pollution," November 7, 2003, http://www.sierraclub.org/pressroom/releases/pr2003-11-07.asp.

67. Syngenta Global, "Environmental Performance,"
http://annualreport.syngenta.com/en/performance
/cr-performance/environment.aspx#greenhouse

68. 같은 책.

69. Hoffman, "Regulation" (chap.3, n. 87).

70. 같은 책.

71. Smithfield Foods, "Smithfield Foods, Inc. 2007 Environmental Excellence Awards," *Smithfield News 5*, no.1 (2007), http://www.smithfieldfoodsnews.com/volumev_numberi/pageiv.html.

72. 같은 책.

73. EPA Toxic Release Inventory data from the EPA TRI Program Web site, http://epa.gov/TRI/.

74. 같은 책.

75. 같은 책.

76. 포브스-에시스피어 상에 대해서는 다음을 참고하라. http://ethisphere.com/worlds-most-ethical-companies-rankings.

77. Esty and Winston, *Green to Gold*, 13.

78. Ipsos Reid poll conducted from April 19 to April 23, 2007. 무작위 추출한 1,236명의 성인 주택 소유자를 대상으로 온라인상으로 인터뷰했다.

79. Tom Wright, "False 'Green' Ads Draw Global Scrutiny," *Wall Street Journal*, January 30, 2008.

80. Malaysian Palm Oil Council, http://www.mpoc.org.my/main_coprofile.asp.

81. Wright, "False, 'Green' Ads."

82. Advertising Standards Authority, http://www.asa.org.uk/asa.

83. 같은 책.

84. Liz Gorman and Jonathan Pocius, "Launch Pad: Communicating Your Green Initiatives," *PRNews*, August 25, 2008.

85. J. Thomas Rosch, "Responsible Green Marketing" (American Conference Institute's Regulatory Summit for Advertisers and Marketers, Washington, DC, June 18, 2008).

86. Personal Communication, James Kohm, FTC, summer 2008.

87. 2007년 *GfK Roper Green Gauge Study*는 GfK 온라인 소비자 패널을 통해 2007년 5월 18세 이상 미국인 2천 명을 대상으로 조사한 정보를 바탕으로 작성됐다.
http://www.csrwire.com/news/9473.html.

88. Rosch, "Responsible Green Marketing,"

89. 같은 책.

90. "Ad Groups Tell FTC to Go Slow on Green Marketing Guidelines," Environmental Leader, February 13, 2008, http://www.environmentalleader.com/2008/02/13/ad-groups-tell-ftc-to-to-slow-on-green-marketing-guidelines.

91. Jim Hanna, FTC Green Guide Hearings, Washington, DC, April 30, 2008,

http://www.vodium.com/vs_data/transcript/pn100383_ftc81p8sr5y.txt. 추가적인 정보는 다음을 참고하라. http://www.ftc.gov/bcp/workshops/packaging/index.shtml.

92. Lisa Manley, presentation, Green Communications 2008: The Case Studies Conference, New York City, July 15, 2008.

93. Urs Niggli, Jane Earley, and Kevin Ogorzalek, *Issue Paper: Organic Agriculture and Environmental Stability of the Food Supply* (Rome: FAO, 2007), 4. 다음도 참고하라. U.N. Educational, Scientific and Cultural Organization (UNESCO), "World Water Assessment Program," http://www.unesco.org/water/wwap/facts_figures/basic_needs.shtml.

94. Stacy Mitchell, "Wal-Mart Takes Greenwashing to a New Level," Beacon Broadside, April 25, 2008, http://www.newrules.org/retail/article/walmart-takes-greenwashing-new-level. 다음도 참고하라. Stacy Mitchell, *Big-Box Swindle: The True Cost of Mega-Retailers and the Fight for America's Independent Businesses*, (Beacon Press, 2006).

95. 같은 책.

5장. 기후변화를 시장 기회로 삼기

1. Sergejus Lebedevas, "Use of Waste Fats of Animal and Vegetable Origin for the Production of Biodiesel Fuel," *Energy and Fuels* 20, no. 5 (2005), 2274~2280.

2. Tyson Foods, Form 10-K, 2007.

3. 같은 책, 5.

4. 같은 책, 13.

5. 같은 책. Biofuels production figures based on e-mail communication with Jessica Robinson at the National Biodiesel Board.

6. "AOM Plots Biodiesel Future," *Biodiesel Magazine*, January 2007, http://www.biodieselmagazine.com/article.jsp?article_id=1349.

7. 미국의 축산은 토양 침식의 55퍼센트, 식수의 질소와 인의 3분의 1에 책임이 있는 것으로 추정된다. Pew Commission on Industrial Farm Animal Production, *Putting Meat on the Table: Industrial Farm Animal Production in America* (Baltimore, MD: Johns Hopkins School of Public Health and Pew Charitable Trusts, 2008), 25.

8. Personal communication, Jeff Plowman, Institute for Agriculture and Trade Policy.

9. Personal communication, Jessica Robinson, National Biodiesel Board, January 2009.

10. Pew Commission, "Putting Meat," 23.

11. *Summary of Litigation Accomplishments*, fiscal year 2003 (Washington, DC: U.S. Department of Justice).

12. "Syntroleum & Tyson Get Tax-Free Bond Status for Dynamic Fuels Venture," 247wallst.com, June 20, 2008, http://www.247wallst.com/2008/06/20/syntroleum-tyso.

13. Personal communication, Phelps Dunbar, a lawyer who represents this project. 이 채권은 비과

세이기 때문에, 시장 이자율보다 25퍼센트에서 30퍼센트 낮은 이자율로 발행할 수 있었다.

14. Personal communication, Kristina Batulis, director of retention and small business development, Ascension Economic Development Corporation, February, 20, 2009.

15. Glenn Hess, "Tyson and Syntroleum Partner for Fat-Based Fuel," *Chemical & Engineering News*, June 26, 2007, http://pubs.acs.org/cen/news/85/i27/8527news5.html.

16. Warwick HRI, University of Warwick, *AC0401: Direct Energy Use in Agriculture: Opportunities for Reducing Fossil Fuel Inputs* (Warwick, UK: Department for Environment, Food and Rural Affairs, 2007), 38.

17. 같은 책.

18. EPA, AgSTAR Program, http://www.epa.gov/agstar/index.htm. 2008년 미국에는 121개의 운영 중인 다이제스터가 있었는데, 이 중 77퍼센트는 낙농 농가, 17퍼센트는 양돈 농가, 2.4퍼센트는 산란 용 양계 농가에 있었다.

19. Pew Commission, "Putting Meat," 23.

20. Greenhouse Gas Inventory Summary (2000~2006), California Environmental Protection Agency, Air Resources Board, http://arb.ca.gov/app/ghg/2000-2006/ghg_sector_data.php.

21. 같은 책.

22. Janelle Hope Robbins, *Understanding Alternative Technologies for Animal Waste Treatment: A Citizen's Guide to Manure Treatment Technologies* (Irvington, NY: Waterkeeper Alliance, 2005), 68.

23. EPA, press release, "U.S. EPA Celebrates Sonoma County's First Methane Digester," September 25, 2007, http://www.epa/gov/agstar/resources/press.html.

24. EPA, "U.S. EPA Celebrates."

25. Dennis Frame et al., "Anaerobic Digesters and Methane Production," (Madison: University of Wisconsin, 2001).

26. Pew Commission, "Putting Meat," 53.

27. Robbins, *Understanding Alternative Technologies*, 1.

28. Personal communication, Jenelle Hope Robbins, Waterkeeper Alliance.

29. Robbins, *Understanding Alternative Technologies*, 1.

30. 같은 책, 11.

31. Personal communication, Robbins, Waterkeeper Alliance, June 2009.

32. Personal communication, Brian Depew, Center for Rural Affairs, August 2008.

33. Dairyland climate-change statement: http://www.dairynet.com/environment/climate_position.php.

6장. 기후 친화적 농업의 다섯 가지 구성 요소

1. "현재 미국 작물 재배지의 90퍼센트는 지속 가능한 수준 이상으로 표토를 잃고 있다." From "Soil and

Sediment Erosion," Geoindicators, http://www.lgt.lt/geoin/doc.php?did=cl_soil.

2. J. Russell Smith, *Tree Crops: A Permanent Agriculture* (Washington, D.C.: Island Press, 1987), from the introduction by Wendell Berry. Originally published in 1929. http://journeytoforever.org/farm_library/smith/treecrops1.html.

3. Masanobu Fukuoka, *The One-Straw Revolution: An Introduction to Natural Farming* (Emmaus, PA: Rodale Press, 1978).

4. Smith, *Tree Crops*.

5. Flannery, *The Weather Makers*, 256 (introduction, n. 9).

6. Paustian, Antle, and Sheehan, *Agriculture's Role*, (chap. 1, n. 7).

7. Tim J. LaSalle and Paul Hepperly, "Regenerative Agriculture: A Solution to Global Warming," (Kutztown, PA: Rodale Institute, 2008), 3.

8. Paul Hepperly, *Organic Farming Sequesters Atmospheric Carbon and Nutrients in Soils* (Kutztown, PA: Rodale Institute, 2008).

9. Jules Pretty, *Agroecological Approaches to Agricultural Development* (Essex, UK: University of Essex, 2006).

10. 같은 책.

11. 같은 책.

12. D.G. Hole et al., "Does Organic Farming Benefit Biodiversity?," *Biological Conservation* 122, no. 1 (March, 2005) 113~130. Quote from James Randerson, "Organic Farming Boosts Biodiversity," *New Scientist*, October 11, 2004.

13. Nadia El-Hage Scialabba and Caroline Hattam, *Organic Agriculture, Environment and Food Security* (Rome: FAO, 2002), 90.

14. Rodale Institute, "Organic Crops Perform up to 100 Percent Better in Drought and Flood Years," November 7, 2003, http://www.newfarm.org.

15. Fukuoka, *One-Straw Revolution*, 58.

16. Ken Ausubel and J. P. Harpingnies, *Nature's Operating Instructions: The True Biotechnologies* (San Francisco: Sierra Club Books, 2004); Janine M. Benyus, *Biomimicry: Innovation Inspired by Nature*, (New York: Morrow, 1997).

17. Fukuoka, *One-Straw Revolution*.

18. IAASTD, "Summary Report," *Executive Summary of the Synthesis Report* (International Assessment of Agricultural Knowledge, Science and Technology for Development, Johannesburg, South Africa, April 2008), 9.

19. Greenpeace, press release, "Urgent Changes Needed in Global Farming Practices to Avoid Environmental Destruction," April 15, 2008, http://www.greenpeace.org/international/press/releases/changes-to-global-farming.

20. Pesticide Action Network, "The Future of Food and Farming: UN Debate Concludes in

Johannesburg," http://www.panna.org/jt/agAssessment.

21. IAASTD press release, "Civil Society Statement from Johannesburg, South Africa: A New Era of Agriculture Begins Today," April 12, 2008,

    http://www.agassessment.org.docs/civil_society_statement_on_iaastd-28apr08.pdf.

7장. 비판자들에 대한 답변

1. La Via Campesina, http://viacampesina.org/main_en.

2. R. Douglas Hurt, *American Agriculture: A Brief History* (West Lafayette, IN: Purdue University Press, 2002), 405.

3. 전 세계 농민 수에 대한 추정치는 28억 명에서(〈비아 캄페시나〉 추정) 13억 명까지(IPCC's Fourth Assessment 추정) 편차가 크다.

4. Pesticides: World Health Organization, "The Impact of Pesticides on Health," June 2004, http://www.who.int/mental_health/prevention/suicide /en/PesticidesHealth2.pdf. Dead Zones: 『사이언스』의 최근 연구에 따르면 현재 전 세계에 405곳의 데드존이 있으며, 이는 1960년대의 49곳에서 크게 늘어난 것이다. David Biello, "Oceanic Dead Zones Continue to Spread," *Scientific American*, August 15, 2008,

    http://www.scientificamerican.com/article.cfm?id=oceanic-dead-zones-spread.

5. "Position of the American Dietetic Association: Agricultural and Food Biotechnology," *Journal of the American Dietetic Association* 106, no. 2 (2006), 285~293.

6. Clive James, "ISAAA Brief 2008," International Service for the Acquisition of Agri-Biotech Applications, 2008,

    http://www.isaaa.org/resources/publications/briefs/39/pptslides/default.html.

7. 같은 책.

8. 같은 책.

9. 같은 책. Figure calculated from ISAAA data and USDA fact sheet on Chinese agricultural land, www.ers.usda.gov/publications/aib775/aib775e.pdf.

10. *2002 Census of Agriculture*, vol. 1 (Washington. DC: USDA, National Agricultural Statistics Service, 2003), Table 8.

11. 비아 캄페시나에 대한 상세한 내용은 다음을 참고하라. Annette Aurelie Desmarais, *La Via Campesina: Globalization and the Power of Peasants* (Halifax: Fernwood, 2007).

12. Mars, Inc., http://www.mars.hu.global/who+we+are/cocoa+sutainability.htm.

13. Euan Rocha, "Dow Sees Bright Future in Biotech," *Forbes*, June 65, 2008.

14. Editor, "Chairman of Syngenta's Board High on Modern Agriculture," *Better Farming, USA*, April 6, 2008.

15. 같은 책.

16. David Lees, "Food by Design: Giant Monsanto Thinks It's Got the Answer to the World's Food

Problems. Its Critics Argue That Genetic Engineering Can Be Dangerous," *Financial Post*, October 1, 1998.

17. Jeffrey Sachs, *The End of Poverty: Economic Possibilities for Our Time* (New York: Penguin Press, 2005), 18.

18. *Rural Poverty Report 2001 ? The Challenge of Ending Rural Poverty* (International Fund for Agricultural Development, 2001), 15~16. 다음도 참고하라. *World Development Report 2008: Agriculture for Development* (Washington, DC: World Bank, 2007), 95.

19. CIA, the World Factbook, 2007, http://www.cia.gov/library/publications/the-world-factbook/geos/ks.html.

20. *Dumping Without Borders: How US Agricultural Policies are Destroying the Livelihoods of Mexican Corn Farmers*, briefing paper, no. 50 (Oxfam, 2003). 다음도 참고하라. "Mexico: NAFTA Corn," *Migration News* 6, no. 4 (February 2000).

21. Desmarais, *La Via Campesina*, 33.

22. Ted Nordhaus and Michael Shellenberger, *Break Through: From the Death of Environmentalism to the Politics of Possibility* (Boston: Houghton Mifflin, 2007), 6.

23. 같은 책, 27.

24. 같은 책.

25. U.S. Department of Energy, "Making Coal Cleaner for the Future," http://www.energy.gov/discovery/making_coal_cleaner.html.

26. Elizabeth Economy, "The Great Leap Backward," *Foreign Affairs*, September 1, 2007.

27. 이 소송에 대해 상세한 정보는 다음 다큐멘터리를 참고하라. *Crude: The Real Price of Oil*. 다음도 참고하라. http://www.chevrontoxico.com.

8장. 기아에 대한 두려움 조장하기

1. BIO International Convention workshop, "Organic Agriculture and Biotechnology: Won't You Be My Neighbor," Philadelphia, 2005.

2. Andrew Pollack, "In Lean Times, Biotech Grains Are Less Taboo," *International Herald Tribune*, April 21, 2008.

3. Deborah Keith of Syngenta, "Comment and Analysis," *New Scientist*, April 5, 2008.

4. Clancy Gebler Davies, "Twenty Questions: Michael Pragnell, Chief Executive Officer of Syngenta," *Independent*, April 11, 2001.

5. 같은 책.

6. Jonathon Riley, "GM Crops Greener Than Organic Ones, Says Chem Maker," *Farmers Weekly*, May 29, 1998.

7. 같은 책.

8. 예를 들어, 다음을 참고하라. National Association of Wheat Growers, "Wheat Industry

Biotechnology Principles for Commercialization," November 2008,
http://www.wheatworld.org/userfiles/file
/wheat%20industry%20biotech%20principles%20for%20commercialization.pdf.

9. Catherine Badgley et al., "Organic Agriculture and the Global Food Supply," *Renewable Agriculture and Food Systems* 22 (2007): 90, table 3.

10. Badgley et al., "Organic Agriculture," 86.

11. 같은 책.

12. Pretty, *Agroecological Approaches* (chap. 6, n. 15).

13. Bryan Walsh, "Can Slow Food Feed the World?," *Time*, September 4, 2008.

14. 같은 책.

15. 같은 책.

16. Personal communication, Christopher Matthews, FAO Media Relations, November 2008.

17. Eric Reguly, "No Organic for Me, Please," *Globe and Mail*, August 29, 2008.

18. 같은 책.

19. Scott DeCarlo, "The World's Biggest Companies," Forbes.com, April 2, 2008,
www.forbes.com/2008/04/02/worlds-largest-companies-biz-2000global08-cx_sd_0402global_land.html.

20. Reguly, "No Organic."

21. 같은 책.

22. 같은 책.

23. Personal communication, Niels Halberg, International Centre for Research in Organic Food Systems, September 9, 2008.

24. Niels Halberg et al., "The Impact of Organic Farming on Food Security in a Regional and Global Perspective," in N. Halberg et al., eds., *Global Development of Organic Agriculture: Challenges and Promises* (CAB International, 2005).

25. Halberg et al., "Impact of Organic Farming," 2.

26. 같은 책, 6. IFPRI에 따르면, 사하라 이남 아프리카는 세계에서 유일하게 수년 동안 영양 부족 어린이가 꾸준히 증가해 온 지역이다. Rosegrant et al., *2020 Global Food Outlook*.

27. Personal communication, Halberg.

28. Christine Zundel and Lukas Kilcher, "Issues Paper: Organic Agriculture and Food Availability," *International Conference on Organic Agriculture and Food Security* (Rome: FAO, 2007), 17~18.

29. Personal communication, Catherine Badgley, University of Michigan, February 2009.

9장. 떠들썩한 유전자 변형 작물

1. Martin Brookes and Andy Coghlan, "Live and Let Live," *New Scientist*, October 31, 1998.

2. Editorial, "New Crop Is Said to Aid Nutrition," *New York Times*, December 10, 1999.

3. Robert Shapiro, "Agriculture and Biotechnology: Considerations for the Future," speech, Fourth Annual Greenpeace Business Conference, London, October 6, 1999, http://news.bbc.co.uk/2/hi/science/nature/468147.stm.

4. Data on acreage: ISAAA, http://www.isaaa.org.

5. African Agricultural Technology Foundation, "Project 4: Water Efficient Maize for Africa (WEMA)," personal communication, Grace Wachoro, AATF, January 14, 2009. 다음도 참고하라. http://www.monsanto.com/pdf/droughttolerantcorn/wema_project_brief.pdf.

6. Funding information: AATF, http://www.aatf-africa.org.

7. Eric James Vettel, *Biotech: The Countercultural Origins of an Industry* (Philadelphia: University of Pennsylvania Press, 2006), 8~12.

8. WEMA, press release "African Agricultural Technology Foundation to Develop Drought-Tolerant Maize Varieties for Small-Scale Farmers in Africa," March 19, 2008, http://www.aatf-africa.org/newsdetail.php?newsid=95.

9. Kristi Heim, "Want to Work for the Gates Foundation?" *Seattle Times*, October 17, 2006.

10. Anuradha Mittal and Melissa Moore, *Voices from Africa: African Farmers and Environmentalists Speak Out Against a New Green Revolution in Africa* (Oakland, CA: Oakland Institute, 2009), 2.

11. AATF, http://www.aatf-africa.org/about_aatf.php?subcat=3&sublev=5&staff_id=1&mode=more. 반대자들은, ISAAA의 의도가 "특허 보호가 되어 있는 유전자 변형 기술을 선진국의 연구실에서 〔글로벌〕 남반구 국가들의 식품 및 농업 체계로 가져가는 것을 용이하게 하려는 것"이라고 비판한다. Devlin Kuyek, "ISAAA in Asia: Promoting Corporate Profits in the Name of the Poor," GRAIN, October 2000, http://www.grain.org/briefings/?id=137#2.

12. ISAAA 이사회의 클라이브 제임스에 따르면, 〈록펠러 재단〉 등이 *2007 ISAAA Report on Global Status of Biotech/GM Crops*에 자금을 지원했다. http://www.isaaa.org/resources/publications/briefs/37/pptslides/briefs-37-flashpaper.swf.

13. AATF, "Water Efficient Maize." 다음도 참고하라. Irma Venter, "Kenyan Group Moves Ahead with Drought-Tolerant Maize Innovation," *Creamer Media's Engineering News*, April 25, 2008.

14. Salamander Davoudi, "Monsanto: Giant of the $6.15bn GM Market," *Financial Times*, November 15, 2006.

15. Richard Weiss, "BASF Sees $2 Billion Value From Monsanto Seed Venture," Bloomberg News, August 4, 2009, http://www.bloomberg.com/apps/news?pid=20601100&sid-alMaAZmg56w8.

16. Personal communication, Wachoro, January 14, 2009.

17. David Adam, "GM Will Not Solve Current Food Crisis, Says Industry Boss," *Guardian*, June 27, 2008.

18. Clive James, "ISAAA Brief 37-2007: Executive Summary," International Service for the

Acquisition of Agri-Biotech Applications, 2007,
http://isaaa.org/resources/publications/briefs/37/pptslides/default.html.

19. Denise Caruso, *Intervention: Confronting the Real Risks of Genetic Engineering and Life on a Biotech Planet* (San Francisco: Hybrid Vigor Institute, 2006).

20. H. S. Chawla, *Introduction to Plant Biotechnology*, (Enfield, NH: Science Publishers, 2002), 153.

21. Barry Commoner, "Unraveling the DNA Myth: The Spurious Foundation of Genetic Engineering," *Harpers*, February 2002. 다음도 참고하라. Denise Caruso, "RE:FRAMING: A Challenge to Gene Theory, a Tougher Look at Biotech," *New York Times,* July 1, 2007.

22. Personal communication, Chapela.

23. Ignacio Chapela, presentation, "Things Are Often Not What They Appear," Academic Senate of the University of California, Berkeley Division, March 8, 2007.

24. Ignacio Chapela and David Quist, "Transgenic DNA Introgressed into Traditional Maize Landraces in Oaxaca, Mexico," *Nature* 414, (2001) 541~543.

25. 관련 기사는 『가디언』에 게재됐다. 다음을 참고하라. George Monbiot, "Corporations Are Inventing People to Rubbish Their Opponents on the Internet," *Guardian*, May 14, 2002.

26. Jack Heinemann, *A Typology of the Effects of (Trans)gene Flow on the Conservation and Sustainable Use of Genetic Resources* (Rome: FAO, Commission on Genetic Resources for Food and Agriculture, 2007).

27. Patrick Walter, "Anti-Gas Grass: Climate-Change-Ready Grasses Promise to Up Milk Production and Cut Methane Emissions," *Chemistry and Industry*, May 5, 2008.

28. 같은 책.

29. " 'Burpless' Grass Cuts Methane Gas From Cattle, May Help Reduce Global Warming," ScienceDaily, May 8, 2008, http://www.sciencedaily.com/releases/2008/05/080506120859.htm.

30. Personal communication, Doug Gurian-Sherman, Union of Concerned Scientists, April 2009. 다음도 참고하라. Doug Gurian-Sherman, *Contaminating the Wild? Gene Flow from Experimental Field Trials of Genetically Engineered Crops to Related Wild Plants* (Washington, DC: Center for Food Safety, 2006).

31. Jill Carroll, "Reviews of Crops Altered by Genetics Are 'Superficial,' " *Wall Street Journal*, February 21, 2002.

32. 유전자 변형 작물에 반대하는 사람들은 유전자 변형 작물이 인간과 동물의 건강에 미칠 수 있는 영향에 대해서도 우려한다. 개괄적인 내용은 다음을 참고하라. Jeffrey M. Smith, *Genetic Roulette: The Documented Health Risks of Genetically Engineered Foods* (Fairfield, IA: Yes! Books, 2007).

33. Paul Brown, "GM Crops Created Superweed, Say Scientists," *Guardian,* July 25, 2005.

34. Personal communication, Gurian-Sherman.

35. 잡초와 제초제 내성에 대한 상세한 내용은 다음을 참고하라.
http://www.weedscience.org/summary/uspeciesmoa.asp?lstmoaid=12&fmhracgroup=go.

36. D.N. Shepherd et al., "Novel Sugarcane Streak and Sugarcane Streak Reunion Mastreviruses from Southern Africa and La Réunion," *Archives of Virology* 153 (2008).

37. Steve Connor, "Farmers Use As Much Pesticide with GM Crops, US Study finds," *Independent*, July 27, 2006; Shengui Wang, David Just, and Per Pinstrup-Andersen, "Tarnishing Silver Bullets: Bt Technology Adoption, Bounded Rationality, and the Outbreak of Secondary Pest Infestations in China," in *American Agricultural Economics Association Annual Meeting* (Long Beach, CA: 2006).

38. Wang, Just, and Pinstrup-Andersen, "Tarnishing Silber Bullets," 6.

39. William Underhill and Marisa Katz, "High Tech Harvests: Some Europeans Fear Biotech Food," *Newsweek International*, July 13, 1998.

40. GMO와 산출에 대한 분석은 다음을 참고하라. Doug Gurian-Sherman, *Failure to Yield* (Washington, DC: Union of Concerned Scientists, 2008).

41. Chuck Benbrook, *Evidence of the Magnitude and Consequences of the Roundup Ready Soybean Yield Drag from University-Based Varietal Trials in 1998* (Sandpoint, ID: AG BioTech InfoNet, 1999).

42. 같은 책.

43. A. Turrini, C. Sbrana, and M. Giovannetti, "Experimental Systems to Monitor the Impact of Transgenic Corn on Keystone Soil Microorganisms" (paper, IFOAM Organic World Congress, Modena, Italy, June 16~20, 2008).

44. Bill Freese, *The StarLink Affair: A Critique of the Government/Industry Response to Contamination of the Food Supply with StarLink Corn and an Examination of the Potential Allergenicity of StarLink's Cry9C Protein* (Washington, DC: FIFRA Scientific Advisory Panel Considering Assessment of Additional Scientific Information Concerning StarLink™ Corn, 2001).

45. James, "ISAAA Brief 37-2007."

46. A. J. Haughton et al., "Invertebrate Responses to the Management of Genetically Modified Herbicide-Tolerant and Conventional Spring Crops," *Philosophical Transactions: Biological Sciences* 358, no. 1439 (2003).

47. Suzanne J. Clark, Peter Rothery, and Joe N. Perry, "Farm Scale Evaluations of Spring-Sown Genetically Modified Herbicide-Tolerant Crops: A Statistical Assessment," *Philosophical Transactions: Biological Sciences* 358, no. 1439 (2003).

48. "Tracing the Trend Towards Market Concentration," presentation, U.N. conference on Trade and Development, April 2006.

49. Matthew Dillon, "Monsanto Buys Seminis," *Organic Broadcaster*, March/April 2005.

50. Monsanto and De Ruiter Seeds, press release, "Monsanto Company Announces Agreement to Acquire De Ruiter Seeds, a Leading Global Vegetable Seed Company," March 31, 2008, http://www.monsanto.com/deruiterseeds/default.asp.

51. F. William Engdahl, "'Doomsday Seed Vault' in the Arctic: Bill Gates, Rockefeller and the GMO Giants Know Something We Don't," Global Research, December 4, 2007, http://www.globalresearch.ca/index.php?context=va&aid=7529; Centre for Genetic Resources, "Svalbard Global Seed Vault: Frequently Asked Questions," February 22, 2008, http://www.cgn.wur.nl/uk/newsagenda/archive/news/2008/cgn_seeds_in_svalbard_global_seed_vault.htm.

52. Adam, "GM Will Not Solve."

53. 57개국이 '종합 보고서 개요Executive Summary of the Synthesis Report'를 승인했다. 호주, 캐나다, 미국은 아직 완전히 승인하지 않았는데, 이 3개국의 우려 사항은 부록에 나와 있다. IAASTD, "Summary Report," *Executive Summary of the Synthesis Report*.

54. Editorial, "Deserting the Hungry?." *Nature* 451, no. 7176 (2008), 223~224.

55. Keith, "Comment and Analysis," 18 (chap. 8, n.4).

56. Personal communication, Martin Clough and Anne Birch, Syngenta, September 9, 2008.

57. Robert L. Paarlberg, *Starved for Science: How Biotechnology Is Being Kept Out of Africa* (Cambridge, MA: Harvard University Press, 2008).

58. 같은 책.

59. Mittal and Moore, *Voices from Africa*, 4.

60. Sue Edwards et al., *The Impact of Compost Use on Crop Yields in Tigray, Ethiopia, 2000~2006 Inclusive* (Rome: FAO, 2008).

61. Personal communication, Sue Edwards, Tigray Project, February 2009.

62. Quoted in Mittal and Moore, *Voices from Africa*, 5.

63. Edwards et al., *Impact of Compost Use*.

64. Environment and Development UNEP-UNCTAD Capacity-Building Task Force on Trade, *Organic Agriculture and Food Security in Africa* (Geneva: United Nations, 2008).

65. Thomas Hargrove, "World Fertilizer Prices Soar as Food and Fuel Economies Merge," International Center for Soil Fertility and Agricultural Development, February 19, 2008, http://www.ifdc.org.

66. AATF, http://www.aatf-africa.org/aatf_projects.php?sublevelone=30&subcat=5.

67. Nicholas Sitko, "Maize, Food Insecurity, and the Field of Performance in Southern Zambia," *Agriculture and Human Values* 25 no. 1 (January 2008):4.

68. National Academy of Sciences, *Lost Crops of Africa, vol. 3, Fruits; Lost Crops of Africa, vol. 2, Vegetables; Lost Crops of Africa, vol. 1, Grains* (Washington, DC: National Academy of Sciences, 2008, 2006, 1996).

10장. 기후 친화적인 식단을 위한 일곱 가지 원칙

1. "Estimated Annual Sales and Market Share of the Top 15 Supermarket Chains in 2005," from

Progressive Grocer 2006.

2. Marion Nestle, *What to Eat,* (New York: North Point Press, 2006). 다음도 참고하라. Marion Nestle, *Food Politics: How the Food Industry Influences Nutrition and Health* (Berkeley: University of California Press, 2002).

3. 농민시장에 대해 더 상세한 자료는 미 농무부를 참고하라. http://www.ams.usda.gov.

4. Personal communication, Gurian-Sherman (chap.9, n.40).

5. Steinfeld et al., *Livestock's Long Shadow,* xxi (Introduction, n.4). 다음도 참고하라. Smith et al, "Agriculture," 510 (chap. 1, n.26)

6. Steinfeld et al., *Livestock's Long Shadow,* xxi.

7. Pachauri, "Global Warming" (introduction, n. 8). 미 농무부는 약간 다른 수치를 제시하고 있는데, 미 농무부에 모든 옥수수의 적어도 절반과 대두의 80퍼센트가 인간의 소비가 아니라 가축의 소비로 전용된다. USDA ERS, *Feed Grains Database* (chap. 1, n. 38).

8 Steinfeld et al., *Livestock's Long Shadow.*

9. Naylor et al., "Effect of Aquaculture."

10. L. Reijnders and S. Soret, "Quantification of the Environmental Impact of Different Dietary Protein Choices, "*American Journal of Clinical Nutrition* 78, supp. (2003).

11. 코넬 대학의 이 연구는 뉴욕 주에서의 농경과 식품 소비에 초점을 맞추었다. 뉴욕 주 사람 전체가 저지방, 식물성 식단으로 식사를 할 경우 뉴욕 주는 약 50퍼센트의 사람들을 더 먹일 수 있었고 뉴욕 주 인구의 3분의 1이 소비하기에 충분한 식품을 생산할 수 있었다. Christian J. Peters, Jennifer L. Wilkins, and Gary W. Fick, "Testing a Complete-Diet Model for Estimating the Land Resources Requirements of Food Consumption and Agricultural Carrying Capacity: The New York State Example," *Renewable Agriculture and Food Systems* 22, no. 2 (2007).

12. L. Baroni, et al., "Evaluating the Environmental Impact of Various Dietary Patterns Combined with Different Food Production Systems," *European Journal of Clinical Nutrition*, vol. 61, October 2006, 279~286.

13. 우리의 식사에서 식물성의 비중을 높이는 것의 중요성에 대해서는 다음을 참고하라. Walter Willett et al., *Eat, Drink, and Be Healthy: The Harvard Medical School Guide to Healthy Eating* (New York: Free Press, 2005). 다음도 참고하라. Mollie Katzen and Walter Willett, *Eat, Drink, and Weigh Less* (New York: Hyperion, 2006); T. Colin Campbell and Thomas M. Campbell, *The China Study: The Most Comprehensive Study of Nutrition Ever Conducted and the Startling Implications for Diet, Weight Loss and Long-Term Health*, (Dallas: BenBella Books, 2006).

14. ERS, *"Agricultural Baseline Projections: U.S. Livestock, 2009~2018,"* (Washington, DC: USDA, 2009); McMichael et al., "Food, Livestock Production."

15. 이 워크숍의 제목은 다음과 같았다. "Health, Wellness & the Meat Department: Turning a Negative Rap into a Good Wrap!" Meat Conference, Gaylord Opryland Resort and Convention Center, March 9~11, 2008.

16. 해당 자료는 1인당 소비 가능한 식품 양에 대한 ERS자료, 현재는 ERS가 보고하지 않는 식품 소비에 대한 귀속 자료, 그리고 USDA의 추정치를 토대로 한 것이다.

17. *Food, Nutrition, Physical Activity, and the Prevention of Cancer: A Global Perspective* (Washington, DC: world Cancer Research Fund, 2007). 뿐만 아니라, 지난해에 출판된 연구에서 국립 보건원 연구자들은 "붉은 고기 가공육의 섭취가 대장암 및 폐암과 양의 상관관계가 있는 것으로 나타났으며, 붉은 고기 섭취는 식도암 및 간암의 위험 증가와 양의 상관관계가 있다"고 밝혔다. Amanda Cross et al., "A Prospective Study of Red and Processed Meat Intake in Relation to Cancer Risk," *PLoS Medicine* 4, no. 12 (2007). 2006년의 메타 연구에서 스웨덴의 〈국립 환경 의학 연구소〉 연구자들은 붉은 고기 소비에 대한 15개의 연구와 가공 육류 소비에 대한 14개의 연구를 분석했다. 그 결과, "붉은 고기와 가공 육류 소비는 결장암과 직장암 둘 다의 위험과 양의 상관관계가 있는 것으로 나타났다(붉은 고기는 직장암 위험과 관련이 더 깊은 것으로 나타났다)"고 밝혔다. Susanna C. Larsson and Alicja Wolk, "Meat Consumption and Risk of Colorectal Cancer: A Meta-Analysis of Prospective Studies," *International Journal of Cancer* 119, no. 11 (2006).

18. *Food, Nutrition.* 〈세계 암 연구 기금〉의 제안에 모두가 동의하는 것은 아니다. 〈미국 식육 협회〉는 보도 자료를 통해 그 제안은 〈세계 암 연구 기금〉의 "잘 알려진 육류 반대 편향을 반영하는 것이며, 의심을 품고 보아야 한다"고 언급했다. 하지만, 〈미국 식육 협회〉의 유일한 반대 증거는 출판되지 않은 하버드 보건 대학원의 2004년 연구였는데, 72만 5천 명의 남녀를 대상으로 조사한 결과 고기 소비와 암 사이에 "아무런 상관관계가 없었다"고 한다. 연구 조교와 나는 이 연구를 찾을 수가 없었고, 하버드 보건 대학원의 담당자도 우리가 처음 연락을 시도했을 때 이 연구를 찾지 못했다. 나중에 하버드 보건 대학원의 영양학 학장인 월트 윌렛 박사에게 물어보았더니, 그는 〈미국 식육 협회〉가 언급한 것은 예비 분석의 초록을 말하는 것 같다고 추측했다. 그 이후에 이 연구는 추가로 더 진행됐으며, 고기를 많이 소비하는 식습관에 대해 역시 우려를 제기하는 결과들을 얻었다.

19. Cross et al., "Prospective Study." 다음도 참고하라. Rashmi Sinha et al., "Meat Intake and Mortality: A Prospective of Over Half a Million People." *Archives of Internal Medicine* 169, no. 6 (2009).

20. 유기농 관련 규정은 1990년 "유기농 식품 생산법"에 의해 처음 공식화되었으며, 유기농 방식으로 생산된 신선 식품과 가공식품의 마케팅을 규정하고 있다. 최종안은 2000년 12월에 나왔으며 2002년 10월 21일부터 효력이 발생했다.

21. David Pimentel, *Impacts of Organic Farming on the Efficiency of Energy Use in Agriculture* (Ithaca, NY: Organic Center, 2006), 9.

22. Wenonah Hauter and Mark Worth, *Zapped: Irradiation and the Death of Food* (Washington, DC: Food & Water Watch, 2008).

23. Meredith Niles, "Sustainable Soils: Reducing, Mitigating, and Adapting to Climate Change with Organic Agriculture," *Sustainable Development Law & Policy*, 2008: 20. 다음도 참고하라. Pimentel and Pimentel, *Food, Energy, and Society* (chap.3, n. 35).

24. 예를 들어, 다음을 참고하라. D.A. Boadi et al., "Effect of Low and High Forage Diet on Enteric

and Manure Pack Greenhouse Gas Emissions from a Feedlot," *Canadian Journal of Animal Science* 84 (2004); H.A. DeRamus et al., "Methane Emissions of Beef Cattle on Forages: Efficiency of Grazing Management Systems," *Journal of Environmental Quality* 32 (2003). 다음도 참고하라. Pimentel and Pimentel, *Food, Energy, and Society*.

25. Joanna Pearlstein, "Surprise! Conventional Agriculture Can Be Easier on the Planet," *Wired*, June 19, 2008.

26. *Behind the Bean: The Heroes and Charlatans of the Natural and Organic Soy Foods Industry* (Cornucopia Institute, 2009). 미 농무부는 유기농 식품 수입량에 대한 통계를 내지 않기 때문에 이 수치에 대해서는 공식적으로 확인, 혹은 부인할 수 있는 자료가 없다.

27. James McWilliams, "Food That Travels Well," *New York Times*, August 6, 2007. 이 연구가 뉴질랜드 양과 다른 생산품에 대해 칭찬한 지 1년지 채 안 되었을 때, '전국 양고기의 날'을 맞아 뉴질랜드 링컨 대학이 발표한 보도 자료는 연구의 공저자 중 한 명인 이 대학 캐롤라인 손더스 교수의 말을 인용해 다음과 같이 언급했다. "뉴질랜드의 양 수출 산업에 대한 이야기는 놀랍다. 개인적인 추진력, 기업 정신, 단호함 등, 많은 상업적 성공에서 보이는 요소들을 두루 가지고 있다. 축하할 만하다." 손더스 교수의 연구는, 이 업계에 대한 호의적인 기사를 『뉴욕 타임즈』부터 〈세계무역기구〉 홈페이지까지 두루 실리게 함으로써 제대로 축하를 했다.

28. World Trade Organization, "The Impact of Trade Opening on Climate Change," http://www.wto.org/english/tratop_e/envir_e/climate_impact_e.htm.

29. Energy Information and Modeling Group of the Ministry of Economic Development, "New Zealand Energy Data File–2009." 2009,

http://www.med.govt.nz/upload/68617/1_Energy%20Data%20File%202009LR.pdf, 98.

30. Department of Energy and Climate Change," The UK Renewable Energy Strategy 2009– Executive Summary," August, 27, 2009, 4,

http://www.decc.gov.uk/en/content/csm/what_we_do/uk_supply/energy_mix/renewable/res /res.aspx.

31. U.N. Environment Programme, Climate Neutral Network,

http://www.unep.org/climateneutral/default/aspx?tabid=154.

32. Natural Resources Defense Council, "Food Miles: How Far Your Food Travels Has Serious Consequences for Your Health and the Climate," (Washington, D.C.: NRDC, 2007).

33. Matthew Mariola, "The Local Industrial Complex? Questioning the Link Between Local Foods and Energy Use," *Agriculture and Human Values* 25 (2008).

34. Natural Resources Defense Council, "Food miles," 4.

35. Barry Wallerstein, South Coast Air Quality Management District, quoted in "EPA Pressured to Cut Ship Pollution," Forbes.com, February 13, 2008.

36. American Farmland Trust, Fact sheet,

http://farmland.org/news/media/documents/aftfactsheet.pdf.

37. Martin Heller and Gregory Keoleian, *Life Cycle-Based Sustainability Indicators for Assessment of the U.S. Food System* (Ann Arbor, MI: Center for Sustainable Systems, University of Michigan, 2000), 14.

38. Elizabeth Royte, *Bottlemania: How Water Went on Sale and Why We Bought It* (New York: Bloomsbury, 2008).

39. Charlie Goodyear, "S.F. First City to Ban Plastic Shopping Bags," *San Francisco Chronicle*, March 28, 2007.

40. Sean Alfano, "Big Mac Hits the Big 4-0," CBSNews.com, August 24, 2007.

41. Goodyear, "S.F. First City." Jared Blumenfeld, director of the city's Department of the Environment.

42. "Irish Bag Tax Hailed Success," BBC News, August 20, 2002.

43. "Enact Global Plastic Bags Ban, Says UN Environment Chief," NowPublic.com, June 9, 2009.

44. http://www01/smgov.net/cityclerk/council/agendas/2007/20070109/s200701007-a.htm.

11장. 젓가락을 넘어서

1. Jonathan Tirone, "'Dead-end' Austrian Town Blossoms with Green Energy," Bloomberg News, August 28, 2007.

2. James M. Jasper, *The Art of Moral Protest: Culture, Biography, and Creativity in Social Movements* (Chicago: University of Chicago Press, 1997), 251~53.

3. Brook Lyndhurst, *London's Food Sector.*

4. 같은 책.

5. 같은 책, 29~30.

6. 이 정책에 대해 더 상세한 내용은 다음을 참고하라. http://www.seattleglobaljustice.org/wp-content/uploads/Local%20Food%20Action%20Initiative%20April%202009.pdf.

맺는 글: 변화는 가능하다

1. Kolbert, "Catastrophist."

2. Kathleen Merrigan, speech, All Things Organic, June 23, 2009.

3. "Agency Says Germans Should Eat Less Meat," *The Local*, January 22, 2009, http://www.thelocal.de/national/20090122-16931.html.

4. "Death Toll in Peru Violence Rises to 34: Official," *China Post*, June 9, 2009, http://www.chinapost.com.tw.international/americans/2009/06/09/211432/death-toll.htm.

● 추천 도서

• Ausubel, Ken, and J. P. Harpignies, *Nature's Operating Instructions: The True Biotechnologies.* (San Francisco: Sierra Club Books, 2004).

• Baldwin, Cheryl, *Sustainability in the Food Industry.* (Ames, IA: Wiley-Blackwell, 2009).

• Barber, Benjamin R., *Jihad vs. McWorld.* (New York: Ballantine Books, 1996).

• Barker, Rodney, *And the Waters Turned to Blood: The Ultimate Biological Threat.* (New York, NY: Simon & Schuster, 1997).

• Bender, Daniel E., and Richard A. Greenwald, *Sweatshop USA: The American Sweatshop in Historical and Global Perspective.* (New York: Routledge, 2003).

• Benyus, Janine M., *Biomimicry: Innovation Inspired by Nature.* (New York: Morrow, 1997).

• Berry, Wendell, *The Way of Ignorance: And Other Essays.* (Emeryville, CA: Shoe-maker & Hoard, 2005).

• Bové, José, and François Dufour, *Food for the Future: Agriculture for a Global Age.* (Malden, MA: Polity Press, 2005).

• Campbell, T. Colin, and Thomas M. Campbell, *The China Study: The Most Comprehensive Study of Nutrition Ever Conducted and the Startling Implications for Diet Weight Loss and Long-Term Health.* (Dallas, TX: BenBella Books, 2006).

• Caruso, Denise, *Intervention: Confronting the Real Risks of Genetic Engineering and Life on a Biotech Planet.* (San Francisco, CA: Hybrid Vigor Institute, 2006).

• Connor, John M., *Global Price Fixing: Our Customers Are the Enemy.* (Boston: Kluwer Academic, 2001).

• Davis, Mike, *Planet of Slums.* (London: Verso, 2007).

• Desmarais, Annette Aurelie, *La Via Campesina: Globalization and the Power of Peasants.*

(Halifax: Fernwood, 2007).

- Esty, Daniel C. and Andrew S. Winston, *Green to Gold: How Smart Companies Use Environmental Strategy to Innovate, Create Value, and Build Competitive Advantage.* (New Haven: Yale University Press, 2006).

- Ettlinger, Steve, *Twinkie, Deconstructed.* (New York, NY: Hudson Street Press, 2007).

- Fukuoka, Masanobu, *The One-Straw Revolution: An Introduction to Natural Farming.* (Emmaus: Rodale Press, 1978).

- Ho, Mae-Ean, Sam Burcher, and Lim Li Ching, *Food Futures Now: Organic, Sustainable, and Fossil Fuel Free.* (Third World Network and Institute of Science and Society, 2008).

- IPCC, *Climate Change 2007: Fourth Assessment Report of the Intergovernmental Penal on Climate Change.* (New York: Cambridge University Press, 2007).

- Jansen, Kees, and Sietze Vellema, *Agribusiness and Society: Corporate Responses to Environmentalism, Market Opportunities and Public Regulation.* (London: Zed Books, 2004).

- King, F. H., *Farmers of Forty Centuries.* (Madison, WI: Mrs. F.H. King, 1911).

- Kolbert, Elizabeth, *Field Notes from a Catastrophe: Man, Nature, and Climate Change.* (New York: Bloomsbury, 2006).

- Lappé, Anna, and Bryant Terry, *Grub: Ideas for an Urban Organic Kitchen.* (New York: Jeremy P. Tarcher/Putnam, 2004).

- Lappé, Frances Moore, *Diet for a Small Planet.* Twentieth anniversary edition. (New York: Ballantine Books, 1991).

- Lappé, Frances Moore, Joseph Collins, and Cary Fowler, *Food First: Beyond the Myth of Scarcity.* (Boston: Houghton-Mifflin, 1977).

- Lappé, Frances Moore, Joseph Collins, Peter Rosset, Luis Esparza, *World Hunger: Twelve Myths.* (San Francisco: Grove Press, 1998).

- Lappé, Frances Moore, and Anna Lappe, *Hope's Edge: The Next Diet for a Small Planet.* (New York: Jeremy P. Tarcher/Putnam, 2003).

- Lawrence, Felicity, E*at Your Heart Out: Why the Food Business is Bad for the Planet and Your Health.* (New York: Penguin Books, 2008).

- McKibben, Bill, *Deep Economy: The Wealth of Communities and the Durable Future.* (New York: Times Books, 2007).

- McNeely, Jeffrey A., and Sara J. Scherr, *Ecoagriculture: Strategies to Feed the World and Save Wild Biodiversity.* (Washington: Island Press, 2003).

- Michaels, David, *Doubt is their Product: How Industry's Assault on Science Threatens Your Health.* (New York: Oxford University Press, 2008).

- Micheletti, Michele, Andreas Føllesdal, and Dietlind Stolle, *Politics, Products, and Markets: Exploring Political Consumerism Past and Present.* (New Brunswick, NJ: Transaction Publishers, 2004).

- Nestle, Marion, *Food Politics: How the Food Industry Influences Nutrition and Health* (Berkeley: University of California Press, 2002).

- ———, *What to Eat.* (New York: North Point Press, 2006).

- Pollan, Michael, *The Omnivore's Dilemma: A Natural History of Four Meals.* (New York: Penguin Press, 2006).

- Princen, Thomas, Michael Maniates, and Ken Conca, *Confronting Consumption* (Cambridge, MA: MIT Press, 2002).

- Roberts, Paul, *The End of Food.* (Boston: Houghton Mifflin Company, 2008).

- Rogers, Heather, *Gone Tomorrow: The Hidden Life of Garbage.* (New York: New Press, 2005).

- Rosenzweig, Cynthia, and Daniel Hillel, *Climate Change and the Global Harvest: Potential Impacts of the Greenhouse Effect on Agriculture.* (New York: Oxford University Press, 1998).

• Royte, Elizabeth, *Bottlemania: How Water Went on Sale and Why We Bought It.* (New York: Bloomsbury, 2008).

• Sachs, Jeffrey, *The End of Poverty: Economic Possibilities for Our Time.* (New York: Penguin Press, 2005).

• Scherr, Sara J., and Jeffrey A. McNeely, *Farming with Nature: The Science and Practice of Ecoagriculture.* (Washington, D.C.: Island Press, 2007).

• Shiva, Vandana, *Earth Democracy: Justice, Sustainability, and Peace.* (Cambridge, MA: South End Press, 2005).

• ———, *Manifestos on the Future of Food and Seed.* (Cambridge, MA: South End Press, 2007).

• ———, *Monocultures of the Mind; Perspectives on Biodiversity and Biotechnology.* (Dehra Dun: Natraj Publishers, 1993).

• ———, *Soil Not Oil: Environmental Justice in a Time of Climate Crisis.* (Cambridge, MA: South End Press, 2008).

• ———, *Stolen Harvest.* (Cambridge, MA: South End Press, 2000).

• Smith, J. Russell, *Tree Crops: A Permanent Agriculture.* (New York: Harcourt, Brace, 1929).

• Steinfeld, Henning, Pierre Gerber, T. D. Wassenaar, Vincent Castel, Mauricio Rosales, Cees de Haan, Food and Agriculture Organization of the United Nations. *Livestock's Long Shadow: Environmental Issues and Options.* (Rome: Food and Agriculture Organization of the United Nations, 2006).

• Stern, N. H., *The Economics of Climate Change: The Stern Review.* (Cambridge: Cambridge University Press, 2007).

• Tal, Alon, *Speaking of Earth: Environmental Speeches That Moved the World.* (New Brunswick, NJ: Rutgers University Press, 2006).

• Tannahill, Reay, *Food in History.* (New York City: Three Rivers Press, 1988).

• Vettel, Eric James, *Biotech: The Countercultural Origins of an Industry*. (Philadelphia: University of Pennsylvania Press, 2006).

• Weis, Tony, *The Global Food Economy: The Battle for the Future of Farming*. (London: Zed Books, 2007).

• Willett, Walter, P. J. Skerrett, Edward L. Giovannucci, and Maureen Callahan, *Eat, Drink, and Be Healthy: The Harvard Medical School Guide to Healthy Eating*. (New York: Free Press, 2005).

찾아보기

1. 단체

아래에 나온 단체들의 이름을 이 책에서 많이 보았을 것이다. 여기에서 한 곳에 정리해 보았다. 더 자세한 내용은 온라인 www.takeabite.cc를 참고하라. 내가 진행한 연구와 활동에 대해서는 www.smallplanet.org와 www.smallplanetfund.org에서 자세한 내용을 볼 수 있다.

● 〈350.org〉(국제)

환경 운동가 빌 매키번이 설립한 〈350.org〉는 기후 위기의 진짜 해결책에 나서는 풀뿌리 운동을 일구기 위한 국제운동이다. 350.org는 적어도 181개국에서 관심이 있는 시민들을 연결하고 있다. www.350.org

● 〈농업과 보건 게이트웨이Agriculture and Public Health Gateway〉(메릴랜드 주, 볼티모어, 존스 홉킨스 대학)

농업이 기후변화에 미치는 영향과 기후변화가 농업에 미치는 영향을 다룬 좋은 자료를 많이 가지고 있다. 환경과 농업에 대한 섹션을 참고하라. www.aphg.jhsph.edu

● 〈본 아페티트 매니지먼트 컴퍼니 재단Bon Appetit Management Company Foundation〉의 저탄소 식단 계산기(미국)

당신이 오늘 먹을 저녁식사의 식품 생태 발자국을 확인해 보라. "저탄소 식단 계산기"로 이리저리 계산을 해 보면 당신의 접시를 더 친환경적으로 만드는 방법에 대해 알 수 있을 것이다. www.eatlowcarbon.org.

● 〈캘리포니아 기후와 농업 네트워크California Climate and Agriculture Network〉(캘리포니아)

캘리포니아 주에서 기후변화와 지속 가능 농업 정책을 개발하기 위해 만든 단체들의 모임으로 2009년에 설립되었다. www.calclimateag.org

● 〈식품 안전 센터Center for Food Safety〉의 쿨 푸드 캠페인(워싱턴D.C.)

기후 친화적인 식품을 고르는 데 도움이 되는 교육 자료와 소비자 정보 등을 담고 있다. 기후 친화적 농업과 관련된 정책들의 진행 상황이 궁금할 때도 참고하기 좋다.

www.coolfoodscampaign.org

● 〈살만한 미래를 위한 센터Center for Livable Future〉(메릴랜드 주, 볼티모어, 존스 홉킨스 대학)
식단, 환경, 식품 생산, 건강 사이의 상호연관에 대한 연구와 논의를 촉진한다.
www.jhsph.edu.clf

● 〈코뉴코피아 연구소Cornucopia Institute〉(위스콘신 주, 코뉴코피아)
소비자, 가족 농민, 언론 등을 대상으로, 유기농과 지속 가능 농업의 경제적, 환경적 장점에
대해 교육한다. 환경 관련 활동 등을 기준으로 유기농 식품 회사들의 순위를 매긴 "점수표"도
제공한다. www.cornucopia.org

● 〈환경 실무 그룹Environmental Working Group〉(워싱턴D.C.)
우리의 식품과 물에 들어 있는 유독 물질에 대한 자료와 환경적으로 해로운 연방 정부 정책을
지속 가능성을 위한 정책으로 바꾸는 일에 대한 자료를 볼 수 있다.www.ewg.org

● 〈팜 생추어리Farm Sanctuary〉(미국)
가축에 대한 잔인한 처우를 없애기 위해 동물 구출, 교육 등의 활동을 편다. 〈뉴욕 식품 생태
발자국 연합〉을 진두 지휘하는 곳이기도 하다. 〈뉴욕 식품 생태 발자국 연합〉은 지역 식품 및
식물성 기반 식품을 촉진하고 먹이사슬에서 낮은 단계의 것을 먹도록 뉴요커들에게 제안하고
자 하는 단체들의 모임이다. 뉴욕에서의 사례를 따라, 〈팜 생추어리〉는 녹색 결의안 운동을
전국적으로 펼치고 있다.www.farmsanctuary.org

● 〈푸드 앤 워터 워치Food and Water Watch〉(국제/워싱턴D.C.)
깨끗한 물과 안전한 식품을 위해 활동하는 비영리기구다.www.foodandwaterwatch.org

● 〈식품기후연구 네트워크Food Climate Research Network〉(영국)
식품과 기후변화에 대한 최근 연구들을 볼 수 있다. 식품과 기후변화에 대한 궁금증을 한 곳
에서 해결하기에 좋다. www.fcrn.org.uk

● 〈푸드 퍼스트Food First〉(캘리포니아 주, 오클랜드)
1975년 나의 어머니 프랜시스 무어 라페가 공동으로 창립한 식품과 개발 정책을 위한 연구소
다. 〈푸드 퍼스트〉는 세계적인 기아, 빈곤, 환경 파괴 등에 대해 근본적인 원인을 찾고, 전 세
계의 운동과 연대해서 해결책을 찾아나가고 있다.www.foodfirst.org

● 〈미국 식품 생태 발자국FoodPrint USA〉(미국)

뉴욕의 비영리 기구인 〈정의로운 식품〉의 프로젝트로, 정보, 자원, 공동체를 모아 우리의 식품 생태 발자국을 줄이기 위해 노력한다. 정책 사례를 볼 수 있고, 기후 친화적인 식품과 농경을 지원하는 방법들도 배울 수 있다. www.foodprintusa.org

● 〈그린피스Greenpeace〉(국제)

세계에서 가장 명망 있는 환경 단체 중 하나로, 평화적인 직접 행동과 창조적인 커뮤니케이션을 이용해 세계 환경 위기를 알리고 해결을 촉진하는 활동을 벌인다. www.greenpeace.org

● 〈미국 휴메인 소사이어티Humane Society of the United States〉의 가축과 기후변화(미국)

미국에서 가장 큰 동물 보호 단체로, 가축과 기후변화의 관계, 인도적이고 기후 친화적인 축산 체계를 만드는 운동에 참여할 수 있는 방법 등에 대한 자료를 볼 수 있다. www.hsus.org

● 〈농업과 무역 정책 연구소Institute for Agriculture and Trade Policy〉(미네소타 주, 미네아폴리스)

청정에너지 경제, 글로벌 무역 협정이 농업 정책에 미치는 영향 등에 대해 뛰어난 연구 자료들을 볼 수 있다. www.iatp.org

● 〈식품과 농업의 미래에 대한 국제 위원회International Commission on the Future of Food and Agriculture〉(국제)

토스카나 주지사인 클라우디오 마르티니와 저명한 환경 운동가인 반다나 시바가 설립했다. 사회적으로나 생태적으로 지속 가능한 먹거리 체계를 위해 일하는 전 세계의 활동가, 학자, 과학자, 정치인, 농민 등이 참여하고 있다. '기후변화와 식품 안정성의 미래에 대한 선언문'을 참고하라. www.futurefood.org

● 〈정의로운 식품Just Food〉(뉴욕 주, 뉴욕)

1994년 이래로, 뉴욕에서 지역적이고 지속 가능한 먹거리 체계를 만들기 위해 일하고 있다. 지역의 가족 농민을 지원하고 공동체 정원을 만드는 일도 펴고 있다. www.justfood.org

● 〈전국 가족농 연합National Family Farming Coalition〉(워싱턴D.C.)

32개 주에서 가족 농민을 돕기 위해 활동하는 24개 풀뿌리 단체들의 연합이다. www.nffc.net

- 〈전국 유기농 연합National Organic Coalition〉(미국)

미국 전역의 단체들이 모인 연합으로, 농민, 목장주, 환경 운동가, 소비자, 진보적인 산업계 인사들에게 유기농 운동을 강화할 수 있는 정보를 제공한다. 유기농 라벨의 엄격성을 유지하고, 유기농의 환경적 장점을 촉진하며, 유기농 식품에의 접근성을 높이고, 장기적으로 유기농 가족농이 잘 운영될 수 있도록 돕는다. www.nationalorganiccoalition.org

- 〈전국 지속 가능 농업 연합National Sustainable Agriculture Coalition〉(워싱턴D.C.)

지속 가능한 정책을 진전시키기 위해 가족농, 식품, 자연보호, 농민, 도시 단체들이 모인 전국 연합이다. www.sustainableagriculture.net

- 〈오클랜드 연구소The Oakland Institute〉의 아프리카의 목소리 프로젝트Voices from Africa Project(캘리포니아 주, 오클랜드)

오클랜드의 싱크탱크로, 중요한 사회적, 경제적, 환경적 문제들에 대해 공정한 토론을 촉진하고 공공의 참여를 증진시키기 위해 일한다. 쌍방향 온라인 사이트인 "아프리카의 목소리" 프로젝트는 아프리카 농업에서의 유전자 조작 작물 문제에 대한 정보를 나누고 아프리카의 식품 주권을 보장하기 위한 진정한 해결책을 모색하는 공간 역할을 한다. www.oaklandinstitute.org

- 〈유기농 센터The Organic Center〉(미국)

유기농 농업과 유기농 제품의 장점을 과학적인 연구를 통해 입증할 수 있는 학술 연구들을 볼 수 있다. www.organic-center.org

- 〈옥스팜 인터내셔널Oxfam International〉의 기후변화 캠페인(국제)

기후변화 캠페인은 가난한 마을들이 지구온난화에 적응하는 것을 돕는 활동에 초점을 맞추고 있다. 〈옥스팜〉은 전 세계 소규모 농민들을 포함해 가장 기후변화에 영향을 많이 받는 사람들을 지원하는 활동을 펴고 있다. www.oxfam.org/en/climatechange

- 〈열대우림 행동 네트워크Rainforest Action Network〉의 농업 비즈니스 캠페인(캘리포니아 주, 샌프란시스코)

〈열대우림 행동 네트워크〉는 캐나다 타르샌드 탐사에 맞서는 것부터 인도네시아와 말레이시아에서의 지속 가능하지 않은 팜유 생산에 맞서는 것까지, 전 세계에서 자연 보호 활동을 펴고 있다. www.ran.org

● 〈진짜 식품 운동Real Food Challenge〉(미국)

지역에서 지속 가능하게 재배한 식품을 대학에 들여오려는 학생 운동의 네트워크다.
www.realfoodchallenge.org

● 〈로데일 연구소Rodale Institute〉(펜실베이니아 주, 쿠츠타운)

지속 가능한 농업 방식을 연구하고 있다. 이곳의 연구 결과들은 아프리카, 아시아, 아메리카
의 농민 단체들에 많은 영감을 주고 있다. www.rodaleinstitute.org

● 〈슬로푸드 USA Slow Food USA〉(미국)

국제 운동인 슬로푸드의 미국 지부로, 식품의 생물 다양성을 지키고 식품 소비자를 생산자와
연결시키는 학생 운동과 공동체 프로그램 등을 통해 깨끗하고 공정하고 좋은 식품을 촉진한
다. www.slowfoodusa.org

● 〈지속 가능한 식탁Sustainable Table〉(뉴욕 주, 뉴욕)

세계적으로 인기를 끈 인터넷 동영상 '미트릭스The Meatrix'를 만든 곳으로, 창조적인 교육
자료를 통해 사람들에게 지속 가능성 사안을 알린다. 농장, CSA, 등에 대한 많은 자료도 많이
갖고 있다. www.sustainabletable.org

● 〈세계식량농업기구United Nations Food and Agriculture Organization〉(국제)

전 세계의 식품 및 농업 관련 자료를 찾기에 매우 좋은 곳이다. 각종 보고서, 연구 논문, 원천
자료 등을 보려면 다음 홈페이지를 참고하라. www.fao.org

2. 블로그

산타크루즈의 콩나물통 옆이나 톨레도의 토마토 옆에서, 전국의 블로거들은 노트북으로 식품
과 기후변화 등 식품 정치학 관련 논의들을 풍성하게 한다. 당신도 할 수 있다. 내가 즐겨 찾는
곳들을 소개하면 다음과 같다. 이 블로그들을 찾아보고, 트위터에서 팔로우하면서 논의에 참
여하자. 이 책의 블로그는 www.takeabite.cc/blog이다.

● Chewswise

오랫동안 기자였던 (『유기농 주식회사Organic Inc.』의 저자이기도 하다) 새뮤얼 프로마츠가
운영한다. 농약이나 유전자 변형 작물에 대한 커다란 사안에 대한 논평에서부터, 농장 판매나
수제 빵 만들기에 대한 세세한 정보까지 다양하게 볼 수 있다. www.chewswise.com

- **Civil Eats**

지속 가능한 농업과 먹거리 체계가 경제적, 사회적으로 공정한 공동체를 만드는 데 기여할 수 있다고 보고, 그와 관련한 내용을 싣는 블로그이다. 지역과 전국 당국자들이 미국의 먹거리 체계와 그것이 해외에 미치는 영향에 대해 논의하도록 촉구한다. www.civileats.com

- **Cooking Up a Story**

배를 병조림하는 법을 알고 싶은가? 멕시코 옥수수의 기원을 알고 싶은가? 뒤뜰에서 닭 키우는 법을 알고 싶은가? 이 블로그는 이런 질문에 대한 답을 동영상으로 보여주면서, 기후 친화적인 식사를 할 수 있는 구체적인 방법을 알려 준다. www.cookingupastory.com

- **Ethicurean**

뉴스, 식품 안전성, 식품 정치, 먹는 것의 윤리학, 요리 등의 주제가 자주 등장한다. 유머와 위트가 넘치는 글들이 많다. www.ethicurean.com

- **Green Fork**

'잘 먹기 가이드Eat Well Guide'의 공식 블로그다. 지역 식품에 대한 논평과 뉴스를 볼 수 있다. www.blog.eatwellguide.org

- **Grist**

음식 편집자 톰 필포트의 '식품 왕국' 코너를 찾아보라. 필포트와 객원 작가들이 전국의 식품 소식과 건강하고 맛있는 조리법을 제공한다. www.grist.org

- **La Vida Locavore**

'데일리코스Dailykos' 블로거인 질 리처드슨이 시작한 블로그로, 손으로 할 수 있는 것들(심기, 재배하기, 잡초 뽑기, 비료 주기, 기르기, 따기, 수확하기, 가공하기, 요리하기, 굽기, 만들기, 접대하기, 사기, 팔기, 유통시키기, 운반하기, 퇴비 만들기 등)에 대한 내용, 그리고 식품 정책을 통찰력 있게 분석하는 식품 정치학에 대한 내용들을 볼 수 있다. www.lavidalocavore.org

3. 영화

아래의 영화들은 우리의 식품 공급망을 다루고 있다. 이 영화들을 통해 왜 브롱크스의 어린이 두 명이 바질에 대해 관심을 가지게 됐는지 알 수 있고, 땅의 비옥함이 행하는 기적을 보고 영감을 얻을 수 있으며, 고과당 옥수수 시럽이 어떻게 만들어지는지에 대해 알 수 있을 것이다.

이 영화들은 넷플릭스, 인근 비디오 대여점, 혹은 아래의 웹사이트에서 구할 수 있다.

● 〈당신의 접시에는 무엇이 있나?What's on Your Plate?〉
캐서린 건드의 영화
식품 공급망과 식품 연쇄에서의 자신의 위치를 알아보는 11살 도시 어린이 두 명을 따라가는 식으로 구성됐다. 어린이다운 호기심으로 이 여자아이들은 슈퍼마켓, 패스트푸드점, 학교 식당, 지속 가능한 농장, 녹색 마켓, 공동체 지원 농경 프로그램에 간다. 이런 여정을 통해 두 어린이는 식품에 대해 섬세하고 진심 어린 견해를 갖게 되고, 자신이 할 수 있는 일에 대해 생각하게 된다. 재미있고 흥미롭고 영감을 주는 영화다.www.whatsonyourplateproject.org

● 〈흙Dirt〉
빌 베넨슨과 진 로소우의 영화
토양의 환경적, 경제적, 사회적, 정치적 영향을 다룬다. 지구에서 가장 귀중하면서도 가치를 인정받지 못하고 있는 먹거리 원천〔토양〕에 대해 이야기한다.www.dirtthemovie.org

● 〈프레시Fresh〉
애나 소피아 조앤스의 영화
아름다운 영화 음악과 아름다운 영상이 나온다. 산업화된 농업에 대해 놀랍게도 희망적인 방식으로 비판을 제기한다. 산업화된 농업에 대한 우려(농부들의 목소리로 이야기된다)와 지속 가능한 농민의 자부심과 즐거움이 병치되어 전개된다. 혁신적인 도시 농장에서 진행되는 퇴비화 워크숍 장면을 보면 당신은 자리에서 일어나 땅으로 가고 싶어질 것이다.
www.freshthemovie.com

● 〈식품 주식회사Food, Inc.〉
로버트 케너(제작사이사 감독)와 에릭 슐로서(공동 제작자)의 영화.
에릭 슐로서(『패스트푸드의 제국』 저자), 마이클 폴란(『잡식 동물의 딜레마』 저자), '스토니필즈'의 게리 힐스버그, '폴리페이스 농장'의 조엘 살라틴 등과의 인터뷰를 담은 이 영화는 우리의 식품이 생산되는 방식에 대해 놀랍고 충격적인 사실들을 알려 준다. 특히 〈몬산토〉가 농민에게 어떤 영향을 미치는지를 잘 보여준다.www.foodincmovie.com

● 〈킹 콘King Corn〉
이안 체니와 커트 엘리스의 영화
이 두 명의 친구가 아이오와 주에서 옥수수 1에이커를 키우는 데 어떤 것들이 들어가는지를 알고 나서 벌어지는 일들을 담았다. 이들은 유전자 변형 식품 산업, 질산염 비료, 고과당 옥수수 시럽 만드는 법 등에 대한 생생한 목격담을 전해 준다. 농장에서부터 먹거리 체계 안의 여러 지점까지 옥수수를 따라다니면서, 우리의 식품과 경작 방식에 대해 불편한 진실들을 드러낸다. www.kingcorn.net

아래 질문들은 집단 토론의 소재로 삼을 만한 내용을 추린 것이다. 추가적인 자료를 보려면 www.takeabite.cc를 참고하라.

● 저자 애나 라페는 이 책을 환경 철학자 수전 그리핀의 말로 시작했다. "예술 운동이나 문학 운동과 마찬가지로, 사회운동도 상상력이 추동한다." 그리핀은 어떤 의미에서 이 말을 했으며 라페는 왜 이 말로 이 책을 시작했을까?

● 책의 앞부분에서 저자 애나 라페는 기후 위기와 먹거리 체계가 어떻게 관련되어 있는지를 다루고 있다. 지구온난화와 먹거리가 관련 있다는 사실을 이 책을 읽기 전에도 알고 있었는가? 이 책을 통해 새로 알게 되어 놀란 점이 있는가? 책을 읽고 나서 당신이 알고 있던 것과 기존의 견해가 어떻게 달라졌는가?

● 1장 "젓가락 끝의 기후 위기"에서 다루는 주요 내용 중 하나는 축산과 기후 변화와의 관계이다. 산업적 축산은 기후 위기에 왜 그렇게나 큰 영향을 미치는 것일까?

● 2장 "다가올 미래"에서 애나 라페는 미국식 패스트푸드와 가공식품 위주 식사가 전 세계적으로 확산되는 요인 세 가지를 꼽고 있다. 그중 하나는 식품 산업이 전 세계 소비자들의 입맛을 조정하기 때문이다. 라페는 "우리 먹거리의 미래가 특정한 정책들, 사람들이 의심하지 않고 믿는 전제들, 기업이 내리는 의사 결정들에 의해 구성되고 있다"고 언급했다. 이 말에 동의하는가? 식품 업계가 소비자인 당신에게 영향을 미친 사례는 어떤 것이 있는가?

● 3장 "우리의 눈을 가리는 홍보 논리"에서 라페는 전 지구적인 먹거리 체계가 기후 변화에 미치는 영향을 언론이 제대로 다루지 않고 있다고 지적했다. 당신은 언론이 이제까지 이 이야기를 간과하고 있었다고 생각하는가? 현재는 언론이 이 사안을 잘 다루고 있다고 생각하는가? 그렇게 생각하는 이유는 무엇인가? 라페는 사람들이 먹거리와 기후의 관계를 잘 파악하지 못하는 이유 몇 가지를 제시했다. 그중 가장 중요한 이유가 무엇이라고 생각하는가? 식품과 기후의 관련성이 더 많이 논의되지 않는 다른 이유로는 무엇이 있다고 생각하는가?

● 라페는 과학에 대한 의구심을 퍼뜨리는 전략에서 식품 업계와 담배 업계의 공통점을 지적했다. 이 두 업계를 비교하는 것이 공정한 비교라고 생각하는가? 그렇다고, 혹은 아니라고 생각하는 이유는 무엇인가?

● 4장 "식품 업계의 홍보 게임"에서 라페는 기업들이 활용하는 녹색 세탁의 사례와 여섯 가지 술책에 대해 설명했다. 이 중 어떤 것이 가장 널리 쓰인다고 생각하는가? 그 이유는 무엇이라고 생각하는가? 개인적으로 이런 전략들이 사용되는 것을 본 적이 있는가? 저자는 냉소적인 소비자가 아니라 분별 있는 소비자가 늘어나기를 원한다고 언급했다. 분별 있는 소비자와 냉소적인 소비자의 스펙트럼에서 당신은 어디쯤에 있는가?

● 〈후버 연구소〉의 헨리 밀러는 "사회적 책임을 추구하는 기업은, 자유로운 기업 활동과 인간 조건 둘 다에 순이득을 가져다 주지 않을 것이다"라고 말했다. 당신은 기업이 사회적 책임성을 가져야 한다고 생각하는가? 식품 기업이 다른 종류의 기업보다 더 높은 사회적 책임감을 가져야 한다고 생각하는가? 11장 "젓가락을 넘어서"에서 라페는 식품 기업들이 사회적으로 더 많은 책임감을 갖도록 시민들이 압력을 넣을 수 있는 방법을 제시했다. 이런 행동들이 정당하다고 생각하는가? 가장 성공적인 운동은 어떤 종류여야 한다고 생각하는가?

● 6장 "기후 친화적 농업의 다섯 가지 구성 요소"에서 라페는 '진보' 혹은 '개발'이 진정으로 의미하는 바에 대해 농민인 마크 셰퍼드와 나눈 대화를 소개했다. 당신이 생각하는 '진보' 혹은 '개발'의 의미는 무엇인가? 셰퍼드의 농장이 진보를 나타낸다고 생각하는가? 그렇다고, 혹은 아니라고 생각하는 이유는 무엇인가?

● 7장 "신화에 대하여: 비판자들에 대한 답변"에서 라페는 『돌파하라: 환경주의의 죽음에서 가능성의 정치로』의 저자들인 노드하우스와 셸렌버거가 편 논리를 소개했다. "미국, 일본, 유럽에 비해 브라질, 인도, 중국에서는 환경에 대한 관심이 매우 약하다. 개도국에서 환경 운동이 등장한 경우에는 사람들이 기아의 공포와 폭력에 시달리는 슬럼이 아니라, 이를테면 브라질의 리우데자네이루처럼, 기본적인 물질적 필요를 다 충족한 부유한 곳에서 생겨났다." 이 논리가 타당하다고 생각하는가? 라페는 이 논리가 잘못된 신화라고 이야기했다. 그에 대해 어떻게 설명하고 있는가?

● 8장 "기아에 대한 두려움 조장하기"에서 라페는 식품과 기아 문제에 대해 매우 논쟁적인 주제 하나를 다루고 있다. 당신은 기후 친화적인 식품으로 전 세계적으로 필요한 먹거리를 공급할 수 있다고 생각하는가? 그렇다고, 혹은 아니라고 생각하는 이유는 무엇인가?

● 10장 "기후 친화적인 식단을 위한 일곱 가지 원칙"에서 라페는 "로컬 푸드"에 대해 단순히 지역에서 생산된 것이라는 의미 이상의 정의를 내리고 있다. 로커보어에 대해서도 마찬가지다. 당신은 로커보어를 어떻게 정의하는가? 당신도 로커보어인가? 로커보어인 이유는, 혹은 로커보어가 아닌 이유는 무엇인가?

● 기후 친화적인 식단을 위한 일곱 가지 원칙을 지키는 데 장애가 되는 것은 무엇인가? 개개인의 태도와 관련된 문제인가, 사회 구조상의 문제인가? 사람들의 생각을 고치는 것으로 효과적인 변화를 일굴 수 있다고 생각하는가? 아니면 정책적인 변화가 필요하다고 생각하는가? 둘 다인가?

●「여는 글」에서 라페는 "먹거리로 눈을 돌리면, 이미 우리 앞에 있는 진정한 해결책들을 알아보고 실천할 수 있는 통합적인 시각과 그에 토대가 되는 자원을 발견할 수 있을지도 모른다"고 언급했다. 어떤 의미에서 이런 말을 했다고 생각하는가? 이 책을 다 읽고 난 뒤에 어떤 생각이 드는가? 이 책이 당신이 식단을 바꾸거나 그 밖의 실천에 나서게 하는 계기가 되었는가? 당신이 변화를 만드는 데 일조할 수 있는 방법에는 어떤 것이 있다고 생각하는가?

국내에서도 친환경 먹거리를 안전하게 구매할 수 있는 생협이나 공동체 지원 농경의 사례가 늘고 있다. 아래에 대표적인 친환경 먹거리 장터를 소개했다. 해당 홈페이지에 들어가면 더 자세한 내용을 확인할 수 있다.

1. 생협

국내 생협은 온라인과 오프라인 매장을 동시에 운영하고 있는 곳이 많다. 대부분의 생협이 지역공동체를 중심으로 안전한 먹거리 캠페인이나 교육 프로그램, 다양한 목적의 지역 모임 등을 함께 운영하고 있다. 일정액의 출자금과 가입비만 내면 조합원이 되어 생협 회원으로 먹거리를 구입할 수 있다. 홈페이지를 방문해서 우리 동네 생협 매장을 찾아보고, 생협이 벌이고 있는 다양한 활동들을 살펴보자. 기후 친화적인 먹거리를 고민하는 사람들과 함께 행동하고 실천할 수 있는 가장 좋은 방법이다.

● 〈두레〉http://www.dure.coop

1997년 수도권 지역 생협의 연합체로 출발했다. 온라인 매장을 운영하고 있으며, 홈페이지를 방문하면 두레에 소속된 생산자 모임의 다양한 소식들을 들을 수 있다.

● 〈아이쿱〉http://www.icoop.or.kr

지역이나 직장을 기반으로 한 생협들의 연합체로 전국에 회원 생협을 두고 있으며 온라인 매장도 운영하고 있다. 최근 〈국제협동조합연맹(ICA)〉에 국내 생협 최초로 가입했으며 윤리적 소비와 관련된 다양한 캠페인 활동을 벌이고 있다.

● 〈팔당 생명 살림〉http://www.psss.or.kr

1976년 팔당 상수원 지역의 유기농민들이 연합해 만든 단체로, 남양주를 중심으로 경기도 지역에 다섯 군데 매장을 운영하고 있다. 씨앗 도서관과 일공동체, 식생활 교육 모임 등, 마을 모임과 지역공동체 연대 활동을 활발히 벌이고 있다.

● 〈한살림〉http://www.hansalim.or.kr
1986년 생산자들이 도시의 소비자들과 직거래를 하기 위해 설립한 생협이다. 현재 전국 19개 지역에서 매장을 운영하면서 약 23만 명에 이르는 도시 소비자와 2천 세대의 농촌 회원들을 연결하고 있다. 온라인 매장도 운영하고 있다.

2. 기타 친환경 농산물 매장

친환경 농산물을 구입할 수 있는 경로는 친환경 전문 매장에서부터 직거래 성격의 공동체 지원 농경(CSA)에 이르기까지, 생각보다 많고 다양하다. 특히, 공동체 지원 농경은 소비자가 생산자와 가까워질 수 있는 가장 좋은 방법이다. 소비자는 농경에 따르는 위험과 이익을 생산자와 공유함으로써 생산에 참여할 수 있다. 아래 단체들을 방문해 보자. 그리고 기회가 된다면 회원이 되어 농장을 방문해 보자. 내가 먹는 먹거리가 자라는 땅을 경외심을 가지고 바라보다 보면 친환경 먹거리의 필요성이 좀 더 구체적인 현실로 다가올 것이다.

● 〈언니네 텃밭〉http://we-tutbat.org
토종 종자를 지키고 친환경 농사를 원칙으로 하는 공동체 지원 농경의 대표적 사례로, "제철 꾸러미"를 통해 소비자를 만나고 있다. 여성 농민 회원들이 마을 또는 면 단위로 생산자 공동체를 형성하고 소비자 회원은 가까운 생산자 공동체와 연결된다. 생산 계획과 출하는 생산자 공동체 내부에서 민주적 절차에 따라 결정되며 소비자들은 가입비와 월회비를 내면 일주일에 한 차례 "제철 꾸러미"를 받아 볼 수 있다.

● 〈우리농〉http://www.ecocatholic.org
'도농 생명 공동체'라는 설립 취지 아래 〈가톨릭 농민회〉가 관리하고 운영하는 직거래 장터다. 생산 지역 공동체가 교구별로 운영된다는 특징이 있으며 온라인과 오프라인 직영점을 모두 운영하고 있다. 천주교 농부 학교, 학술 모임, 생태 교육 모임 등이 활발하게 이루어지고 있다.

● 〈초록 마을〉http://www.choroki.com
친환경 유기농 제품 전문 매장. 온라인과 오프라인 매장이 모두 활성화되어 있다. 자체 안전 관리 시스템을 통해 품질 관리를 하고 있으며 친환경 유기농 전용 물류 센터를 운영하고 있다. 홈페이지의 "초록 이야기"에서 소비자들끼리 구매 정보를 교환하거나 아토피 제로 캠페인 등 먹거리 관련 정보를 얻을 수 있다.

● 〈콩 세알 나눔 마을〉http://www.kong3al.net/xe

경기도 이천시 율면의 "소연이네 풀밭 농장"을 기반으로 공동체 지원 농경(시민 지원 농업)을 운영하고 있다. 월정액 소비자 회원(나눔이)과 생산자(키움이)가 재배 품목에서부터 배송 방법까지 함께 의논하고 결정하며 풍년이든 흉년이든 농장의 수확물을 모두 나누는 것을 원칙으로 한다. 소비자들은 월별 배송 횟수를 스스로 정해 "나눔 상자"를 받는다. 주로 노지 채소와 곡류를 비롯, 장류와 김치, 장아찌류, 효소 등을 생산하고 있다.

3. 친환경 먹거리 배움터

"사먹는 건 이제 싫어! 내 먹거리는 내 손으로!"라고 외치고 싶은 사람이라면 여기 길이 있다. 귀농을 꿈꾸든, 도시 텃밭을 꿈꾸든, 우리는 모두 "땅 초보"다. 아래 단체들의 홈페이지를 방문하자. 도시 텃밭 가꾸기에서 귀농에 이르기까지 우리 "땅 초보"들을 위한 귀중한 팁과 정보들이 모여 있다. 이제, 시작이다.

● 〈전국 귀농 운동 본부〉http://www.refarm.org

생태적 삶에 뿌리 내리고 있는 귀농을 실천, 교육하는 단체다. 귀농을 계획하고 있거나 이미 귀농한 사람들을 대상으로 전국에서 생태 귀농 학교를 운영하고 있으며 계간지『귀농 통문』을 발행하고 있다. 홈페이지의 텃밭 보급소(http://cafe.daum.net/gardeningmentor)를 방문하면 도시 텃밭 관련 여러 정보들도 얻을 수 있다.

● 〈환경 농업 단체 연합회〉http://www.kfsao.org

국내 친환경 유기농업 관련 단체들의 교류와 협력을 도모한다는 취지로 설립된 단체다. 전국의 대표적인 농민회, 생협, 지역공동체들이 속해 있어 회원 단체들의 소식을 확인할 수 있으며 그 밖에 "친환경 농산물 우수 식당" 등을 선정해 친환경 농산물 보급에 힘쓰고 있다.

● 〈흙살림〉http://www.heuk.or.kr

〈흙살림〉은 충북 괴산에 터를 잡고 있는 국내 친환경 농업의 산실로 올해(2011년) 설립 20주년을 맞아 토종 종자를 수집·보존할 목적으로 〈토종 연구소〉를 설립한 연구·교육 단체다. 홈페이지를 방문하면 유기농업에 대한 깊이 있는 자료뿐 아니라 퇴비 만드는 방법 등 초보 농민에게도 실제로 도움이 되는 정보들을 찾아볼 수 있다.

우리는 모두 연결되어 있다

심각한 줄 알긴 알겠는데, 또 심각한 줄 잘 모르고 사는 게 기후 문제다. 내 얘기다. 온실가스를 언제까지 얼만큼 줄이지 못하면 이러저러한 일이 닥치리라는 예측을 담은 보고서나 기사도 많이 보았고, 빙하가 쩍쩍 쪼개져서 바다 속으로 가라앉는 장면도 텔레비전에서 많이 보았다. 그런데도, 일상 생활에서는 기후 문제가 그렇게 심각하게 '느껴지지' 않는다. '2015년까지,' '2020년까지' 등으로 구체적인 시기를 들어가며 위기의 심각성을 말하는 자료를 보아도, 게다가 그 시기가 불과 5년 뒤나 10년 뒤를 말하고 있는데도, 어쩐 일인지 먼 훗날의 일인 것만 같고, 내가 사는 세상은 어제처럼, 오늘처럼, 내일도, 5년 뒤에도, 20년 뒤에도 잘 돌아갈 것 같다.

그러다 얼마 전 〈기후 난민Climate Refugees〉라는 다큐멘터리 영화를 보았다. 이 영화의 감독인 마이클 내쉬Michael Nash는 정치 상황이나 종교적 박해로 난민이 된 사람들보다 기후 재앙으로 난민이 된 사람들이 더 많다는 자료를 보고 이 영화를 만들게 되었다고 한다. 현재 기후 난민은 전 세계 2,500명 가량이다. 2,3년 뒤에는 5천만 명에 육박할 것으로 보이며, 2050년에는 적게 잡아도 1억 5천만만 명, 많게는 10억 명에 이를 것이라고 내다보는 전문가도 있다. 영화에는 수원이 모조리 말라 버린 중국의 농촌, 홍수로 마을 전체가 물에 잠긴 방글라데시, 몇 년째 가뭄으로 바작바작 타 들어가는 아프리카 등지의 모습이 나온다. 아니, 더 정확하게는, 그곳 ‘사람들’의 모습이 나온다. 영화는 발 딛고 설 땅, 한 줌의 먹을 것, 한 모금의 마실 물을 확보할 수 없게 돼 떠도는 사람들의 얼굴과 목소리를 담고 있었다. 영화를 다 보고 나니, 부제가 “사람들에게 나타나는 기후 변화The Human Face of Climate Change”였다는 게 생각났다.

기후 문제는 미래의 문제가 아니라 현재의 문제였다. 그리고 지구의 문제이기 전에 사람의 문제였다. 수많은 사람이 기후 위기로 발생한 재난을 겪고 있다는 점에서도 사람의 문제고, 기후 위기가 저절로 생겨난 게 아니라 사람이 만든 문제라는 점에서도 사람의 문제다. 그런데 이는 사람이 지구를 함부로 다루었으니 사람이 그 대가를 치르는 것이라는 말로 간단히 설명할 수 있는 일은 아니다. 사람들을 모두 하나로 뭉뚱그려 “자연 대 사람”이나 “지구 대 사람”의 구도로 이야기한다면 맞는 말일 수 있겠지만, 이런 구도는 ‘문제를 만든 이는 누구고 대가를 치르는 이는 누구인가’ 라는 질문을 피해가기 때문이다. 이 문제를 염두에 두면서 이 책을 읽으면, 기후 위기가 현재의 문제고, 사람의 문제며, 사람이 사람을 해치는 부정의不正義의 문제고, 그 부정의가 내가 날마다 아무렇지도 않게 행하는 일(먹는 일)과 관련된 문제라는 사실을 알 수 있다.

이 책은 산업화된 먹거리 체계가 어떻게 기후 위기를 일으키는지에 대해 다룬 책이다. 농업이나 축산업은 공장 굴뚝이나 석탄 때는 발전소, 매연 뿜는 자동차보다는 자연 친화적일 것이라고 생각했기 때문에 기후 위기를 다룬 책이 농업과 축산업 문제를 이야기한다는 게 처음에는 의아했다. 하지만 이 책의 서문에서 빌 매키번이 말했듯이, 현재의 산업화된 글로벌 먹거리 체계란 기본적으로 “우리의 음식을 우리가 먹기 전에 석유에 절이는 시스템"이다. 이 책에서 애나 라페는 어떤 경로로 우리가 오늘날 화석연료에 절대적으로 의존하는 먹거리 체계를 갖게 되었는지, 농업 및 식품 산업이 어떻게 집중화되었고 또 그러한 집중화가 기후 압박적인 먹거리 체계를 어떻게 더 악화시켰는지, 그 과정에서 땅에 기반해 살아가는 수많은 사람들이 자신들의 땅과 물에 대한 통제력을 어떻게 잃게 되었는지 등에 대해 알려 준다.

물론 '사람이 사람을 해치는 문제'라고 해서 이런 먹거리 체계를 이루는 데 기여한 사람들이 이를 테면 아프리카 사람들을 재앙에 빠뜨리겠다는 사악한 마음을 품고 그렇게 했다는 말은 아니다. 주주들을 위해 기업 가치를 높이려는 의사 결정에서, 같은 먹거리를 좀 더 싼 값에 구입하려는 경제적 동기에서, 때로는 식량 산출을 증대시켜 기아를 줄이겠다는 윤리적 동기에서 오늘날의 먹거리 체계가 나왔을 것이다. 특히 산출을 늘려 기아 문제를 해결해야 한다는 당위는 산업화된 먹거리 체계를 정당화하는 가장 강력한 근거다. 그런데 수십 년간 산업화된 먹거리 체계를 촉진했는데도 기아 문제는 전혀 해결되지 않았다. 1974년 11월에 열린 〈세계 식량 회의〉에서 각국 대표는 "만인은 기아와 영양실조에서 해방될 권리가 있다"고 천명했는데, 1996년 11월에 〈세계 식량 정상 회의〉는 아직도 세계적으로 8억 명이 영양 부족 상태에서 살아간다고 언급했고, 2008년에 유엔은 영양 부족 인구가 10억 명에 육박한다고 밝혔다. 1971년 애나 라페의 어머니 프랜시스 무어 라페는 '왜 풍요로운 세계에서 기아가 존재하는가'라는 질문을 탐구한 책 『작은 지구를 위한 식단*Diet for a Small Planet*』을 펴냈다. 그 책에서 프랜시스 무어 라페는 기아의 문제가 식량이 부족해서가 아니라 식품 정책의 비효율과 글로벌 먹거리 체계에 내재된 낭비에서 비롯한다고 말했다. 약 40년 후, 딸 애나 라페는 이 책(원제: *Diet for a Hot Planet*』)에서 기아의 문제 그리고 기후 문제가 식품 정책의 비효율과 글로벌 먹거리 체계에 내재된 낭비에서 비롯한다고 말한다.

먹거리 체계와 관련된 커다란 문제 두 가지가 같은 뿌리에서 나왔다는 것은 다행스런 일이다. 해결책을 논할 때 어느 한 쪽을 희생시키지 않아도 되니 말이다. 애나 라페는 기후 친화적 먹거리 체계가 전 세계적으로, 특히 현재 가장 취약한 지역들에서, 식량 확보의 안정성을 높이는 데 크게 기여할 수 있다는 점을 여러 가지 사례와 근거를 들어 밝히고 있다. 더욱 다행스러운 일은, 이 책에서 알 수 있듯이, 기후 친화적인 대안적 먹거리 체계가 현실적으로 가능하며 그러한 먹거리 체계를 일구며 살아가는 사람들이 실제로 많이 존재한다는 점, 그리고 그쪽으로 힘을 실어주는 데에 식품 소비자인 우리가 할 수 있는 일들도 많이 있다는 점이다. 대학 구내 식당에 '진짜 먹거리'를 들여 놓으려는 학생들의 운동, 농민과 소비자 사이에 새로운 연결 고리를 제시해 주는 생협 운동, 자연에 대한 지식에 근거해 대안적인 농경을 일구려는 미국과 멕시코, 폴란드와 에티오피아의 농민 운동에 이르기까지, 애나 라페는 지구 곳곳에서 펼쳐지는 대안적인 삶의 형태와 그것이 갖는 힘을 보여 준다.「여는 글」에서 애나 라페는, 이 책을 쓰면서 우리의 젓가락에 진짜 힘이 있다는 것을 알게 됐고 거기서 희망을 느꼈다고 했다. '먹는 자'로서 우리는 현재의 문제를 일으키고 심화시킨 산업화된 먹거리 체계와 연결되어 있기도 하지만, 또한 '먹는 자'로서 우리는 "지구와 인간을 돌보는 먹거리 체계를 일구는 사람들"과 연결될 수도 있을 테니 말이다.

2011년 10월

김승진